JN261775

結果的加重犯の構造

内田 浩 著

信山社

目　次

序　章　問題の所在 …………………………………………………………1

第1章　わが国の状況 ……………………………………………………11
　Ⅰ　判例の立場 …………………………………………………………11
　Ⅱ　学説の立場 …………………………………………………………20
　　1　結果的加重犯と責任主義 ………………………………………20
　　2　結果的加重犯と相当因果関係説 ………………………………26
　Ⅲ　わが国の立法例 ……………………………………………………31
　Ⅳ　小　括 ………………………………………………………………36

第2章　ドイツの状況 ……………………………………………………38
　Ⅰ　旧56条制定以前の判例 ……………………………………………38
　Ⅱ　旧56条制定以前の学説──「廃止論」を中心として──……43
　Ⅲ　小　括 ………………………………………………………………48

第3章　結果的加重犯の歴史的考察 ……………………………………50
　Ⅰ　本章の目的 …………………………………………………………50
　Ⅱ　versari 法理とその継受 …………………………………………53
　　1　versari 法理 ……………………………………………………53
　　2　versari 法理とイタリア法学，1532年のカロリナ刑法典 ……55
　Ⅲ　間接故意の理論（Die Lehre von dolus indirectus）…………58
　　1　前　史 ……………………………………………………………58

目　次

  2　ドイツ普通法学における「間接故意の理論」……………………60
   (1)　カルプツォフの見解 …………………………………………60
   (2)　いわゆる「致命性の理論（Letalitätslehre）」………………65
   (3)　間接故意論のその後の展開と，1794年のプロイセン一般ラント法
    における間接故意の規定 ……………………………………69
 Ⅳ　フォイエルバッハの見解 ………………………………………74
 Ⅴ　1813年のバイエルン刑法典 ……………………………………81
  1　バイエルン刑法典と間接故意 …………………………………81
  2　バイエルン刑法典と傷害の致命性 ……………………………84
  3　バイエルン刑法典におけるその他の結果的加重犯規定 ………87
 Ⅵ　1828年のプロイセン第一草案以降の諸草案の立場と，
  1851年のプロイセン刑法典 ………………………………………89
 Ⅶ　小　括 ……………………………………………………………96

第4章　結果的加重犯の構造 ………………………………………101
 Ⅰ　危険性説の概要 …………………………………………………101
 Ⅱ　危険性説批判論とその検討 ……………………………………104
  1　刑法大委員会（Großen Strafrechtskomission）における議論と
   1966年ドイツ刑法草案対案の立場——結果的加重犯「廃止論」
   （その2） ………………………………………………………104
   (1)　刑法大委員会におけるイエシェックらの見解 ……………105
   (2)　1966年ドイツ刑法草案対案の立場 ………………………106
   (3)　検　討 ………………………………………………………108
  2　「結果的加重犯廃止論」の立場からの危険性説批判論 ………113
   (1)　シューバルトの見解 ………………………………………114
   (2)　ローレンツェンの見解 ……………………………………114

	(3) 検　討 …………………………………………………………116
	3 「結果的加重犯存置論」の立場からの危険性説批判論 …………119
	(1) 香川達夫の見解 …………………………………………………119
	(2) レンギールの見解 ………………………………………………120
	(3) 検　討 …………………………………………………………121

Ⅲ 危険性説の再主張 ……………………………………………………127
  1 「相当因果関係説」と「基本犯に内在する固有の類型的危険
     （＝特殊な危険）」 ……………………………………………………127
  2 「危険性説」と「基本犯に内在する固有の類型的危険（＝特殊
     な危険）」 ……………………………………………………………133

Ⅳ 結果的加重犯の構造 …………………………………………………138
  1 予備的考察 …………………………………………………………138
  2 結果的加重犯の構造 ………………………………………………139
    (1) 「基本犯に内在する固有の類型的危険（＝特殊な危険）」――その
       一試論 ……………………………………………………………140
    (2) 直接性法理の概要と必要性 ……………………………………147
    (3) 重い結果に対する過失 …………………………………………149

Ⅴ 小　括 …………………………………………………………………169

第5章 「直接性法理」とその具体化 …………………………………173

Ⅰ 直接性法理の概要 ……………………………………………………173
  1 歴史的・理論的背景 ………………………………………………173
  2 ドイツの判例における直接性――「傷害致死罪」を中心として …176
    (1) 「被害者自身の行為介在型」 ……………………………………176
      (a) 「逃避行為類型」 ……………………………………………176
      (b) 「治療拒絶類型」 ……………………………………………180
    (2) 「第三者の行為介在型」 …………………………………………184

目　次

　　　(3)　「行為者自身の行為介在型」 ……………………………………195
　　　　(a)　「概括的故意類似の事案」 …………………………………195
　　　　(b)　「ピストル殴打事件」 ………………………………………199
　　3　ドイツの学説における直接性 …………………………………………206
　　　(1)　「直接性不要論」とその検討 …………………………………206
　　　(2)　いわゆる「致命性説（Letalitätslehre）」の主張とその検討 ……213

II　直接性法理の具体化 ……………………………………………………………225
　　1　傷害致死罪（暴行致死罪）と直接性 …………………………………225
　　　(1)　予備的考察 ………………………………………………………225
　　　　(a)　いわゆる「判断基底論」に関して …………………………225
　　　　(b)　「因果的説明」に基づく因果経過の把握 …………………228
　　　(2)　わが国およびドイツの判例を素材にした私見の具体的適用 ………240
　　　　(a)　「被害者の逃避行為類型」 …………………………………241
　　　　(b)　「被害者の治療拒絶類型」 …………………………………244
　　　　(c)　「概括的故意」類似の事案 …………………………………246
　　　　(d)　第三者行為介在型 ……………………………………………246
　　　　　①　医療過誤類型 ………………………………………………246
　　　　　②　大阪南港事件（最決平成2年11月20日刑集44巻8号437頁）……251
　　　　(e)　被害者の特異体質類型 ………………………………………252
　　　(3)　暴行致傷，暴行致死 ……………………………………………260
　　2　その他のいくつかの結果的加重犯と直接性 …………………………270
　　　(1)　強盗致死傷罪の成立要件 ………………………………………271
　　　　(a)　わが国の状況 …………………………………………………271
　　　　(b)　ドイツの状況 …………………………………………………277
　　　　(c)　検　討 …………………………………………………………285
　　　(2)　強姦（強制わいせつ）致死傷罪の成立要件 …………………299
　　　(3)　逮捕・監禁致死傷罪の成立要件 ………………………………311

Ⅲ　小　括 ……………………………………………………………324
終　章　結論と今後の展望 ……………………………………………326

序章　問題の所在

1　結果的加重犯とは，それ自体可罰的な基本犯罪から，一定の重い結果[1]が発生した場合に，基本犯罪の刑罰が加重される犯罪類型であるとされている[2]。このように定義づけられる結果的加重犯に関して，焦眉の急を要する問題点として古くから論じられてきたのが「責任主義」との調和である。そこでドイツでは，周知のように，1953年の第3次刑法改正法によって旧56条が制定され，重い結果に「少なくとも過失」の存することが要求された[3]。しかし，このような立法化も，あくまで「一応の解決」にすぎない[4]。「重い結果」に「過失」を要求したところで，それだけでは結果的加重犯の「重い刑罰」を説明することはできないからである。

結果的加重犯も，一個の行為（たとえば傷害行為）から同時に二つの構成要件的結果（傷害と致死の結果）が生ずる場合である。それゆえ，外面上は観念的競合規定の適用をうけ，競合する「最も重い刑」によって処断されてもよいはずである（わが刑法54条1項前段，ドイツ刑法52条2項）。しかし，刑法は，結果的加重犯に科される刑罰を加重している。そうすると，そこには観念的競合による処断を越えるプラスアルファーの部分があるのかないのか——この点こそが，最初に問われなければならないことになろう[5]。「責任主義との調和」をいうなら，その真の問題は，「重い責任なければ重い刑罰なし」という「実質的な意味」における責任主義との調和にあるといってよい[6]。

2　この点の解明に努めたのが，後述する「危険性説」であった。それによると，傷害致死罪における傷害など，結果的加重犯の「基本犯には重い結果を招致する高度で類型的な危険」「特殊な危険」が認められ，この点に，観念的競合規定によってはカヴァーできない結果的加重犯の固有の不法内容・加重処罰根拠が求められる[7]。たとえば，人の往来がめったにない辺ぴな極寒の地で高価な毛皮のコートを窃取された者が凍死したとしよう。このよ

1

うな事態を想定することは不可能ではない。しかし、そんなことは押しなべてみると「まれ」である。それゆえ、たとえ、このような場合は発生した結果を窃盗犯に帰責することができても、それを窃盗罪に結びつけて重く処罰する必要はない。この種の場合に、法が通常の観念的競合による処断を指示するのは、その証左である。逆にいうと、死傷結果を発生させた事案を集積し、そこから「ああすればこうなる」ことがしばしば観察された場合の、「ああすること」に押されたレッテルが「特殊な類型的危険」であり、それが認められる犯罪（傷害罪など）から現実に重い結果が発生した場合には重く処罰する必要性がある。死傷の結果が発生したということはその基となる行為に「危険」があったことの証しといえるが、ここでは、当該行為の「危険」の存在にくわえ、それが「特殊な類型的危険」であることも認められる。したがって、それの認められない窃盗や脅迫・強要などから、意図せざる、しかし、客観的に予見可能な範囲で死傷結果が発生した場合に対して、異なる扱いをすることが要請されるからである。

3 以上の点には、異論を差し挟む余地はないだろう。現に「危険性説」は、ドイツでは確固たる地位を築き[8]、わが国でも、学説においてはその地歩を固めつつある[9]。とくに、結果的加重犯の「廃止」が主張されることのないわが国においては、明言すると否とにかかわらず、危険性説の立脚点そのものにはコンセンサスがあるといえよう[10]。しかしながら、わが国における結果的加重犯の扱いをみると、現状は、危険性説の意図とは反対の方向に向かっているように思われる。すなわち、「結果的加重犯の立法根拠を明らかに」したうえで、「その成立を妥当な範囲（重い結果発生についての固有の危険性の実現として評価しうる範囲）に限定していこうとする」のが危険性説の本旨であるとすれば[11]、わが国では、その本旨に反して、「基本犯の危険性」を強調することにより帰責を「拡張」する傾向がみられるのである。これは何も判例に限ったことではない。判例を批判する学説においても、「結果的加重犯は、もとの行為に当然予測される、その射程範囲内の波及効果が生じたものである限りでは、行為者の責任に帰せしめうることは当然」であるといった見解がみられるのである[12]。「基本犯の危険性」を強調するのが危険性説であることから、このような傾向を「危険性説の危険性」と称

する論者もいる(13)。危険性説の母国ドイツにおいても，とくに最近の判例には同様の傾向をみてとれる。

　ではなぜ，危険性説の本旨に反するこのような傾向がみられるのだろうか。おそらく，それは，「結果的加重犯の立法根拠」をなす「重い結果発生についての固有の危険性」とはどのようなものなのか，また，その危険の重い結果への実現はどう判断されるのか，これらが不明確なところに起因する，といってよいであろう。「危険性説」において，結果的加重犯の基本犯に認められる「重い結果発生についての固有の危険性」を，通常の観念的競合規定の適用をうける事案（以下，「競合犯」と略称する）との比較対象から基礎づける努力はなされてきたが，さらにその「内容」に踏み込んで具体化する作業は十分に行われず，ともすれば，「基本犯に内在する特殊な類型的危険」といった定型化されたフレーズを繰りかえすことで満足してきた感を受けるのである。それでは，やはり，危険性説の「負の側面」だけが顕在化する「危険性」があるだろう。結論的には危険性説に依拠せざるをえないと考える以上，それは，由々しき事態である。

　4　このような問題意識から，以下では，危険性説が主張する「基本犯に内在する重い結果発生についての固有の危険性」（＝特殊な類型的危険）といわれるものを再検討し，あわせて，結果的加重犯の成立要件の具体化を試みることにしたい。

　そのための一試論を展開するにあたって，本書は，以下のような形で論を進めることにした。

　(1)　まず，第1章では，わが国の判例・学説，さらに立法作業における結果的加重犯の扱いを概観し，わが国においては，結果的加重犯の構造が帰責を「限定」する方向にではなく，もっぱら「拡張」する方向で援用されてきたことを明らかにする。これに対してドイツにおける状況は，判例・学説ともに，わが国とは際だった違いを見せている。一部の判例における「直接性法理」（その詳細は第5章で論ずる）による帰責の限定，学説の多くが主張した「結果的加重犯廃止論」が，それである。前者は，もっぱら「条件関係」の存否によって結果的加重犯の成否を判断しようとするわが国の判例と比べ，また後者は，相当因果関係に過失責任の代替機能を負わせることにより結果

的加重犯と責任主義との不調和を緩和しようとしたわが国の学説と比べ，それぞれ顕著な違いをなす。わが国とドイツにおけるこのような落差をより適切に比較・検討するには，まず，「重い結果に対する過失」が立法化される以前のドイツの状況を考察の対象とするのが適切であろう。

そこで第2章では，旧56条が制定される以前のドイツの判例・学説に限定して，その状況を概観することにした。同じ状況にありながら，しかし明白に異なる両国の結果的加重犯に関するとらえ方を比較することによって，本罪の本質・構造を検討する足場を整えることにしたい。

(2) ところで，結果的加重犯は元来が「結果責任」を内包した犯罪類型であるがゆえに，結果が発生しさえすれば帰責されるのは当然だ，だからこそ，そのような野蛮は正当化できないのだ——このような趣旨の「結果的加重犯廃止論」が一時期，ドイツでは通説的な地位を築いていた。しかし，その主張が正当であるとすれば，結果的加重犯の構造が帰責を限定する方向で用いられる可能性はおよそ存在しないことになろう。危険性説の主張が根底から覆されることになる。「結果的加重犯をめぐる歴史的な形成過程…に関する認識の差異が，結果的加重犯の本質解明に当たって大きな相違をもたら」す[14]といってよい。

そこで，以上につづく第3章では，結果的加重犯の形成過程を，学説史・立法史にわたり比較的詳細に検討することにした。それは，上記「廃止論」を評価する上で必要なだけではない。何より「結果的加重犯の本質解明」にあたって不可欠な作業と考えるからである。その際，versari 法理に発する一連の歴史的形成過程において，とりわけカルプツォフによってドイツ法に導入された「間接故意の理論」を中心に考察を進めることにする。たとえば結果的加重犯の代表例である傷害致死罪は，ドイツ普通法学において「故殺」の一類型とみなされていたが，そのためには「直接かつそれ自体 (immediate et per se) 意図せざる死亡結果をひき起こす傷害の性質」が必要条件をなしていた。この点は注目されてよいだろう。しかし，カルプツォフからベーマーを経てドイツ普通法学を支配した「間接故意の理論」も，フォイエルバッハの出現により刑法の世界から（形の上では）一掃されてゆく。フォイエルバッハは，「故意」を「目的・意図 (dolus)」と同一視するロー

マ法以来の「狭い故意概念」に立脚し、この見地から、間接故意は結果の dolus がないところに故意を認める不当な理論と考えたからである。そこで彼は、「故意によって決定づけられた過失（culpa dolo determinata）」（以下 cdd と略記する）を、間接故意に取って代えるべきことを主張した。このようにして結果的加重犯の素地が固まったといってよい。

しかしながら、結果的加重犯が「(間接)故意の殺傷罪」から解放され、cdd のケースとしてとらえられて以降も、ドイツ各諸邦の立法者は、当のフォイエルバッハ自らも含め、結果的加重犯を通常の観念的競合規定に服せしめることはなかった。cdd の理論によって、結果的加重犯は、故意行為から同時に過失で重い結果を発生させる犯罪として把握されるようになったにもかかわらず、なぜ、当時から存在した観念的競合規定による処罰がなされなかったのか。「結果的加重犯の本質解明」にあたってのキーは、この点にあるのではないか。

さらに、結果的加重犯が「結果責任」を体現する犯罪であるかのように運用されていった最大の要因が、一方では「条件説」の台頭と、他方では「重い結果に対する過失」が立法されていないことを理由にする「頑な法実証主義」にあったこと、それゆえ、19世紀以降の状況こそが非難されるべきことも、あわせて指摘したい。

結果的加重犯の形成過程を、学説史・立法史にわたり比較的詳細に検討することにした理由は、以上の諸点にある。

(3) つづく第4章では、以上の歴史的考察を踏まえて、「結果的加重犯の構造」を検討する。結果的加重犯を通常の競合犯に解消しようとする「廃止論」に対して、「基本犯に内在する特殊な危険」を強調することにより、結果的加重犯と単なる競合犯との違いを浮き彫りにしようとしたのが危険性説であった。廃止論が主張されたことにより、ドイツでは、結果的加重犯の構造上の特徴をアピールする必要性が強かったといってよいだろう。その役割を果たした危険性説の立脚点は、歴史的考察からは十分に支持できる。しかし、その危険性説にも上述3で論じた問題点はいぜん残されている。

本章では、旧56条が制定されて以降にもなお提起された結果的加重犯廃止論、および「廃止」を主張しないまでも危険性説の立脚点を批判する諸見

解を検討することによって、いわば「詰め」の部分に関する危険性説の問題点を浮き彫りにすると同時に、以上の批判論に対する危険性説の側からする再批判を紹介しながら、結果的加重犯の固有の不法内容・加重処罰根拠をなすとされる、「基本犯に内在する重い結果発生の類型的で高度な危険」の具体化を試みることにしたい。その内実が明らかにされない限り、結果的加重犯に「固有」の客観的帰属限定法理として「直接性」を要求しようが、重い結果に対する「(重)過失」を要求しようが、それらの帰責限定は単なるリップサービスに成り下がる可能性が強いからである。

同様の問題意識に基づいた、「直接性」と「重い結果に対する過失」に関する私見のアウトラインはすでに別稿で示したが[15]、いかんせん主に傷害致死罪を念頭に置いた、概略的なものにとどまっていた。本章の検討はその補充も兼ねるつもりである。ただし、結果的加重犯の客観的成立要件としての「直接性」に関しては、若干ではあれ、一般の因果関係論に関する論点にも触れる必要があるため、その検討の詳細は次章にまわし、本章においては、結果的加重犯の「主観的成立要件」として、いわば「主観的直接性」とでもいうべき結果的加重犯の「過失」を先に検討することとする。「重い結果に対する過失」は、単に責任主義を標榜するだけではなく——客観的成立要件である「直接性」と全く同様に——、あくまで結果的加重犯の構造・不法内容を投影するものでなければならないからである。

(4) 本書の実質的な最終章にあたる第5章では、第3章の歴史的考察でその概略を示し、前章の検討で肉づけした「基本犯に内在する固有の類型的危険」を基盤にすえ、その危険の「重い結果への実現」という標語であらわされる「直接性法理」に関する私見を展開することにしたい。その際、すべての結果的加重犯について「直接性」を逐一検討することはせず、とくに問題の多い、傷害致死罪(暴行致死傷罪を含む)や強盗・強姦等致死傷罪、そして逮捕監禁致死傷罪を、考察の中心に置くこととする。本章では、因果関係論一般に関する若干の検討も行いながら、「直接性」が必要とされる根拠(この点については前章の考察でも触れる)、そしてとくに「直接性」と、たとえば相当因果関係説との違いを示すことにしたい。

以下、このような枠組みにしたがって論を進めていくことにする。

※なお,「科刑」の点だけからすれば,たとえばわが国の傷害罪の上限は10年だから（刑法204条,平成16年法律第156号による改正前）,傷害罪と過失致死罪の観念的競合を認めるのと,傷害致死罪の成立を認めるのとではそれほど差がないといえるかもしれない。実際,たとえば1999年度版『犯罪白書』によれば,1997年度の地方裁判所における傷害致死罪の有罪人員総数1,157人中,10年を超える刑が科された被告人は皆無であり,約81.3％を占める941人は「1年以上2年未満の懲役」で,しかもそのうちの938人には「執行猶予」が付されている[16]。しかし,このような科刑区分は,とくにわが国の最高裁の厳格な態度からして,上級審で破棄される可能性が強いのにあえて傷害致死罪の成立を否定することによる訴訟経済上の不利益を考慮したもの,すなわち,「表向き」は同罪の成立を認めながらも,それが妥当でないことを裏から「量刑」として考慮した「裁判官の苦肉の策」とみることもできるだろう。上記の科刑区分は,実質的には傷害致死罪の成立が否定されるべきだと解される事案が多いことを裏づけているのではなかろうか[17]。とくに,傷害罪（を含めた当該基本犯）と過失致死罪との観念的競合という形で有罪判決を下す理論的な基盤が整っていないわが国においては,暴行・傷害（を含めた当該基本犯）の故意がある限り,過失致死罪の成立が認められるなら,当然に傷害致死罪（を含めた結果的加重犯）の成立も認められるのだから,それだけ「量刑」における調整が必要とされる――このように考えることは十分に可能であろう。かりに,こう考えることが許されるなら,傷害罪（を含めた当該基本犯）か傷害致死罪（を含めた結果的加重犯）か,の二者択一だけではなく,当該基本犯と過失結果犯との観念的競合という第三の可能性も確保する必要性があると思われる。「実体法」の面に限定しても,たとえば傷害致死罪に対する「共犯」の成否は,「競合犯」として処罰するか,傷害致死罪を認めるかで差異が生ずることは十分に考えられるところである。共犯関係をおくとしても,とくに強盗や強姦等致死傷罪に関しては,それぞれ結果的加重犯の成立を認めるか,当該基本犯と過失致死傷罪との観念的競合を認めるかでは著しい刑の違いがあることはいうまでもないだろう（両者の併合罪を認めた場合でも事情は変わらない）。

　結果的加重犯といえば,とかくその競合論,未遂や共犯論という「各論的な問題」に議論が集中しがちであるが,本書は,その本質・不法内容,それに適した成立要件を改めて問い直すことにも十分に意義があると考えるものであ

る⁽¹⁸⁾。

(1) わが国の刑法典において「重い結果」は、延焼罪（刑法111条）、往来危険罪によって発生した車船等転覆・破壊罪（127条）の場合をのぞき、「致死傷」もしくは「致死」である。

(2) Vgl.G.Radbruch, Erfolgshaftung, VDA Bd.2, 1908, 227 (227f.); H.J.Hirsch, Zur Problematik des erfolgsqualifizierten Delikts, GA 1972, 65(65). 草野豹一郎「結果的加重犯」同『刑法改正上の重要問題』103頁（1950）、中山研一『刑法総論の基本問題』209頁（1957）。詳細は、丸山雅夫『結果的加重犯論』9頁以下（1990）参照。

(3) 旧56条は次のように規定する。「法律が行為の特別な結果に重い刑罰を結びつけているときは、行為者がこの結果を少なくとも過失で招致した場合に限り、行為者に重い刑罰が科せられる」。結果的加重犯に対する共犯の成立を前提とし、それゆえ「重い結果に対する過失」が「共犯者（Teilnehmer）」にも存在しなければならないことを明文で規定した点をのぞき、現行ドイツ刑法18条も同趣旨である。

(4) Vgl.G.Küpper, Der unmittelbare Zusammenhang zwischen Grunddelikt und schwerer Folge beim erfolgsqualifizieten Delikt, 1982, 25ff.

(5) 香川達夫『結果的加重の本質』3頁、62頁以下（1975）、森井暲「結果的加重犯の立法問題——改正刑法準備草案の批判的検討——」竹田直平博士・植田重正博士還暦祝賀『刑法改正の諸問題』34頁（1967）、丸山・前出注（2）82頁以下、井田良「結果的加重犯における結果帰属の限界についての覚書——強盗致死傷罪を中心として——」法学研究60巻2号252頁（1987）、竹内正「結果的加重犯概念についての一考察」松山大学論集4巻6号5頁以下（1993）など参照。

(6) 丸山・前出注（2）3頁。Vgl.auch D.Lang-Hinrichsen, Zur Frage der Zurechnung von Folgen der Straftat bei der Strafzumessung, GA 1957, 1 (7); D. Zielinski, Handlungs-und Erfolgsunwert im Unrechtsbegriff, 1973, 192. ツィーリンスキーは、正当にも、責任主義を実質的に「重い責任なければ重い刑罰なし」と理解する場合、責任はつねに不法に対応することから、結局、その実質は「重い不法なければ重い刑罰なし」ということに帰着するとする。

(7) Vgl.insbes., D.Oehler, Das Erfolgsqualifizierte Delikt als Gefährdungsdelikt, ZStW 69 (1957), 503 (512ff.); Hirsch, aaO [Anm(2)], 71, usw.

(8) Vgl.z.B., G.Boldt, Zur Struktur der Fahrlässigkeits-Tat, ZStW 68 (1956), 335 (356); E.Kohlrausch/R.Lange, Strafgesetzbuch, 43.Aufl., 1961, §56; K.Ulsenhaimer, Zur Problematik des Versuchs erfolgsqualifizierter Delikte, GA 1966, 257 (266f.); ders., Zur Problematik des Rücktritts von Versuch erfolgsqualifizierter Delikte, in: Paul Bockelmann-FS, 1979, 405 (414f.); Hirsch, aaO [Anm (2)], 71;

G.Jakobs, Das Fahrlässigkeitsdelikt, Beiheft ZStW 6 (1974), 6 (35ff.); ders., Strafrecht, Allgemeiner Teil, 2.Aufl., 1990, 9/33ff.; J.Wolter, Zur Struktur der erfolgsqualifizierten Delikte, JuS 1981, 168ff.; Küpper, aaO〔Anm(4)〕，30-32, 35-36, 85ff., 125-6; H.U.Paeffgen, Kommtar zum Strafgesetzbuch aus der Reihe Alternative kommentar (zit.; AK), Bd.1, 1990, §18 Rn.20ff.; J.Wessels, Strafrecht, AT 23.Aufl., 1993, 6; F.Christian Schroeder, Leibziger Kommentar (zit.: LK), 11. Aufl., 1994, §18 Rn.34f.; H.J.Rudolphi, Rudolphi/Horn/Samson/Günther, Systematischer Kommentar zum Strafgesetzbuch, 6.Aufl., 25.Lfg., 1995 (zit.: SK), §18 Rn.1ff.; C.Roxin, Strafrecht, AT Bd.1, 3.Aufl., 1997, §10 Rn.108ff.; K.Lackner/ K.Kühl, StGB 23.Aufl., 1999, §18 Rn.1; I.Puppe, Die Erfolgszurechnung im Strafrecht, 2000, 195ff.; Tröndle/Fischer, Strafgesetzbuch und Nebengesetz, 50.Aufl., 2001, §18 Rn.2; Schönke/Schröder, StGB., 26.Aufl., 2001, §18 Rn.1〔Cramer/Sternberg-Lieben〕, usw.

（9）　代表的な見解として，丸山・前出注（2）5頁，133頁以下，196頁以下，224頁以下など。その他，たとえば，滝川春雄「結果的加重犯」別冊ジュリスト法学教室（第1期）2号121頁（1961），森井暲「結果的加重犯」法学論叢69巻2号92頁以下（1960），同・前出注（5）34頁以下，井田・前出注（5）252頁，255頁，竹内・前出注（5）1頁以下，とくに5頁以下，20頁，岡野光雄「結果的加重犯と共犯」研修416号9頁（1983），佐久間修「結果的加重犯の共犯——ドイツ学説の諸見解について——」法政論論集98号54頁以下（1983），佐伯和也「結果的加重犯における『基本犯』と『重い結果』との関係について——傷害致死罪を中心に——」関大法学論集52巻3号582頁以下（2002）など参照。

（10）　「廃止」を主張せず「危険性説批判」を展開する見解については，第4章II 3で取り上げる。

（11）　丸山・前出注（2）198頁参照。同書は一貫してこのような観点につらぬかれている。

（12）　藤木英雄『刑法講義総論』201頁（1975）。大塚仁『犯罪論の基本問題』312～313頁（1982）も参照。

（13）　とくに，香川達夫『〔ゼミナール〕刑法の解釈』255頁以下（1985）参照。

（14）　香川・前出注（5）96頁参照。

（15）　拙稿「結果的加重犯の法定刑に関する一考察——傷害致死罪を中心として——」成蹊大学法学政治学研究第8号1頁以下（1989），「結果的加重犯の客観的成立要件と直接性——傷害致死罪を中心として——」同上誌第13号1頁以下（1994）。

（16）　法務省法務研究所『平成11年度版犯罪白書』480～481頁（1999）。傷害致死罪全体の執行猶予率は約85.3％に上る。これに対して，1998（平成10）年度の地方裁判所における傷害致死罪の有罪人員総数は275人と激減しているが，科刑区分と

序章　問題の所在

しては「5年以下の懲役」が124人と最も多く、全体の執行猶予率も16％に激減している（法務省法務研究所『平成12年度版犯罪白書』474〜475頁 (2000)）。あくまで推測にすぎないが、最近とくにみられる家庭内での幼児虐待による致死が、以上の数字に反映されているのではないかと考えられる。

　(17)　高裁レヴェルで、「量刑不当」の控訴をいれて原判決を破棄した裁判例として、たとえば、東京高判昭和31・2・9高裁特報3巻5号143頁（医療過誤が介在して死亡結果が発生した事案）、東京高判昭和61・4・24判例タイムズ630号222頁（同上）など参照。両判決では、それぞれ「量刑不当」を理由に原判決を破棄し、執行猶予をつけている。

　(18)　本書の基礎をなす学位論文執筆の終盤に至って、「危険運転致死傷罪」（刑法208条の2）が2001年11月28日、第153回国会において成立し（刑法の一部を改正する法律第138号）、同年12月25日から施行された。同罪についても、その罪質や成立要件などについて論ずべき問題点は多いが、その検討は後日を期することにしたい（同罪については、たとえばジュリスト1216号36頁以下 (2002・2・1) における、井上宏論文、曽根威彦論文、法学教室258号71頁以下 (2002) における佐伯仁志論文、現代刑事法36号76頁以下 (2002) の「緊急特別座談会」、などを参照されたい）。なお、2004年12月1日第161回臨時国会において、刑罰の強化を柱とする刑法の改正が賛成多数で可決・成立し、強盗致傷罪の下限が7年から6年に引き下げられた一方、集団強姦罪（178条の2）が新設されると共に、たとえば、傷害罪の上限が15年に、傷害致死罪の法定刑が3年〜20年に、それぞれ加重されたことを付記しておく（平成16年法律第156号）。

第 1 章　わが国の状況

I　判例の立場

　以上の問題意識にもとづいて考察を進めることにするが，まずは，わが国の判例の状況を概観することから始めよう。

　結果的加重犯に関する一般規定をもたないわが国においては，その成否はもっぱら解釈に委ねられている。状況は，重い結果の発生に対して「少なくとも過失」を要求する旧56条が制定される以前のドイツにおけるのと同様である。しかしながら，ドイツの判例のなかには，いわゆる「直接性」——その詳細は後述第 5 章で検討する——を要求することによって結果的加重犯の成立を客観面から限定しようとするものが散見されるのに対して，わが国の判例にはそのような傾向はみられない。むしろ，問題の事案が結果的加重犯であることを理由に，発生した結果を帰責するのは当然だとする判例が多々みられるのである。

　1　その典型例として，(尊属)遺棄致死罪の成立を認めた①大判昭和 3 年 4 月 6 日大審院刑事判例集 7 巻291頁をあげることができる。事案は，被告人が，精神異常のため扶助を要する被害者(被告人と嫡母庶子の関係にある50歳位の女性)を酷寒の折り(大正 6 年 2 月18日)，戸外に押し出し施錠を施したうえ，生存に必要な保温上の保護を与えなかったため，寝具もなく外気にさらされたまま自宅外縁で寝臥するに至った被害者が宿痾の肺気腫症に悪変を来し死亡したというものである。これに対して大審院は，まず，「凡ソ結果的加重犯タルヤ一定ノ犯罪行為ヨリ一定ノ重キ結果ヲ生セシメタルトキ其ノ重キ結果ヲ基本タル犯罪行為ニ結合セシメテ重キ責任ヲ負ハシムル犯罪」と理解したうえで，結果的加重犯はこのような犯罪「ナレハ苟モ基本タル犯罪行為ト重キ結果トノ間ニ若シ前者ナカリシナラムニハ後者ナカリシナ

第 1 章　わが国の状況

ルヘシトノ関係存スルニ於テハ基本タル犯罪行為カ其ノ重キ結果ニ對シテ直接ノ原因ヲ成スト否トヲ問ハス絶対ニ結果的加重犯ノ成立ヲ来スモノト解ス」べきであるとする。そして，被害者の死は何人も認識しえない肺気腫症が潜在したという偶然の事情によるものであるがゆえ，相当因果関係が欠けるとする弁護人の上告趣意に対して，本件の場合は，被害者に「肺気腫ノ宿痾アリタルコトハ事後ノ鑑定ノ結果始テ発覚シタル所ニ係リ遺棄行為ノ当時ニ在リテハ行為者タル被告人ニ於テハ勿論一般人ニ於テモ之ヲ認識シ得ヘカラサリシ所ナリシトスルモ」，被害者が「遺棄セラレサリシナラムニハ其ノ死ヲ見ルコト無カリシナルヘシトノ関係ヲ認定シ得ル」以上，被害者の「死ト被告人ノ遺棄行為トノ間ニハ因果ノ関係アルモノト解セサルヲ得ス」として，（尊属）遺棄致死罪の成立を認めたのである。

　本判決においては，その説示のうえでは，客観的に「条件関係」の存在が認められれば，それで結果的加重犯の成立に欠けるところはないという点が鮮明にされている[1]。それは同時に，本判決が「過失不要説」の立場にあることを示唆するものでもある。被害者は外見上は健康な婦人であり，また，その精神異常のため，しばしば極寒の時期に戸外を徘徊する姿が現認されており，それにもかかわらず，生来の「脂肪性肥満体質」のため事なきを得たという，当の被告人が目の当たりにしていた事実を前提にしたうえで，（尊属）遺棄致死罪を認めているからである。

　そもそも判例は，故意で当該基本犯が実行され，現実に重い結果が発生しさえすれば足りるとする前提に立っていた。旧刑法時代にさかのぼると，たとえば②大判明治 39 年 8 月 17 日法律新聞 376 号 13 頁は，被害者の面部を殴打し左手で同人の胸倉を握って引っ張り，創傷を与えて死亡させたという事案で，「殴打致死罪（旧刑法 299 条―括弧内引用者）は結果犯なるを以て苟も人を殴打するの意思を以て之を殴打し其結果人を死に致したるときは人を死に致すとは毫も犯人の予想せざりし所なりとするも犯人は殴打致死の責任を免れるを得ざるものとす」として同罪の成立を肯定した。

　この判決にみられるように，問題のケースが結果犯（＝結果的加重犯）であるから，発生した重い結果に対する責任を免れることはないとするものは多数に上る。その理由は，まさに「危険性説の危険性」といった側面にある

といってよい。

　結果的加重犯の「共犯」に関するものではあるが，古く，たとえば③大判明治25年5月12日大審院刑事判決録明治25年自4月至5月87頁は，被告人らがXに被害者の殴打を依頼したところ，被害者が24，5日間の疾病休業を余儀なくされたという旧刑法301条1項の「重傷害罪」に関する事案で，被告人らは殴打を教唆しただけで，「創傷ハ其関スル所ニ非サルニ原院カ此創傷ノ責ヲモ被告等ニ負ハシメタルハ不当」であるとする上告に対して，「『殴打ノ為メ或ハ死傷疾病等ノ結果ヲ生ス可キコトハ常人ニ於テ予知シ得ヘキ所ニ係ルヲ以テ』苟モ殴打ヲ教唆シタル上ハ其結果タル創傷ノ責ヲ被告人等ニ負シメタルハ相当ナリ（『　』による強調―引用者。以下同様）」と論じ上告を棄却した。また，被告人がXほか数名を教唆して被害者を殴打させたところ，Xらは被害者を即死させたという事案で，被告人が被害者から膝下に軽微な擦過傷を負わされたことに立腹してXらに上記傷害を教唆したことからして，Xらのこのような激しい殴打は被告人の無想だにしていなかったところであるという上告に対して，④大判明治39年12月3日法律新聞395号11頁も，「『殴打は以て人を死に致すの結果を生じ得べき行為』なれば殴打の所為を教唆する者は被教唆者の行ふべき殴打に因りて生じたる結果に付一切の責任を負うべきもの」であるとして殴打致死罪の教唆犯を肯定している。

　「基本犯に対する共犯」が認められさえすれば「結果的加重犯全体」に対する共犯も成立する(2)。なぜなら，基本犯には「死傷疾病等ノ結果ヲ生ス可キ」あるいは「人を死に致す」危険性が認められるからだ――以上の判例では，「危険性説的な観点」の「濫用」がみられるといえよう。すなわち，基本犯の危険性を強調することによる，客観的・主観的成立要件の「当然視」である。そして，このような結果的加重犯の「共犯」に関する立場が，「単独犯」にも適用されることは当然といえる。

　その主観面に関していうと，たとえば⑤大判大正14年12月23日大審院刑事判例集4巻780頁をあげることができる。事案は，被告人がA（被害者―以下同様）を座敷から（1尺45寸位下方の）土間に突き落とし，起き上がろうとしたAの頭部を手で2，3回殴打し，互いに組み合いAの左耳に微傷を負わせたところ，この闘争中の筋肉の激動並びに精神興奮が予てより脳血

第 1 章　わが国の状況

管硬化症に罹患していたAの血圧を上昇させ，脳出血の発作により，全身衰弱のため犯行から約 2 ヵ月後にAを死亡させたというものである。これに対して大審院は，被告人の行為とA死亡の因果関係を肯定したうえで，「傷害致死ノ犯意ニハ不法ナル暴行ノ故意アルヲ以テ足リ其ノ結果タル死亡ヲ認識シ得タルコトヲ要セサルモノナレハ縦令被告人カ本件犯行ノ当時被害者ノ脳血管硬化症ニ罹レルコトヲ知ラス従テ其ノ死亡ヲ認識シ得サリシトスルモ右犯罪ノ成立ヲ妨クルモノニ非ス」と判示し，傷害致死罪の成立を認めた。ここでは，傷害致死罪の成立に，致死の結果が「認識シ得タルコトヲ要セサル」ことが明確に判示されている。冒頭に引用した遺棄致死罪に関する①判例は，以上のような一連の判例の流れにそって下された，その意味で，結果的加重犯の成立要件に関する判例理論の到達点とみることができるだろう。

このような状況のなかで，⑥大判昭和 4 年 2 月 4 日大審院刑事判例集 8 巻 41(48)頁が次のように判示しているのは注目に値する。それは，以下のような弁護人の上告趣意に答えたものである。すなわち，かりに「暴行致傷致死」という形で傷害致死罪の成立を認めるにしても，刑法「第 204 条ヲ適用スヘキ前提行為トシテノ暴行ハ傷害ノ結果ヲ生スルコトアルヘキ性質ヲ具有」するものでなければならず，それゆえ，「主観的ニ犯人ハ該性質ヲ認識セサルヘラス」。本件の場合，被告人は単に被害者を突く認識でこれを突いただけで「傷害ノ結果ヲ生スヘキ釘ノ存在シタル点ニ就キ何等ノ認識ナク従テ該行為ハ傷害ヲ生スヘキナルコトノ認識ヲ伴ハサルモノナリ」。そして，傷害罪の前提行為たる暴行行為としての性質を認識していない以上，204 条は満たされず，それゆえ 205 条の成立もない。

これに対して大審院は，「傷害罪ノ結果ノ発生ニ付或ハ過失ヲ必要トシ或ハ予見シ得ヘキコトヲ条件トスル立法ノ下ニ於テハ所論ノ如ク傷害ヲ生スヘキ性質ノ認識ヲ要スヘシト雖我国刑法ハ之ノ主義ヲ採用セサルヲ以テ所論主張ヲ是認スルコトヲ得ス」というのである。ここでは，文面のうえでは，頑なな「法実証主義」の観点に「過失不要説」の立場が結びつけられていることがわかる。しかし，大審院は逆に，「重い結果に対する過失」が立法化された場合には弁護人の主張をいれる余地があるというのである。この点は注目に値しよう。

Ⅰ　判例の立場

しかしながら，その立法化がなされていないわが国においては，その後，最高裁の時代に入っても，いわば「悪しき法実証主義」にのっとった理論が展開される。

たとえば，刑法 207 条が傷害致死罪にも適用されるとした判例として有名な⑦最判昭和 26 年 9 月 20 日刑集 5 巻 10 号 1937 頁は，「傷害致死罪の成立には傷害と死亡との間に因果関係の存在を必要とするにとどまり，致死の結果についての予見は必要としない」と判示する。この判例は，「予見」を必要としないとするだけで「予見可能性」まで不要としたわけではないように読めるが，「結果的責任の場合重き結果について過失を必要とするものであるから被告人に死の結果について予見が可能であったにも拘らず，不注意に因って予見できなかったものであることを必要とする。然るに原審判決は此の点について事実の認定を為していない理由不備がある」という弁護人の上告趣意に対して，以上のように判示したのであるから，「過失不要説」の立場を表明した判例として位置づけることができる。

この⑦判例を引用して，⑧最判昭和 32 年 2 月 26 日刑集 11 巻 2 号 906 頁は「傷害罪［ママ］の成立には暴行と死亡との間に因果関係の存在を必要とするが，致死の結果についての予見を必要としないこと当裁判所の判例とするところであるから，原判示のような因果関係の存在する以上，被告人において致死の結果を予め認識することの可能性のある場合でなくとも被告人の判示所為が傷害致死罪を構成するこというまでもない」とする。

この事件は，被告人と性格的・肉体的に折り合いが悪くなった妻が，被告人の制止を受け入れることなく，その子を連れて自殺するといい続け，ある朝，それを実行すべく子供の腕を握ったため，被告人が妻の頸部に左腕を巻きつけ，妻を仰向けに押し倒し，同人に馬乗りになって両手でその頸部を圧迫したところ，心臓が肥大し，肝臓が高度の脂肪変性に陥り，特異体質であったのみならず，折柄月経中であった妻をして即時自宅六畳間でショック死させたという事案である。原々審はこのような事実を認定し，傷害致死罪の成立を認めて被告人を懲役 2 年執行猶予 3 年に処した。原審も，被告人の判示「暴行とショック死との間には間接的ながら因果関係」が認められるとし，「結果的加重犯について結果に対する予見可能性までをも必要とするもので

15

はない」と論じて，原々審を維持した。最高裁の判示は，発生した結果に責任（故意または過失）がないにもかかわらず犯罪の成立を認めることは憲法に反するとした上告に対するものである。

女性の上に馬乗りになり，その頸部を圧迫するという行為はいかにも粗野な暴行にみられる。しかし，本件のそれは，体力的に被害者に劣る被告人が行なった，「頸部を抑圧したというには頸部の抑圧痕は微弱である」（と認定された）ものであった。原審の「間接的ながら因果関係」は認められるというのは，妻の特異体質が主因を形成したことを物語る。そうすると，このような軽度の暴行から，大学時代には体育会に所属し壮健そうにみえる妻が死亡することを，被告人が予見できたかには疑問の余地がある。しかし，最高裁は先のように判示し，「結果的加重犯について結果に対する予見可能性までをも必要とするものではない」とした原審を維持したのである。ここでも，「過失不要説」の立場が表明されているといってよい。

この点は，⑨最判昭和46年6月17日刑集25巻4号567頁においても同様である。最高裁は，被告人が夏かけ布団で被害者の口のあたりを押さえつけるといった比較的軽度の暴行を加えたところ，被害者に重篤な心臓疾患があったため，心臓停止を来し死亡したという事案で，折衷的相当因果関係説によるべきことを明示して因果関係を否定した原判決の判断を誤りであるとし破棄差し戻したのであるが，その際，次のように論ずるのである。

「致死の原因たる暴行は，必ずしもそれが致死の唯一の原因または直接の原因であることを要するものではな」い。「原判示のように，被告人の本件暴行が，被害者の重篤な心臓疾患という特殊の事情さえなかったならば致死の結果を生じなかったであろうとしても，しかも，被告人が行為の当時その特殊事情のあることを知らず，また，『致死の結果を予見することができなかったとしても』，その暴行が特殊事情とあいまって致死の結果を生ぜしめたと認められる以上，その暴行と致死の間に因果関係を認める余地があるといわなければならない」（『　』—引用者挿入）。

たしかに，この判示における「致死の結果を予見することができなかったとしても」という部分は，全体の文脈からして，また本判決が折衷的相当因果関係説によった原審を破棄した点からも，折衷説を否定する趣旨であるこ

とは明らかである。したがって，上の部分が同時に「過失不要説」まで明示するとはいえない。しかし，本判決が原審を破棄差し戻した理由は，本件の事実関係からして必要とされよう，過失の存否の審理をつくさせるためではない。原審が因果関係の解釈を誤り，これまでの判例に相反する判断をした点にあったのである。調査官解説によると，本判決は「被害者の特異体質」の事案で，明白に折衷的相当因果関係説を否定し「条件説に近い結果となることを示した」ものである[3]。

他方，本判決が，明白に「相当因果関係説」に依拠することを示して因果関係の存在を否定したいわゆる「米兵ひき逃げ事件」決定[4]の4年後に下された判決であることも注目される。「被害者の特異体質」と「第三者行為の介在」という事案の類型を異にするからか，それとも，「業務上過失致死罪」と「結果的加重犯」という犯罪類型を異にするからかは明らかではないが，この事件が強盗致死罪という「結果的加重犯」であることから「条件説に近い」理解を示したとすれば，最高裁は結果的加重犯の成否に関して，やはり「過失不要説」「条件説」という基本線の上にあると評価できることになろう。

最後に，同様の傾向を示す判例として⑩最決昭和49年7月5日刑集28巻5号194頁[5]をあげておこう。事案は，被告人が暴行を加え被害者に傷害を負わせたところ，治療に当たった医師が投与した薬剤の副作用によって被害者の宿痾が悪化し死亡したというものである。これに対して最高裁は，「折衷的相当因果関係説」に依拠し傷害致死罪の成立を否定した第1審判決を破棄した原判決を，「原判示の事実関係によれば，被告人の暴行と被害者の死亡との間に因果関係を認めた原判決の判断は正当である」とした。

一般的にいって，折衷的相当因果関係が「否定」されて過失責任が「肯定」されるというのは——前者が肯定され後者が否定されることはあるが——，考えにくいところである。その折衷的相当因果関係を第1審判決は否定したのである。そうすると，外面上は健康体に見えても，81歳という被害者の年齢を考慮に入れれば，「少なくとも一旦受傷すれば余病を併発する虞のあることは普通，予見しえられる場合に該当するといえる」ことを根拠に（原判決），ただちに「致死」の予見可能性まで肯定できるかは疑問である。とくに本件は，医師によっても認識しえず，死後の死体解剖によっては

じめて確認された結核性病巣の存在，そのような患者には医学の常識からして考えられないとされるステロイド剤の投与が被害者死亡の直接の引きがねとなったというのであるから，「過失責任」の存否にはより慎重な検討が必要とされよう[6]。その意味では，原判決も，それを「正当である」とした最高裁も，「過失不要説」という一連の流れにのって結果的加重犯の成否を判断していることは否定できまい[7]。

2　以上，旧刑法時代から最高裁に至る判例の流れを概観したが，そこからは，判例の「結果的加重犯」に対する厳格な態度をみてとることができた。強盗致死傷罪に関するいわゆる「機会説」を加味すれば，その感はより一層強まる。この点は章を改めて検討することにしよう。ここでは，次の点を確認すれば足りる。

すなわち，以上の検討をおもに「被害者の特異体質類型」にしぼったのは，この類型の事案においてこそ，最も鮮明に「過失」の要否が問題となるからである。しかし，「過失責任」の有無を慎重に検討した判例は皆無であった。かといって，過失の代替機能を果たしうる「折衷的相当因果関係説」を採用するわけでもない（⑨⑩判例は「明示的」に折衷説を否定する）。このような厳格な態度を基礎づける根拠はどこにあるのか。「殴打ノ為メ或ハ死傷疾病等ノ結果ヲ生ス可キコトハ常人ニ於テ予知シ得ヘキ所」（③判決），「殴打は以て人を死に致すの結果を生じ得べき行為」（④判決），「暴行ナルモノハ動モスレハ傷害ノ結果ヲ伴フコト多キヲ以テ法ハ結果犯トシテ被告人ニ其罪責ヲ負担セシムルモノナル」（⑥判決）という説示に，その根拠を求めることができるだろう。すなわち，たとえば殴打には死亡結果を発生させる「高度で類型的な危険」が認められるのであり，現実に死亡結果が発生した以上，傷害致死罪の成立が認められるのは当然である——判例においては，「競合犯」に対する結果的加重犯の構造・本質が，因果関係および過失の存在を「当然視」する方向で援用されているといえよう。「結果的加重犯は結果責任を問うものであって，その性格自体はどのようにも変更することができないという固定観念」が判例の根底には存在する[8]，ということも可能である。

しかし，このような固定観念にとらわれる限り，結果的加重犯は「廃止」されるべきではないのか。それとも，たとえば，「結果責任」を問うものと

して結果的加重犯をとらえることが深く根差した国民の法意識である(9)、とでもいうのだろうか。判例の基本的な立場を前提とする限り、結果的加重犯の存在理由は認めがたいように思われる。学説がこぞって判例を批判するのは当然であるといえる(10)。そこで次節では、わが国の学説に目を転じ、判例批判を展開する当の学説が結果的加重犯をどうとらえているのか、みることにしよう。

　（１）　たとえば，内藤謙『注釈刑法（２）のⅠ』［団藤重光責任編集］62 頁（1968），香川達夫『刑法講義総論』148 頁（第 3 版，1995），川端博『刑法総論講義』59 頁（1995）など参照。
　（２）　「結果的加重犯の共犯」に関するわが国の判例の詳細は，丸山雅夫『結果的加重犯論』341 頁以下（1990）参照。
　（３）　田尾勇「暴行と致死の結果との間の因果関係」『最高裁判所判例解説刑事篇昭和 46 年度』116 頁参照。同様の評価として，たとえば，団藤重光『刑法綱要総論』181 頁（第 3 版，1990），大谷實『刑法講義総論』186 頁（第 4 版補訂版，1995），大塚仁『刑法概説総論』190 頁（第 3 版，1997），大越義久『刑法総論』59 頁（第 3 版，2001）など参照。
　（４）　最決昭和 42・10・24 刑集 21 巻 8 号 1116 頁。本決定が「相当説」に依拠する点については，たとえば，海老原震一「他人の行為の介入があった場合に刑法上の因果関係が否定された事例」『最高裁判所判例解説刑事篇昭和 42 年度』280 頁以下（1968），町野朔『犯罪論の展開Ⅰ』239 頁，243 頁（1989）など参照。
　（５）　本決定については，小田健司「暴行と死亡結果との間に因果関係があるとされた事例」『最高裁判所判例解説刑事篇昭和 49 年度』43 頁以下，大沼邦弘「暴行と死亡の間に因果関係があるとされた事例」警察研究 48 巻 6 号 47 頁以下など参照。
　（６）　先行行為が暴行である以外，結果発生に至る因果経過の複雑な機序という点では，本件と「北大電気メス事件」（札幌高判昭和 51・3・18 高刑集 29 巻 1 号 78 頁）とでは類似性が認められるのではなかろうか。
　（７）　下級審の裁判例で，「過失不要説」を明言するものとして，たとえば，名古屋高判平成 9・3・12 日判例時報 1603 号 3 頁（25 頁，43 頁［監禁致死罪に関する，いわゆる戸塚ヨットスクール事件］）参照。
　（８）　石堂功卓「結果的加重犯と責任」『団藤重光博士古希祝賀論文集第二巻』68 頁（1984），同「結果的加重犯序説」中京法学 12 巻 22 頁以下（1977）参照。大谷・前出注（３）186 頁も，「判例の状況を概観してみると，傷害致死罪のごとき結果的加重犯について，判例は条件説の立場を貫いている。これは，おそらく暴行罪または傷

害罪等の犯罪行為を原因とするものであるから，これと条件関係にある重い結果は，その行為に帰属するのが当然であるという考えに基づいているのであろう」と指摘する。

（9） Vgl.z.B., v.Rohland, Kausalzusammmenhang, Handeln und Unterlassen, VDA Bd.1, 1908, 349（376f.）.

（10） 前出注（8）の他，とくに牧野英一「結果的加重犯」同『刑法研究第8巻』453頁（1939）参照。また，丸山・前出注（2）82〜83頁は，とくに遺棄致死罪に関する①判例を引用して，判例は結果的加重犯を単なる複合形態と理解しているとし，正当にも，このような理解では結果的加重犯の「法定刑の重さを説明することは困難である」とする。わが国の判例の一般的な傾向については，同・34頁以下も参照。

II 学説の立場

1 結果的加重犯と責任主義

（1） 学説による判例批判は，第一に，判例が過失を不要とすることに対する責任主義との不調和に向けられた。たとえば，「無限ノ責任負担ヲ認メサル可カラサルカ如キ不当ノ結論ヲ誘致スルモノニシテ採用ス可キ解釈論ニ非ス」[1]という批判がそれである。

古く，小疇傳も，次のように主張していた[2]。

「現行法ノ規定ニ依レハ有責行為ニ因リ更ニ責任ナキ（犯意又ハ過失ニ依ラサル）重キ結果ノ発生シタル場合ニ於テ重キ刑罰ヲ科スルコトアル［中略］然レトモ此ノ如ク責任ナキ結果ニ対シテ刑罰ヲ科スルコト（刑ヲ加重スルコトヲモ包含ス）ハ法理ニ反シ刑罰ノ目的ニ適合セサル不当ノ規定ナリト云フヘキナリ」。

しかし，明治から大正期にかけての学説において，「責任」なき重い結果に対して刑を加重する「結果的加重犯」が「法理ニ反シ刑罰ノ目的ニ適合セサル不当ノ規定」だとするこの種の見解は少数であった。多くの見解はむしろ，判例と同様の立場にあったといってよい。たとえば高木豊三は，旧刑法299条「殴打創傷致死罪」につき，「因テ死ニ致シタル者トハ犯者素ト人ヲ殺スノ意ナシ止タ之レニ殴打創傷ヲ加フルノ故意ヲ以テ之ヲ殴打シ而シテ其殴傷之レカ原因トナリテ『偶然』（『　』による強調—引用者）被害者ノ死ニ至

リタルヲ云フ」とする⁽³⁾。このような主張は，「道徳上既ニ軽」くない「罪」である殴打創傷を「故意」で実行し，現に死亡結果を招致した点に殴打創傷致死罪の加重処罰根拠を求めることと無関係ではないだろう。高木によれば，「假令直接ニ之（身命―括弧内引用者）ヲ害スルノ故意ヲ以テセサルモ殴打創傷ノコト…ヲ知テ故サラニ之ヲ為ス道徳上ノ罪既ニ軽シトセス而シテ遂ニ之ヲ死ニ致シ社会ノ大害ヲ致ス其罪重カラストセス」⁽⁴⁾。

そもそも，旧刑法（1882［明治15］年1月1日施行）の基礎を築いたボアソナードは⁽⁵⁾，「重罪或ハ軽罪ニ付テ其犯人ヲ刑スルニハ其所業ヨリ發出ス可キ其害悪ヲ故ラニ生セシメントスルノ意趣アルヲ要スルヤ將タ其有形ナル本元ノ所業ヲ好ンデ為セシノミニテ可ナル可キヤ」と問い，「殴打折傷」を例示して次のように論じていた。

軽罪である「殴打折傷罪」が「重罪ニ變スル」のは，「受害者ノ20日以上職業ヲ為ス能ハサルニ至リシトキ」「受害者ノ癈疾不具ニ至ルトキ」，そして「其死去スルトキ」であるが，「此ノ結果ノ生スルヲ好マサルモ發者ハ之ヲ其身ニ引受ケサルヲ得」ない。なぜなら，故意のある殴打行為から「此害ヲ生スルハ固ヨリ当然ノ事」だからである，と⁽⁶⁾。

「通常犯人ニオイテ死ノ結果ヲ予見シウベキナルガ故ニ，ソノ予見ナキハ過失タルヲ免レズ」⁽⁷⁾。「何トナレハ加重罪ノ基本行為ハ法律カ加重罪ヲ構成スヘキ危険ナル行為ト認メタルモノナレハナリ」⁽⁸⁾。

前節でみた判例と同じように，明治から大正期にかけてのわが国の学説の多くも，「故意」で実行された犯罪に意図せざる重い結果を発生させる危険があることを理由として，重い結果に対する過失を「当然視」しようとしたのである。

(2) このような状況のなかで，結果的加重犯を「故意基本犯」と「過失結果犯」との結合ととらえることから，重い結果に対して「過失」を必要とする旨主張する見解がみられたことは注目に値する。たとえば岡田朝太郎は次のように論ずる⁽⁹⁾。

たとえば殴打致死罪の「性質ハ殴傷罪ト過失致死罪トノ化合ニ成ルト仮称スル事ヲ得ルモノ」である。ゆえに，「殴傷ノ故意アル外ニ死亡スル事アルノ危険ヲ予見シ若クハ予見シ得可クシテ生セシメタル過失ノ責ニ任スルモノ

第 1 章　わが国の状況

ナルヲ以テ全ク予見シ得可ラサル事実ニ追加セラレ之カ為ニ死亡シタル迄ノ責ヲ負フ可キニ在ラサルナリ」。

　しかしながら，この見解において，その「全ク予見シ得可ラサル事実」により否定されるのが「過失責任」なのか，「因果関係（の相当性）」なのかは明らかでない。論者は，上の主張につづけて具体例をあげ，たとえば，「単純ナル殴打ニ遭ッテ遁逃スル際被害者自ラ誤チテ河ニ落チテ死亡」した場合や，「負傷後被害者自ラ醸シタル第二ノ疾病創傷ノ為ニ殪レタル如キ場合ハ其加害者ヲ殴打致死ノ犯人ナリト認ムル克ハス」と論ずる(10)。すなわち，「被害者自ラ」の故意ないし（重大な）過失行為が介在して致死の結果が発生した場合は殴打致死罪を認めることはできないというのである。以上からすると，「全ク予見シ得可ラサル事実」が介在して結果が発生した場合は，今日的にいうと，相当因果関係もしくは客観的帰属が否定されるというのが論者の真意ということができよう。たとえば「遺棄致死傷罪」（旧刑法339条）に関して岡田は，「被害者ノ疾病死傷ニシテ『毫モ加害者ノ予想セサルカ予想シ得可ラサル事』假令ヘハ落雷ニ殪レ失火ニ傷キタルモノヽ如キハ固ヨリ遺棄者ニ其責ヲ負ハシムル克ハス（『　』―引用者挿入）」と論ずるが(11)，「落雷ニ殪レ失火ニ傷キタルモノヽ如キ」因果経過が「経験則上の通常性」を否定する典型例であることは，今日，明らかである。

　この見解が主張された当時は，後述するように条件説が通説的な立場にあった。したがって，今日でいう相当因果関係による限定を「過失ノ責ニ任スルモノ」と同一視したのではなかろうか。だとすれば，この見解も「過失不要説」のひとつに数えることができるだろう。今日のわが国における「過失不要説」(12)が，すべて相当因果関係説（しかも折衷説）に立脚していることは周知である。

　(3)　これに対して通説は，明確に「過失責任」を要求する（＝「過失説」）(13)。「刑法史の道程が結果責任より意思責任へ通じてをり，而して意思責任を目標として歩むのが進化の理法であるとするならば，結果的加重を論ずるに方つては，獨り立法問題としてのみならず，解釋問題としても，偶然責任から引離して理解すべき」(14)であるとする考えが，その根底にあるといえよう。しかしながら，その「過失説」のなかには，次のような見解もみ

II 学説の立場

られる。すなわち,「基本的犯罪自体の中に［は］,重い結果を引き起こす高度の危険性が含まれている」のだから,「基本的犯罪を実行する者にとっては,重い結果の発生についても,十分に認識・予見することが可能なのであり,その重い結果の発生については,当然に慎重な回避の努力を払わなければならない」。このような「注意義務に違反して重い結果を惹起させた者の過失は,通常の過失よりも重い過失であると解することができ」る[15]。このような理解によれば,重い結果に対する過失——しかも「重い過失」——がほぼ「自動的」に肯定されることになろう。もちろん,基本犯の危険性,および過失犯の構造をどうとらえるかにもよるが,当該犯罪が結果的加重犯の基本犯であるというそれだけの理由で,「高度で類型的な危険」,それゆえ予見可能性の存在が当然視されると同時に——基本犯がそれ自体「犯罪行為」であることを考えるとなおさら——,過失の一要件とされる「結果回避義務違反」[16]も当然肯定される可能性があるからである。これでは,「過失不要説」,ひいては判例の立場と何ら異ならないことになろう。「過失必要説に立っても,重い結果を発生させる危険性を内包している犯罪行為を故意で行っている以上,重い結果を帰責し得ない場合はほとんど考えられない」という指摘は[17],以上の限りにおいて正鵠を射たものといえる。

他方,結果回避義務という要件を不要とし,過失の成否を構成要件的結果(ここでは「重い結果」)の予見可能性に絞る立場も有力である[18]。ところで,結果発生に対する予見可能性の存否といっても,正確には,行為時における結果発生の危険性という形で問題とせざるをえないはずである[19]。そうすると,「基本犯の危険性」を「表面的」に強調する限り,いずれにせよ重い結果に対する過失は自動的に肯定されることになろう。形式的に「基本犯に内在する特殊な類型的危険」を強調することは,まさに「危険」なのである。ただ単に「責任主義」を標榜するだけでは,やはり不十分だといえよう[20]。

(4) さらに,以下の点にも注意すべきである。すなわち,重い結果に対する過失を要求することから,通説のなかには,結果的加重犯を「故意犯と過失犯の複合形態」として理解するものがある,ということである[21]。もちろん,それが単なる名称にすぎないのであれば何ら問題はない。しかし,結果的加重犯の構造が実質的にも「複合形態」とみなされることになると,大

きな問題が生ずる。第一に，結果的加重犯を複合形態ととらえるならば，基本犯と結果犯との観念的競合をこえる刑の加重を説明できないことがあげられよう[22]。「一個の行為が二個以上の罪名に触れ」る観念的競合も，たとえば，器物損壊の故意で過失傷害の結果を引き起こしてしまった場合のように，まさしく両罪の「複合形態」といえるからである。さらに，複合形態というのは，特別な定義が与えられない限り，そこに結合される二つ以上の犯罪の間に特殊な関係を必要とせず，ただ二つ以上の犯罪が認められればよいことになるので，これを結果的加重犯に当てはめれば，もっぱら過失致死傷罪の成立いかんによって結果的加重犯の成否が決めてしまう可能性がある，ということである。具体的には「機会説」に至りうる[23]，ということである。これが第二の問題である。

（5）責任主義を高唱し，重い結果に「過失責任」を要求することに全く異論はない。しかし，このようにみてくると，それだけでは結果的加重犯の帰責限定が十分に果たされないことが判明しよう。そもそも主観面は客観面に対応するのだから，まず客観面を画定することから始めなければなるまい。結果的加重犯の構造をどう理解するか，が客観面の画定である。構造の把握いかんによっては，「過失責任」の要求も画餅に帰し，それゆえ判例批判は表向きのものとなる可能性があるだろう。

（1）泉二新熊『日本刑法論総論』450頁（増訂43版，1933）。
（2）小疇傳『新刑法論』293〜294頁（総則，1910）。しかし，廃止を主張するものではない。
（3）高木豊三『校訂刑法義解』827頁（1880）。同旨の見解として，たとえば，宮城浩藏『刑法正義下巻』640頁以下（第6版，1896），勝本勘三朗『刑法析義各論之部下』59頁（第4版，1903）など参照。
（4）高木・前出注（3）834〜835頁。
（5）ボアソードと旧刑法に関しては，たとえば，小野清一郎「旧刑法とボアソナードの刑法学」同『刑罰の本質について・その他』425頁以下（1955）参照。
（6）ボアソナード講述・井上操筆記『[法国]刑法撮要』156〜158頁（1877）。
（7）山岡萬之助『刑法原理全』173頁（第16版，1915）。
（8）阿蘇温藏「加重犯ヲ論ズ」『法律学大家論文集刑法之部（全）』259頁（1912）参照。なお，その252頁では「過失不要説」が主張されている。

（9） 岡田朝太郎『日本刑法論（完）各論之部』738頁（1895）。
（10） 岡田・前出注（9）。
（11） 岡田・前出注（9）832頁。
（12） 植松正『全訂・刑法概論Ⅰ総論』129頁（1966），荘子邦雄『刑法総論』244頁以下（1968），同『刑法総論』130頁以下，とくに132頁（新版，1981），藤木英雄『刑法講義総論』200頁以下（1975），西原春夫『刑法総論』188頁（1977），同『刑法総論』214頁（改訂版［上巻］，1991），香川達夫『刑法講義総論』250頁以下（第3版，1995），など参照。
（13） たとえば，宮本英脩『刑法学粋』193頁（1931），同『刑法大綱』161頁（1935），木村龜二「結果的加重犯と責任」法学第7巻7号8頁以下（1938），牧野英一『重訂日本刑法論上巻』240頁，302頁（1938），同「結果の加重犯」『刑法研究第8巻』452頁，454頁（1939），滝川幸辰『犯罪論序説』40頁（改訂版，1947），小野清一郎『新訂刑法講義総論』152頁，178頁（1948），斎藤金作『刑法総論』183頁（改訂版，1955），滝川春雄『新訂刑法講義総論』80頁（1960），青柳文雄『刑法通論Ⅰ総論』300頁注（2）（1965），平野龍一『刑法総論Ⅰ』141頁以下（1972），中山研一『刑法総論』180頁（1982），内藤謙『刑法講義総論（上）』263頁，274頁，287頁（1983），団藤重光『刑法綱要総論』337頁（第3版，1990），福田平『全訂刑法総論』81頁（第3版，1995），大谷實『刑法講義総論』239頁（第4版補訂版，1995），川端博『刑法総論講義』60頁，159頁（1995），曽根威彦『刑法総論』78頁，143頁（新版補正版，1996），佐久間修『刑法講義総論』112頁（1996），大塚仁『刑法概説総論』196頁（第3版，1997），内田文昭『改正刑法Ⅰ総論』153頁注（8），233頁（補正版，1997），山中敬一『刑法総論Ⅰ』167頁（1999），大越義久『刑法総論』23頁（第3版，2001），松宮孝明『刑法総論講義』74頁（第3版，2004）など。
（14） 草野豹一郎「結果的加重犯」同『刑法改正上の重要問題』106頁，122頁（1950）。
（15） 大塚仁『犯罪論の基本問題』312～313頁（1982）。
（16） 過失犯の注意義務として「結果予見義務」と「結果回避義務」があげられるのが通例である。たとえば，団藤・前出注（13）338頁，343頁，大塚・前出注（13）224頁など参照。
（17） 前田雅英『刑法講義総論』103頁（第3版，1998）。大谷・前出注（13）240頁，木村光江『刑法』95～96頁（第2版，2002）も参照。
（18） たとえば，山口厚『問題探究刑法総論』157頁以下，とくに162頁（1998）。また同・161頁は，正当にも，それを履行すると故意というより重い責任を問われることとなる「義務」などというものはナンセンスである，として「結果予見義務」も否定する。同旨，浅田和茂他共著『刑法総論』227頁［松宮孝明執筆］（改訂版，1997），同・前出注（13）205頁，髙山佳奈子「違法性の意識（三）」法学協会雑誌114

巻3号72頁（1997）。
(19) 松宮・前出注(18)227頁、同・前出注(13)205頁。
(20) 丸山雅夫『結果的加重犯論』3頁（1990），森井暲「結果的加重犯の立法問題――改正刑法準備草案の批判的検討――」竹田直平博士・植田重正博士還暦祝賀『刑法改正の諸問題』37頁（1967）参照。
(21) たとえば，団藤・前出注(13)337頁，大塚・前出注(13)196頁，福田・前出注(13)81頁など参照。ドイツでは，ヴェルツェルやイエシェックなどが結果的加重犯を複合形態としてとらえるが，彼らの見解については，後述第4章Ⅱ1で再び取り上げる。
(22) 香川達夫『結果的加重犯の本質』67頁以下（1978），丸山・前出注(20)85頁以下，同「結果的加重犯の加重処罰根拠」阿部純二他編『刑法基本講座［第2巻・構成要件論］』131～132頁（1994）参照。
(23) 香川・前出注(22)68～69頁参照。これは，何も強盗致死傷罪に限られたことではない。たとえば「故意傷害の機会に生じた致死の結果」として，傷害致死罪ほか，その他のすべての結果的加重犯に適用可能である。拙稿「結果的加重犯の客観的成立要件と直接性――傷害致死罪を中心として――」成蹊大学法学政治学研究13号32頁（1994）参照。強盗致死傷罪に関する「機会説」については，後述第5章で取り上げる。

2　結果的加重犯と相当因果関係説

(1) 学説による判例批判の第二は――結局は判例の「結果責任的な運用」に対する批判に帰着するが――，判例が「過失不要説」の立場に固執するなら，せめて相当因果関係説（以下，「相当説」と略称する）を採用することで，客観面から結果的加重犯の帰責を妥当な範囲に限定すべきである，それにもかかわらず，判例は「条件説」に固執している，というものである。

たとえば，小疇傳は，因果関係論一般に関しては条件説の妥当性を主張しながらも[1]，「狭義の共犯」と「結果的加重犯」に関してはその例外が認められるべきだとし，結果的加重犯について次のように論じていた。

結果的加重犯は重い結果に対して「過失」がなくとも成立する以上，「此ノ種ノ犯罪ニ付テモ猶因果関係ニ関スル原則（条件説のこと―括弧内引用者）ヲ貫徹スルトキハ行為者ハ因縁ノ極メテ粗遠ナル結果ニ対シテモ猶事実上ノ因果関係ヲ理由トシテ其責任ヲ負フコトトナリ極メテ不条理ナル結論ヲ生スヘキカ故ニ此ノ種ノ犯罪ニ限リ因果関係ノ原則ニ対シ制約ヲ認ムルヘキ」で

ある。ここから論者は，フランクの見解を援用し(2)，「例ヘハ身体傷害ニ依リ惹起セラレタル『病理学上ノ経過』カ被害者ノ死ヲ惹起シタル場合ニ限リ傷害致死罪ヲ以テ論」ずるべきだとする（『　』―引用者）。それゆえ，たとえば「負傷者カ治療ヲ求ムル為メ医師ノ家ニ騎行スル途中ニ於テ落馬シ為ニ水中ニ落チ溺死シタル場合」や，「負傷者カ入院中流行窒扶斯病ニ罹リ死亡シタル場合」は，傷害致死罪の成立が否定される。このように述べて，小疇は結果的加重犯については「普通原因説」が適用されると論ずるのである(3)。

(2) しかし，明治時代から大正期にかけては，「刑法ニ於テ条件主義ノ因果論トイフモノハ非常ナ勢力ヲ得，通説トナリ，名ノ有ル刑法家ハ皆之ニ左祖シテ居ルノデアル」といわれるように(4)，当然，以上のような小疇の見解に対しては「条件説」の立場から反論が提起された。たとえば岡田庄作は次のような批判を展開する。

「絶対主義ノ原因論（条件説―括弧内引用者。以下同様）ヲ主張シナカラ右ニケノ場合（狭義の共犯と結果的加重犯を指す）ニ限リ相当原因説ヲ採用スルハ論理一貫」せず，また，結果的加重犯については，「基本犯ノ本質又ハ状況ヨリ生スル当然ノ結果以外ノ結果ハ結果ニ非ストイフハ事実ノ実際ニ符合セサル断案ナリ」(5)。それゆえ，たとえば，致命的ではない傷を負わされた被害者が治療のため入院しているときに暴風雨のため倒壊した工作物によって圧死した場合，強姦の被害者が羞恥心から自殺した場合，あるいは，一刀を加えられ重傷を負い歩行困難となった被害者が踏み誤って河中に墜落し溺死した場合は，条件関係に欠けるところはなく，したがって因果関係は認められるというのである(6)。

ただし，こう論ずる岡田も，このような事例で行為者に責任が認められるかは因果関係の存在とは別問題であるとし，帰責を限定しようとする(7)。しかし，その理論的な根拠は，これらの事例で被害者が死亡することの「予見ハ通常人ニ於テ普通為シ能ハサルカ又ハ為ササル處」であるという点に求められている。すなわち，「此点ヨリ見ルトキハ或ハ結果ニ於テ相対主義ノ因果関係論ト一致スル場合多カルヘシ」として(8)，理論的には正当とされる条件説を貫徹した場合の「苛酷な結論」を回避するために，とくに「結果的加重犯」においては「相当説」と同様の観点が背後から引き入れられているの

第1章　わが国の状況

である[9]。

　(3)　帰責を妥当な範囲に限定するために，「結果的加重犯」には「例外」として相当説が適用される。その根拠は，しかし，小疇や岡田の見解にみられるように，結果的加重犯に条件説を適用した場合の結論の「苛酷さ」[10]に尽きる，といってよい。しばしばあげられるが，強姦の被害者が羞恥心から自殺した場合，あるいは，転覆された船舶の乗客の妻がこの事件を聞いて精神過労のため発狂し縊死した場合などでは，「条件関係」が認められても「刑法解釈上此等ノ結果ヲ行為者ノ行為ノ責ニ帰スルコトヲ得」ない[11]，というわけである。当時から，条件説を採用しつつ，結論の苛酷さを回避するために「中断論」を援用することは不当とされていた[12]。そこで，客観面からする限定として相当説の採用が圧倒的に支持されたのである。

　しかしながら，結果的加重犯の問題に関していうと，以上のように，「偶然責任」を排除するというまさに「消極的な関係」でのみ結果的加重犯と相当説は繋がっているのであって，相当説と結果的加重犯の本質・構造を「積極的」に結びつける契機は全く存在しなかったといってよいだろう。たしかに，結果的加重犯を基礎として相当説は通説としての地位を確固たるものにする。結果的加重犯に関しては「条件説ノ貫徹ヨリ生スル苛酷ヲ緩和セント試ムル」ために，「相当条件説ヲ認ムルノ学者多キハ相当条件説ノ理由アルコトヲ示スモノ」であって，このように，結果的加重犯について「相当条件説」が「理由アリトセハ更ニ一般ノ犯罪ニ対シ此説ヲ採用スル能ハサルノ理由何レニ在リヤ」とする見解をみれば[13]，いかに結果的加重犯が相当説の原動力となったかが分かるだろう。

　そもそも，当時はいまだ，相当説の存在根拠が積極的に論証されることはなく，単に哲学的・論理的な因果関係と「法律上の因果関係論」は峻別されなければならないとされ，これが相当説の根拠とされただけであった。そして，以上を前提として，相当因果関係＝「法律上の因果関係」，法律＝「吾人ノ知識経験」を基礎にして定められたもの，ゆえに「相当因果関係」も「吾人ノ知識経験」に訴えて判断されなければならない[14]，という形式的な三段論法にもとづき，その「吾人ノ知識経験」に訴えて判断されるという相当性の内容が引きだされただけであった[15]。相当説にあっては「『常識上相

当』といふやうな用語に拠って事が説明せられ，又，かやうに論ずることを『穏当とす』とされてゐる程度になつてゐる。理論上の基礎は必しも鋭く議論されてゐるのではない」とされる所以である[16]。それにもかかわらず，相当説が通説としての地歩を固めていくにあたって，「苛酷な結論」を引きだす結果的加重犯が強力なサポーター役を果たしたといえるのである。

　この意味では，たしかに，結果的加重犯と相当説の間に密接な関係があることは否定できない。しかし，それは依然として偶然責任を排除するといった消極的な関係であることに変わりはないのである。そうだとすれば，先に論じた「過失説」と，判例も含めた「過失不要説」との「表向きの対立」に近い関係が，ここでも生ずることになろう。「何トナレハ加重罪ノ基本行為ハ法律カ加重罪ヲ構成スヘキ危険ナル行為ト認メタルモノ」である以上[17]，その行為から現実に発生した重い結果を，「偶然・希有な結果発生」「不相当な結果」とはいいにくいからである。すなわち，相当性の「推定」＝現実的には「条件説の適用」という事態が，とくに結果的加重犯においては肯定される「危険性」があるといえるのである。そもそも，相当性と過失は「予見可能性」という共通項をもつ以上，「過失説」が「過失不要説」に至りうるのと同様，「相当説」が「相当性不要説（＝条件説）」に至る可能性もあるといえよう。行為時における一般人の認識能力，あるいは行為者の特殊知識に訴えて結果条件を一般化しようと（折衷説），裁判時に判明した事実のあるものまで含めて結果条件を一般化しようと（客観説），以上の点で異なるところは何もない。

　(4)　ところで，最近では，従来の相当説における論争の的をなしていた「判断基底」の問題点を指摘し[18]，それゆえ，従来の相当説とは相当に異なる見解が主張されていることは周知のところである。そこでは，単なる「経験則上の通常性」「予見可能性」という基準で相当因果関係の存否を判断すること自体が疑問視されているといってよい[19]。相当性概念をより実質的・規範的にとらえようとする最近の有力説においては，結果的加重犯の構造＝基本犯に内在する重い結果発生についての固有の類型的危険を考慮する道が，その分だけ開かれているといえるだろう。しかし，その場合でも，「基本犯に特殊な危険」を具体化する作業は不可欠である。

第1章　わが国の状況

いずれにせよ，以上の考察からすると，因果関係の側面においても，基本犯の危険性を形式的に強調するだけでは，かえって帰責を拡張する「危険性」があること（＝悪い意味での「危険性説の危険性」），それゆえ，条件説に固執することに対する学説の判例批判も「表向き」のものとなりうることは否定できないと思われる。

　　（1）　小疇傳『新刑法論』179頁以下（総則，1910），同『日本刑法論各論之部』570頁以下（1906）参照。
　　（2）　Vgl.R.v.Frank, Das Strafgeseßbuch für das Deutsche Reich, 18.Aufl., 1931, 15f.
　　（3）　小疇・前出注（1）（総則）193～194頁，同・前出注（1）（各論）575～576頁，同「責任更新か因果関係の中断か」法律新聞266号3～4頁，法律新聞268号1頁以下［3頁］（1905）。
　　（4）　岡松参太郎「刑法学上ニ於ケル条件主義主義ノ因果論ヲ駁ス」法学志林9巻11号230頁（1907）。
　　（5）　岡田庄作『刑法原論総論』222頁以下，とくに226～227頁（第10版，1920）。
　　（6）　岡田・前出注（5）225頁。
　　（7）　岡田・前出注（5）248頁以下。
　　（8）　岡田・前出注（5）249～250頁。
　　（9）　岡田・前出注（5）250頁によれば，それでも相当説の採用に踏み切れない理由は，特別な智能をもった行為者が特殊な経過を予見した場合でも，因果関係が否定されてしまえば，彼を処罰しえない点にある。
　　(10)　ほとんどの論者がこの点を指摘するが，たとえば，大場茂馬「因果関係論」法曹記事23巻7号47頁，67頁（1913），同『刑法総論下巻』491～492頁（1917）など参照。
　　(11)　泉二新熊『日本刑法論・総論［上巻］』306頁（第40版，1927）。
　　(12)　勝本勘三郎「刑法上ノ因果関係ニ就テ」京都法学会雑誌4巻10号11頁以下（1909），同『法律大家論文集・刑法之部（全）』130～131頁（1912），大場・前出注(10)（法曹記事）67頁以下，同・前出注(10)（総論）487頁以下，岡松・前出注（4）234頁以下，とくに238～240頁など参照。
　　(13)　大場・前出注(10)（総論）491～492頁。
　　(14)　泉二・前出注(11)305～306頁，勝本・前出注(12)（法律大家論文集）114頁，同『刑法の理論及び政策』141頁，661頁（1925），大場・前出注(10)（法曹記事）50～51頁，同・前出注(10)（総論）460頁以下など参照。

(15)　しかも，これらの見解においては，「判断基底」の問題（相当性判断の事実的な基礎）と「判断基準」（相当性判断に用いられる「法則知識」）の問題が混同されている嫌いがある。この点につき，山中敬一『刑法における客観的帰属の理論』21頁以下（1997）参照。

　(16)　牧野英一「因果関係について」同『刑法研究第8巻』417頁（1939）。

　(17)　阿蘇温藏「加重犯ヲ論ズ」同『法律学大家論文集刑法之部（全）』259頁（1912）。

　(18)　判断基底論の問題点を指摘する見解として，たとえば，山中敬一『刑法における因果関係と帰属』230頁以下，311頁以下（1983），井田良『犯罪論の現在と目的的行為論』96頁以下（1994），小林憲太郎「因果関係と客観的帰属（二）」千葉大学法学論集14巻4号291頁以下（2000），山口厚＝井田良＝佐伯仁志『理論刑法学の最前線』15〜16頁［佐伯執筆］（2001）等参照。拙稿「わが国における最近の相当因果関係説の動向」成蹊大学法学政治学研究15号36頁以下（1996）でも，問題点の概略を示した。

　(19)　すでに，町野朔「因果関係論の現状と問題点」同『犯罪論の展開Ⅰ』106頁（1989）。その他，たとえば，井田・前出注(18)93頁（「『相当性』とか『経験的通常性』とか『予見可能性』とかいうことからは，個別事例において，結果帰属の根拠と限界とを実質的・規範的に明らかにする手がかりがまったく得られないのである」），108頁，小林「因果関係と客観的帰属（一）」千葉大法学論集14巻3号2頁以下（2000）も参照。基本的に同様の問題意識から，独自の「事実的帰属基準」を提示した見解として，とくに林陽一『刑法における因果関係理論』231頁以下（2000）参照。

Ⅲ　わが国の立法例

　わが国の状況を概観する最後として，立法作業における結果的加重犯の扱いをみておくことにする。「過失不要説」を唱える判例のなかにも，重い「結果ノ発生ニ付或ハ過失ヲ必要トシ或ハ予見シ得ヘキコトヲ条件トスル立法ノ下ニ於」ては，重い結果「ヲ生スヘキ性質ノ認識ヲ要スヘシ」という判例があったことは，本章第1節で確認した（⑥判例）。「［重い結果］ヲ生スヘキ性質」の把握いかんによっては，過失要件も相当性要件もともに，帰責限定の実をあげえないことは前述したが，ドイツの学説がそうであったように，過失が立法化されることによって結果的加重犯に関する議論が活発化する可能性はある。もちろん，立法化によって判例の態度に変化が生ずること

第 1 章　わが国の状況

も十分に予測されよう。それゆえ，わが国においても刑法改正作業において，結果的加重犯の立法化に向けた努力がなされてきたことは，評価に値する。

　1　古くは，明治 23 年草案（第 1 回帝国議会提出案）67 条に次のような規定がみられた⁽¹⁾。

「罪ヲ犯スノ意ナクシテ行ヒタル行為ハ罪トシテ論セス。但法律ニ於テ其規定ヲ遵守セサルノミヲ罰シ又ハ不注意ヨリ損害ヲ生シタル所為ヲ罰スル場合ハ此限ニ在ラス。

本人相当ノ注意ヲ缺クコトナクシテ刑ヲ加重ス可キ事實ヲ知ラサルトキハ其加重ノ事實ニ該ル可キ刑ヲ受ケサルモノトス」。

この 67 条 1 項が現行刑法 38 条 1 項に相当することは明らかであるが⁽²⁾，67 条 2 項については見解が分かれている。「相当ノ注意ヲ缺クコトナクシテ」すなわち「過失なく」という文言，および「加重ノ事實ニ該ル可キ刑」という文言からすれば，67 条 2 項を結果的加重犯規定と解することも不可能ではない⁽³⁾。とくに，同条 2 項を「錯誤」に関する規定と解するなら，「相当ノ注意ヲ缺クコトナクシテ」つまり過失の存否により故意の有無が左右されることになり，不当だといえるからである。しかしながら，本草案 67 条 1 項が現行 38 条 1 項に相当すること，それゆえ草案 2 項の「刑ヲ加重ス可キ事實ヲ知ラサル」とは，たとえば他人の占有に属する財物であることを知らず，遺失物横領の故意で行為した場合の規定，すなわち，現行 38 条 2 項に相当する「錯誤規定」と解することも十分に可能である⁽⁴⁾。草案 67 条 2 項の体系的な位置からしても，そのように解するほうが妥当であろう。

　2　いずれにせよ，「結果的加重犯」に関する総則規定が「明確な形」で規定されたのは，昭和 2 年の「刑法改正予備草案」においてである。その 12 条は次のように規定する⁽⁵⁾。

「結果ニ因リ刑ヲ加重セラレタル罪ハ犯人ニ於テ結果ノ発生ヲ予見スルコトヲ得ヘカリシ場合ニ非サレハ其ノ重キニ従テ処断スルコトヲ得ス」（傍点引用者）。

その後，昭和 6 年に「総則」のみが発表された「改正刑法仮案」，昭和 36 年の「改正刑法準備草案」，そして昭和 49 年の「改正刑法草案」において，

「結果的加重犯」に関する総則規定が設けられている。それぞれ以下のように規定する。

「結果ニ因リ刑ヲ加重スル罪ニ付テハ其ノ結果ノ発生ヲ予見シ得ヘカリシ場合ニ限リ重キニ従テ処断ス」(仮案12条)。

「結果の発生によって刑を加重する罪について、その結果を予見することが不能であった時は、加重犯として処断することはできない」(準備草案21条)。

「結果の発生によって刑を加重する罪について、その結果を予見することが不能であったときは、加重犯として処断することはできない」(改正刑法草案22条)。

3 これらの諸草案のうち、過失「責任」を要求すると解されるのは、「犯人ニ於テ」重い結果発生の予見可能性を要求する予備草案12条だけであり[6]、その他の諸草案がこの点をどのように解するかは必ずしも明らかではない。

仮案12条の注釈によれば、「本条ハ結果的加重犯ニ於テ刑ヲ加重スルニハ結果発生ノ予見ノ可能ナルコトノミヲ要件トスル旨規定ス。此ノ点ニツキ何等ノ規定ナキ現行法ニアリテハ、或ハ行為ト結果ノ間ニ単ニ客観的因果関係アレバ足ルトシ（社会的責任論）、又ハ少クトモ行為者ニ結果惹起ニツキテノ過失責任アルヲ要ストシ（道義的責任論、ドイツ1927年案21条、オーストリア1922年案20条）タルモ、本案ニ於テハ之ヲ折衷シテ、結果発生ノ予見ノ可能性ノミヲ要件トシ、ソノ予見義務ノ存在ヲ要件トセザルノ態度ニ出デタリ」とされる[7]。論旨には不明なところもあるが——ただし、この最後で述べられていることが、近時の有力説、すなわち過失をもっぱら「結果発生の［ある程度高度な］予見可能性」として理解する見解[8]と同旨でないことは明らかである——、注釈によると、「単ニ客観的因果関係アレバ足ル」とする立場と「行為者ニ結果惹起ニツキテノ過失責任アルヲ要ス」立場との「折衷」だというのだから、同条が、「過失責任」ではなく「客観的予見可能性」を要求する規定であることは明白であろう。その実質は「相当因果関係」を要求するものに他ならない。

他方、改正刑法準備草案21条においては、それに先立つ第1次案12条が、

「結果の発生によって刑を加重する罪については、『その結果について過失があった場合に限り』、加重された刑によって処断する（『　』―引用者）」としていたところ、検察官の反対により、「その結果を予見することが不能であった時」と改められた経緯があるという[9]。ここでは、それゆえ、「過失責任」を要求する立場が明確に否定されたことになる。それにくわえ、準備草案21条は、その結果を「予見することが不可能であったとき」と規定することで、予見が一般的に可能であること（＝相当因果関係の存在）を立証すれば、それが不可能であったことの立証責任は被告人が負担する、と解釈される余地も生ずる[10]。改正刑法草案は、このような準備草案をそのままの形で引き継いだのである。

　法務省の説明によると、責任主義を徹底すべきであるとする立場から、「その結果を発生させたことについて過失がなかった」という規定方式を採用すべしとする第1次案21条A案が受け入れられなかったのは、「予見不能といっても無過失といっても、その実質においてほとんど変わりはなく、予見不能と規定しておいても無過失の意味に解釈する余地は十分にあ」り、また「故意犯である基本的行為を犯す者に対し、重い結果を発生させないようにする注意義務の有無を問題にするのは不自然」だからである。さらに、改正案の審議過程において、「行為者がその結果を予見することが不能であった」と改めるべしとする総会修正案3も受け入れられなかったのであるが、それは、改正刑法草案22条が「従来の判例を修正するものであることからみて、予見可能性の基準を行為者に置くことになると、実務に及ぼす影響が大きすぎるので、……予見可能性の基準を主観的に考えるか客観的に考えるかの問題は、今後の学説・判例にゆだねるのが適当であるとされた」からだという[11]。

　4　このように、わが国の立法当局者は明確に「過失責任」を要求するには躊躇したのであるが、その理由として、しばしばあげられるのは、主観面の立証の困難さである[12]。しかし、この点はおよそすべての犯罪に共通することであろう。また、過失責任を要求すると「実務に及ぼす影響が大きすぎる」という理由も妥当ではない。その「実務」が、本章第2節でみたように、「結果責任的な運用」という点で批判の的となっているのであり、それ

III わが国の立法例

ゆえ,「影響」が及ぼされるのは当然だからである。

このようにみてくると,学説サイドから一貫してなされてきた判例批判を考慮して,立法当局側も重い腰を上げざるをえなかったというのが,結果的加重犯の立法化を促す原動力であったにすぎないといえるだろう。判例批判を鎮静化させる表向きの弥縫策にすぎないと評価できる以上,通説である「過失説」が,これら諸草案の消極的な態度を批判するのは当然である[13]。

（1） 本草案は,倉富勇三郎［序］・田中正身［著］『改正刑法釋義上巻』458頁 (1907, 復刻版, 1994, 信山社) によった。本書の「沿革」における「第一案」が,明治23年草案・第1回帝国議会提出案であることについては,本書の凡例1頁参照。なお,本書は,倉富勇三郎他監修・高橋治俊他共編『刑法沿革総覧』(1923, 復刻版, 松尾浩也増補改題『増補刑法沿革総覧』(1990, 信山社)) に収録されている,帝国議会に提出された改正案（＝現行刑法）と,それに関する議会議事録等にくわえ,欧米各国の立法例,大宝律に始まるわが国の関係条項をひろく収めたものである。

（2） 前出注(1)『改正刑法釋義上巻』458頁。

（3） たとえば,団藤重光『刑法綱要総論』337頁注(8) (1990) 参照。

（4） 吉川経夫『刑法改正23講』73頁 (1979)。丸山雅夫『結果的加重犯論』45頁注(22) (1990) も参照。

（5） 予備草案については,法律新聞3071号17頁以下 (1930),および,大塚仁＝河上和雄＝佐藤文哉『大コンメンタール刑法（別巻）』449頁以下 (1992) 参照（本書には,「仮案」「準備草案」「改正刑法草案」のいずれも掲載されている）。

（6） 丸山・前出注(4) 40頁参照。

（7） 久礼田益喜「昭和15年改正刑法仮案注釈」法律時報32巻8号343頁 (1960)。

（8） 山口厚『問題探究刑法総論』157頁以下 (1998),さらに,本章Ⅱ1(3)の注(18)参照。

（9） 井上正治「責任原理」法律時報32巻8号112頁注(6) (1960),「準備草案総則の問題点」法律時報32巻8号430頁［吉川経夫発言］など参照。

（10） 研究会「改正刑法準備草案」ジュリスト202号18頁［吉川経夫発言］(1960) 参照。井上・前出注(9) 112頁は,この点からも準備草案を批判する。これに対して,たとえば大谷實『刑法講義総論』240頁（第4版補訂版, 1995）も参照。

（11） 法務省刑事局『法制審議会改正刑法草案の解説』66頁 (1974)。

（12） 研究会「改正刑法準備草案」ジュリスト202号15頁,18頁［高橋勝好発言］,同19頁［渡辺衛発言］など参照 (1960)。

(13) 井上・前出注（9）111頁,「準備草案総則の問題点」前出注（9）430頁以下,森井暲「結果的加重犯の立法問題——改正刑法準備草案の批判的検討——」竹田直平博士・植田重正博士還暦祝賀『刑法改正の諸問題』37頁以下（1967）,平野龍一「草案と責任主義」平場安治＝平野龍一編『刑法改正の研究1（総論・総則)』20頁（1972）,中義勝「犯罪論——総論（罪刑法定主義・責任主義との関連で)」同上『刑法改正の研究1』53頁以下,佐伯千仭「責任について」および「改正刑法準備草案について」同『刑法改正の総括的批判』34～35頁,78～79頁（1975）,内藤謙『刑法改正と犯罪論（上)』16頁（1974）,石堂功卓「結果的加重犯と因果関係——草案22条批判にむけて——」中京法学13巻4号27頁以下（1979）,丸山・前出注（4）41頁,大越義久『刑法総論』23頁（第3版, 2001）など参照。

Ⅳ 小 括

本章では，判例から出発し，それを批判する学説，そして刑法改正作業における立法例をとおして，わが国の結果的加重犯に関する対応をみてきた。そこからいえることは，総じて，基本犯に認められる重い結果を招致する危険性が，帰責を「限定」する方向ではなく，もっぱら「拡張」する方向で用いられていたということである。判例の主流がそうであり，初期の学説の多くにも同様の傾向がみられたところである。

これを善しとしない多数説は，まず，客観面において「相当因果関係」による限定を主張した。もちろん，その内容をどう理解するかにもよるが,「偶然・希有な結果発生」が不相当として排除されるだけであれば，相当因果関係による帰責限定も期待薄だろう。なぜなら「加重罪ノ基本行為ハ法律カ加重罪ヲ構成スヘキ危険ナル行為ト認メタルモノ」であり，その行為から現実に発生した重い結果を，「偶然・希有な結果発生」とはいいにくいからである。準備草案や改正刑法草案のように，重い結果を「予見することが不能であったときは，加重犯として処断できない」としたところで，事情は何ら異ならない。

そこで，通説は，相当因果関係の存在にくわえて「過失責任」を要求することにより，結果的加重犯を「主観面」からも限定しようとする。そのこと自体に異論はない。しかしながら，それ自体処罰される犯罪を故意で実行し

IV 小 括

た点に「責任根拠」を求めるまで極端ではないにせよ，形式的に，当該犯罪が結果的加重犯の基本犯であることを理由として「高度で類型的な危険」の存在を「当然視」するなら，ほぼ自動的に「過失」が肯定されることになろう。それで責任主義の要請が満たされるというなら，「過失不要説」と「過失説」の違いは名称の違いでしかなくなる。

このようにみてくると，わが国においては「危険性説の危険性」という側面が多分にみられたといってよいだろう。なるほど，結果的加重犯の構造が，帰責を拡張する方向でも援用可能なことは否定しがたい。しかし，それが必然的なわけではない。限定する方向に向けた構造理解も可能なはずである。現にドイツではそのような方向性がみられるのである。

そこで以下では，結果的加重犯という共通の土台を対象とするにもかかわらず，多くの点でわが国とは対照的なドイツに目を転ずることにする。そうすることで，結果的加重犯の本質・構造，それに基づく成立要件を検討する足場を整えることにしたい。

第 2 章　ドイツの状況

　ドイツにおいて旧 56 条（「重い結果に対する過失」）が立法化されたのは 1953 年 8 月 4 日の第 3 次刑法改正法によってであるから（同年 9 月 1 日施行），それ以前の状況は，わが国におけるのとまったく同様であった。しかし，際だった違いがみられる。その一つは，ドイツの判例も条件説を基調とするものではあるが，わが国の判例とは異なり，条件関係の存在が明らかな事案において「客観面」から当該結果的加重犯の成立を否定したものが散見されること（その実質は，後述第 5 章で詳しく検討するいわゆる「直接性」の存在を否定するのに等しい），他方，1871 年のライヒ刑法典施行当時の学説は，立法論としてではあれ，結果的加重犯の「廃止」を主張する見解が多く見られたこと，である。

　まずは，ドイツの判例を概観してみることにしよう。

I　旧 56 条制定以前の判例

　1　基本犯と重い結果の「直接的な関係」に論及して，その「不存在」を理由に結果的加重犯の成立を否定した判例としては次のようなものがある。

　たとえば，①1907 年 10 月 11 日判決（RGSt.40, 321）は，ワイン工場で働いていた被告人 X が，自己の過失により発生させた火災を最小限にくい止めようとして，ワインの樽を地上に運びだしていたとき，それに協力した A，B の服に火が燃え移り，A は一命を取り止めたものの，B は火傷に起因する肺炎を併発し死亡したという事案で（以下，被告人を X，Y…，被害者を A，B…と略記する），次のように説示して「失火致死罪」の成立を否定した[1]。

　「『火災によって』という文言をどのように解するかは解釈に委ねられているが，立法史と一般用語からすると，火が独立に燃焼したことの結果と解すべきである。ドイツ帝国刑法典の失火・放火致死罪は，それぞれプロイセン刑法典 288 条，285 条を直接継受したものであるが，プロイセン刑法典が制

定されたとき，それ以前の『火災によって，またはその機会に』という文言はあまりに一般的すぎるとして否定され，死が直接火災によって惹起されたのでなければならないことを明示するために，同法典では『火災によって』という文言だけに限定されたのである[(2)]。このように，人間の死は火災それ自体と直接的な関係になければならないというのがプロイセン刑法典における失火・放火致死罪の法意なのであり，この考慮は，故意の放火・失火において人間の死を加重事由として行為者に帰属しうるのは死が火災と直接的な関係にある場合のみである，とする見解を基礎づける」（S.324）。

このように論じて，原審がXに失火の点で過失を認めたのは正当であるとしながらも（S.322），帝国裁判所は，「本件で失火致死罪を認めた原審は，法解釈の適用を誤るものとして破棄を免れない」としたのである（S.325）。

② 1910年10月11日判決（RGSt.44, 137）は，Xが口論の末，弾丸の装塡されたピストルでAを突いたところ，右手の指が引き金にかかっていたため，弾丸が暴発してAが死亡したという事案で，次のように論じ，危険傷害罪（223 a 条＝第6次刑法改正法により現行224条）と過失致死罪（222条）の観念的競合のみにより処断した原審に対する検察官上告を棄却した。

傷害致死罪の規定を「適用するためには，身体傷害『それ自体』（原文離字体―以下同様），すなわち，身体傷害を直接的に招致する行為が死を惹起したことが必要である」。これに対して，「意図した傷害を招致するにあたり，複数の行為が行なわれ，そのうちの一つが意図した（傷害）結果（括弧―引用者挿入）とは無関係に，それ自体単独で死を惹起する独自の因果系列（Ursachenreihe）をひき起こした場合，その死は『身体傷害によって』惹起されたものとはいえない。これはとくに，死を単独で招致する行為が意図した行為とただ外面的で偶然の関係にあり，傷害結果を招致するのに必要とされない場合，いいかえると，『身体傷害』を取り除いても死亡結果はなくならない場合にあてはまる」（S.139）。

なお，この判決において，「身体傷害を取り除いても死亡結果はなくならない」という説示は条件公式を適用したように読めるが，そうではない点に注意を要する。本件においても，被告人の「行為」と被害者死亡の間に条件関係が認められることは明らかであろう。

第2章　ドイツの状況

　本判決と同様，明らかに条件関係が認められる事案で，「客観的側面」から当該結果的加重犯の成立を否定したものとしては，以下の判例をあげることができる。
　決闘に際し，XとAのサーベルが絡み合ったため，決闘を一時中断し，それを解こうとしたところ，Aが胸からXのサーベルに突っ込んでしまったため，胸に傷害を負い，決闘から3週間後，その傷害に起因する感染症により死亡したという事案で，「決闘致死罪にいう『決闘において』とは，『決闘を実行するために行なわれた格闘行為によって』と解すべきである。Aの負傷は，たしかに決闘が終了していない段階で生じたものではあるが，それは，決闘の『機会に』生じたもので，『決闘において』生じたものではない」。——このように論じて決闘致死罪（206条）の成立を否定した③1928年10月4日判決（RGSt.63,6 [9]）(3)，決闘に際してXがAに与えた傷害はそれ自体重大ではなかったが，Aが汚れた手で何度も傷口に触ったため，丹毒症を併発し死亡したという事案で，「決闘においてもたらされた傷害が，被害者自身または第三者が故意ないし過失によって治療を妨害すべく介入することで死に至った場合でも本条の成立が認められるという拡張解釈は，本条の趣旨に反する。『決闘における殺害』に重い刑罰が科されていることからして，立法者は『決闘による傷害それ自体から生ずる』結果のみを念頭に置いているのであり，それ以外の，故意または過失行為が介在して共働惹起された結果を予定しているものとは解されない」として，決闘致死罪の成立を否定した④1930年5月6日判決（RGSt.64,143 [144]），そして，Xがその妻Aを木材で数回殴打し，Aの死を惹起したのであるが，その死がXの殴打によるか，Aが転倒し床や壁に頭を強打したことによるものなのか，判明しなかったという事案で，傷害致死罪の「成立を肯定するためには，故意の傷害それ自体，すなわち，傷害を直接的にひき起こす，傷害故意にカバーされた個別の行為（Einzelhandlung）が死を惹起したものでなければならない」とし，「Aの死がXの虐待および行動全体に基づく転倒から生じた場合は，その場合ではない」として傷害致死罪の成立を否定した⑤1950年1月16日判決（OGHSt.2,335），などを，あげることができる。
　2　このように，旧56条が制定される以前におけるドイツの判例には，

40

重く処罰される結果的加重犯規定の趣旨を考慮することにより限定解釈を主張するものが散見された。以上①から⑤のすべての事案で条件関係の存在は認められることからすれば、とくに結果的加重犯に関しては基本的に「条件説」に立脚するといってよいわが国の判例との違いは明白だろう。たしかに、以上が、旧56条が制定される以前の判例であることから、そこでは過失責任の埋め合わせが意図されていると解する余地はある。しかし、たとえば②の「ピストル事件」をあげれば、弾丸が装填され安全装置が解除されているピストルを殴打武器として使用する者に、暴発による死亡結果に関する過失が否定されることはあるまい[4]。現にＲＧはこの事件で被告人に過失致死罪の成立は認めているのである。その他の事案、とくに⑤ついても、過失致死罪の成立を認めることが可能である。そうすると、これらの判例は、発生した重い結果に過失致死罪が認められるだけで当該結果的加重犯の成立も認められるとは考えていないことになろう。「直接性」による限定の方向性がみられる所以である。

　もっとも、判例全体の傾向がこのようなものであったかといえば、そうではない。判例の主流は、やはり、わが国と同様、条件説に依拠するものであった。

　たとえば、⑥1881年9月28日判決（RGSt.5,29 [31]）は、被告人が被害者の左眼部を殴打したところ、「被害者の腺病体質が共働」してその失明が惹起されたという事案で、「行為者の行為が、結果の原因として、それに帰せしめることができる諸要因の一部をなし、行為の作用が他の因果要因によって中断されない」限り、刑法上の因果関係は認められるとし、重傷害罪（224条＝第6次刑法改正法により現行226条）の成立を肯定した。さらに本判決は、重い結果に過失を要求することは「立法の領域」に属することを根拠に、失明に対する被告人の予見可能性は不要であるとし（S.33）、また、「失明は有責な行為に基づくものであり、その行為を行なわなければ結果は回避可能であった」という点で「結果責任」を認めるのでもない、とする（S.34）。

　同様の立場は、その後の連邦通常裁判所にも受け継がれた。たとえば、⑦1951年9月28日判決（BGHSt.1,332 [333 f.]）は、被告人が被害者Ａの左の

第 2 章　ドイツの状況

頬を平手打ちで強打したところ，Aの脳膜が異常に薄かったため脳膜裂傷によりAが死亡したという事案で，結果的加重犯には「相当因果関係」が適用されなければならないという上告趣意に対して，それは「因果関係と責任の問題を混同するものだ」として退けたうえで，「帝国裁判所は一貫して刑法のすべての領域に条件説を適用してきたのであり，学説の多くもそうである。条件説は今日においても支配的なのであり，本刑事部も条件説にくみする」と論じて，傷害致死罪の成立を認めたのである(5)。さらに，本判決でも，規定文言の「文理解釈」から，重い結果に過失責任が要求されることはないと明言されている(6)。

下級審のなかには，被害者の胸腺が通常人の二倍もあったため，被告人との短時間における軽度の格闘の後に被害者が死亡したという事案において，明確に相当因果関係説を採用して傷害致死罪の成立を否定したものもみられるが(7)，当時の裁判例としては，むしろ例外的であった。

　（1）　1871年のライヒ刑法典309条は，「306条および308条に記載された種類の火災を過失で招致した者は，1年までの懲役刑もしくは罰金刑で処断される。火災によって人間の死が惹起されたときは，1月以上3年までの懲役刑で処断される」と規定する。なお，1998年の第6次刑法改正法による現行法では，失火罪が306d条に規定されているが，そこには死亡結果の発生による結果的加重犯規定は存在しない。「失火致死罪」や「過失溢水致死罪（旧規定314条）」など，「過失」を基本犯とする結果的加重犯については，それが過失致死罪の法定刑（5年以下の自由刑または罰金刑）と符合することから，学説においては，その削除が主張されていた。Vgl.H.U. Paeffgen, NK, 1995, §18 Rn.136.

　（2）　この点に関して，Goltdammer, Die Materiarien zum Straf＝Geseßbuche für die Preußischen Staaten, Teil II, 1852, 650 Anm.IV. 参照。

　（3）　決闘罪に関する規定は，1969年6月25日の第1次刑法改正法（BGBl. I 645）により削除されている。

　（4）　Vgl.auch I.Puppe, Die Erfolgszurechnung im Strafrecht, 2000, 217.

　（5）　本判決に対する否定的な評釈として，vgl.K.Engisch, JZ 1951, 787f.

　（6）　これに対して，Engisch, ebd., 788 l.Sp., a.E. は，そのような文理解釈は，刑法上の正義という根本問題に照らして捨て去られるべき「実証主義」であると批判する。

　（7）　LG Heidelberg, in: SJZ 1948, 207 mit zust. Anm. Engisch.

II 旧56条制定以前の学説——「廃止論」を中心として——

このように，たしかにドイツの判例も，その主流は，前章で検討したわが国の判例と同様の見地に立っていたといってよい。だが，少数ながら，重い結果の「直接的な惹起」の存否を問い帰責を限定する傾向もみられた。それが，少数から多数へと転じ，「直接性法理」として，とくに1970年代以降の判例・通説に結実していくのである。帰責限定法理の土台が判例によって形作られたのは，わが国とは大きな違いであるといえよう。他方，学説における明白な違いもみられた。「結果的加重犯廃止論」がそれである。

1　もちろん，19世紀後半から20世紀初頭にかけてのドイツにおいても，結果的加重犯存置の方向から，責任主義を貫徹すべしとの見地に立って，発生した重い結果に対する「過失」を要求する見解は存在した。たとえば，ブーリーは，傷害致死罪を例示し，彼の立脚する条件説から生ずる帰責の無限定さが同罪においてはとくに著しい不合理をもたらすとして，重い結果に対する過失が必要とされる旨主張する[1]。また，その他の結果的加重犯に関しても，死亡結果がおよそ予見しえなかった場合には量刑上軽減処罰を行なうべきであると提言していた[2]。

ビンディングも，規範論の観点からではあるが，たとえば傷害規範違反と殺人規範違反の複合体とみなされる傷害致死罪[3]においては，重い結果も規範違反としての違法・有責な"Delikt"の要素である以上[4]，有責すなわち「過失」が重い結果に及ばなければならないと主張する[5][6]。

しかし，旧56条が制定される以前の，ライヒ刑法典施行当時のドイツにおいては，重い結果に対する過失が要求されていないにもかかわらず，「法律に反して」過失を要求することは不当であるという見解が，学説の大勢を占めたのである。多くの結果的加重犯規定にみられる「……によって惹起された（verursachen）」という文言は，ドイツ語法からすると，純粋な客観的因果関係のみをあらわすとされ[7]，また，たとえば，1884年の爆発物法5条第2項の解釈から，すなわち，同法5条第2項は「行為によって重傷が惹起された場合は5年以上の懲役刑が科され，人間の死が惹起された場合は

10年以上の懲役刑が科される」と規定する一方，同第3項が「行為によって人間の死亡が惹起された場合であって，行為者がその結果を予見しえた場合には死刑が科される」と規定していることから，死刑が科される以外の場合には死傷結果に行為者の過失が要求されることはないと解されるとされ[8]，これらを根拠に，多くの学説は重い結果に過失が要求されないことは明白だと主張したのである[9]。

2　そこで，学説においては，重い結果に過失が必要とされないことを根拠に，重い結果を「客観的処罰条件」としてとらえる見解が，一時期，有力となった[10]。

なるほど，客観的処罰条件にとって第一義的なことは，責任連関が必要とされるかどうかであり，因果関係は決定的ではないとするならば[11]，重い結果を客観的処罰条件と解釈することも可能であろう。しかし，客観的処罰条件とは，基本的な犯罪成立要件である行為もしくは構成要件には属さない，単なる「刑罰権発動」のための条件であると理解するときは[12]，基本犯と重い結果の間に「条件関係」が存することすら不要とされるはずである[13]。さらに，刑罰権発動の条件である客観的処罰条件が，リストやアルフェルトのいうように，かりに条文に規定されている一定の事実が発生しない限り，行為それ自体が不可罰とされる条件だということになれば，結果的加重犯の場合，重い結果が発生しない限りは，その基本犯そのものを不可罰とせざるをえないであろう[14]。客観的処罰条件説を改説したリストが，「結果的加重犯においては，たとえ重い結果が発生しない場合であっても行為は可罰的である」としたのは[15]，この点を考慮したからであろう。

このように，旧56条が制定される以前の段階においても，重い結果を客観的処罰条件としてとらえる「客観的処罰条件説」は採用しえない見解であったといえるのである。

3　「客観的処罰条件」ではなく「構成要件要素」でありながら，しかし，責任の側面からする帰責の限定が全く期待できないとすれば，わが国の学説がそうしたように，考えられる帰責限定の方策は「相当因果関係説」を採用することであろう。しかし，ドイツの，とくに1871年のライヒ刑法典施行当時の学説においては，このような見解が大勢を占めるには至らなかったの

である。

　たしかに、この当時は、いまだ、相当因果関係説（相当説）が条件説に対してその優位性を主張しうる段階ではなかったといってよい[16]。19世紀後半、クリースによって提唱された「相当説」が注目されるようになったのは、20世紀に入ってからである。しかし、相当説による帰責限定を「結果的加重犯」に関しても否定しようとした学説の真意は、相当説一般に対する批判的な態度にくわえ、それ以上に、そもそも「結果的加重犯」には、そのような限定解釈を施すべき何らの実体も存在しないという観点にあったといってよい。相当説に依拠することで結果的加重犯の正当性を主張しようとするような態度は、「刑法解釈学から葬り去られるべき運命にある忌々しい遺物を過大評価することになる」とするリストの見解に[17]、この点が端的にあらわされている。

　当時、結果的加重犯は、「現代の恥ずべき汚点」であり「何ものによっても正当化されることのない野蛮」であるとか[18]、「われわれの法を辱める不正」であり[19]、「古い結果責任の遺物であって、今日の法意識にも、将来の刑事政策の諸原則にも一致しない」[20]などと酷評されていたが[21]、このような見地からすれば、「何ものによっても正当化されることのない野蛮」に、ただ「相当因果関係」という衣を着せて、その「野蛮」を「正当化」するような態度は、まさしく「何ものによっても正当化されえない」のは当然のことであろう。ドイツの多数説が「結果的加重犯廃止論」の立場に立っていたことを考えると[22]、以上はその当然の帰結だといってよい。

　結果的加重犯には、その「構造」からして当然に客観的側面からする帰属限定がなされるとしたラードブルフが[23]、それにもかかわらず結果的加重犯の「廃止」を主張したということが[24]、「相当因果関係説」を援用することにより結果的加重犯の「存続」を正当化しようとする見解に対する拒絶を雄弁に物語る。

　4　ドイツの学説におけるこのような「廃止論」の主張は、わが国にはみられなかった一つの特徴である。さらに、結果的加重犯の「起源」にまでさかのぼることで「廃止」を主張する態度も、わが国の学説とは異なるところだといえる。

第 2 章　ドイツの状況

しかしながら、「廃止論」は、一部の例外をのぞき[25]、結果的加重犯は通常の観念的競合規定により処断される場合（競合する犯罪に科される「最も重い刑罰」による処断──いわゆる「吸収主義」）ではなく、併合罪におけると同様に「加重主義」によって処断されるべきだというのである[26]。しかし、それは、一方で、「過去の遺物」であるとして結果的加重犯には重く処罰される理由はないとしながら、他方では、「加重処罰」を正当化することに帰着する。したがって、この主張は単なる「表向きの廃止論」といわざるをえないのである。それゆえ、上記「廃止論」に対しては、「観念的競合の通常の場合に対する不当な刑の加重という代償を払って結果的加重犯の廃止を買い受けるものであると同時に、結果的加重犯の問題をただ不透明な量刑の領域に移し換えるだけのことである」とする批判[27]が、そのまま当てはまることになろう[28]。この点は、廃止論が「立法論」だからといって異なるところはない。

（1）　v.Buri, Zur Lehre von Tödtung, GA 11 (1863), 797 (797-9).

（2）　v.Buri, Über das Strafen-System des Strafgesetzbuchs für den Norddeutschen Bund, GS 23 (1871), 99 (116f.).

（3）　K.Binding, Die Normen und ihre Übertretung, Bd.1, 2.Aufl., 1890, 220; ders., Bd.1, 4.Aufl., 1922, 220.

（4）　ビンディングは、規範に反する違法・有責な行為を "Delikt" と呼び、その "Delikt" が構成要件化され処罰される場合に、これを "Verbrechen" と呼んで、両者を区別している（Vgl.Binding, Handbuch des Strafrechts, Bd.1, 1885, 499）。

（5）　Binding, Die Normen, Bd.4, 1919, 289f.

（6）　その他、「過失必要説」を主張する見解として、H.Hälschner, Das gemeine deutsche Strafrecht, Bd.1, 1881, 327f.; ders., Bd.2, 1884/7, 28f., 634, 819; A.F.Berner, Lehrbuch des deutschen Strafrechts, 18.Aufl., 1898, 122f., 534.; A.Schönke, Strafgesetzbuch Kommentar, 6.Aufl., 1952, Vorbem.IV, Rn.4. などがある。ベルナーの見解については、ベルネル氏「日本刑法に関する意見書」（明治19年、宮島鈴吉［訳］）、内田文昭他編著『日本立法資料全集20 刑法［明治40年］（1）─Ⅰ』485頁（1999、信山社）も参照。

（7）　A.Löffler, Die Schuldformen, 1895, 268; M.E.Mayer, Der Allg.Teil des dt. Strafrechts, 2.Aufl., 1923, 121 Fn.2; E.Mezger, Strafrecht.Ein Lehrbuch, 3.Aufl., 1949, 317.

II 旧56条制定以前の学説

(8) Löffler, Schuldformen, 269.

(9) Vgl.z.B., v.Schwarze, Der Entwurf des Strafgesetzbuchs für den Norddeutschen Bund und die Kritiker des Entwurfs, GS 22, 1870, 161 (185); R.v.Frank, Das Strafgesetzbuch für das Deutsche Recht, 1897, §59 Anm.XⅡ; ders., 18.Aufl., 1931, §59 Anm.Ⅳ; E.Beling, Die Lehre von Verbrechen, 1903, 43 Fn.1; ders., Grundzüge des Strafrecht, 3.Aufl., 1905, 70; v.Liszt/Schmidt, Lehrbuch des dt. Strafrechts, 26.Aufl., 1932, 155f.; G.Radbruch, Die Lehre von der adäquaten Verursachung, 1902, 64; Olshausen Kommentar zum Strafgesetzbuch, 11.Aufl., 1927, 254 Anm.3; v.Hippel, Deutsches Strafrecht Ⅱ, 1930, 380, usw.

(10) Vgl.v.Liszt, Lb 2.Aufl., 1884, 169; Beling, Lehre von Verbrechen, aaO [Anm (9)], 52; ders., Grundzüge, aaO [Anm (9)], 70; ders., Die Lehre vom Tatbestand, 1930, 5f.; P.Allfeld, Lehrbuch des deutschen Strafrechts, 9.Aufl., 1934, 186 Fn.2, usw.

(11) Vgl.T.Rittler, Strafbarkeitsbedingungen, in: Festgabe für R.v.Frank, Bd. 2, 1930, 1 (4f.).

(12) Vgl.v.Liszt, aaO [Anm (10)], 169; Beling, Lehre von Verbrechen, aaO [Anm (9)], 51ff., 201.

(13) この観点からの「客観的処罰条件説」批判に関して，香川達夫『結果的加重犯の本質』20〜22頁（1978），丸山雅夫『結果的加重犯論』123頁以下，とくに128〜129頁（1990）参照。

(14) 丸山・前出注(13)127頁参照。

(15) v.Liszt, Lehrbuch des dt.Strafrecht, 21.u.22.Aufl., 1919, 156; ders., 26. Aufl., aaO [Anm (9)], 238.

(16) 「相当説」一般に対する批判として，Vgl.M.E.Mayer, Der Causalzusammenhang zwischen Handlung und Erfolg im Strafrecht, 1899, 134-7; ders., aaO [Anm (7)], 146-8; v. Liszt/Schmidt, Lb 26.Aufl., 163, 168f.; Radbruch, Verursachung, aaO [Anm (9)], 58-60, 66f.; E.Cohn, Der schwere Erfolg als gesetzlicher Grund erhöchter Strafbarkeit, Str.Abh.Heft 112, 1910, 81f.; F.Wachenfeld, Lehrbuch des dt.Strafrecht, 1914, 86; H.v.Weber, Grundriss des dt.Strafrechts, 2.Aufl., 1948, 60f.; Alexander Graf zu Dohna, Der Aufbau der Verbrechenslehre, 1950, 19f.

(17) v.Liszt/Eb.Schmidt, Lb 26.Aufl., 169.

(18) Löffler, Schuldformen, 278f.; ders., VDB Bd.5, 1905, 369ff.

(19) M.E.Mayer, aaO [Anm (7)], 121.

(20) v.Liszt/Eb.Schmidt, Lb 26.Aufl., 238.

(21) 旧56（現行18）条制定以降の批判として，たとえば，Maurach/ Schroeder, Strafrecht Bes.Teil, Teilb.1, 6.Aufl., 1977, 102 は，結果的加重犯を「不

47

第2章　ドイツの状況

愉快で，時代錯誤の犯罪グループである」とする。

(22) Vgl.Radbruch, Erfolgshaftung, VDA Bd.5, 1908, 238, 249f., 253; M.Galliner, Die Bedeutung des Erfolg bei den Schuldformen des geltenden Strafgesetzbuchs, Str.Abh.Heft 116 (1910), 44; Mezger, aaO ［Anm (7)］, 264; Blume, Erfolgshaftung heute? NJW 1965, 1261, usw.

(23) Radbruch, aaO ［Anm (9)］, 65f.; ders., Erfolgshaftung, aaO ［Anm (22)］, 234f.

(24) Radbruch, aaO ［Anm (22)］.

(25) 丸山・前出注(13)98頁注(22)が観念的競合に関する「吸収主義」の立場から「廃止論」を主張する論者として援用するH.Seuffertの著書は，直接参照することはできなかった。

(26) Vgl.z.B., Löffler, Schuldformen, 279f.; ders., VDB Bd.5 370; Radbruch, Erfolgshaftung, aaO ［Anm (22)］, 249, 253; Cohn, aaO ［Anm (16)］, 82ff., 89. 詳細は，丸山・前出注(13)92頁以下参照。

(27) Vgl.H.J.Hirsch, Zur Problematik des erfolgsqualifizierten Delikts, GA 1972, 65 (68, 75).

(28) Vgl.auch C.Lorenzen, Zur Rechtsnatur und verfassungsrechtlichen Problematik der erfolgsqualifizierten Delikte, 1981, 66ff.

III　小　括

　以上，わが国の状況と比較する意味で，本章では旧56条が制定される以前のドイツの判例・学説に限定し，そこでの結果的加重犯の扱いをみてきた。結論的にいうなら，たしかに，ドイツにおいても結果的加重犯は条件説プラス過失不要説によって判断されていたといえよう。しかし，判例のなかには，条件関係の存在はもちろん，過失責任も肯定できる事案で，当該結果的加重犯の成立を否定するものが散見された。「経験則上の通常性」「予見可能性」という一般的な枠組みからは，この結論を説明できない事案がみられたことも注目に値する。少なくとも，ドイツの判例においては，結果的加重犯の構造が帰責を「限定」する方向でも援用可能なことが示唆されていたことは確かである。それが，とくに1970年代以降，確固たる判例・通説の地位を築いていくことは，後述第5章で詳しく検討することにする。

　他方，当時の学説もわが国とは異なり，ドイツでは「過失不要説」が主流

III 小 括

を占めていた。そこには,「頑な法実証主義」への固執[1]だけではなく,結果的加重犯は元来が「結果責任」を体現する犯罪類型であるとする観点があった。したがって,多数説は「廃止」を主張したのである。すなわち,「廃止論」の基礎をなすのは,結果的加重犯の起源が,刑法から一掃されるべき「退化した間接故意の理論」の「名残」であり,加重処罰の根拠も,そのような「軽蔑されるべき間接故意の理論」に結びついている,という「歴史認識」である[2]。もちろん,この見解が,観念的競合の「加重主義」という弥縫策によって結果的加重犯の「廃止」を主張したことは不当である。しかし,結果的加重犯の歴史的形成過程が廃止論の主張するようなものだとすれば,やはり,結果的加重犯は廃止されるべきであろう。何ら重く処罰される「実体」が存在しないのに重く処罰することは,明らかに許されないことだからである[3]。

しかしながら,翻って,結果的加重犯は真に「退化した間接故意論の名残」なのであろうか。ラートブルフは「間接故意」を versari 法理の「誤解」に基づくというが[4],その検証は何らなされていない。しかも,そのような「歴史的形成過程に関する認識の差異が,結果的加重犯の本質解明に当たって大きな相違をもたら」すのであれば[5],この点の検討は必要不可欠であろう。そこで,結果的加重犯の構造,それに適合する帰責限定法理を検討するのに先立ち,次章ではまず,「結果的加重犯の歴史的形成過程」を今一度振り返ってみる必要があると思われる。

(1)　とくに G.Radbruch, Die Lehre von der adäquaten Verursachung, 1902, 64.
(2)　Vgl.A.Löffler, Die Schuldformen, 1895, 278; ders., Die Körperverletzung, VDB Bd.5, 1905, 205 (396).
(3)　Vgl.auch K.Binding, Handbuch des Strafrechts, Bd. 1, 1885, 366.
(4)　Radbruch, Erfolgshaftung, VDA Bd.2, 1908, 230.
(5)　香川達夫『結果的加重犯の本質』96 頁 (1975)。

第3章　結果的加重犯の歴史的考察

I　本章の目的

1　結果的加重犯には長い歴史がある。ドイツの一般的な理解によれば，結果的加重犯は，「versari法理」⇨「間接故意の理論」⇨フォイエルバッハの提唱にかかる「故意によって決定づけられた過失（culpa dolo determinata）」（以下cddと略記する）」という一連の経過をへて形成されてきたとされている[1]。このような歴史的形成過程それ自体にはほとんど争いがない。しかし，前述の廃止論によれば，結果的加重犯はカノン法上に成立したversari法理の「誤解」に基づく「間接故意」の理論[2]を母体とするものであり，それゆえ，結果的加重犯には，そもそもその出発点からして今日の刑法理論とは相いれない結果責任的な性格が付与されている。したがって，結果的加重犯の加重処罰は，すでに克服された故意の推定による嫌疑刑に基づくものであり，そもそも刑の加重根拠など存在しないのである。

なるほど，結果的加重犯，とくに傷害致死罪はもともと故殺の一類型として扱われていた。この点にのみ重い刑罰の起源が求められるのであれば，故意の推定による加重処罰という批判も不当とはいえまい。しかし，versari法理の維持・発展に寄与したバルトルスに代表されるイタリアの後期注釈学派，コヴァルヴィアスに代表されるスペインの学説，それらを継受したカルプツォフに代表されるドイツ普通法学説が，結果的加重犯を故殺としてとらえていた背景には，後に検討するように，先行行為の性質が決定的な役割を果たしていた。この点を根拠にした故殺としての扱いを純粋な「故意の推定」とみなすかどうかは，故意のとらえかたに依存しよう。当時の，故意の情緒的・意思的側面を重視するローマ法に指導された故意概念[3]に立脚するならばともかく，このような狭い故意概念に固執しない場合には，結果発生の危険性・蓋然性に着目し，この点を根拠に結果的加重犯を故殺とみなした

間接故意の理論，したがって同理論を母体とする結果的加重犯を，「何ものによっても正当化されることのない野蛮」と断ずることができるのか——この点は改めて問われなければならないであろう。

2　ところで，結果的加重犯を故殺の範疇から解放する理論的基礎は，それまで支配的であった間接故意論を排斥すべく主張されたフォイエルバッハの「故意によって決定づけられた過失（cdd）」によって築かれる。そして，この cdd は，基本犯罪についての故意犯と，意図せざる結果に関する過失犯が競合する観念的競合の事案として扱われた。しかし，フォイエルバッハも，観念的競合規定が適用されるべき事案であるにもかかわらず，その cdd が適用される一定の場合には「刑の加重」を留保したのである。フォイエルバッハにしたがい cdd の理論を採用した 19 世紀におけるドイツ各領邦の諸法典も，総則規定の観念的競合によることなく，各則として特別に加重処罰を留保していた。たとえば，今日の傷害致死罪が過失致死罪と故意傷害罪との観念的競合の適用される事案であることは，1813 年のバイエル刑法典の注釈自体が認めるところであるが[4]，傷害致死罪に総則の観念的競合規定[5]が適用されることはなかった。1851 年のプロイセン刑法典においても，結果的加重犯は cdd の事案として理解されているが[6]，総則の観念的競合規定に基づく刑罰が科されたものは存在しない。その理由は何であるのか。

3　本章では，以下，結果的加重犯の母体をなす「間接故意の理論」を中心に，その学説史と立法史をてがかりとして，なぜ，結果的加重犯が故殺の一類型としてとらえられていたのか，その理由を検討すると共に，cdd の理論により故殺の範疇から解放されたにもかかわらず，この理論を採用したその後の諸法典（プロイセン草案を含む）においては，なぜ，結果的加重犯に通常の観念的競合による処断がなされなかったのか，その根拠を探ることにしたい。

なお，結果的加重犯の歴史的な考察ではあるが，以下では，今日の「傷害致死罪」を考察の中心に置くことにする。その理由は次の三点にある。第一に，歴史的にみると，たとえば 1532 年のカロリナ刑法典にみられるように，放火，強姦，強盗罪など，傷害致死罪以外の多くの結果的加重犯にはすでに基本犯の実行自体に「死刑」が科せられており，今日の結果的加重犯の体を

第 3 章　結果的加重犯の歴史的考察

なしていなかったこと[7]，また，その後の過程においても，これらの犯罪においては，殺人故意がないにもかかわらず謀殺と同一視されるのが当然だという傾向がみられたこと[8]，そして「因果関係論」が今日のように一般的な犯罪成立要件として議論されることはなく，もっぱら「故殺」——それゆえ今日の傷害致死罪——を含めた「殺人罪」に関して論じられていたこと[9]。以上の三点にある。

以下，以上に述べた問題意識にしたがって，主に傷害致死罪に焦点を当て，同罪が今日と同様の犯罪類型に至るまでの歴史的変遷過程を考察してみることにする。

　　(1)　D.Oehler, Das erfolgsqualifizierte Delikt als Gefährdungsdelikt, ZStW 69 (1957), 503 (504ff.); M.Schubarth, Das Problem der erfolgsqualifizierten Delikte, ZStW 85 (1973), 754 (757ff.); G.Küpper, Der unmittelbare Zusammenhang zwischen Grunddelikt und schwerer Folge beim erfolgsqualifizierten Delikt, 1982, 14ff.; H-H.Jescheck, Lehrbuch des Strafrechts, Allg.Teil, 4.Aufl., 1988, 235; G. Dornseifer, Unrechtsqualifizierung durch den Erfolg-ein Relikt der Verdachtsstrafe? in: GedS.für Armin Kaufmann, 1989, 428ff.; H.U.Paeffgen, AK, vor §18 Rn. 3ff., usw.

　　(2)　G.Radbruch, Erfolgshaftung, VDA Bd.2, 1908, 230.の指摘による。

　　(3)　ローマ法の「狭い」故意概念について，山岡萬之助『刑法原理全』155～157頁（第16版，1915），桂（木村）静子「故意と過失の限界について」刑法雑誌 5 巻 4 号541頁，真鍋毅『現代刑事責任論序説』22頁以下，とくに25頁（1983），内田文昭「過失犯の歴史的展開について」同『犯罪概念と犯罪論の体系』179頁（1989），H・リューピング（川端博＝曽根威彦訳）『ドイツ刑法史綱要』39頁以下，47頁（1984）など参照。

　　(4)　Vgl.Anmerkungen zum Strafgesetzbuche für Das Königreich Bayern, Bd. 1, 1813, 256.

　　(5)　バイエルン刑法典110条 2 項は，「犯罪者が同一の行為で同時に複数の犯罪を行った場合には，最も重い犯罪に科される刑罰が適用されるものとする」と規定していた。

　　(6)　Vgl.Goltdammer, Die Materiarien zum Straf＝Gesetzbuche für die Preußischen Staaten, Theil II, 1851, 414, 418, 428, 520, 634f.

　　(7)　カロリナ刑法典119条（強姦），125条（放火），126条（強盗）参照。本法典に関しては，塙浩「カルル五世刑事裁判令（カロリナ）」神戸法学雑誌18巻210頁

以下 (1968) の邦訳によった。
　(8)　Vgl.z.B.Anmerkungen Bd.1, aaO［Anm (4)］, 191f.; Anmerkungen Bd.2, 3f., 15f. フォイエルバッハも，「死刑」の制限を主張しつつ，大逆罪や謀殺などとならんで，「放火致死罪」「強姦致死罪」，そして「強盗致死罪」には死刑が科されるべきだとし，とくに「強盗致死罪」については，「その傷害で死亡するほどに被強奪者が虐待された場合」という限定は付されているものの，「殺害意図はもっていないかったという強盗犯人の抗弁は，けっして聞き入れられてはならない」と主張する。Vgl.P.J.A.v.Feuerbach, Kritik des Kleinschrodischen Entwurfs zu einem peinlichen Geseßbuche für die Chur = Pfalz = Bayrischen Staaten, III Theil, 1804, 176f.
　(9)　Vgl.E.Beling, Der gegenwärtige Stand des strafrechtlichen Verursachungslehre, GS 101 (1923), 1; F.Schaffstein, Die allgemeinen Lehren von Verbrechen, 1930, 49; G.Boldt, Johann Samuel Friedrich von Böhmer und die gemeinrechtliche Strafrechtswissenschaft, 1936, 276.

II　versari 法理とその継受

1　versari 法理

(1)　結果的加重犯の生成過程を論ずるに際して，常にあげられる第一の理論が versari 法理である[1]。「不正な事柄に従事した者は，そこから生ずる一切のことに責任を負う (versari in re illicita imputantur omnia quae sequuntur ex delicto)」とする versari 法理は，12 世紀の終りから 13 世紀の初頭にかけて「教会法上」の原理として成立したもので，元来，聖職者がその聖職を司ることに対しての適格性の有無を決定する法理であった[2]。

同法理は，結果重視の素朴な民族感情とキリスト教モラル，および，それに基づくローマ法の内心重視の傾向を調和させるべく登場した理論であって，その接点を先行行為の不法性に求めたものだとされる[3]。「内心の潔白さ」がとくに要求される聖職者には，法的には「偶然の結果」と見られる場合であっても，発生した結果に対して責任を負うとされたのである[4]。

「人間の法感情としては責任のない偶然と見えるものであっても，それは，厳格な教会の審判者 (Der kirchliche Richter) によって，内心の責任 (verborgene Schuld) に帰せられる。……意図されない，予測されない，否，およそ予見することすら不可能な結果についても，罪 (Sünde) をとおして悪

しき力に身を委ねた者は，その結果のゆえに処罰がなされる」[5]。

たとえば，1212年のインノセント三世教皇法令集（Die Dekretale Innozenz III.vom 1212）によると，修道士がある婦人の咽喉の腫瘍を手術したところ，予後の指示を守らなかった婦人が後出血で死亡した事例において，修道士がその手術を「隣人愛」から行ったのか，それとも「利欲心」から行ったのかが問われ，後者の場合には，その手術に「不正」という烙印が押されることによって，彼の聖職者としての地位が剝奪されたという[6]。

(2) このようなversari法理に関しては，さまざまな評価がなされている。

たとえば，versari法理の本旨は，法的もしくは道徳的に許されない先行行為を故意に実行した場合には，その先行行為と発生した結果との「因果関係」を問題とすることなく，発生した結果を帰責する点にあったという指摘がみられる[7]。「修道士」の例で行為者に発生した結果が帰責されたのであれば，このような指摘は必ずしも不当であるとはいえないであろう。また，ボルトは，同法理においては，先行行為が「許されない行為」である限り，結果を生じさせた行為者の「注意義務違反」の有無を問うことなく結果が帰責されたことを指摘する[8]。versari法理がこのようなものだとすれば，ビンディングのいうように，それは「これまでに定立された理論のうちで最悪の理論のひとつ」であると評価することが可能であろう[9]。

(3) しかし，もともと，versari法理の本旨は，聖職者から聖職者たる地位を剝奪する点にあった。つまり，同法理は，刑法上の「責任」ではなく，専ら聖職を司ることの「不適格」を基礎づける理論であったというのである[10]。したがって，versari法理それ自体を詮索しても意味はないであろう。われわれの問題にとって重要なことは，結果的加重犯の母体をなすとされる「間接故意の理論」がversari法理の「誤解」に基づくものなのかどうか，いいかえると，「聖職者」にのみ適用されていたがゆえに厳格な法理を，無批判に「一般人」にまで及ぼしたのが「間接故意の理論」だったのかどうかという点にあるからである。

（1） R.v.Hippel, Deutsches Strafrecht II, 1930, 380; Arthur Kaufmann, Das Schuldprinzip, 2.Aufl., 1972, 247; Schubarth, ZStW 85, 757; G.Artzt, Leichtfertigkeit und recklessness, GedS.für H.Schroder, 1978, 122; Küpper, Zusammenhang, 14, 81; Dornseifer, GedS.für Armin Kaufmann, 428; Paeffgen, AK, vor § 18 Rn.3, usw.

（2） A.Löffler, Die Schuldformen, 1895, 136ff.insbes., 138ff.; E.Cohn, Der schwere Erfolg als gesetzlicher Grund eröhter Strafbarkeit, Str.Abh.Heft 112(1910), 6ff.; M.Grünhut, Anselm von Feuerbach und das Problem der strafrechtlichen Zurechnung, 1922, 134; Schubarth, ZStW 85, 757; Lorenzen, Rechtsnatur, 36f.; Küpper, Zusammenhang, 14. 森井暲「結果的加重犯」法学論叢69巻2号1頁，内田文昭『犯罪概念と犯罪論の体系』214頁，219頁以下（1989），ホセ・ヨンパルト「古代刑法における versari in re illicita の認否と現代刑法における偶然の役割」上智法学論集24巻3号235頁以下（1981），丸山雅夫『結果的加重犯論』182頁以下（1990）など参照。

（3） Vgl.z.B., Schubarth, ZStW 85, 757-8.

（4） Vgl.z.B., G.Nass, Wandelungen des Schuldbegriffs im Laufe des Rechtsdenkens, 1963, 72.

（5） W.Engelmann, Die Schuldlehre der Postglossatoren und ihre Fortentwicklung, 2.Aufl., 1965, 211.

（6） Löffler, Die Schuldformen, 140 Fn.12; Küpper, Zusammenhang, 14f.; Dornseifer, GedS.für Armin Kaufmann, 428.

（7） G.Dahm, Das Strafrecht Italiens im ausgehenden Mittelalter, 1931, 259f.

（8） Boldt, Johann Samuel Friedrich von Böhmer und die gemeinrechtliche Strafrechtswissenschaft, 1936, 192.

（9） Binding, Normen, Bd.4, 1919, 116.

（10） 前出注（2），とくに，ホセ・ヨンパルト・前出注（2）250頁参照。

2 versari 法理とイタリア法学，1532年のカロリナ刑法典

(1) versari 法理がドイツ普通法学に継受されるにあたって重要な役割を果たしたのは，イタリア法学であったという⁽¹⁾。しかし，そのイタリア法学においては，versari 法理が純粋な形で維持・発展されることはなかったといってよい。そこでは，発生した結果に「過失」を認めるにあたってすら，先行行為の「不正な事柄への関与」が重要な成立要件をなしてはいなかったのである。

14世紀の後期注釈学派にあって，学説と実務に比類なき功績と影響を与えたとされるバルトルス（1314-1357）⁽²⁾は，たとえば，他人に小石を当て軽症を負わせたところ，負傷者の不注意で死亡結果が発生した場合，あるいは，

その体格からして度を超えたものとはいえない拷問をくわえたところ，それにもかかわらず被害者が死亡したという場合，たとえ行為が傷害の直接的な原因であるとしても，その傷害から結果の発生することが「予見不可能」であるときは，発生した結果の帰責を否定したという。すなわち，バルトルスは，行為者が意図した，もしくは「予見可能であった」よりもより重い結果が「偶然的」に発生した場合は，結果を生じさせた基となる行為に責任があるとしても，発生した結果に責任が問われることはない（necei debet ex postfacto casu delictum crescere），と主張したとされる[3]。バルトルスの最も優れた門弟といわれるバルドゥス（1327-1400）[4]においては，先行行為が禁じられたものかどうかは重視されず，有責な行為の「結果を招致する傾向」が重視され，それが否定されると，結果の予見可能性も否定されたという[5]。

このようなバルトルスやバルドゥスにならったイタリア法学の通説によれば，「行為の予期せぬ結果を帰責するのに重要なことは "versari in re illicita" ではなく，有責な行為が結果の法的に重要な原因であるかどうかであって，結果の原因が行為の可能な原因として予見可能であり，したがって回避可能である場合にのみ，有責な行為が法的に重要な原因」とみなされたというのである[6]。

以上からすると，イタリア法学においては，発生した結果を「過失」として帰責にするあたっても，純粋な形でversari法理が援用されたのではないことが判明しよう。

（3）そのよい例証となるのが，1532年のカロリナ刑法典（Constituito Criminalis Carolina）（以下CCCと略記する）である。同法典は，イタリア法学を経由し，15世紀後半から16世紀にかけて行われたローマ法継受という形で，versari法理がドイツ普通法学に取り入れられてゆくのとほぼ時を同じくして制定された法典である[7]。

CCCがversari法理を継受したものと解される条文としては[8]，たとえば，医師が予謀をもたずに死亡結果を惹起した場合に，「許されざる，彼に不相応な医術」を敢行した点に「責任」根拠を求める134条，理髪師・射手が，しかるべき場所で他人の髭を剃る・弓を射るなどし，しかし他人の死亡を引き起こした場合は理髪師・射手は免責されるが，同様の行為を，不適切な場

所・往来の激しい場所で行い死亡結果を引き起こした場合には，彼らに対する帰責がなされるとする146条などを，あげることができる。しかし，そこには先行行為の，法的ないし道徳的な「不正」ではなく，むしろ「危険要因」が考慮されている。医師の医術，理髪師・射手などの行為にそれは明らかであろう。「人の現在する，もしくは禁じられた場所で弓を射る（Schießen）といった事例においては，行為者は特別な危険を創出するものであるから，そこには行為と結果との因果的な関係が存在するのみならず，一般人はそのような危険が創出されないことを信頼してもよい，という意味においては規範的な関係すら存在する」，という指摘もみられるのである[9]。

（4）このようにみてくると，結果を生じさせた先行行為が「それ自体不正」であるかどうかだけではなく，それにプラスして，その先行行為に結果を発生させる「危険性」があるかどうかが「帰責」の前提条件をなしていたといえよう。発生した意図せざる結果を「故意」として帰責するための理論である「間接故意論」は，このような脈絡のなかで生まれたのである。

（1）Vgl.Eb.Schmidt, Einführung in die Geschichte der deutschen Strafrechtspflege, 3.Aufl., 1965, 107f.
（2）Vgl.dazu Engelmann, Die Schuldlehre, 11.
（3）Vgl.Engelmann, Die Schuldlehre, 215.
（4）Vgl.dazu Engelmann, Die Schuldlehre, 12.
（5）Vgl.Engelmann, Die Schuldlehre, 216f.
（6）Vgl.Engelmann, Die Schuldlehre, 219.; H.Bindokat, versari in re illicita und Erfolgszurechnung, JZ, 1977, 549(551 l.Sp.).
（7）Vgl.Eb.Schmidt, aaO [Anm (1)], 108ff.H・リューピング（川端博＝曽根威彦訳）『ドイツ刑法史綱要』63頁以下（1983）など参照。
（8）なお，CCCにおけるversari法理の継受に関する争点について，内田文昭『犯罪概念と犯罪論の体系』236頁，とくに239頁注(27)（1989）参照。
（9）Küpper, Zusammenhang, 16. 同様の指摘として，たとえば，D.Lang-Hinrichsen, Zur Frage der Zurechnung von Folgen der Straftat bei der Strafzumenssung, GA 1957, 1(7f.); Bindokat, aaO [Anm(6)], 551 r.Sp.

III 間接故意の理論 (Die Lehre von dolus indirectus)

1 前 史

(1) versari 法理によりながら故意概念の拡張をはかる理論ではあっても，故意でなされた先行行為における「危険要因」に故意概念の主要な拡張根拠を見いだしたのが「間接故意の理論」である。

この理論の発展に尽力したのが，とくに，中世後期のイタリア学派・後期注釈学派 (Postglossatoren) であった。彼らは，一方で versari 法理とローマ法における責任観念との不調和と，他方では，ローマ法の狭い故意概念をこえて故意犯に科される刑罰を拡張するといった実際上の要請との対立・矛盾に直面した際，versari 法理における「不正な事柄への関与 (res illicita)」を「危険な事柄への関与 (res periculosa)」に読みかえることによって，この対立状況を緩和しようとしたという[1]。そして，その役割を演じたのが「間接故意の理論」であった。

後期注釈学派の代表者であるバルトルスは，故意の認められる先行行為に「一定の蓋然性をともなって重い結果に至る明白な傾向」が認められる場合には，「その危険性に対する行為者の認識」が存在する限り，発生した重い結果に行為者の意思が及んでいなくとも，行為者は結果に対して完全なる責任を負うと主張したという[2]。たとえば，一軒の家に放火したところ延焼して複数の家が焼損した場合，行為者は焼損したすべての結果に対して故意責任を負うとされた[3]。このような考えが「バルトルスの教義 (doctrina Bartoli)」と呼ばれるものである。

それを維持・強化したのがバルトルスの門弟バルドゥスであった。彼によると，たとえば傷害を加える目的で，明らかに死を招致するのに適した武器その他の物品を使用した者は，死亡発生の可能性を予見したにちがいなく，それゆえ，行為者は発生した死亡結果に対して殺人罪の責めを負う[4]。

イタリア学派によって展開された「間接故意の理論」は，その後，16世紀に入ると，スペイン人で教会法学者であるコヴァルヴィアス (1577年没) により，理論的な深化がはかられたという。トマス・アキィナスの思想を法律学に導入したとされるコヴァルヴィアス[5]は，トマス・アキィナスを援用

しながら，意図せざる結果（たとえば死亡結果）を「直接かつそれ自体」引き起こすような行為を実現した場合は，その行為を「意欲」することが，間接的に「結果」を「意欲」するものであるとした。コヴァルヴィアスによると，「結果の原因を意欲することは，その原因の相当な結果をも同時に意欲することである」(6)。

(2) このような歴史的な背景をもつ「間接故意論」を，より統一的なものにまとめあげ(7)，ドイツ普通法学への導入を実現したのがカルプツォフであった(8)。

レフラーによると，「原因を意欲する者は，結果をも意欲する者だ」とするトマス・アキィナスに由来する命題と，「犯罪の意図せざる結果であっても，行為者がその結果を蓋然的なものとして予見したにちがいない場合には，その結果は故意として帰責される」としたイタリア学派の見解を結合させたのが，カルプツォフである(9)。

（1） Vgl.Boldt, Böhmer und die gemeinschaftliche Strafrechtswissenschaft, 193.
（2） Vgl.Löffler, Die Schuldformen, 149.; Engelmann, Die Schuldlehre, 79f.; Schaffstein, Die allgemeinen Lehren, 109; Nass, Wandlungen des Schuldbegriffs im Laufe des Rechtsdenkens, 1963, 66f.; Schubarth, ZStW 85, 758; Küpper, Zusammenhang, 16f.usw.
（3） Engelmann, Die Schuldlehre, 58.
（4） Engelmann, Die Schuldlehre, 80f.
（5） Löffler, Die Schuldformen, 161.
（6） Vgl.Engelmann, Die Schuldlehre, 108f.; Löffler, Die Schuldformen, 158ff.; Schaffstein, Die allg.Lehren, 110f.; Nass, Wandlungen, 68; Küpper, Zusammenhang, 17.内田文昭『犯罪概念と犯罪論の体系』215頁，248頁以下（1989），丸山雅夫『結果的加重犯論』184頁（1990）など参照。
（7） バルトルスらのイタリア学派では，「間接故意」の内容として「蓋然性認識」に重きがおかれたのに対して，コヴァルヴィアスの理論においては「意思的要素」が重視されており（Vgl.Schaffstein, Die allg.Lehren, 111; Boldt, Böhmer und die gemeinschaftliche Strafrechtswissenschaft, 196; Schubarth, ZStW 85, 759），また，前者では「通常刑（poena ordinaria）」による処罰が正当化されたのに対して，意思の側面に重きをおくコヴァルヴィアスらのスペイン学派は，間接故意しか認められな

い場合は「間接意思」が認められるにすぎず，したがって，この場合には軽減された「例外刑（poena extraordinaria）」のみが科されるにすぎないとしたという（Vgl. Engelmann, Die Schuldlehre, 110; Löffler, Die Schuldformen, 161; Schaffstein, Die allg.Lehren, 111; Boldt, Böhmer und die gemeinschaftliche Strafrechtswissenschaft, 197; Schubarth, ZStW 85, 759 Fn.26.丸山・前出注（6）185頁）。間接故意を主張する各学派においては，故意の認められる先行行為の危険要因という同様の基盤から出発しつつも，このような違いがみられたのである。

（8） Vgl.A.Lobe, Die allgemeinen strafrechtlichen Begriffe nach Carpzov, 1894, 9ff., insbes., 12; Löffler, Die Schuldformen, 170; Cohn, Der schwere Erfolg als gesetzlicher Grund erhöchter Strafbarkeit, Str.Abh.Heft 112, 1910, 9ff.; Schaffstein, Die allg. Lehren, 110; Oehler, ZStW 69, 504; Schubarth, ZStW 85, 759; Küpper, Zusammenhang, 17; Dornseifer, GedS für Armin Kaufmann, 429, usw.

（9） Löffler, Die Schuldformen, 172.

2　ドイツ普通法学における「間接故意の理論」

(1) カルプツォフの見解

(**a**)　そのカルプツォフ（1595-1666）の主要な関心事は，たしかに殺害意思（animus occidendi）はもたないが，しかし，不正な意思（pravo animo）をもち，生命の危険を招致するような態様で傷害行為を行い，現実に死亡結果を引き起こした者を死刑に処することができるのか，という点にあったといわれている[1]。それも，一方では，殺害意思が立証されえない場合に通常刑を科しうるものかという実際上の要請と，他方では，「故意殺人と過失殺人は同等ではない（in homicido culpa dolo non aequiparatur）」という原則とを調和させる必要性に迫られながらであった[2]。このような課題に直面し，カルプツォフは，「概括的故意の理論」[3]，前述した「バルトルスの教義」「コヴァルヴィアスの間接意思の理論」の三者を取り入れながら，その「間接故意論」を樹立していったのである[4]。

カルプツォフは次のように主張する[5]。

「殺害意思をもって行為する者のみならず，『直接かつそれ自体（immediate etper se）』（『　』―引用者挿入）死亡を引き起こす行為を，およそ傷害意思をもって行う者も殺害意思を有している[6]。なぜなら，とくに剣やそれと同等の，死を引き起こすのに適した武器で攻撃を加える者は，確実な方法で

III　間接故意の理論

は意図した傷害をもたらしえないということを知っているはずであり，少なくとも知らなければならなかったがゆえにである」[7]。許されない何ごとかであって，直接に後続して犯罪が生ずる傾向にあるため，そこから犯罪結果が容易に生ずるであろう蓋然性を考慮し，または考慮しえた場合，もしくは少なくとも考慮しなければならない，そういった許されない何ごとかを実行する者は，彼の目的や意思を越えて生じたあらゆる結果に責任を負わされるべきである」。「……つまり，殺害を行う意思には，直接的なものと間接的なものの二種類がある，ということである。殺害目的をもってだれかを攻撃する者には直接的故意が認められ，そこから直接的に死が生ずるような加害行為を他人に加える者には間接的故意が認められる。殺人の所為には，この二種類の故意が関係づけられることになるのである」[8][9]。

(b)　このようなカルプツォフの見解に対しては，「証拠法上の難点を回避するために『故意の推定』を認めようとする理論である」といった批判が提起された[10]。たしかに，カルプツォフの見解が「故意の推定」を意図するもの，すくなくとも，それを容認したという事実は否定できないであろう。しかし，その場合でも，推定される「故意」の内容をどう理解するかによって，彼の見解の評価を全く異にする。

たとえば，フォイエルバッハにさきがけ，間接故意論の批判を展開したステューベルは，「完全なる法律違反の意識を伴って違法な結果実現を意欲する」場合を「一般的な故意 (Vorsatz im allgemeinen)」と呼び，それを「Absichtと同一視する立場」から[11]，従来，間接故意と考えられていた場合には，たしかに先行行為に対する上の意味における Absicht は認められるが，それは最終結果 (befürchtende Verbrechen) には向けられておらず，危険に向けられているにすぎない。したがって，この場合には最終結果の実現は「意欲」されていないのであって，その実現を意欲しない Absicht といったものはありえない以上，「間接故意」は「故意」とはいえない，と主張していた[12]。

多少のニュアンスの違いはあるものの，カルプツォフの見解を「故意の推定」と批判する論者のほとんどが，故意の概念内容として意思的・情緒的側面を重視する立場に立っている[13]。

第3章　結果的加重犯の歴史的考察

それゆえ，逆に，結果発生の「意思的側面」ではなく，その「認識的側面」を重視する場合には，カルプツォフの見解に対する評価を全く異にする。次のような見解がそれである。

「蓋然的に死を生じさせるような武器でもって有責に他人に殴打をくわえる者は，事後の結果を支配しえないことを知るべきである」とするカルプツォフの主張は，殺害故意を推定するものではなく，結果発生の蓋然性認識を問題とするものである[14]。「たとえ結果を直接意欲することがなくとも，行為の必然的な結果が発生した場合には，故意責任を転嫁することができない，という正当な意識」がカルプツォフの見解の根底には認められる[15]。カルプツォフが「直接かつそれ自体」を相当厳格に捉え，「傷害の致命性（vulnus lethale）」を要求している点からすれば，彼は「間接故意」という名のもとで，その実「直接的故意」を論じているとすら評価することも可能である[16]。

(c)　前述したように，カルプツォフの見解が主張された16世紀前後のドイツ普通法時代は，ローマ法の「狭い故意概念」が主流であった。したがって，カルプツォフが"voluntas"という言葉を使用したのも不思議ではない。これは，「殺人目的を有している者のみならず，致命的な武器で負傷させることによって死の原因を創出する者も『殺害意思』を有する」という，冒頭で引用した箇所にみられたところである。しかも，カルプツォフは，「意思」という上位概念のもとに，「直接的な意思」と「間接的な意思」の両者を含ませ，前者は「殺害目的」がある場合にのみ認められるとしながら，同一概念に包摂される他方の「間接意思」は「危険認識」で足りるとしたのだから，その「間接故意論」においては「故意」＝「意思」が「推定」されている，と批判されても致しかたのないところであろう。

しかし，カルプツォフにおけるこのような一種の矛盾は時代的な制約によるもの，すなわち，「カルプツォフが意思を援用したのは，専ら，故意の意思的側面を重視する当時の趨勢に対して，自説が結果に対する意思連関を度外視しているのではない，ということをアピールするためであった」[17]といえ，彼の見解が今日のいわゆる「蓋然性説」に等しいものだとすれば[18]，前述したカルプツォフ説批判は，一面的な批判であるといっても過言ではな

いように思われるのである。故意に種差があることを否定する者はいないのであって，たとえば「蓋然性説」の立場から「目的故意」を認めることに何の矛盾もないであろう。

レンギールによれば，普通法学の時代には，故意が「悪しき目的」「敵対的目的」と極めて狭くとらえられていたために，その狭い故意概念の殻を打ちやぶるために「間接故意の理論」が主張されたといえるのであり，「未必の故意という概念を知っている今日の立場からすれば，『間接故意』を未必の故意概念に包摂することが可能である」，とされる[19]。

(**d**) このようにカルプツォフの「間接故意の理論」をどう評価するかは，評価する側がよって立つ故意の理解に大きく影響されるといってよい。故意の概念内容として，意思的・情緒的側面を重視する立場は一般にカルプツォフの見解に否定的である一方，認識的側面を重視する立場は，先にみたように逆の方向に至る傾向がみられるのである。

したがって，間接故意の理論を versari 法理の「誤解」に基づく「過去の遺物」と決めつけるのは早計であると思われる。すくなくとも，この「間接故意の理論」を母体とする結果的加重犯を「何ものによっても正当化されることのない野蛮」と評価することは妥当ではあるまい。間接故意を認めると否とにかかわらず，意図せざる重い結果を「直接かつそれ自体」に招致する先行行為の性質を重視し，その先行行為から発生した結果を，単純な「過失」により惹起されたものと評価できるかには疑問が残るからである。

(1)　Boldt, Böhmer und die gemeinschaftliche Strafrechtswissenschaft, 191.
(2)　Vgl.Schubarth, ZStW 85, 760.
(3)　イタリア法学に受け入れられることはなかったとされる（Vgl.Engelmann, Die Schuldlehre, 75, 99, 105 a.E., 210f.; Schaffstein, Die allg.Lehren von Verbrechen, 1930, 110.)「概括的故意の理論」とは，いわゆる「ウェーバーの概括的故意の理論」とは異なり，およそ「一般に不正な事柄を実行する故意」がある限り，発生した結果に対する「故意の存在」はもとより，先行行為に意図せざる結果を引き起こすような性質があるかどうかを問題とするまでもなく，発生した結果に「故意責任」を問う理論であったといわれる（Boldt, aaO [Anm (1)], 195; Schubarth, ZStW 85, 758-9. 真鍋・前掲『現代刑事責任論序説』42頁，46頁注(13)，内田・前掲『犯罪概

第3章 結果的加重犯の歴史的考察

念と犯罪論の体系』214〜215頁も参照)。「カルプツォフの見解を支えているのがイタリア法学であることは明白である」という指摘にみられるように(Vgl.Boldt, aaO [Anm (1)], 198)，このような「概括的故意の理論」がカルプツォフにとって「単なる名目上」のものであるにすぎなかったという点は，彼の以下の主張から明らかとなるであろう。

(4) Vgl.Engelmann, Die Schuldlehre, 110f.; Boldt, aaO [Anm(1)], 197; Schubarth, ZStW 85, 760.

(5) B.Carpzov, Practica nova imperialis Saxonica rerum criminalium, 1635, Quaestio I Nr.28-32 (以下，Qu.1, Nr. と略記する)。なお，以上の箇所は，もっぱら，I.Puppe, Der Vorstellungsinhalt des dolus eventualis, ZStW 103(1991), 1 (24ff.)におけるドイツ語訳によった。Vgl.auch Puppe, NK, 1995, §15 Rn.18ff. さらに，以上の箇所の邦語訳として，内田・前出注(3)244頁参照。

(6) Carpzov, Qu.1, Nr.31 und 32.

(7) Carpzov, Qu.1, Nr.28 und 30.

(8) Carpzov, Qu.1, Nr.32.

(9) Carpzov, Qu.1, Nr.29.「致命的な武器を使用する者と同様，たとえば，ある家に放火することを決意し，実際に実行した者に対しては，火災により他の家々が焼け落ちた場合，そのすべてが彼に帰責される。なぜなら，火が隣接した家々に延焼する傾向にあることは明確だからである」。

(10) Vgl.Löffler, Die Schuldformen, 196f.; Cohn, Der schwere Erfolg als gesetzlicher Grund erhöchter Strafbarkeit, Str.Abh.Heft 112, 1910, 13f.; M.Grunhüt, Anselm von Feuerbach und das Problem der strafrechtlicher Zurechnung, 1922, 132ff.; Schaffstein, Die allg. Lehren, 118ff.; Boldt, aaO [Anm(1)], 201; Lorenzen, Rechtsnatur, 44, usw.

(11) C.K.Stübel, System des allgemeinen peinlichen Rechts, 2.Bd., 1795, §262.

(12) Stübel, ebd., §293.また，ステューベルによれば，われわれの社会生活は常に何らかの危険性を伴って成り立っている以上，法益侵害の単なる「可能性」を内在させている行為を禁止することはできず(System, §296)，そのような行為から結果が発生しても，それは「偶然」として行為者に帰責されることはない(System, §299)。このような観点から，彼は侵害結果を「蓋然的に」生じさせうる行為を帰責の前提と見なし，侵害結果を「蓋然的に」生じさせうる行為ではあるが，その実行に際して，侵害結果を意欲することなく，結果発生の「蓋然性認識」だけが認められる場合を，「目的」も「偶然」も認められない場合，すなわち「過失」のみが認められる場合と考えるのである(System, §279)。ここから彼は，従来の間接故意論は「故意」と「過失」を混同するものだという批判も展開している(System, §290)。

(13) Vgl.z.B., Cohn, aaO [Anm (10)], 14.

(14)　A.Lobe, Die allgemeinen strafrechtlichen Begriffe nach Carpzov, 1894, 13.
　(15)　C.R.Köstlin, Neue Revision der Grundbegriffe des Kriminalrechts, 1845, 312.
　(16)　Puppe, ZStW 103, 27.
　(17)　Boldt, aaO〔Anm (1)〕, 199.
　(18)　Vgl.dazu Boldt., aaO〔Anm (1)〕, 198ff. さらに，内田・前出注（3）246頁参照。
　(19)　Rengier, Erfolgsqualifizierte Delikte und verwandte Erscheinungsformen, 1986, 15.

　(2)　いわゆる「致命性の理論（Letalitätslehre）」
　(a)　カルプツォフが，故意でなされた傷害の性質が「直接かつそれ自体（immediate et per se）」死を招致するようなものである場合，発生した死亡結果に対する「間接故意」を認めようとしたことは前述したとおりである。たとえば，「剣やそれと同等の，死を招致するのに適した武器」を用いて傷害を加え，死亡結果をひき起こした場合がそれである。「間接故意」を認めるためのこのような要件が「致命性」の要件であり，ドイツ普通法学においては，「間接故意」を論ずるにあたり，いかなる形であるにはせよ，つねにこの「致命性」が問題とされた。
　(b)　たとえば，カルプツォフは，負傷者自身もしくは医師の怠慢，被害者が殴打の後に自ら転倒して死亡したような場合には「致命性」を否定し(1)，ベーマー（1704-1772）も，往診に来た医師が包帯を取りに戻った最中に，負傷者が出血多量で死亡したが，医師が直ちに止血していれば死は発生しなかったであろう場合，あるいは，傷害の現場に居合わせた者が迷信を信じ流血を魔法で止めることができると思い，医師を呼ぶことなく，魔法を唱えている間に負傷者が死亡したという場合を，「致命性」の否定により通常刑が否定される事案として引用している(2)。
　このように，概略的にいえば，「行為後の人間行為介在型」に関しては，その多くで「致命性」が否定されていたとみることができる。問題は，被害者の体質や年齢，犯行が行われた日時・場所など，具体的な事情を考慮に入れず，抽象的に「傷害それ自体」の致命性が問われるのかどうかという点に

あった。それを肯定するのがカルプツォフに代表される初期の見解であり（「絶対的致命性の理論」。以下「絶対説」）[3]，否定するのがベーマーらの見解であったといわれる（「個別的致命性の理論」。以下「個別説」）。

(c) カルプツォフによると，「死亡結果が回避されるよりも致命的となる傾向にある (quad plus tendit ad mortem quam ad evasionem)」傷害，「困難を極めるのでなければ，通常の医術をもってしては回避することが不可能である (qui secundum regulas artis medicae non potest evadere, nisi cum magna difficultate)」傷害が "vulnus lethale" であり，この意味の「傷害の致命性」が確認されえずに死亡結果が発生した場合は，故殺の成立が否定される[4]。それゆえ，たとえば，平手打ちにより被害者が死亡した場合，カルプツォフは故殺の成立を否定したとされる[5]。

また，たとえば幼児を遺棄して幼児が死亡した場合も，通常刑を科するには，幼児の死が遺棄それ自体から必然的に生ずる (ex ipso expositione necessario provenio)」ことを要件とし，それゆえ，人間の往来のある場所に幼児を遺棄し，それにもかかわらず幼児が死亡した場合は軽減された例外刑による処罰を主張したという[6]。

AがBに，それ自体致命的ではない傷害を負わせたところ，犯行現場が街から遠く隔たっていたため，医師を適宜に呼ぶことができずBが死亡したという事案で，Bは傷害で死亡したのではなく，医師が適宜に到着することができなかったために死亡したとして，Aを例外刑でのみ処断した裁判例が報告されているが[7]，これなども「絶対説」の立場にたつものである。

(d) これに対して，傷害の致命性はただ抽象的にではなく，被害者の年齢や体質，さらに，犯行が行なわれた日時・場所などの「個別具体的な諸事情」を考慮して判断されるべきだとして，絶対説に対抗する形で主張されたのが「個別説」である。後期の普通法学においては，この「個別説」が通説的な地位を占めるに至ったといわれる。その主な主張根拠をなしたのは，「絶対説」のように致命性を狭く解釈すると，殺人犯人が本来受けるべき死刑を不当に免れてしまうという点にあった。たとえば，ベーマーによると，「絶対的致命性の理論」は「その下では大多数の殺人犯が正当な処罰を免れることのできる，目だった女神の像 (insigne palladium, sub quo maxima caterva homicidarum iustam vindictam effugere posset)」である[8]。

　しかし,「個別説」の主眼は以上にとどまるものではなかった。すなわち,たとえばカルプツォフの見解にみられたように,「絶対説」における「絶対的致命性」は,それが否定されると間接「故意」が否定されるのか,それとも,今日的にいえば「因果関係」が否定されるのか明らかではなかったところ[9],両者の区別を明確にしようとする意図が「個別説」にはみられたのである。

　たとえばカルプツォフによると,未婚の母が私生児を独りで産みおとした場合,分娩行為それ自体に致命的な危険性はないがゆえ,私生児の死は「偶然の結果」であるとして間接故意が否定されたのに対して[10],「個別説」の立場に立つベーマーによれば,母親の「精神的・肉体的状態」を考えあわせると,危険な武器を使用した場合と同じく,独りで分娩することには,死亡結果を容易に生じさせる高度な危険が認められる。それゆえ,この事例で故殺の成立が否定される理由は「致命性の欠如」にではなく,「加害意思(animus nocendi)」の欠如に求められる。ベーマーはこのように主張したという[11]。

　また,たとえばAがBに「致命的な武器」で傷害を負わせBの死を惹起したが,Bの死因は傷害以外の症状(allia symptomata)に帰せられる場合——たとえば,治療のため快方に向かったBが医師により誤って投与された薬で中毒死したような場合が考えられよう——,カルプツォフは重過失殺人のみを認めたとされる[12]。しかしながら,加害意思をもち「致命的な武器」で攻撃を加えている以上,「間接故意」そのものは否定しえないはずである。したがって,ベーマーは,この事例で「例外刑」しか科されないことには賛成しつつも,その根拠を重過失殺人しか認められないからではなく,故殺「未遂」しか認められない点に求めたという[13]。このようなベーマーの見解には,今日でいう「責任」と「因果関係」の分離が意識されていたということができよう[14]。

　「個別説」は,殺人犯人の隠れ蓑という実際上の不利益にくわえ,「絶対説」にみられた「責任」と「因果関係」の混同を解消しようとする観点にも指導された理論であったと評価できるのである。

第3章 結果的加重犯の歴史的考察

(e) それゆえ,逆にいえば,この「個別説」も,間接「故意」を認める要件としての「致命性」に関しては,「絶対的致命性」を要求していたことに注意を要する。つまり,加えられた加害行為が「それ自体致命的」であるかどうかは「間接故意」の肯否にとっては重要であるが,「事実上の帰責」にとっては,行為が行われた状況あるいは被害者の体質などを考慮して「個別的・具体的」に判断される「致命性」が認められれば足りる。この意味の「致命性」すら否定されるのは,行為後に何らかの介在事情が介入した場合に限られる——「個別説」の主張は,このようなものであったといってよい。たとえば,血友病患者に平手打ちをくらわせ同人を出血多量死させたという場合,客観面における「個別的致命性」は肯定されるが,そのことによって同時に主観的要件である「間接故意」まで認めらることはなかったのである。

この点は,ドイツ普通法時代の「間接故意」に関する諸見解を集大成し立法化した1794年のプロイセン一般ラント法において,明確に示されている。

（ 1 ） Vgl.Klee, Der dolus indirectus der Grundform der vorsätzlichen Schuld, 1906, 16; Schaffstein, Die allg.Lehren, 51; Küpper, Zusammenhang, 86.

（ 2 ） Vgl.Boldt, Böhmer und die gemeinschaftliche Wissenschaft, 284.

（ 3 ） Vgl.Boldt, aaO ［Anm(2)］, 282.Vgl.auch Mittermaier, in: Feuerbach, Lehrbuch, 14.Aufl., 1847, §209 a.

（ 4 ） Carpzov, Practica nova, Qu.26 (de inspection cadaveris), Nr.3 (dazu Klee, aaO ［Anm (1)］, 16).Vgl.auch Schaffstein, Die allg.Lehren, 50 a.E.

（ 5 ） Vgl.Klee, aaO ［Anm (1)］, 16.

（ 6 ） Vgl.Klee, aaO ［Anm (1)］, 17.

（ 7 ） Vgl.G.A.Struv, Observationes criminales de delictis, 1712, VI Nr.6 (dazu Schaffstein, Die allg.Lehren, 52f.).

（ 8 ） Vgl.dazu Schaffstein, Die allg.Lehren, 54.

（ 9 ） Vgl.Schaffstein, Die allg.Lehren, 50 Fn.6 und 119 Fn.6; Boldt, aaO ［Anm (2)］, 429 Fn.216.

（10） Vgl.dazu Bodlt, aaO ［Anm (2)］, 429.

（11） Boldt, aaO ［Anm (2)］, 429 und 285.

（12） Vgl.dazu Boldt, aaO ［Anm (2)］, 423.

（13） Vgl.Boldt, aaO ［Anm (2)］, 424.

（14） Vgl.Boldt, aaO ［Anm (2)］, 422ff.Vgl.auch Schaffstein, Die allg.Lehren, 126.

III 間接故意の理論

(3) 間接故意論のその後の展開と，1794年のプロイセン一般ラント法における間接故意の規定

(a) その後，間接故意の理論は，故意殺人と過失殺人との区別をより明確にするべく，単に死をひき起こす蓋然性の高度な一定の許されない行為を行なう意思（単なる加害意思）の存在だけでは足りず，明白に「傷害の意思」を要求したライザー[1]，故意概念をより精密に分析し「結果の認容」という概念を導入することで過失との区別をはかりながら間接故意論の明確化に努めたベーマーの見解（未必の故意論）を経て[2]，ネッテルブラート，クリスティアニー，ピュッテマンらに受け継がれていった[3]。

ベーマーは，その際，故意概念の「意思的要素」を強調したのに対して，結果発生の「蓋然性認識」という認識的側面をより重視したのが，ネッテルブラート，クリスティアニー，ピュッテマンらであった[4]。

カルプツォフ以降の間接故意論においては，このように「意思的側面」を重視するか「認識的側面」を重視するかで違いはあったが，いずれにしても，先行行為（たとえば傷害行為）から意図せざる重い結果が発生した場合，その重い結果を容易に発生させる行為の性質を認識しながら行為を実行し，現実に重い結果を発生させたとき，発生した結果に対する「間接故意」を認めようとした点では見解の一致があったといってよいだろう。そして，このような間接故意論は，フォイエルバッハが出現するまでは，ドイツ普通法学を支配したのである。

(b) 1794年のプロイセン一般ラント法（Das Allgemeine Landrecht für die Preußischen Staaten ——以下，ALRと略記する）に，この点は明示されている。

① ALRも，その第2部20章第1節（「犯罪と刑罰一般について」）26条で，「刑罰法規に反する作為・不作為を意図的に（absichtlich）行なう者は，故意に犯罪を行なうものである」として，故意と目的を同一視する「狭い故意概念」から出発する。しかし，その一方，27条は，「一般的に知られている，もしくは行為者がとくに知っている事物の自然的な秩序によると（nach dem gewöhnlichen allgemein, oder ihm besonders bekannten Laufe der Dinge），行為の性質が，違法結果が必然的にそこから生ずるに違いないといったもので

ある場合は，犯罪は故意で（vorsätzlich）行なわれたということが推定される」とし，同条を受けて，「故殺」を規定する第2部第20章第11節806条は次のように規定する（以下，条文のみを表記する）。

「一般的に知られている事象経過，もしくは行為者がとくに知っていた事象経過によると，他者の死亡がそこから生ずるに違いないといった行為を，他者を損傷しようという敵対的目的（in der feindseligen Absicht）で実行し，その行為によって現実に他者を殺害した者は故殺者として剣をもって処刑される」。

「故意で加えられた虐待が，死がそこから生ずるにちがいないといった性質である場合，行為者は故殺者として処罰される」と規定する823条はその確認規定であるといえよう。

このようにALRは，傷害の故意があり，その意図した傷害に結果を発生させる必然的ともいえる高度の危険性がある場合，その認識があることを理由に故殺を認めようとしたのである。この点を，さらに，以下の各規定が補足する。

811条「行為者が，自己の行為から生ずる生命に対する危険性を蓋然的なものとして予見しているにすぎない場合であっても，それでも行為者には，806条に規定されている刑罰が科される」。

812条「当該諸事情の下においては行為者にとり隠されようのない危険（diejenige Gefahr, die ihm ……nicht verborgen seyn konnte）については，行為者はこれを予見していたものと推定される」。

813条「殺害に定められた武器（ein zum Tödten bestimmtes Instrument）を致命的な方法で用いた者は，生命危険を予見していたという法律上の推定がなされる」。

他方，809条は「死を直接的に生じさせるすべての傷害は，そうでないことが明らかでない限り，死亡原因とみなされる」とし，故意の傷害と死亡結果との「直接的な関係」を基礎にしながら，「致命性」に関しては，810条が「傷害の致命性は，『被殺者の個人的な身体状況』におうじて判断されなければならない」と規定し（『　』―引用者。以下同様），「個別説」の立場に立つことが明示された。

しかし，816条によると，「故意で加えられた傷害ではあるが，『それ自体においても』，また，『被害者との関係』においても致命的ではないにもかかわらず，死がそのような『傷害の間接的な結果』として生じた場合」は「6年以上10年以下の城塞禁錮刑（Festungsstrafe）」が科されるにすぎない。同様に，819条も「故意で加えられたそれ自体致命的でない傷害が，『行為者の責任なく』して致命的となった場合は，816条が規定する6年以上10年以下の城塞禁錮刑」により処断されると規定する。

以上から，ALRにおいて「故殺」が認められるには，(i)加害意思が存在すること，(ii)被害者の死亡結果の発生する高度の危険性が存在し，行為者がその危険性を予見していること，(iii)そして，死は傷害ののちに「直接」生ずるか，少なくとも「個別的・相対的な致命性」が認められること，以上の三要件の充足が明文上必要とされたのである[5]。

②このようなALRの各規定は，とくに「蓋然性認識」に重きをおいたカルプツォフ＝ピュッテマン流の「間接故意」によりながら[6]，その一方，「個別的致命性」の観点を明文化した点でベーマーなどの見解を取り入れているといえよう。ALRが普通法時代における間接故意論を集大成したものと評価できる理由は，ここにある。上記(i)(ii)が「間接故意」の肯否を，(iii)が故殺の「既遂・未遂」の成否を規定する条文であることは明らかであろう。

たとえば，血友病患者に平手打ちをくわえ同人の死を惹起した場合，ALRにおいては(iii)は肯定されるが，(ii)が否定されるため，行為者がその「特異体質」を「とくに知っていた」のでない限り（806条），「故殺」の成立は否定される[7]。さらに，「それ自体致命的ではない傷害」から，たとえばAがBの頭部や腹部を素手で軽打したところ，Bが無謀な逃避を試みて死亡したとか，手や足に擦過傷を負わされたBが，自らの不衛生で破傷風などに罹り死亡したような場合は，前述の816条，819条が適用され[8]，行為者は「6年以上10年以下」の刑によって処断されるにすぎない。この刑罰範囲が，職業不能を招致する「意図的な重傷害」（ALR 800条）に科される刑罰と符合することからすれば，このような場合は，実質的にみると，「既遂処罰」が否定されたに等しいと解釈することが可能である。

③これらの点でALRの各規定は注目されるのであるが，以上にもまして

第3章　結果的加重犯の歴史的考察

注目に値するのは，ALR 815条である。同条は，「当該の特別な諸事情によると，行為者が殺害目的を有していないということが蓋然的である場合には，死刑ではなく，10年以上無期の懲役刑もしくは城塞禁錮刑が科される」と規定する。つまり，815条は「殺害目的の不存在」を理由に故殺（806条）の刑を減軽する規定であって，明らかに今日の「傷害致死罪」に相当する。「生命に対する罪」の章に置かれてはいたが，このような形で傷害致死罪の原形が規定されたことは注目に値しよう。

もっとも，この815条の存在根拠は，故殺の補完という消極的な点にあったといってよい。

ドイツの普通法時代は，予謀はもたないがしかし殺意はもって行なわれた激情に基づく殺人が「故殺」の典型例であった[9]。1532年のカロリナ刑法典137条も，予謀の有無によって「謀殺」と「故殺」を区別したうえで，故殺を，短気もしくは激情から行なわれた殺害意思のある殺人と規定していた。ところが，「故殺」の一般規定であるALR 806条は「加害意思」の存在のみを要求している。このことから，「予謀」が欠けるため謀殺（826条）の適用を受けず，他方，もちろん「過失殺人」（777条，780条）[10]にも捕捉されえない「激情による殺人」の場合が宙に浮くこととなる。そこで，今日の「傷害致死罪」に相当する815条において，およそ「殺意」が存在しない場合を別個に規定することにより，ALRは，806条の「故殺」に「殺害目的のある場合」も含まれることを示そうとしたといえるのである[11]。

なるほど，この点で，「故殺」の一般規定であるALR 806条は批判の的となった。806条は，その文言上，「加害意思」しか要求していないにもかかわらず，こように，実は殺意が認められる場合（激情殺）をもカヴァーする規定であり，その文言が極めて不明確だからである[12]。

そこで，1828年のプロイセン草案[13]は，その第2部第8章14条で「故殺」を次のように規定した。「予謀なく突如の激しい激情で，しかし，意図的（absichtlich）に他人を殺害した者は，故殺者として15年以上無期の強制労働に処せられる」[14]。そして，ALR 815条に相当する同草案17条は，「意図的虐待による非意図的な殺人」という新たな名称のもと，「その死の実現を欲していなかった他人を，生命危険のある態様で意図的に虐待し，その

ことによってその他人を死亡させた者は6年以上20年以下の強制労働に処せられる」と規定したのである[15]。

以上は，ALR が「謀殺」と「過失致死」の間に存在するすべての殺人を806条で一手に引き受けようとしたことに対する批判に基づくものであった[16]。「本質にしたがってお互い分離されたものを，再びその形式においてにおいて分離することが必要と思われる」とする理由書の説明は[17]，「謀殺」と「故殺」を分離したうえで，さらに「故殺」と，今日でいう「傷害致死」とを区別する必要性を意味する。

このようにして，ALR 806条を黙示的に補充するという消極的な存在であった815条が，故殺の性格が明確化されることにより故殺から分離されて独自の犯罪となり，今日の「傷害致死罪」の原形が形成されていったのである。傷害致死罪の原点がこのようなものであったこと，すなわち，「ほとんど殺人罪（Beinahe-Tötungen）」[18]であったということは，注目されてよいだろう。

（1） Vgl.Löffler, Die Schuldformen, 171f.; Schaffstein, Die allg.Lehren, 122f.; Boldt, Böhmer und die gemeinrechtliche Strafrechtswissenschaft, 201ff. さらに内田『犯罪概念と犯罪論の体系』277頁（1989）参照。

（2） ベーマ説の詳細は，Löffler, ebd., 172ff.; Schaffstein, ebd., 124-6; Boldt, ebd., 206-209, 215ff.427. 内田・前出注（1）281頁以下，291頁以下など参照。

（3） Vgl.Löffler, Die Schuldformen, 206ff.

（4） 彼らの見解については，とくに，O.Krug, Ueber dolus und culpa und insbesondere Ueber den Begriff der unbestimmten Absicht, 1854, 13ff., 23ff.参照。

（5） Vgl.Motive zu dem Ersten Entwurfe des Criminal = Geseßbuches für die Preußischen Staaten, 3.Bd., 1829, in: Schubert/Regge, Preussische Gesetzrevision, 1825-1848, ABT Ⅰ, Bd.1, 1981, 793.

（6） Vgl.Krug, aaO ［Anm（4）］, 21.Vgl.auch Oehler, ZStW 69, 505.

（7） Vgl.dazu K.Klee, Die fährlassige Tötung in der preußischen Praxis 1792-1812, GA 62（1916）, 384（405, 406f.）.

（8） Motive zu dem Ersten Entw., in: Schubert/Regge, aaO ［Anm（5）］, 813. によれば，ALR 816条と819条は，その内容において完全に符合するもので，当時の実務もそのように解釈していたという。

（9） Vgl.E.F.Klein, Grundsatz des dt.Peinlichen Rechts, 1810, Bd.1, 2.Abt., 15f.;

第3章　結果的加重犯の歴史的考察

Motive zu dem Ersten Entw., in: Schubert/Regge, aaO〔Anm (5)〕, 762.

(10)　777条，780条は，ともに過失傷害と過失致死を同一条文に規定し（＝過失致死傷罪），前者は，行政規則（Polizeigeseße）違反を基礎とする場合，後者は，そのような明文規定に違反するものではないが，しかし691条により課された一般的注意義務違反を基礎とする場合の規定である。ともに「重大な過失」「重大な懈怠」が要求されている点に特徴がある。

(11)　Vgl.Berathungs＝Protokolle der zur Revision des Strafrechts ernannten Komission des Staatsraths, über den Zweiten Theil des Entwurfs des Strafrechts, 1.Abt., 1840, in: Schubert/Regge, 1.Abt., Bd.4, 1.Halbb., 489.

(12)　Vgl.Motive zum Ersten Entw., in: Schubert/Regge, aaO〔Anm (5)〕, 798ff.

(13)　ALR以降プロイセンにおける最初の草案は1827年に起草されているが，それは「総論」のみであった。「各則」を含めた最初の刑法草案が1828年草案である。

(14)　Entwurf des Straf＝Geseßbuches für die Preußischen Staaten, 1828, in: Schubert/Regge, aaO〔Anm (5)〕, 323.

(15)　同上。

(16)　Vgl.Motive zum Ersten Entw., in: Schubert/Regge, aaO〔Anm (5)〕, 801f. この点につき，拙稿「結果的加重犯の法定刑に関する一考察——傷害致死罪を中心として——」成蹊大学法学政治学研究第8号6～7頁（1989）も参照されたい。

(17)　Motive zum Ersten Entw., in: Schubert/Regge, aaO〔Anm (7)〕, 801.

(18)　Rengier, Erfolgsqualifizierte Delikte und verwandte Erscheinungsformen, 1986, 42. の用語による。

Ⅳ　フォイエルバッハの見解

1　さて，以上のように長年にわたりドイツ普通法学を支配してきた間接故意の理論も，その「故意によって決定づけられた過失」の理論によって，間接故意論を抹消しようとしたフォイエルバッハの出現により，刑法の世界からその姿を消してゆく。しかし，「名目的」のみならず，「実質的」にも，「故意によって決定づけられた過失」の理論によって「間接故意論」が排斥されたのかは問題である。

2　フォイエルバッハは，Absichtとdolusを同一視する立場にたって[1]，次のような「間接故意批判」を展開する。

IV　フォイエルバッハの見解

「結果それ自体は意欲せず，しかし，その行為から結果が発生する可能性，蓋然性は予見しながら，悪しき意図で，結果を生じさせる行為を行なう場合は無数に存在する。しかし，その場合には，Absichtが発生した結果にも直接向けられているということはありえない」(2)。「犯罪者が，結果を可能だと表象しながらも，その結果を引き起こす行為を思い止どまらなかったということから，その他の諸前提からは証明されえない，結果それ自体を犯罪者が意欲したという結論はおよそ引き出されえないのである」(3)。

結果発生の可能性・蓋然性を認識しただけでは，行為者は心理的に結果を目的とし，あるいは意図したことにはならない。フォイエルバッハにとって「間接故意」は，「故意行為によって決定づけられた過失に他ならない」のである(4)。

「同一の行為において故意と過失（Absicht und Culpa）が併発する場合，すなわち，犯罪者が一定の違法結果の実現を目的としたその行為から，彼が自己の行為の可能な結果として予見したか予見しえたその他の結果が生ずる場合がある。ここでは，犯罪者が実現すべく意欲した目的に関し故意が，他の違法目的に向けられた自己の行為から発生した結果に関し過失が，それぞれ並存している。この場合の意思決定をわれわれは故意によって決定づけられた過失と呼ぶことができる。間接故意は，もはや考えられないことになる」(5)。

3　問題は，このようにして「間接故意」を否定した場合，その代わりを果たすべく主張された「故意によって決定づけられた過失（culpa dolo determinata）」（以下cddと略記する）が，どのようにとらえられたのかという点にある。

(1)　フォイエルバッハによると，たとえば，一軒の家に対する放火既遂が，延焼して多数の家々の焼失と複数の死者を出した場合，Aが国王に対する誹謗文書を書いて不敬罪（Majestätsverletzung）を実行したところ，そのことによって騒擾が発生した場合，Aが違法に既決囚を逃走させたところ，その既決囚があらたな犯罪を犯した場合，AがBに対して偽りの証言をしたため，無実のBが死刑に処せられた場合，これらは，「行なわれた既遂犯罪から，それ自体この既遂犯の概念には属することのない，他のあらたな違法結果が

発生した場合」である。フォイエルバッハは，このような場合，「発生した違法結果はどのように帰責されるのか」という問題が生ずるとし[6]，次のような立法論上の提案を行なった[7]。

X条「意図的に（absichtlich）行なわれたある犯罪が既遂に達し，そこから，それ自体が特殊な犯罪の概念をなす（＝それ自体が独自に処罰される―括弧内引用者）結果が発生し，同時に犯罪者の目的（Absicht）がこの結果に向けられていたか，犯罪者がこの結果を可能なもの，あるいは蓋然的なものとして予見していた場合は，この結果は犯罪者に故意として帰責され，犯罪競合に関する原則（die Grundsäße von concurirenden Verbrechen）が適用される」[8]。

Y条「犯罪者はこの結果を意図も予見もしていなかったが，しかし，しかるべき注意を行使した場合には，その結果を予見することが可能であるときは，発生した結果は犯罪者に過失として帰責され，発生した違法結果に関する過失の程度に応じて，過失犯に科される通常の刑罰は加重される」。

　(2)　このうち，X条に関しては直ちに疑問が生じよう。それによれば，意図せざる結果であっても「犯罪者がこの結果を可能なもの，あるいは蓋然的なものとして予見していた場合」（フォイエルバッハにとっては「認識ある過失」しか認められない場合）でも，故意が認められることになるのであって，X条は「間接故意論」と何ら異なるものではないからである。むしろ，故意と目的を同一視する立場にたちながら，明らかに「目的」が認められないにもかかわらず故意を認めようとするフォイエルバッハの見解こそ，「故意」の「推定」を肯定するものだといえよう。

したがって，上のフォイエルバッハの提案において実質的な意義が認められるとすれば，それはY条に限られることになる。Y条が適用される場合には，競合する過失犯の刑罰が高められることはあれ，けっして故意が認められることはないからである。この場合も，X条と同じく，「犯罪競合の原則」が適用される点で変わりはないのだから[9]，間接故意論によっては故殺としてとらえられてきた事案の一部は，当該故意犯と過失結果犯との観念的競合によって処断されることになるのである。

しかしながら，ここで注意すべきことは，フォイエルバッハがあげる事例

IV フォイエルバッハの見解

のうち,「間接故意論」によって故殺が認められたのは,したがって,本書の主題である「結果的加重犯」に該当するのは,放火の事例だけだという点である。この場合にも,目的と故意を同一視する立場から,発生した重い結果に対しては過失しか認められないとし,しかも,「犯罪競合の原則」にしたがって競合する最も重い刑罰のみが科されるとすれば,間接故意論を否定した「実質的な意義」が認められることになろう[10]。

(3) しかし,結論はそうではなかった。フォイエルバッハの多大な影響を受けたとされるバイエル刑法典[11]には,放火や傷害などを基礎とする場合,そこから生じた意図せざる重い結果を処断するのに上記Y条と同様の規定は存在しなかった。それだけではない。フォイエルバッハ自らが,教科書の最終版である14版に至るまで,「故意によって決定づけられた過失を不確定的故意より軽減処罰する立法上の根拠はあるのか」と自問しているのである[12]。だが,cddしか認められないときは,競合する過失の程度が高められこそすれ,発生した意図せざる結果にはけっして故意は認められないとするにもかかわらず,なぜ,そのcddを不確定的「故意」と同一視すべきかどうか悩む必要があったのだろうか。

4 フォイエルバッハによると,結果発生を「終局的な目的」とする「確定的故意」以外で,目的＝故意が認められるとすれば,それは以下の場合に限られる。たとえばAがBにもっぱら復讐のみを意図して発砲した場合,Aの目的はBの死にも傷害にも向けられておらず,そのいずれであってもよいのであって,「一般的・不確定的」「未必的」である。だが,「不確定的」「未必的」であるがゆえに,さまざまな権利侵害の「種」にもAの目的は向けられているといえる。したがって,発砲から生ずるさまざまな侵害のいずれに対しても目的＝故意が認められるのである。これがフォイエルバッハのいう「不確定的（未必的）故意」である[13]。

このフォイエルバッハの見解は,ある「抽象的な類」に「目的」が及べば,その「類」に包摂されている「種」あるいは「亜種」にも目的が及ぶ一方,逆に,行為者がある「種」ないし「亜種」を「終局的な目的」として特定した場合は,それを包摂する「類」に目的は及ばないとするものだといえよう。しかし,そうであるとすれば,たとえば,Aの目的が,単なるBへの復讐に

あるのではなく，Bがテニスの試合で優勝を競いあうライバルであるため，Bの腕を狙って発砲したという場合，Aの目的が傷害という「種」に特定されているため，その目的はBの死亡結果には及ばないことになり，したがって，発生したB死亡には目的＝故意が認められないことになりうる。なぜなら，フォイエルバッハによれば，「ひとたび目的が確定的であるならば，それ以外に確定的な目的はありえず，それは『間接的な目的』であって，そのような間接的な目的というものは目的ではありえない」からであり[14]，目的のない故意は存在しないからである[15]。フォイエルバッハにとって，この場合は，故意の傷害と過失致死罪との観念的競合によって処断されるにすぎないことになろう。

しかし，Aの目的が，Bに対する単なる復讐か，試合での優勝を確実にするためかの違いだけで，発砲という全く同様の行為を故意で実行したにもかかわらず，前者の場合は発生した結果に不確定的故意が認められて殺人罪，後者においは，それが認められないため傷害罪と過失致死罪との観念的競合（＝cdd）しか成立しないというのでは，あまりに不均衡である。フォイエルバッハがcddの事案を不確定的故意の場合と同等に処罰すべきかどうか自問した理由は，このような結論上の不均衡にあったのではなかろうか。

かりに，このように考えることが不当ではないとすれば，故意を目的と同一視する自説の狭い故意概念から生ずる不都合を糊塗するだけのために，cddの事案に刑の加重が留保されたことになろう。そして，このように何の「実体」もなく刑が加重なされるcddの一適用事例として今日の結果的加重犯の一部がとらえられることになれば，こちらのほうにこそ「何者によっても正当化されることのない野蛮」という烙印が押されるべきであろう。

5　ローマ法以来の狭い故意概念に固執し，目的＝故意と通常の過失との間に存在する間隙を，「間接故意」によってではなく，cddという第三の責任形式によって補完しようとしたフォイエルバッハも，観念的競合規定の原則が適用されるべきcddの事案に一定の刑の加重を留保せざるをえなかった。しかも，その理由を明示することなしに，である。しかし，その実質を詮索してみると，cddという第三の責任形式のなかには性質を異にする事案，たとえば誹謗文書の頒布から騒乱が発生した場合と，一軒の放火から延焼・

IV　フォイエルバッハの見解

死亡の結果が発生した場合が混淆されており，後者の類型に純然たる cdd を適用することには躊躇を覚えたというのが本当のところではないだろうか。不確定的故意と同等に処罰すべきか自問したのも，フォイエルバッハの立脚点からすると cdd しか認められないが，その実，そこには未必の故意が認められてしかるべき場合も含まれていたからだと解されるのである。狭い故意概念に固執しなければ，彼の cdd と「間接故意」とは排他的関係に立つものではないだろう。

　教科書の別の箇所で，フォイエルバッハは次のように論じている。「いかなる種類の責任（Verschulden）が殺人の基礎にあるかを判断するためには，行為それ自体の性質，とりわけ使用された武器の性質，傷害の性質と死亡との間の因果関係が問題となり，目的をもって行われた行為が『一般経験上，直接かつ必然的』に死を惹起すべきようなものである場合は（『　』—引用者：以下，同様），殺人の意図が容易に『推定』されうる。これに対して，侵害行為と死亡結果の関係が遠いものであり，間接的ないし偶然的であれば，それに比例して，非意図的な殺人であることの理由がそれだけ強くなる」[16]。

　このようなフォイエルバッハの主張と「間接故意の理論」は，どこが異なるのだろうか。その狭い故意概念にとり不整合という理由でフォイエルバッハが否定したのは，「間接故意」という「名称」にすぎなかったのではなかろうか。フォイエルバッハの間接故意批判は「完全に表向きのもの」であり[17]，間接故意論に対する戦いは「完全な敗北に終わった」[18]と評価されるのは，当然のことのように思われる。

　1813 年のバイエルン刑法典，さらに，フォイエルバッハ自ら起草した 1824 年のバイエルン王国刑法典草案は，以上の点を如実に物語るものである。

　　（1）　P.J.Anselm von Feuerbach, Revision der Grundsätze und Grundbegriffe des positiven peinlichen Rechts, Bd.II, 1800 (zit.: Revision), 60ff.; ders., Betrachtungen über dolus und culpa überhaupt und den dolus indirectus insbesonder, in: Bibliothek für die peinliche Rechtswissenschaft und Gesetzkunde, Bd.II, 1800 (zit.: Betrachtungen), 193 (197-8); ders., Lehrbuch des gemeinen in Deutschland gültigen peinlichen Rechts, 11.Aufl., 1832, §59a.; ders., Lb, 14.Aufl., 1847, hrsg.von Mittermaier, §§54, 59.

（2） Betrachtungen, 238.

（3） Betrachtungen, 241.

（4） Betrachtungen, 234ff., 239.

（5） Lb, 11.Aufl., §60; Lb, 14.Aufl., §60. 同旨，Betrachtungen, 241-3.

（6） Kritik des Kleinschrodischen Entwurfs zu einem peinlichen Gesetzbuch für die Chur＝Pfalz＝Bayrischen Staaten, Theil II, 1804, 95ff.

（7） Kritik, ebd., 97.

（8） Vgl.Feuerbach, Lb, 14.Aufl., §131. その注において，解答を与えてはいないものの，ミッテルマイヤーが，たとえば強姦致死罪を例示し，このように特に刑が加重される場合と，観念的競合との区別が主要問題だとしているのが注目される。Vgl. in: Feuerbach, Lb, 14.Aufl., §131 Note Ⅰ (S.223).

（9） Lb, 14.Aufl., §60では，x条，y条とは異なり，故意によって決定づけられた「過失」が「認識ある過失」か「認識ない過失」かで区別されることなく，「同一行為において故意と過失が併存する場合」とされている。

（10） これに対して，cddが適用される事案としてフォイエルバッハがあげる誹謗文書の頒布から騒擾が発生した場合などの事例は，同じくcddが適用される場合であるにしても，「放火」の事例と同じレベルの事案として扱うことはできないであろう。Mittermaier, in: Feuerbach, Lb, 14.Aufl., §60 Note Ⅰ. が，フォイエルバッハのcddに対する批判を展開するひとつの根拠として，「別種の事案を混同する」点をあげているのは正当である。

（11） Vgl.M.Grünhut, Anselm von Feuerbach und das Problem der strafrechtlichen Zurechnung, 1922, 171ff.; R.v.Hippel, Deutsches Strafrecht Ⅰ, 1925, 295, 298ff.; E.Schmidt, Einführung in die Geschichte der deutschen Strafrechtspflege, 3. Aufl., 1965, 261ff.insbes., 263, 344. H・リューピング（川端博＝曽根威彦訳）『ドイツ刑法史綱要』128頁（1983）も参照。

（12） Vgl.z.B.Lb, 11.Aufl., §60 Anm.b); 14.Aufl., §60 Anm.2) a.E.

（13） Betrachtungen, 229ff., insbes., 231-233; ders., Lb, 14.Aufl., §59 Anm 1).

（14） Betrachtungen, 236f.

（15） 前出注（1）参照。

（16） Feuerbach, Lb, 14.Aufl., §214. 同様の主張として，Feuerbach, Kritik des Kleinschrodischen Entwurfs zu einem peinlichen Geseßbuch für die Chur＝Pfalz＝Bayrischen Staaten, 2.Teil, 1804, 100.

（17） Löffler, Die Schuldformen, 215.

(18) Löffler, Die Schuldformen, 218. フォイエルバッハの cdd に関しては，丸山雅夫『結果的加重犯論』188 頁（1990）以下も参照。

V　1813 年のバイエルン刑法典

1　バイエルン刑法典と間接故意

バイエルン刑法典注釈によると「本法典の精神において，それを探求することとその効果が極めて重要な意義を有するところの本質的なメルクマールを共有する」とされる 41 条と 44 条は[1]，次のように規定する。

41 条「ある犯罪を実現する故意をもって，より軽微な犯罪よりもより重大な犯罪を容易に生じさせうる行為を実行した者は，その行為から生じた犯罪に関し故意の犯罪者（vorsätzlicher Uebeltäter）として処罰され，しかも，自己の意図がより軽微な犯罪にのみ向けられていたとする口実は聞き入れられないものとする」。

44 条「一般的に知られた経験によると，通常，一定の違法結果を直接かつ必然的に生じさせうる行為（eine Handlung, woraus……Erfolg unmittelbar und nothwendig zu entstehen pflegt）を，証明された意図をもって（mit erwiesener Absicht）実行した場合，明白な証拠によってそうでないことが立証されえない限りは，このような行為の結果も同様に意図されたということが証明されたものとする」。

上記両条文の関係は，注釈によると，次のようなものである[2]。

意図せざる「ある特定の結果が行為から直接かつ必然的に生ずる場合と，A あるいは B という結果のいずれかが行為から直接かつ必然的に，あるいは通常，生ずる場合がある。たとえば，頭を斬りつけるとか毒を投与する場合のように，行為と発生した結果との因果的な結びつき（Causalverbindung）が直接的かつ必然的な関係にあり，したがって発生した結果が行為の唯一の確定的な結果（Wirkung）である場合，これを規定するのが 44 条である（このような場合，このような行為を違法な故意で行なった者が，直接かつ必然的な，あるいは通常の結果を目的としていたことに疑いはない）（括弧内原文）。これに対して，行為者が，他のよりささいな結果と全く同様に，直接かつ必然的あ

るいは通常、現に発生した意図せざるより重い結果を生じさせうる行為を違法な故意をもって行なった場合に関する規定が41条である。それゆえ、発生した結果との因果的な結びつきにより「故意の範囲」を決定する点で、両条に適用される法則は同一である」⁽³⁾。

注釈は、このように論じて、「41条と44条は、本質的な諸点において一致する二つの場合に『一つの原理』(強調原文)を適用するものと解されうるのであって、そのことに関する一般原則は44条に含まれている」というのである⁽⁴⁾。44条が実体法上の基本構成要件であり、41条がそれに関する訴訟法上の規定と解されていたという指摘もなされている⁽⁵⁾。

このように、「意図せざる結果」と行為の間に「直接的・必然的な関係」がある場合、その行為が何らかの故意（dolus）をもって行なわれたなら、結局、発生した結果が故意として帰責されるというのであって、その基本原則は44条に存するというのである（41条は、より軽い結果を招致する故意をもって、より重い結果を直接的に生じさせるような行為を実行し、現実に意図せざる重い結果を招致した場合の規定であるから、「結果的加重犯」により近い規定だといえよう。しかし、この場合も、意図せざる重い結果に故意を認める基本原則は44条にあるというわけである）。故意のある違法行為から直接的・不可避的に違法結果が発生した場合に、発生した結果に対する故意を認めようとするのが、間接故意の理論であることはもはや多言を要さないだろう。そうすると、バイエルン刑法典は、「間接故意」を排斥するどころか、注釈のいう「故意の範囲」に関しては「間接故意」に重きをおいていたことになるのである。

なるほど、「これまで学問を混乱させ、実務を誤謬に導き、犯罪者たちの逃避所として役立った、いわゆる間接故意または択一的故意、もしくは不確定的故意ないし故意によって決定づけられた過失等々についての分類・細分化に関する周知の争いが、幸いにも、これらの諸規定によって止揚される」というのだから⁽⁶⁾、バイエルン刑法典が、その総則41条以下の諸規定によって「間接故意」の排除も意図していたことは事実であろう。その意味では、バイエルン刑法典において間接故意論の消滅を確認しうるという指摘⁽⁷⁾がみられるのも了解できるところではある。しかし、前述したように、基本構成

要件とされている 44 条の規定は，まさしく間接故意の規定に他ならないのである[8]。

1824 年のバイエルン王国刑法典草案総則第 4 部第 2 条第 2 において，cdd もしくは不確定的故意によって間接故意を一掃しようとしたフォイエルバッハ自らが，立法者として，次のような規定を設けていることは極めて注目に値する。

「犯罪的意図において企てられた行為のあらゆる違法な結果は……（第一号省略）……，その結果が，一般的に知られた経験によると，その行為の必然的な，もしくは容易にありがちな結果として予見されえたものであったときには，犯罪者がその結果のゆえに行為を実行することを欲していなかったとしても，dolus として帰責される」[9]。

(1) Anmerkungen zum Strafgesetzbuch für das Königreich Bayern.Nach den Protokollen des königlichen geheimen Raths, Bd.Ⅰ, 1813, 146.

(2) Anmerkungen, aaO［Anm (1)］, 146f.

(3) 注釈によると，「故意の存否」の問題と「故意の範囲」の問題は異なり，「反証を許す故意の推定」を規定する 43 条が前者に関係し，41 条-44 条におけるそれ以外の各条文が後者に関係する（Vgl.Anmerkungen, aaO［Anm (1)］, 144f., 151)。しかし，両者をこのように区別しうるかは疑問である。とくに，注釈が強調する 41 条と 44 条は，現に発生した「意図せざる結果」に対する「故意の存否」といっても，その実体に異なるところはないだろう。Vgl.Motive zu dem Ersten Entwurfe des Criminal＝Geseßbuches für die preußischen Staaten, 1.Bd., 1827, in: Schubert/ Regge, Preussische Gesetzrevision, 1825-1848, ABTⅠ, Bd., 1, 1981, 125. ちなみに，43 条は次のように規定する。

「ある者の所為が違法な所為と証明された場合は，特別な諸事情から，そうでないことの確実性もしくは蓋然性が明らかでない限り，その所為が違法な故意から行なわれたという法律上の推定がなされる」。

なお，同条は「法律上の推定」を規定するが，同条に関する実務上の扱いはそうではなかったとされている。Vgl.H.Henkel, Die Praesumtio doli im Strafrecht, in: Eb.Schmidt-FS, 1961, 578 (583).

(4) Anmerkungen, aaO［Anm (1)］, 147.

(5) ゲルノート・シューベルト（山中敬一訳）『1824 年バイエルン王国刑法典フォイエルバッハ草案』191 頁注(178) (1980) 参照。

（6） Anmerkungen, aaO［Anm (1)］, 154.
（7） Vgl.Oehler, ZStW 69, 507.
（8） バイエル刑法典44条が「間接故意」に関する規定であることを指摘するものとして，Vgl.R.v.Hippel, Vorsatz, Fahrlässigkeit und Irrtum, VDA Bd.3, 1908, 456.
（9） シューベルト著（山中訳）・前出注（5）112頁，付録20頁参照。

2　バイエルン刑法典と傷害の致命性
(1)　さて，「故意」に関する1813年のバイエルン刑法典の立場は以上のようなものであったが，では，間接故意論のもう一方の柱をなす「致命性」はどうのようにとらえられていたのだろうか。

バイエルン刑法典は「殺人一般」に関して因果関係を次のように規定する。

143条「損傷（Beschädigung）もしくは負傷（Verwundung）が法的な意味において致命的（tödtlich）とみなされるには，それらが当該事案において，作用因（wirkende Ursache）として，発生した負傷者の死をもたらしたという確証以上のものは要求されない。

したがって，損傷ないし負傷（以下，損傷とのみ記する）の致命性に関する法的な判断にとって以下の諸点は影響を及ぼさない。すなわち，損傷がその他の場合には医術などによって（durch Hülfe der Kunst etwa）治癒されたかどうか，当該事案についていえば，時宜をえた合目的的な医術によって損傷の致命的な結果が阻止されえたかどうか。損傷が直接的に死をもたらしたのか，それとも，その他の，しかし損傷それ自体によって始動された（in Wirksamkeit setzen）中間原因が，はじめて死をもたらしたのかどうか。そして最後に，損傷が一般的に致命的であるのか，それとも死者の特異体質のゆえにのみ，あるいは，損傷が加えられた際の偶然的な事情のゆえにのみ，損傷が死をもたらしたのかどうか——これらの諸点は致命性の法的な判断にとって影響を及ぼさない。

ただし，以上に掲げた場合において，裁判官は，過失および違法な故意に関する一般原則におうじて，どの範囲まで単なる過失殺人が推し量られるべきかを判断しなければならない」。

144条「たしかに、人間の死が違法に加えられた傷害（Verletzung）の後に発生したが、しかし、①被害者が、傷害の時点においてすでに存在する、傷害それ自体によって始動されたのではない原因によって死亡したこと、②加えられた損傷は、その性質上、死を引き起こすようなものではなかったが、たとえば、有害な薬品、有害な外科的措置などによって、はじめて致命的となったということ——以上の二点の確証ないし蓋然性が基礎づけられる場合は、行為者は、意図的になされた殺人に対する法律によって判断されるのではなく、行為者の意図が、殺人に向けられていたときは既遂に最も近い未遂（60条）により[1]、ただ傷害にのみ向けられていたときは故意の身体損傷に関する法律（第2章）により[2]、また、その意図が以上のいずれにも向けられてはいなかったが、その企行（Unternehmen）が処罰に値する（Sträflich）場合は過失傷害として、それぞれ処罰されるものとする」。

(2) このようなバイエルン刑法典の立場は、犯罪が行なわれた「日時・場所」、被害者の「特異体質」などは、「法的な意味における致命性」の判断には影響を及ぼさないとする一方（143条）、しかし、「行為後」にとくに人間の落ち度ある行為が介在して結果が発生した確からしさが証明された場合には、「既遂処罰」を否定する（144条の②）というのであり、まさに、「個別的致命性説」と同様の観点に立脚しているといってよいだろう[3]。

バイエルン刑法典注釈によれば、144条によって因果関係が否定されるのは、たとえば、医師が軽率にも有毒な薬品を患者に投与した場合、被害者自らが彼に与えられたあらゆる処置を拒絶したり、自ら包帯を引きちぎったような場合である[4]。そして同法典は、このような場合に、行為者の「主観面」に対応して、殺人未遂、傷害罪もしくは過失傷害罪[5]が成立するということを明文化したのである。

しかしながら、因果関係が否定されることにより既遂が否定されるのは上の場合に限られるとしながら、その一方、「法的な意味における致命性」の判断には影響を及ぼさない、すなわち「因果関係」は肯定されるとする被害者の「特異体質」などが介在して結果が発生した場合は、故意の帰責に関する総則41条以下の諸規定が適用されるというのである。これが143条但書の趣旨である。この点に関して、注釈は次のように論ずる。

第3章 結果的加重犯の歴史的考察

「犯罪事実（Tatbestand）との関係における傷害の致命性の判断は、死亡の作用因の存否に関してのみ必要とされるだけであるが[6]、その一方、行為者のAbsichtの判断、すなわち、自白やその他の直接的な証拠によって行為者が殺害目的を有していたということが証明されえない場合、それゆえDolusとその範囲が行為それ自体からしか推定されえない場合には、責任に関する帰責判断にとって、行為の性質が決定的な影響をもつということもほとんど誤解されえないことである。……41条、44条が、一般経験則からして、直接・必然的にそして通常死亡結果を生じさせるような行為を故意の要件としているのは、そのためである。この総則規定によるならば、143条が因果関係の問題としては重要ではないとした場合——傷害によって作用されたものではあるが、その他の中間原因の影響により『ただ間接的に』（強調原文）傷害が致命的となった場合、被害者の個人的な特異体質によって致命的となった場合、もしくは偶然の諸事情が介在したことによって致命的となった場合——には殺人が行為者の目的ではなかったということの推定が正当化される」[7]。

さらに注釈によれば、「われわれは、一般的に知られた経験・通常の結果のみを行為準則としうるのであるから、行為の結果に関しても故意が立証されたものとみなされるのは、一般的に知られた経験によると故意の行為から違法結果が直接かつ必然的に生ずることを常とする場合のみ」であり[8]、たとえば、平手打ちや、地面に押し倒すといった行為は、一般経験則から見て、致命傷を引き起こす性質を有するものではない以上、そのような行為には死亡結果に対する故意が認められない、というのである[9]。

(3) 今日の傷害致死をその一部に含む故殺は、注釈によると「一般経験則からして、直接的・必然的にそして通常死亡結果を生じさせるような行為」であり、そうであるからこそ、意図せざる死亡結果が故意として帰責される。カルプツォフらドイツ普通法学における初期の「絶対説」とは異なり、たしかに「直接的・必然的」あるいは「通常」の「関係」は故殺の「客観的成立要件」としては重要でないとされたが、しかし、間接故意を認めるためには、行為の性質がそのような「関係」を基礎づけるものであることが要求されていたのである。

V　1813年のバイエルン刑法典

このような1813年のバイエルン刑法典の立場が，1794年のプロイセン一般ラント法と何ら異なるものではないことは疑いのないところであろう。

　　（1）　バイエルン刑法典は，57条（未遂の一般規定）以下で未遂犯を規定し，その60条は，「犯罪者が重罪または軽罪を直ちにかつ直接実現すべき行為に着手したといえるほど，可罰的な未遂が重罪または軽罪の完成にほぼ等しい」場合を「既遂に近接した未遂」とする。
　　（2）　バイエルン刑法典は，178条から185条にわたり「身体傷害および虐待」を規定する。その内容は，単純傷害，意図的重傷害，殺意のない毒物投与，尊属傷害などである。もちろん，傷害致死罪（＝故殺）は，ここに規定されていない。
　　（3）　本章III 2(2)及び(3)の(b)参照。
　　（4）　Anmerkungen zum Strafgesetzbuch für das Königreich Bayern.Nach den Protokollen des königlichen geheimen Rats, Bd.II, 1813, 11f.Vgl.auch Mittelmaier, in; Feuerbach, Lb, 14.Aufl., 1847, §209 a (des Herausgebers), S.366 Anm. 29）．
　　（5）　バイエルン刑法典においては，過失傷害罪という独自の構成要件は存在しない。本罪は，故意が認められる場合の傷害罪の刑罰に対応して（前出注(2)），重過失の刑罰および軽過失の刑罰を定めた総則69条，70条により処罰されたようである。
　　（6）　同旨，Feuerbach, Lb, 14.Aufl., 1847, §208 III.
　　（7）　Anmerkungen, Bd.II, aaO [Anm (4)], 14f.
　　（8）　Anmerkungen, Bd.I, 1813, 150.
　　（9）　Anmerkungen, Bd.I, 149f., 190f.

3　バイエルン刑法典におけるその他の結果的加重犯規定

このように，今日の傷害致死罪を含む「故殺」に関しては，ALRとバイエルン刑法典では実質的な違いはなかったといってよい[1]。しかし，それ以外の結果的加重犯に関しては事情を異にした。

(1)　バイエルン刑法典には，今日の結果的加重犯と同様の規定がみられる。だが，不同意堕胎致死罪（173条IV），遺棄致死罪（177条），強姦致死罪（189条）や，井戸への投毒（Brunnenvergiftung 150条），強盗・強盗的恐喝（239条以下），放火（248条），溢水（254条），地雷の設置罪（255条）などを基本犯とする犯罪においては，発生した死亡結果に対して，143条但書が指示する故意に関する総則規定（39条～44条）は排除されるというのである。

その理由は、いわゆる「故意の結果的加重犯」が認められないという点にあるのではない。死亡結果が犯罪成立要件である（今日の傷害致死罪を含む）殺人罪とは異なり、これらの犯罪の場合は、人間の死亡という「結果の発生」がその主要な要因をなすものではない、というのがその理由であった。それは、上の各犯罪が、それぞれその基本犯罪に位置づけられていたことと無関係ではない。

たとえば強盗致死罪を強盗の章に規定することによって、「死亡結果」に対する行為者の主観面をおよそ問題とすることなく、殺害目的の存在を理由に死刑が科される謀殺と同様、死刑を科すことが当然視されたのである[2]。これらの犯罪にあっては、もっぱらその基本犯の凶悪性から、結果があたかも――およそ犯罪成立要件には関係ないという意味における――「客観的処罰条件」であるかのように扱われたといってよい。

さらに、故意に関する総則規定を排除するということは、総則41条・44条の適用も同時に排除されることを意味した。すなわち、両条の根底をなす、故意の認められる行為と意図せざる結果との「直接的な関係」の存否、あるいは両者の結びつきの程度が、たとえば強姦や強盗致死傷罪を認めるにあたっては、いかなる観点においても、およそ考慮の外におかれることを意味したのである[3]。むしろ、強姦や強盗から死亡結果が発生することの「直接的な関係」は、その存在が当然視されたのである。

たとえば、強姦致死罪を例示してバイエルン刑法典注釈が論ずるところによれば、「行為者の目的が、被害者の死亡結果には及んでおらず、ただ自己の性欲を満たすだけだったとしても、……このような故意の重大犯罪においては、『被害者の死亡という容易に生じうる通常の結果』（『　』―引用者挿入）を行為者が意図したかどうかはおよそ重要ではない。死亡結果が行為者の故意の結果（Wirkung）でありさえすれば十分なのである」[4]。

(2) このように、強姦・強盗さらには放火致死罪など、故殺（傷害致死罪）以外の主要な結果的加重犯においては、被害者の死亡結果は重要な意味をもたず、したがって、「死亡結果」と故意行為との「直接的な関係」を、因果関係の側面においてはもちろん、責任の存否・程度を判断するに際しても、およそ考慮する必要がないとしたバイエルン刑法典の態度は、結果的加重犯

Ⅵ 1828年のプロイセン第一草案以降の諸草案の立場と，1851年のプロイセン刑法典

が，結果の発生のみを根拠に刑罰が加重される犯罪として「結果責任的」に運用されるその第一歩を印すものと評価することができよう[5]。そして，まさしくバイエル刑法典が当時における傑出した一大法典と考えられたがゆえに，その考えは，その後の諸立法にも多大な影響を及ぼしたのであった[6]。

　（1）　Vgl.Rengier, Erfolgsqualifizierte Delikte und verwandte Erscheinungsformen, 1986, 23.
　（2）　Vgl.Anmerkungen, Bd.Ⅱ, 3f., 15f.; Anmerkungen, Bd.Ⅰ, 192.
　（3）　Vgl.Anmerkungen, Bd.Ⅰ, 192.
　（4）　Vgl.Anmerkungen, Bd.Ⅰ, 139f.
　（5）　Rengier, aaO〔Anm（1）〕, 23 a.E.ff.; H.U.Paeffgen, NK, 1995, Vor§18 Rn. 5.
　（6）　バイエルン刑法典が1851年のプロイセン刑法典にも影響を与えたことについて，Vgl.Grünhut, Anselm v.Feuerbach und das Problem der strafrechtlichen Zurechnung, 1922, 178 Fn.3; R.v.Hippel, Deutsches Strafrecht, Ⅰ, 1925, 295, 299, 300; Eb.Schmidt, Einführung in die Geschichte der deutschen Strafrechtspflege, 3. Aufl., 1965, 263, 317, 344, usw. さらに，1851年のプロイセン刑法典が1871年のライヒ刑法典にほぼそのままの形で受け継がれた点について，Löffler, Die Schuldformen, 1895, 262; v.Hippel, ebd., 342; Eb.Schmidt, ebd., 343f.; Rengier, aaO〔Anm（1）〕, 45. など参照。

Ⅵ　1828年のプロイセン第一草案以降の諸草案の立場と，1851年のプロイセン刑法典

1　バイエルン刑法典が故殺＝傷害致死以外の結果的加重犯に対してとったのと同様に厳格で，また不当だといえる態度は，傷害致死罪が「傷害の章」に独立して規定されたことにともない，傷害致死罪にまで及ぼされることとなった。この点をあらわすのが1851年のプロイセン刑法典である。
(1)　同刑法典185条は次のように規定する。
「傷害の致命的な結果が時宜をえた，もしくは目的に適った援助によって妨げられえたかどうか，その種の傷害はその他の場合には医術によって治癒したかどうか，傷害が，被害者の特異体質のためにのみ，あるいは，傷害が

加えられた際の偶然の諸事情のゆえに，死亡結果をもたらしたかどうかは，殺人の Tatbestand を画定するにあたり考慮されない」。

1828年のプロイセン草案第2部第8章2条以降，プロイセンの各草案において規定されたこの種の規定は，「殺人罪の"Tatbestand"にとっては，傷害の絶対的致命性ないし偶然の致命性という観点はおよそ重要ではなく，問題の傷害が死亡結果の原因であったかどうかのみが重要」だとするステューベルの主張を受けて[1]，「事実上の帰責（imputatio facti）」と「法律上の帰責（imputatio juris）」を区別したうえで，前者（因果関係）の問題としては，傷害を引き起こした行為が死の「原因」でありさえすれば十分である，とする共通した基盤に基づく[2]。ステューベルの見解が今日の「条件説」の先駆をなすという指摘からすれば[3]，右に引用したプロイセン刑法典185条の趣旨はそれに近いものといえるかもしれない。そして，プロイセン刑法典注釈によれば，この185条は傷害致死罪にも適用される[4]。

(2) これに対して，プロイセン刑法典において結果的加重犯はcddの犯罪としてとらえられており[5]，したがって，理論の上では，傷害致死罪を認めるには死亡結果に対する「過失」が必要とされることになる。しかも，重い結果に関する過失は「重過失（culpa lata）」でなければならず，「軽過失（culpa levis）」しか認められない場合は，傷害致死罪の軽減処罰規定である196条が適用されるとするのが立法当局の意図であった。すなわち，傷害致死罪の「減軽規定」である196条は，行為者あるいはその近親者が被害者に「虐待ないし重大に侮辱されたため，激情して即座に行為へと駆り立てられた場合，またはその他の軽減事由が存在する場合」（傍点引用者），傷害致死罪に科される刑罰が「1年を下らない軽懲役」に減軽されると規定するが，「軽過失」しか認められない場合は，同条における「その他の軽減事由」が認められるというのである[6]。しかしながら，1828年草案以降の諸草案には，後述するように，この種の場合が「その他の軽減事情」というように一般的にではなく，それとは別個に明文で規定されていたのに対して，プロイセン刑法典にはそのような明文規定は存在しなかった。傷害致死罪を規定する同刑法典194条は，「故意の虐待もしくは傷害が負傷者の死を惹起したときは，10年以上20年以下の懲役刑が科される」とだけ規定したのである。

VI 1828年のプロイセン第一草案以降の諸草案の立場と，1851年のプロイセン刑法典

　ここでは，因果関係の場面においてはもちろん，行為者の責任連関を問う際にも，傷害の致命性の程度・存否を考慮する余地は——少なくとも文言上は——完全に失われてしまったのである。しかも，「傷害の罪」の章に置かれることにともなって刑が軽減されたのではなく，むしろ，その下限がプロイセン諸草案における5年もしくは6年から，10年まで引き上げられたことにも注意すべきである[7]。

　2　これに対して，それに先行するプロイセン諸草案は，たしかに，被害者の特異体質や犯行が行なわれた日時・場所，さらに，適宜に医療処置が施された場合には被害者は救命されたかどうかなどは考慮されないという点で1851年のプロイセン刑法典と同様の観点に立脚しながらも，しかし，このような諸事情が故殺＝傷害致死罪の成立に影響を及ぼすかどうかは別問題だとし，その補足規定を明文化していたのである。

　(1)　たとえば，1828年のプロイセン草案第2部第8章2条「但書」がそうである[8]。理由書によると，「死亡結果が一般の経験もしくは行為者の個人的な経験から行為の必然的な結果とみなされるか，通常ならざる結果として，せいぜい過失に帰せられるか，あるいは，両者の中間にあるかが考慮されなければならず，たとえば，被害者の頭がい骨が異常に薄かったため彼が死亡したというような場合には，行為者に殺害目的が存在しなかった蓋然性が高い。裁判官は，この点を考慮しなければならない」[9]。これが，上記「但書」の理由をなす。つまり，「行為の必然的な結果」であるかどうか，この意味における傷害の「致命性」の存否・程度は，たしかに故殺の客観的"Tatbestand"を画定するには重要でないが，しかし，故殺の成立を認めうるかどうかにとっては，依然として意味をもつというのである。

　(2)　さらに，その第2部第8章17条において「意図的な虐待による非意図的な殺人」という名称で今日の「傷害致死罪」と全く同様の規定を設けた1828年草案には，次のような総則44条が存在していた点が注目される[10]。

　「ある犯罪行為から，行為者が実現することを欲したよりもより大なる権利侵害が発生した場合，各則において例外が規定されていないときは (falls nicht bei einzelnen Verbrechen das Gegentheil bestimmt ist)，意図した侵害のみが故意の侵害として帰責され，行為者の意思なくして発生したより大なる

侵害は，諸事情からみてそれが肯定されうる場合には，同時に過失の侵害として帰責される。そして，刑罰は犯罪競合の規定（§95）により量定される」（傍点引用者）。

この95条によれば「同一の行為によって同時に複数の犯罪が行なわれた場合は，最も重い犯罪の刑罰のみが適用される」[11]。

つまり，44条は「故意」と「過失」が競合する場合，観念的競合の「吸収主義」によって処断されることを示すと同時に，その一方で，「各則における例外」が規定されているときは同条の適用を受けない（観念的競合規定によって処断されない）というのである。そうすると，1828年草案がはじめて規定した「意図的な虐待による非意図的な殺人」が，44条の適用を受けない「各則における例外規定」をなす根拠が問われることになろう。この犯罪には，（被害者が「通常人」である場合における）傷害罪の最上位に位置する「意図的重傷害罪」に科される6年以上15年以下の刑罰（1828年草案第2部第8章62条）と，「過失致死罪」に科される3月以上2年以下の刑罰（同上57条）[12]をこえる「6年以上20年以下」の刑罰が科されており，まさに「各則における例外規定」をなしているからである。

さらに，行為者の意図が「傷害」にのみ向けられていることから，同罪を「傷害」の章に移し，44条と同様の規定に服させるべきかどうか審議された経緯もあることからすれば[13]，「意図的な虐待による非意図的な殺人」が総則44条の「各則における例外規定」をなす根拠は重要だといえよう。

(3) この点に関して，1828年草案の理由書は次のように論ずる。

ある婦人が食事中，他の女性と口論となり，かっとなって，せいぜい挫傷を招致する程度の強さで，被害者の頭を粘土製のスープ皿で軽く叩いたところ，被害者の頭蓋が異常に薄かったため，死亡結果が発生したという事案で，暴行罪（Realinjurie）と過失殺人の刑罰だけを適用した判例を例にとれば，「culpa dolo determinata によるこの種の殺人には，総則44条が適用される」のに対して[14]，たとえばAがBを去勢することを計画し，それを実現したところ，Bがその傷で死亡したという場合は，故意傷害と過失致死罪の刑罰を適用するだけでは不十分であって，各則17条（「意図的な虐待による非意図的な殺人」）が適用される[15]。

VI 1828年のプロイセン第一草案以降の諸草案の立場と，1851年のプロイセン刑法典

「たとえ意図しなかった結果であるにしても，その重い結果を行為者が容易に発生しうるものとして，もしくは通常の結果として予見可能」であるほどに，重い結果を招致する基となる行為（基本犯）が「それ自体とくに危険な犯罪」であることが，以上の理由をなすといってよい[16]。この点は，理由書があげる次の事例と，それに対する主張をみれば明らかである。

「一件の家に放火する意図しかなかったが，その意思に反し，放火によって村全体を焼き払い，複数の人間を死亡させた放火犯人の場合，行為者はより重い刑罰に服さなければならない。自分の意図が軽い結果にしか向けられておらず，それ以外の複数の結果は過失によってもたらされたと反証することによって，重い刑罰から免れることはできない」[17]。

(4) このように1828年草案においては，「致命性」の存否・程度は，「故殺」においてのみならず，一定の犯罪に対する「故意」と他の犯罪に対する「過失」が競合する場合に，総則の観念的競合規定の「例外」をなすかどうかという面においても，重要な役割を演じたといってよいだろう。本草案が，今日の傷害致死罪に相当する各則第8章17条を「その死を実現しようと欲しなかった他人を，『生命危険のある方法』で意図的に虐待し，よって死亡させた」と規定したのは，以上を物語るものである。

3 たしかに，その後，同罪の成立に「生命危険のある方法」による虐待を要求したのは1830年草案234条ぐらいであり[18]，その他の諸草案ではこのような限定は付されていない。たとえば，1845年の改正草案216条は「殺害意図をもたずに，故意の傷害もしくは虐待によって人間の死亡が惹起された場合は，3年以上15年以下の懲役刑によって処断される」とだけ規定した[19]。

しかし，1840年草案以降1847年草案に至る各草案では，「行為の性質からして，死亡が行為の結果であることが非蓋然的である場合」，もしくは「傷害ないし虐待が，容易に認識しえない特殊な事情によって致命的となった場合」という規定を「意図的虐待による非意図的殺人」の直後にもうけ，それに科される刑罰を，下限は「6月」もしくは「1年」以上，上限は「3年」もしくは「5年」以下の軽懲役（Gefängnisstrafe）にまで著しく軽減しているのである（1840年草案288条，41年草案299条，42年草案307条，43草

案305条，45年草案217条，46年草案224条，47年草案228条)。これは，現在の傷害致死罪に関する「比較的重くない事態」よりもはるかに軽い刑罰である(20)。これらの「減軽規定」の反対解釈からすると，「通常刑」が科される傷害致死罪(=「意図的虐待による非意図的殺人」)の場合には，「意図せざる重い結果の発生を容易に予見可能なものとする傷害・虐待の性質およびその存在」が，必要とされたことになるといってよいだろう。

4　1851年のプロイセン刑法典には，1828年草案各則第8章17条の「但書」や，1840年以降の諸草案における以上のような「明文規定」は存在せず，存在したのは，「故意の虐待もしくは傷害が負傷者の死を惹起したときは，10年以上20年以下の懲役刑が科される」とする194条と，「その他の軽減事由」が存在する場合に194条の刑を減軽する一般規定だけであった。これを，「致命性条項」がもはや明文化する必要のないほどに「血肉化」した結果とみなす立場もあるが(21)，「法実証主義」の観点とも相まって，現実の運用はそのようなものではなかったのである。

　　(1)　C.K.Stübel, Ueber den Tatbestand des Verbrechen, 1805, §§ 96, 137, 153.
　　(2)　Vgl.z.B.Motive zu dem Ersten Entwurfe des Criminal=Geseßbuches für die Preußischen Staaten, 3.Bd., 2.Abt., 1829, in: Schubert/Regge, Preussische Gesetzrevision (1825-1848), 1.Abt., Bd.1, 1981, 756f.; Entwurf des Strafgeseßbuchs für die Preußischen Staaten, 1851, in: Kodifikationsgeschite Strafrecht, herg.von Werner Schubert, Jürgen Regge, Werner Schmid und Rainer Schröder, 1991, 49; Goltdammer, Die Materialien zum Straf=Gesetzbuche für die Preußischen Staaten, Theil II, 1852, 397ff.
　　(3)　Vgl.v.Buri, Zur Lehre von Tödtung, GA 11 (1863), 753 (757f., 761); H.U. Paeffgen, JZ 1989, 220 (225 Fn.63); H.Otto, Die objektive Zurechnung eines Erfolgs im Strafrecht, Jura 1992, 90 (92 l.Sp.).
　　(4)　Goltd.Mat.II, aaO [Anm (2)], 420.
　　(5)　Goltd.Mat.II, aaO [Anm (2)], 414, 418, 428, 520, 634f., usw.
　　(6)　Goltd.Mat.II, aaO [Anm (2)], 420.
　　(7)　このようなプロイセン刑法典の厳格な態度は，Löffler, Die Schuldformen, 254f. によると，いまだに結果責任的な考えを強く残していたフランス法の立場を当時のライン地方の法律家が尊重したためであり，また，Eb.Schmidt, Einführung in die Geschichte der deutschen Strafrechtspflege, 3.Aufl., 1965, 318 a.E.-319. によれ

VI 1828年のプロイセン第一草案以降の諸草案の立場と，1851年のプロイセン刑法典

ば，一般予防上の威嚇に基づいた刑罰体系の著しい加重にコード・ペナールの影響を見て取ることができるとされる。

（8） 1828年草案第2部第8章2条は，次のように規定する。

「人間の死を惹起した犯罪の発起者（Urheber）は，

①死が，傷害をとおしてはじめて作用した中間原因の結果にすぎない場合，

②傷害の致命的な作用が，適宜の治療によって妨げられえたであろう場合，

③傷害が，負傷者の特別な身体状況のゆえにのみ，もしくは，傷害が加えられた際の偶然的な諸事情のゆえにのみ，致命的な結果をもたらした場合でも，殺人の発起者と見なされるものとする。

ただし，裁判官は，以上①〜③の諸事情および行為のその他の諸事情から，行為者が殺害目的を有していたと結論づけることができるかどうか，慎重に検討しなければならない」。

（9） Motive zu dem Ersten Entw., in: Schubert/Regge, aaO ［Anm（2）］, 755f. 同旨の主張として Goltd.Mat.II, aaO ［Anm（2）］, 398f. も参照。

（10） Entwurf des Strafgeseßbuches für die Preußischen Staaten, 1828 (以下，E 28 と略記する), in: Schubert/Regge, aaO ［Anm（2）］, 281.

（11） E 28, in: Schubert/Regge, aaO ［Anm（2）］, 288.

（12） E 28, in: Schubert/Regge, aaO ［Anm（2）］, 328 und 329.

（13） たとえば，Berathungs＝Protokolle der zur Revision des Strafrechts ernannten Komission des Staatsraths, Über den Zweiten Theil des Entwurfs des Strafrechts, 1.Abt., 1840, in: Schubert/Regge, Preussische Gesetzrevision (1825-1848), 1.Abt., Bd.4, 1.Halbband, 491.

（14） Motive zu dem Ersten Entw., in: Schubert/Regge, aaO ［Anm（2）］, 814.

（15） Motive zu dem Ersten Entw., in: Schubert/Regge, aaO ［Anm（2）］, 815-6.

（16） Motive zu dem Ersten Entw., 1.Bd., 1827, in: Schubert/Regge, aaO ［Anm（2）］, 126. なお，1827年草案は「総則」のみの草案であり，「各則」を含めて起草された初めての草案は1828年草案である。また，両草案は同一の起草者の手によるものである（Vgl.dazu Motive zu dem Ersten Entw., in: Schubert/Regge, aaO ［Anm（2）］, 880 Fußnote)。

（17） 前出注(16)。なお，以上の主張は，1827年草案77条（＝28年草案総則44条）について，同条が規定する観念的競合の吸収主義に対する「各則における例外」を示したものである。

（18） E 30, in: Schubert/Regge, Preussische Gesetzrevision (1825-1848), 1.Abt., Bd.2, 1982, 510.

（19） Revidierter Entw.1845, in: Schubert/Regge, Preussische Gesetzrevision

(1825-1848), 1.Abt., Bd.6, Teil Ⅰ, 44. なお，本草案のように下限が 3 年で上限が 15 年というのはめずらしく，下限はまちまちであるものの（ただし，5 年あるいは 6 年が多い），同罪に科される刑の上限は 20 年というものが多数である。

(20) 1998 年の第 6 次刑法改正法により改正された傷害致死罪 227 条 2 項は，それまでの 226 条 2 項に科される「3 月以上 5 年以下の自由刑」を「1 年以上 10 年以下の自由刑」にまで加重している。

(21) H.J.Hirsch, Anm.zu BGHSt.31, 96, in: JR 1983, 80 l.Sp.; Küpper, Zusammenhang, 1982, 87.

Ⅶ 小 括

本章では，おもに次の二点を確認するべく結果的加重犯の歴史的形成過程を検討してきた。すなわち，1871 年のライヒ刑法典施行当時の多数説が主張するごとく，結果的加重犯は本来的に「結果責任」を内包した犯罪類型であるのか，そして——そのことと表裏の関係にあるといえるが——結果的加重犯には，それを存続するに値するだけの「実体」があるのかどうか，の二点である。

1 前者に関しては次のように結論づけうるだろう。

(1) "versari" 法理は，「内心の純白さ」がとくに要求される聖職者を対象にした，それゆえに厳格な帰責の理論であったといえる。したがって，この法理を一般人を名宛人とする「世俗刑法」にそのまま適用することは不当であろう。かりに，同法理を維持・発展させた「間接故意論」がそのようなものだとすれば，それを母体とする結果的加重犯も，versari 法理の「誤解」に基づく「過去の遺物」とみなされることになろう。

(2) しかし，「間接故意論」はそのようなものではなかったと評価できる。むしろ，「間接故意論」批判は，自説の立脚点をなすローマ法以来の「狭い故意概念」にとらわれた，その意味で「一面的」な批判であったと思われるのである。

(3) むしろ，結果的加重犯が「結果責任」を体現する犯罪であるかのように運用されていった原因は，① 1813 年のバイエルン刑法典が，故殺の一類型をなした傷害致死以外の主要な結果的加重犯に関しては，基本犯と重い結

果との関係に何ら注目しなかったこと（重い結果は，たとえば強姦・強盗致死傷罪の成立要件とは無関係な「客観的処罰条件」であるかのごとく扱われた），②バイエルン刑法典においても故殺＝傷害致死に関しては存在しており，また，ALRおよび1828年以降のプロイセン諸草案においても，それが欠ける場合には，最初から同罪を否定するか，著しい軽減処罰規定によって処断しようとした，意図せざる重い結果を「直接かつそれ自体」に招致するような基本犯（傷害）の傾向・危険性に関する「明文規定」が削除されたこと，そして③判例・学説における「条件説」の台頭――以上の三点に求めることができよう。

 (4) 以上の諸点からすると，1871年のライヒ刑法典施行当時におけるドイツの結果的加重犯「廃止論」は，「その時代」に対する非難を「過去」に転嫁するようなものだといえよう。

 間接故意の理論，およびそれを母体とする結果的加重犯に対して痛烈な批判を展開したレフラーですら，結論的には，次のように指摘しているのである。

 「過去の方が，ふしだらで怠惰な現在よりも遥かに進歩的だったといえるのであって，1871年のライヒ刑法典は過去の重苦しい遺産をわれわれが受け継いだ結果であると言い訳してはならい」[1]。「ひどく中傷されている間接故意の論者がもし生き返ったなら，今日の状態を目の当たりにして，『おお，何というものごとの変動であろうか（o quae mutatio rerum!）』と嘆き悲しむであろう」[2]。

 2 結果的加重犯（おもに傷害致死罪）の起源が，このように「結果責任」を内包した犯罪ではなかったと考えられることの裏面として，結果的加重犯にはそれを維持するだけの「実体」が備わっているかどうかという第二の問題点も肯定的に答えることができるように思われる。それには，結果的加重犯――とりわけ傷害致死罪――が故殺の一類型として考えられてきた理由，フォイエルバッハの「故意によって決定づけられた過失（cdd）」の理論以降，結果的加重犯は故意と過失の競合事例としてとらえられたが，それにもかかわらず観念的競合規定の例外をなした理由をあげればよいであろう。

 (1) 結果的加重犯の場合，もちろん，重い結果に対する「目的」は認めら

第3章　結果的加重犯の歴史的考察

れない。しかし,「故意」(＝目的)の認められる行為に,発生した意図せざる(死亡)結果を「直接かつそれ自体」において生じさせるような傾向・危険性が認められる限り,間接故意の殺人として処罰される。「間接故意論」を排除しようとしたバイエルン刑法典においても,今日の傷害致死罪は,総則110条2項の「観念的競合規定」が適用される場合[3]と,「故殺」として重く処罰される二つの場合に分けられていた。その分水嶺をなしたのが,総則41条,44条が適用されるかどうか,すなわち,意図せざる重い結果を「直接かつそれ自体」において招致するような基本犯(傷害)の傾向・危険性の存否だったのである[4]。

(2) 1828年以降のプロイセン諸草案が規定した「意図的虐待による非意図的な殺人」(＝傷害致死罪)に関しても,以上と同様のことがあてはまる。

この規定においては,意図的すなわち「故意傷害」と非意図的すなわち「過失致死」が競合する場合であることが鮮明にされた。しかも,この種の場合に適用される総則の明文規定も存在していた[5]。それにもかかわらず,この罪は「各則における例外」として,観念的競合の吸収主義よりも重く処罰されたのである。その理由も,致死の結果を「直接的かつそれ自体」において生じさせるような故意傷害の傾向・危険性にあったといえるだろう。

しかしながら,それにもかかわらず「間接故意論」とは異なり,この罪(傷害致死罪)を「間接故意」による殺人として構成しなかったのはなぜだろうか。次のように考えることができるだろう。すなわち,傷害には明らかに「確定的故意」「目的」が認められる。それゆえ,いわばそこで「燃焼し尽くされた故意」を致死の結果にまで及ぼすことは,いかなる形であるにせよ,およそ考えられなかったためである,と。とくに,目的と故意を同一視する「狭い故意概念」から出発し,「ひとたび目的が確定的であるならば,それ以外に確定的な目的(＝故意)はありえない」とするフォイエルバッハの見解には,この点が明りょうに示されていた。

そうすると,「間接故意」による殺人と,総則におけるcddの「各則における例外」は,同一の事柄を別の言葉でいいあらわしたにすぎなかったと結論づけることができよう。結果的加重犯を「故意によって決定づけられた過失」としてとらえるにしても,この表現は,単に主観面からみて,重い結果

に「故意」は認められないという消極的な側面をいいあらわすだけではなく，観念的競合によって処断されるその他の「一般的」な事案にくらべ，故意の認められる基本犯罪には「特殊な性質」が認められるため，その性質によって「過失が決定づけられている」という積極的な側面をあらわすものと解することができるのではなかろう。すでに，ケストリンが，今日の「危険性説」と全く同様に，次のように主張していた点が注目される[6]。

「間接故意の理論が故殺とみなした事案における故意と過失は，たとえば窃盗犯人があたりを照らすためにもっていたライターを落下させ，過失で火災を引き起こした場合のように，ただ『外面的に並存』しているのではなく，一方によって全行為が決定づけられると同時に，また他方によっても全行為が決定づけられるというように，『内的な単一性』をなしている。したがって，故意と過失の単なる『外部的な併発』の場合をもカバーする cdd によって，間接故意論を排除することは不当である」，と。

通常の競合犯として処罰される事案に対する，上の「特殊な性質」を故意を認めるために援用したのが「間接故意論」だとすれば，それを cdd の「例外」として考えたのがプロイセン諸草案を含めた各諸邦の立法例[7]だったといえるのである。

3　本章の歴史的考察は，もっぱら故殺の一類型をなした傷害致死罪を中心としたものであり，また，学説史・立法史の検討も十分とはいえないであろう。しかし，以上からは，けっして結果的加重犯，すくなくともその代表例である傷害致死罪，の存続に不利益な側面は見いだしえなかった。むしろ，とくに傷害致死罪の核心部分が，「直接かつそれ自体（immediate et per se）」重い結果を生じさせる基本犯の性質にあったということは，以降の考察の基本的な出発点となりうるものと思われる。このコアーの部分をどこまで広げることが許され，また妥当であるのか，さらに，それをその他の結果的加重犯にも同様に適用することができるのかは，別途問題となるであろう。しかし，この核心部分に適合した限定解釈を施すことは可能であり，また，必要なことでもあると思われる。

次章以下では，歴史的考察からはその正当性をひきだすことができる，いわゆる「危険性説」を，現在の解釈論の観点から再検討してみることにした

第3章　結果的加重犯の歴史的考察

い。

（1）　Löffler, Die Schuldformen, 278.
（2）　Löffler, Die Schuldformen, 279. 同旨，Rengier, Delikte, 1986, 41 a.E.-42.
（3）　Vgl.Anmerkungen, Bd.Ⅰ, 256.Vgl.auch Jesse, Über Vorsatz und Fahrlässigkeit beim Tödtung und Körperverletzung und Mißhandlungen, GA 2 (1854), 491 (493).
（4）　Vgl.Anmerkungen, Bd.Ⅱ, 3.
（5）　それは1828年草案44条に限られない。それ以外にも，たとえば30年草案45条，33年草案43条，36年草案65条がそうである。
（6）　R.Köstlin, Neue Revision der Grundbegriffe des Kriminalrechts, 1854, 299, 304, 305f., 311. など参照。
（7）　各諸邦の立法例については，たとえば，D.Oehler, ZStW 69 (1957), 503 (507) 参照。

第4章　結果的加重犯の構造

　結果的加重犯には「固有の不法内容」が認められるとして，その存続を主張すると同時に，その不法内容に見合った帰責の限定を主張する立場が「危険性説」の出発点であった。このような危険性説の立脚点が歴史的な裏づけを有することは，前章の検討から基礎づけることができよう。しかし，序章で指摘したように，その危険性説にも検討を要する問題点は残されていた。そこで本章では，まず危険性説の主張の概略を示し，ついで，それに対するさまざまな批判論，これに対する危険性説の側からの再批判を検討したのち，危険性説が結果的加重犯の「固有の不法内容」として主張する「基本犯に内在する重い結果発生についての特殊な類型的危険」といわれるものの内容をさらに検討することにしたい。以上を基礎にした結果的加重犯の客観的成立要件（＝「直接性」）の具体的な判断基準については，次章で詳しく検討するが，「直接性」が必要とされる根拠とその概略，さらに主観的成立要件である「重い結果に対する過失」に関しては，本章であわせて検討することとする。

I　危険性説の概要

　1　ところで，どのような見解を「危険性説」と呼ぶかについては，必ずしも確たる見解の一致があるわけではない。たとえば，「間接故意の理論」を「故意によって決定づけられた過失」によって排除することを否定する先述したケストリンの見解[1]も，「危険性説」ということができようし，後述するクリースの相当因果関係説を「危険性説」に含めて解釈することも不可能ではない。

　他方，因果関係論については「原因説」の正当性を主張しながら，「結果的加重犯における基本犯は，経験則上，それ自体もしくは一定の諸事情のもとで，人間の生命・身体に対する特殊な危険を基礎づける」のであり，立法

者がこのような危険を念頭に置いていることは明らかであるから,「このような危険性が結果に実現した場合にのみ」, いいかえると基本犯の結果と重い結果との「直接的な関係」が認められる場合にのみ結果的加重犯の成立は認められる (「　」内原文), という見解もみられた[2]。

基本犯に内在する特殊な危険性を強調し, 発生した重い結果がこの危険の実現であること (「直接性」の存在) を要請する立場が「危険性説」であることからすると, この見解も「危険性説」に属することになろう。

2　しかし, いずれにせよ, 本書では以下, 次のように主張して通常の観念的競合が適用される事案との違いを強調したエーラーの見解をもって,「危険性説」の嚆矢とすることにする。彼の見解の出発点には, 歴史的にみても, また現在に至る見解と比べても,「危険性説」と呼ぶに値する最大公約数・共通点をみてとることができるからである。

エーラーは次のように主張する[3]。

窃盗や偽証, 恐喝罪などにおいて, 被害者がショック死した場合, また, 可燃物を窃取した窃盗犯人が興奮のあまりライターを落下させ, 被害者宅を焼き, その住人の死を引き起こした場合などにおいては, 発生した結果に対する因果関係と過失が認められうるにしても, 法は, 当該故意犯と過失致死罪の観念的競合による処罰を指示するにすぎない。それは, 先行するこれらの侵害行為には生命・身体に対する特殊な危険性が欠けるためである。これと対比すれば, 歴史的に結果的加重犯として扱われてきた犯罪, および, 現在多くの法典で結果的加重犯として扱われている犯罪には「共通する考え」, すなわち, 人間の生命・身体に対する危険は, 傷害や強盗, 強姦のような暴力的行為から発生するか, 放火や溢水のように公共危険を伴う犯罪から生ずるかのいずれかであるが, そのいずれにあっても, 死傷の結果を引き起こす行為は生活経験からして結果に対する特殊な危険を示すといった「共通する考え」が明らかに存在する——このように論じて, エーラーは「結果的加重犯を独自の犯罪類型たらしめているのは, その基本犯に内在する特殊な類型的危険性である」と結論づけたのである。

3　わが国でも同様の主張がなされている。次の見解がそれである。

「立法者がどの程度結果的加重犯の構成要件を設けるかは, ……立法技術

の問題にとどまるものでは決してない。結果的加重犯の構成要件が設けられているのは，基本犯の実行が重い結果を惹起する『一般的な危険性』を伴う場合に限られている。例えば，傷害行為など，経験則上しばしば死の結果を生じさせる『定型的な危険性』を有する行為から死の結果が生ずる事例についてのみ結果的加重犯の構成要件が設けられており，詐欺や侮辱が原因となって被害者の死の結果が生ずるような例外的な場合をたとえ想定し得るとしても，それは独立の結果的加重犯の構成要件において規定されてはいないのである」(4)（『　』—引用者挿入）。それゆえ，結果的加重犯として選定された「『基本犯に内在する，重い結果発生についての類型的な危険性』こそが，結果的加重犯の本質的部分（刑罰加重根拠）であり，特有の不法内容」を構成する(5)。

　　4　以上の見解における立脚点は，まさしく正当だといえよう。通常の観念的競合によって処断される事案（以下「競合犯」と略称する）と結果的加重犯として「重く処罰される事案」とではやはり違いが認められる。そして，それを基礎づけるのが「基本犯の類型的な危険」「特殊な危険」であるという点には，疑いを差し挟む余地はないからである。たとえば，公務執行妨害罪を構成する暴行から当該公務員に傷害結果が発生したとしても，両罪は競合犯として処断される(6)。「公務員」ではなく「公務」を保護する公務執行妨害罪の罪質からして，同罪の暴行は公務員の身体に加えられたものに限られず，公務の円滑な遂行を妨げるものであれば足りる（いわゆる「間接暴行」）。公務員の身体に危害を及ぼすような暴行が同時に公務の円滑な遂行を妨げることは明らかであるが，「逆は必ずしも真ならず」だから，「動モスレハ傷害ノ結果ヲ伴フコト多キ」性質を有する暴行(7)に限定する必要はない。「当の本件」において公務執行妨害罪を構成する暴行から公務員の負傷が生じた場合に同罪と傷害罪の競合犯として処断されるのは，このように，同罪の暴行には「傷害結果を発生させる類型的危険」が存在しないからだといえるのである。ゆえに，「類型的危険」の存否は，外形上は完全に一致する通常の競合犯と結果的加重犯との分水嶺をなすといってよい。そして，この「類型的危険」の存在により，自然的な行為の「部分的な重なり合い」が存在しさえすれば認められる通常の競合犯に対して，結果的加重犯の基本犯と

第4章　結果的加重犯の構造

結果犯の間には，互いの独自性を止揚してひとつの犯罪に高める「内的で密接な関係」が認められることにもなる[8]。

しかしながら，歴史的考察にくわえて，以上のように現行法の解釈からも正当化されうる「危険性説」に対して，ドイツでは旧56条が制定されて以降も「廃止論」が主張されたり，廃止を主張しないまでも，有力な「危険性説批判」が展開されているのである。

(1) 第3章VII 2の(2)。
(2) Huther, Über Kausalzusammenhang, ZStW 17(1897), 175(216).
(3) 以下の論述につき，D.Oehler, Das erfolgsquafizierte Delikt als Gefährdungsdelikt, ZStW 69(1957), 503(512-4).
(4) 井田良「量刑事情の範囲とその帰責原理に関する基礎的考察（二）」法学研究第55巻11号37頁（1982）。同「結果的加重犯における結果帰属の限界についての覚書——強盗致死傷罪を中心として——」法学研究60巻2号237頁以下（1987）も参照。
(5) 丸山雅夫『結果的加重犯論』230頁（1990）。
(6) たとえば，大判昭和8・6・17刑集12巻817頁。
(7) 大判昭和4・2・4刑集8巻41頁（刑法208条の暴行に関する説示である）。
(8) Vgl.Jakobs, Anm.zum Urt.des BGH v.3.7.1985-2 StR 202/85, JR 1986, 380ff.; K.Altenhain, Der Zusammenhang zwischen Grunddelikt und schwere Folge bei den erfolgsqualifizierten Delikten, GA 1996, 19ff.

II　危険性説批判論とその検討

1　刑法大委員会（Großen Strafrechtskomission）における議論と1966年ドイツ刑法草案対案の立場——結果的加重犯「廃止論」（その2）

旧56条が制定される以前の，1871年のライヒ刑法典施行当時，とくに結果的加重犯の歴史的形成過程から，同罪が不当な「過去の遺物」であることを理由に，レフラーやラートブルフらによって結果的加重犯の廃止が主張されたことはすでに論じたが，同様の立場は，「結果責任」の排除が達成された旧56条制定以降においてもみられた。ドイツ刑法旧56条（現行18条）の「重い結果に対する過失」が立法化されたのちの廃止論も，——直接それが

「危険性説」を批判するものではないにせよ——広くとれば危険性説批判論に含めて考えることができるだろう。「廃止」ということは，実質的には，結果的加重犯における「固有の不法内容」を否定することの裏返しに他ならないからである。

(1) 刑法大委員会におけるイエシェックらの見解
(a) そのトップバッターとして，旧西ドイツの刑法全面改正作業の一環として連邦司法大臣により招集された刑法大委員会[1]におけるイエシェックの提案をあげることができよう。

それは，1955年7月21日から24日にかけ，結果的加重犯の問題が議論された際，報告者であるコフカが結果的加重犯擁護論の立場を表明した[2]のに対するものである。すなわち，コフカの擁護論に対して，イエシェックは，「故意の基本構成要件の上に過失の構成要件を積み重ねることで独自の犯罪類型を構築しなければならない必然性があるとは思えない」とし[3]，観念的競合の「加重主義」を採用することによる結果的加重犯の廃止を主張したのである[4]。ただ，この立場によるときは，とくに結果的加重犯に規定されている法定刑の「下限」と比較した場合，刑事政策的に看過しえない著しい不均衡が生ずる（たとえば傷害致死罪に規定されている法定刑の下限3年の軽懲役[5]が，罰金刑にまで引き下げられる）。しかし，この問題は，イエシェックによると，「とくに重い事態」を立法化することによって解決がはかられるという[6]。

さらに，結果的加重犯の典型例であり，ドイツ国民の民族精神に深く根ざすものとされる傷害致死罪や重傷害罪に関しても，立法論として，意図的重傷害罪（225条——1998年の第6次刑法改正法により現行226条2項。以下同様）の主観的要件を緩和することによりその適用範囲を広げ[7]，また，危険傷害（223a条——現行224条）に規定されている「生命を危険に致す扱い」を，これまでの影のような存在から，法定刑の変更を伴なう特殊な構成要件として前面に押し出すことにより，傷害致死罪や重傷害罪を廃止することに伴なう一般予防上の効果を損なうことなく，十分にその代替機能を果たすことができるとする[8]。

(b)　刑法大委員会においては，結論的にコフカの主張に沿い，重い結果に過失を要求しながら結果的加重犯を維持する意見が大勢を占めたが⁽⁹⁾，少数意見としてイエシェックの廃止論に賛成する立場も表明されていた。

　その一人であるメツガーは，イエシェックの提案における「とくに重い事態」を規定することには反対するものの，窃盗罪と強要罪が競合する強盗罪においても著しく重い刑罰が科されていることを例示し，結果的加重犯の問題も，観念的競合の加重主義を採用することで解決されるべきだとする⁽¹⁰⁾。

　ヴェルツェルも，たとえば傷害致死罪は「故意の傷害罪と過失致死罪の観念的競合の場合に他ならない」にもかかわらず，刑の加重がなされていることに疑問を提起する一方⁽¹¹⁾，共犯および未遂において生ずる難問を指摘し，重い結果に過失を要求して結果的加重犯を維持していこうとすることに批判的な立場を表明した⁽¹²⁾。

(2) 1966年ドイツ刑法草案対案の立場

　このような刑法大委員会における廃止論は，これまで結果的加重犯として規定されてきた犯罪の刑罰を「量刑事情」として適切に評価できるならば，同罪の存在を不要とするものといえるが，これと基本的に同様の立場を表明したのが1962年の政府草案に対する「対案」(1966年) である⁽¹³⁾。

　もっとも，対案は，その16条3項で「法律が，所為の特別な結果に重い刑罰を結びつけているときは，正犯者または共犯者（Täter oder Teilnehmer）がこの結果を過失で惹起した場合に限り，この重い刑罰を科する」と規定し，総則において結果的加重犯に関する一般規定を置いている。また，たとえば，「重傷害罪」を規定する対案110条2項は，重傷の結果が「未必の故意」もしくは「認識ある過失」で招致された場合に限って，10年以下の自由刑を科すると規定し，これまではその成立に疑いがもたれなかった「認識ない過失」による重い結果の招致を結果的加重犯から排除しようとするが⁽¹⁴⁾，認識ある「過失」による重傷も含まれている点では，同罪が――少なくとも部分的には――「結果的加重犯」であることに疑いはなかった⁽¹⁵⁾。

　しかしながら，対案は結果的加重犯の代表例である「傷害致死罪」につい

ては，その廃止を主張したのである。対案64条2項は，観念的競合の処断刑について，競合する犯罪に科される「最も重い刑」による処断（「吸収主義」同条1項）を，併合罪に関するわが国の刑法47条とまったく同様に，競合する犯罪の最も重い刑罰の上限にその1/2を加えた限度で加重できることを規定するが（「加重主義」――ただし，それぞれの罪の法定刑の上限の合計を越えることはできない），理由書によれば，傷害致死罪は，この64条2項にもとづき，109条（単純傷害罪），110条1，2項（意図的重傷害，未必の故意ないし認識ある過失に基づく重傷害）と，102条（過失致死罪）の観念的競合により処断されるというのである[16]。

このように対案の立場は，たしかに全面的に結果的加重犯の廃止を主張するものではない。しかし，部分的にその廃止を意図していたといえる。対案の起草者のなかには，たとえばペーター・ノルのように，観念的競合の「加重主義」を採用することにより「全面的」に結果的加重犯の廃止を主張する者もいたのである[17]。

　　［補記］　スイス刑法の立場
　　ここで，以上との脈絡から，結果的加重犯の全面廃止の方向がうかがわれるスイス刑法の立場を紹介しておくことにしよう。
　　スイスでは，1981年の刑法改正予備草案において，自由略奪致死罪，人身奪取致死罪，さらに強盗致死罪を含め，多くの結果的加重犯の廃止が企図されたが[18]，1989年の部分改正によって，1937年のスイス刑法123条2，3項で規定されていた「重傷害罪」と「傷害致死罪」も刑法典から削除された。シュトラーテンヴェルトによると，たとえば単純傷害を基本犯とする傷害致死罪の場合，それに科される重い刑罰を説明するには，現代の刑法においては容れる余地のない「故意の推定」によるしかない。部分改正によって，「重傷害罪」「傷害致死罪」が削除された（それぞれ故意基本犯と過失傷害もしくは過失致死罪の観念的競合により処断される）理由はここにある[19]。
　　シュトラーテンヴェルトは，重い結果に最低限「認識ある過失」が認められなければ加重処罰は正当化されないとする。なぜなら，単なる「認識ない過失」で重い結果を招致した者も，重い結果を招致する危険性を「認識」している者（「危険故意」＝「認識ある侵害過失」を有している者）と同様に重く処罰することは，一種の「故意の推定」に基づくといわざるをえないからである。

したがって,「認識ない過失」によって重い結果が招致された場合を結果的加重犯として構成することは否定されるのである[20]。

(3) 検討

(**a**) さて,このような旧56条制定以降の「廃止論」に共通する立脚点は,重い結果に「過失」が要求されたとしても,結果的加重犯の法定刑は上限・下限とも極めて重い一方,結果的加重犯にはそれを正当化するだけの実体・固有の不法内容が存在しないという点に帰着するといえるだろう。したがって,観念的競合の「加重主義」や,量刑事情として「とくに重い事態」を立法化すれば,既存の法律状態との著しい軋轢を生ずることなく,甘んじて結果的加重犯を「廃止」できるし,またそうすべきである――これが,旧56条制定以降の「廃止論」に共通する立脚点だといえる。

なるほど,結果的加重犯の法定刑に関しては再考を要する部分が認められるのは事実であろう。この点は,廃止論者だけではなく,危険性説の立場からも認識されている[21]。たとえばロクシンによれば[22],毒投与致死罪(229条2項――1998年の第6次刑法改正法により削除)[23]や放火致死罪(307条1項――現行306c条)のように[24],「単純過失」で上限として「無期自由刑」が科されるのは,故殺に科される刑罰が「5年以上の自由刑」(212条1項)であることからしても,「公平原理」に反する(それゆえ,「無期自由刑」としては故意に境を接する「軽率」のみが考えれるとする)。また,「単純過失」で下限が「10年」というのも責任主義に反するという。

わが国においても,たとえば,刑法240条には「強盗殺人罪」と「強盗致死罪」の両者が含まれるとする場合には,「公平原理」の点で問題が生じようし[25],同条を「強盗致死罪」だけに限定する場合でも,「3年以上の懲役刑」を規定する殺人罪(平成16年法律第156号による改正前)と比べて問題を残すことになろう。同様に,たとえば「暴行致死罪」を認めるにしても,「傷害」致死罪を規定する205条と同一の条文でよいかは一考を要するだろう[26]。判例・通説にしたがって127条にいう「前条の例による」の「前条」に126条3項も含まれるとした場合[27],「現に人がいる」車船を転覆・破壊し「よって人を死亡させた者」と,往来危険による車船の転覆・破壊から

「人を死亡させた者」を，同じく「死刑又は無期懲役」で処罰することも問題であろう。

　しかし，このような法定刑の過酷さ・不均衡だけを理由に結果的加重犯の廃止を主張することは一面的すぎるのではなかろうか。結果的加重犯を維持したうえで，刑の引き下げを行ったり，整合的な法定刑に改めることは可能だからである[28]。

　(b)　これに対して，イェシェックやヴェルツェルがいうように，結果的加重犯が「基本犯の上に結果犯がただ積み重ねられただけの犯罪類型」であるならば[29]，たしかに，観念的競合に科される刑罰をこえて重く処罰される根拠は見いだしがたい。しかし，結果的加重犯をそのような犯罪類型として捉えることができるかどうかが，まさに問題なのである。それゆえ，いかなる形であるにせよ「廃止」を主張する場合には，この点の論証が必要不可欠だろう。刑法大委員会においても，結果的加重犯のそのような把握には否定的な意見が表明されていたのである[30]。とくにイェシェックは，「重い結果に対する客観的帰属は，結果が基本犯の遂行の『直接』の結果であってはじめて肯定される（強調原文）。なぜなら，加重処罰根拠は，基本犯に結びつく特殊な危険の実現においてのみ存するから」として[31]，まったく「危険性説」と同様の主張を行っているのだから，結果的加重犯を基本犯と結果犯との「単なる積み重ね」と解することの説明は不可欠であろう。

　他方，しかし，「単なる積み重ね」であるとすれば，そもそも観念的競合の「加重主義」を採用すること自体に疑問が生ずる。刑事政策的な考慮であれ，結果的加重犯が規定されている既存の法定刑との間に著しいギャップが生ずるからであれ，いずれにせよ，「基本犯の上に結果犯がただ積み重ねられただけの犯罪類型」とみなしておきながら，観念的競合規定の「例外」を認めることは羊頭狗肉の誹りを免れないからである[32]。

　(c)　さらに，対案64条2項が観念的競合の「加重主義」を一般原則として採用したことも問題となろう。その場合には，たしかに，結果的加重犯だけが「加重主義」という点で「特別扱い」されることにはならない。しかし，逆に，「観念的競合が適用される『通例の事案』に不必要な刑の加重がなされるという代償」が払われることになるからである[33]。

第4章　結果的加重犯の構造

　同様の批判は，イエシェックが提案した「とくに重い事態」を制定することで，結果的加重犯を廃止した場合の法定刑（とくに下限における）の不均衡を是正しようとする考えにもあてはまる。いかなる場合が「とくに重い事態」かは，裁判官の主観的な判断に流される危険性があるうえ，「とくに重い事態」を認める要件として行為者の「責任」を要求するにしても[34]，「犯罪成立要件」ではなく「量刑事情」としての「責任」に関しては，それがルーズに解釈される危険性が存在するからである[35]。

　(d)　このようにみてくると，観念的競合の「加重主義」によるにせよ，「量刑事情」として「とくに重い事態」を規定するにせよ，そのことによって結果的加重犯の問題点が解決されることはなく，「量刑という輪郭のあいまいな（schwammige）領域」に問題が移しかえられることにより，かえって，問題の核心があいまいにされる危険性が懸念される[36]。それに対して，このような危険を冒してまで，結果的加重犯を廃止する根拠はほとんど提示されていなかったといってよい。したがって，レフラーやラートブルフの「古い廃止論」と同じく，以上の「廃止論」にもしたがうことはできないのである[37]。

　（1）　刑法大委員会における議論の詳細は，丸山雅夫『結果的加重犯論』98頁以下（1990）参照。

　（2）　E.Koffka, in: Niederschriften über die Sitzungen der Großen Strafrechtskomission, Bd.2, Allg.Teil, 14.bis 25.Sitzung（以下，Ndschr.2と略記する），1958, 234 ff.

　（3）　H.-H.Jescheck, Ndschr.2, 246.

　（4）　H.-H.Jescheck, Ndschr.2, 246, 248 und Umdruck R 48, Anhang Nr.59 (in: Ndschr.2, 163).

　（5）　なお，軽懲役と重懲役という区別は，1966年の対案36条により放棄され今日に至っている。Vgl.dazu H.Schultz, Strafrechtsreform nach dem Alternativ-Entwurf, in: Programm für ein neues Strafgesetzbuch.Der Alternativ-Entwurf der Strafrechtslehrer, hrsg.von J.Baumann, 1968, 11.

　（6）　H.-H.Jescheck, Ndschr.2, 247.

　（7）　旧規定225条の「意図的重傷害罪」は，重傷結果に「直接的故意」が及ぶ場合に限定されており，未必の故意では足りないとされていた。Vgl. z.B., Schänke/

Schröder, StGB., 17.Aufl., 1974, §225 Rn.2. 1994年10月28日の「犯罪防止法 (VerbrechensbekämpfungsG)」による改正後, 本条は1項で「軽率」による重傷の惹起を, 2項で「目的」と「確知 (Wissentlichkeit)」を区別して規定し (法定刑の上限はともに5年であるが, 下限は前者が6月であるのに対して後者は1年の自由刑), 未必の故意は1項に含まれることになった (Schänke/Schröder/Stree, 25.Aufl., 1997, §225 Rn.2f.)。1998年の第6次刑法改正法による現行226条1, 2項 (法定刑は前者が1年以上10年以下の自由刑, 後者が3年以上の自由刑) においても, 未必の故意は1項に,「目的」と「確知」のみが2項に該当するとされる (Schänke/Schröder/Stree, 26.Aufl., 2001, §226 Rn.8 und 13)。

（8） H.-H.Jescheck, Ndschr.2, 247.a.E.「傷害罪と過失致死罪の観念的競合を超える『付加的要素』を明らかにし, 観念的競合の場合より重い刑罰を規定する傷害致死罪の適用範囲を限定すべきである」とする本書と全く同様の観点に立脚する立場からではあるが, したがって本文記載のイエシェックの主張とは全く異なる文脈においてであるが, 佐伯和也「結果的加重犯における『基本犯』と『重い結果』との関係について ── 傷害致死罪を中心に ── 」関大法学論集52巻3号645頁 (2002) も,「……ドイツの刑法には傷害致死が不成立の場合にも, 危険な傷害罪 (6月以上10年以下の自由刑) 等で受け止めることができる」ことを指摘する。

（9） 詳細は, 丸山・前出注（1）102頁以下参照。

（10） E.Mezger, Ndschr.2, 255.

（11） H.Welzel, Ndschr., Bd., 5, 1958, 49.

（12） H.Welzel, Ndschr.2, 258.

（13） 対案の概要については, たとえば, C.Roxin, Strafrecht Allg.Teil, 1.Bd., 3.Aufl., 1997, §4 Rn.17ff. 参照。

（14） Vgl.dazu H.J.Hirsch, Hauptprobleme einer Reform der Delikte gegen die körperliche Unversehrtheit, ZStW 83 (1971), 140ff., in: Hirsch, Strafrechtliche Probleme.Schriften aus drei Jahrzehnten, 1999, 659 (675).

（15） Vgl. G. Simson, Der Alternativentwurf zu den Straftaten gegen die Person, JZ 1970, 568 (571 r.Sp.); Hirsch, aaO [Anm (14)], 676; ders., Zur Problematik des erfolgsqualifizierten Delikts, GA 1972, 65 (70 mit Fn.28); G.Küpper, Der unmittelbare Zusammenhang zwischen Grunddelikt und schwerer Folge beim erfolgsqualifizierten Delikt, 1982, 36 Fn.52.

（16） Vorbem.zu §108, in: AE Bes.Teil, Straftaten gegen die Person, 1.Halbband, 1970, 45.

（17） P.Noll, Diskussionsvotum an der Strafrechtslehrertagung vom 21.bis 23. Mai 1964 in Hamburg, ZStW 76 (1964), 707 (711).

（18） Vgl.M.Schubarth, Reform des Schweizerischen Strafgesetzbuches－Gewaltverbrechen, ZRP 1982, 133 (134 mit Fn.3).

(19) G.Stratenwerth, Schweizerisches Strafrecht, Bes.Teil, Ⅰ, 5.Aufl., 1995., § 3 Rn.32f.

(20) Vgl.Stratenwerth bei Jürgen Meyer, ZStW 83, 275f. したがって，「重傷」の結果を「認識ある過失」と「未必の故意」に限定した対案110条2項の立場は正当とされる。Dagegen vgl.Hirsch, aaO ［Anm（14）］, 676f.

(21) Vgl.z.B.Gallas, Ndschr.2, 257; Hirsch, GA 1972, 77; ders., Der unmittelbare Zusammenhang zwischen Grunddelikt und schwerer Folge beim erfolgsqualifizierten Delikt, Oehler-FS, 1985, 111 (133); G.Jakobs, Das Fahrlässigkeitsdelikt, Beiheft ZStW 86 (1974), 6 (37f.); ders., AT, 2.Aufl., 1991, 9/37; J.Wolter, Zur Struktur der erfolgsqualifizierten Delikte, JuS, 1981, 168 (168f.); Küpper, aaO ［Anm（15）］, 37, 42, 124; ders., Zur Entwicklung der erfolgsqualifizierten Delikte, ZStW 111 (1999), 785 (801ff.); Rudolphi, in: SK, 6.Aufl., 25.Lfg., 1995, §18 Rn, 1. 丸山・前出注（1）114頁以下，205頁注(21)など。

(22) 以下の論述につき，Roxin, aaO ［Anm（13）］, §10 Rn.110.

(23) 毒投与罪は，1998年の第6次刑法改正法により，224条「危険傷害罪」の1項1号「毒その他の健康を害する物を投与することによる」傷害に変更された。そして，本罪は傷害致死罪の基本犯となるから，毒投与致死罪は，新規定227条（傷害致死罪）により，「3年以上の自由刑」で処断されることになる。

(24) 新規定の放火致死罪（306c条）は，旧規定とは異なり「少なくとも軽率に」と規定する。それゆえ，この新規定によって，致死の結果に「故意」がある場合が排除されないこととなった（Vgl.Lackner/Kühl, StGB., 23.Aufl., 1999, §306 c Rn.1; Schänke/Schröder/Heine, §306 c Rn.8, usw.）。ただし，新規定では，旧規定307条における「行為の当時放火された場所に人がいたため」という要件が削除されている。

(25) たとえば，神山敏雄「強盗致死傷罪」中山研一＝西原春夫＝藤木英雄＝宮沢浩一編『現代刑法講座』第4巻284頁（1982）参照。

(26) たとえば西村克彦「結果的加重犯の総点検―刑法改正に関連して」警察研究53巻8号32頁以下参照。

(27) たとえば，最（大）判昭和30年6月22日刑集9巻8号1189頁（「三鷹事件」）における多数意見参照。

(28) 丸山・前出注（1）118頁。

(29) Jescheck, Ndschr.2, 246; Welzel, Ndschr., Bd.5, 49; ders., Das Deutsche Strafrecht, 11.Aufl., 1969, 72, 122.なお，C.Lorenzen, Zur Rechtsnatur und verfassungsrechtlichen Problematik der erfolgsqualifizierten Delikte, 1981, 65. は，結果的加重犯を故意基本犯と過失結果犯との「単なる積み重ね」と解する根拠を「目的的行為論」に求められるのではないかとする。目的的行為論によると，故意犯と過失犯

はおよそ「存在形式」を異にするがゆえ，両者が統一昇華されることはありえないからである，と。

(30) Vgl.Bockelmann, in: Ndschr., Bd.5, 1958, 49f.; Koffka, ebd., 50; Gallas, ebd., 50; Schäfer, ebd., 51; Eb.Schmidt, ebd., 51.Auch Lorenzen, aaO［Anm (29)］, 65f. 危険性説は一貫して，このような理解に疑問を提起する。たとえば，Küpper, aaO［Anm (15)］, 35f. 丸山・前出注（1）143頁，149頁注(17)など参照。わが国の通説である「過失説」による，結果的加重犯のこのような理解に対する疑問について，第1章Ⅱ1(4)参照。

(31) Jescheck, Lehrbuch des Strafrechts, AT, 4.Aufl., 1988, 235; Jescheck/Weigend, AT, 5.Aufl., 1996, 262.

(32) Vgl.auch Lorenzen, aaO［Anm (29)］, 66ff.

(33) Vgl.Hirsch, GA 1972, 65(68); Küpper, aaO［Anm (15)］, 36; ders., aaO［Anm (21)］, 90f. 丸山・前出注（1）117頁。

(34) Vgl.dazu Jescheck, Ndschr.2, 247.

(35) Vgl.Hirsch, GA 1972, 69; Küpper, aaO［Anm (15)］, 37.Vgl.auch G. Freund, Der Entwurf eines 6.Gesetzes zur Reform des Strafrechts, ZStW 109 (1997), 455(470f.). ドイツ刑法各則にみられる「とくに重い事態」に対する一般的な批判として，たとえば，M.Maiwald, Zur Problematik der besonders schweren Fälle im Strafrecht, NStZ 1984, 433ff. 参照。

(36) Vgl.Hirsch, GA 1972, 70; Schroeder, LK, 11.Aufl., 1994, §18 Rn.35; Küpper, aaO［Anm (21)］, 790f.

(37) 丸山・前出注（1）119頁は，イエシェックなどの「廃止論者は，法定刑の苛酷さの回避と結果的加重犯の廃止とを短絡的に直結してしまっていると評することさえできるのである」，と論ずる。

2 「結果的加重犯廃止論」の立場からの危険性説批判論

刑法大委員会におけるイエシェックらの廃止論が，論証されるべき観点を論証せずに，結果的加重犯は「基本犯の上に結果犯がただ積み重ねられただけの犯罪類型」であるという外面的な存在形態を前提とする廃止論であったといえるならば，以下にみる廃止論は，結果的加重犯の「固有の不法内容」に疑問を提起する形で，その廃止を主張する見解だといえる。同じく法定刑の苛酷さを非難するにしても，その「実体」を否定したうえでの非難であれば，その説得力は増すだろう。

第 4 章　結果的加重犯の構造

(1)　シューバルトの見解

「固有の不法内容」の存否について，それに否定的な立場から，シューバルトは概ね次のような主張を行う。

結果的加重犯は，故意基本犯と過失結果犯の不法内容のみならず，「故意の生命危険」という不法内容からも構成できるならば，刑罰加重の点で責任主義違反は存在しないとの一定の譲歩はなしうる[1]。しかし，結果的加重犯の基本犯は，それ自体においてではなく，「それが重い結果を発生させて初めて」──「固有の不法内容」を構成するところの──「特殊な危険」を獲得するということになれば[2]，それは，刑法における危険概念に対する通常の理解をこえる。逆に，危険が基本構成要件にとどまる限り，その危険は，通常の危険犯におけるそれと何ら異ならない。それにもかかわらず，結果的加重犯の場合に限り，重い結果の発生によって，通常の危険犯を構成する危険が加重処罰根拠を負担するというのは，「責任主義違反」を回避することはできても，「公平原理（Gleichheitsgebot od.Rechtsgleichheit）」に反し維持しうるものではない[3]。

現に，たとえば遺棄致死罪のように，基本犯それ自体が危険犯である場合は，被害者の生命危険はすでにその基本犯において考慮されているのである。したがって，故意の危険という結果的加重犯の付加的不法内容は，それが存在するにしても，そのすべてが基本構成要件において評価されるべきである。それゆえ，故意基本犯の不法内容と，重い結果をもたらす過失結果犯の不法内容の合計を超える不法性は，結果的加重犯には存在しないといわなければならない[4]。

このように述べて，シューバルトは，故意犯と過失結果犯との「観念的競合」によって結果的加重犯はカバーされるとし，その廃止を主張するのである[5]。

(2)　ローレンツェンの見解[6]

シューバルトと同様の批判は，ローレンツェンによってもなされている。

ローレンツェンによると，結果的加重犯の基本犯には人間の生命・身体に対する危険性が特に明白なことは否定しえず，たとえば窃盗を実行する際の

死亡結果の発生が，毒投与や放火におけるより非蓋然的であることも明らかである(7)。しかし，（エーラーが主張するごとく）立法者は，基本犯におけるこのような危険を基本構成要件それ自体においてではなく，重い結果が発生した場合にはじめて考慮する，というのは妥当でない(8)。なぜなら，結果的加重犯の基本犯それ自体において「人間の生命・身体に対する危険性」はすでに考慮されているといえるからである。それは，溢水罪や遺棄罪のような危険犯を基本犯とする場合に限られない。基本犯が「侵害犯」であっても，たとえば，強姦罪の場合，なるほど第一義的には被害者の性的自己決定権が保護法益であるが，しかし，15年までの刑罰が科されていることから考えると，すでにその基本犯において婦女の生命に対する危険が考慮されていると評価できるのである(9)。

　ローレンツェンによると，このように，危険性説が結果的加重犯の「固有の不法内容」としてあげる「重い結果発生についての特殊な危険」は，「基本構成要件」において評価し尽くされることになる(10)。それゆえ，結果的加重犯は，まさしく「故意基本犯」と「過失結果犯」の「観念的競合」の一場合にすぎず，結果的加重犯の「廃止」が主張されることになるのである。このような観点から，ローレンツェンが，通常の「吸収主義」に基づく観念的競合による処断を主張することは(11)，一貫した正当な態度であるといえよう。

　ローレンツェンは，その他，実体法的な観点および政策的な観点から，結果的加重犯を擁護しようとするさまざまな見解を検討し，それに否定的な評価を寄せているが(12)，上記危険性説批判から明らかなように，すでに，観念的競合によって結合される基本犯と結果犯との不法内容をこえる実体が否定される以上，これも当然のことであろう。

　ローレンツェンによれば，たしかに，観念的競合の「加重主義」を採用することにより結果的加重犯を廃止しようとしたレフラーや刑法大委員会におけるイエシェックなどの見解は妥当でない。しかし，だからといって「結果的加重犯の必要性をもっぱら量刑上の観点でのみ肯定しようとするこれらの理論は，直ちに否定されるべきではない」。基本構成要件と結果構成要件との観念的競合を超える不法ないし責任の加重は認められない以上，結果的加

重犯を「観念的競合の一場合にすぎないとするこれらの理論には無条件に賛成できる」からである[13]。

なお，ローレンツェンは，重傷害罪（旧規定 224 条［1998 年の第 6 次刑法改正法による新規定 226 条 1 項］），意図的重傷害罪（旧規定 225 条［新規定 226 条 2 項］），そして，一週間をこえて継続された監禁（旧規定 239 条 2 項前文［新規定 239 条 3 項 1 号］）については，基本犯から離れて，視力や聴力の喪失などの「重傷」の結果，あるいは「一週間以上に及ぶ監禁」を独立に評価することはできず（たとえば視力喪失は傷害罪にいう Gesundheitsbeschädigung である）——つまり，基本犯と加重結果を「分断」して考えることはできないということである——他方，しかし，これらの結果が生じた場合に以上の各基本犯の刑罰を加重しなければ妥当性を欠くという理由で，この三つの結果的加重犯は維持されるとする[14]。しかし，このような例外的な場合に関する主張によって，主要な論点をなすその他の結果的加重犯に関するローレンツェンの危険性説批判・結果的加重犯廃止論に何ら影響が及ぼされないことは明らかである。

(3) 検　討

(a)　以上のようなシューバルト，ローレンツェンの危険性説批判には共通する点がみられる。彼らの批判論は，結局，以下の点に帰着しよう。

危険性説によると結果的加重犯のいわば生命線ともいうべき「基本犯に特殊な危険」は，それが結果の発生・不発生に依存させられるなら，第一に危険の「実現」によって「特殊」な危険の「存在」も肯定されよう。ゆえに，その危険は何ら「特殊」ではないことになる。しかし，その一方，結果の発生・不発生とは無関係に，基本犯との関係において危険を考えるなら，その危険はたしかに「特殊」とはいえても，危険の範囲にとどまる限り，その特殊性は基本構成要件の不法内容によって評価しつくされることになる。

彼らの危険性説批判論の趣旨はこのようなものといえよう。それは，一見して説得的であるかのようにみえる。とくに，後段の主張だけを取り上げるなら，それを否定する者はいないといってよい。しばしば批判の対象とされるエーラー自身も，「たとえば単純傷害ですら，……人間の生命を危殆化す

ることはしばしばである。だが，死亡結果が発生しない限り，その危険性がいくら大であっても，傷害における生命危険はその基本犯の量刑事情としてのみ考慮される」と主張している[15]。結果的加重犯はそもそも「実害犯」である以上，危険のレヴェルにとどまる限り，その危険がいかに大きく，また特殊なものであれ，「実害犯」である「結果的加重犯」の不法内容としては重要性をもたず，それが「基本構成要件」で評価し尽くされることは当然なのである[16]。

しかし，そのことから，「基本犯の特殊な危険」はおよそ「基本構成要件」においてのみ考慮される要因であるとする結論が当然のように導きだせることにはなるまい。「危険」のレヴェルをこえ，「結果」が生じた場合には，いかなる意味においても「基本構成要件」でその不法内容を評価し尽くすことはできないからである。

(b) もとより，シューバルトやローレンツェンも，このような当然の事理を否定するものではなかろう。しかし，彼らが，基本構成要件で評価し尽くされない「結果の不法」は，別個独立に結果構成要件（たとえば過失致死罪）で評価されると考えていることは容易に推察される[17]。彼らが観念的競合による処断を主張するのもこのためだろう。同じく結果的加重犯の「廃止」を主張するリポレスが[18]，基本犯における故意の生命危殆化に結果的加重犯の独自性を認める一方で，その不法は，故意の生命危険の実現を意味する，重い結果の過失による招致の不法に吸収（zurücktreten）されると主張するのも[19]，同様であろう。このような前提から考えると，「基本犯に特殊な危険」の「許されない二重評価」が生ずるので[20]，それを避けるために観念的競合による処断が主張されるのである。

(c) しかしながら，「実害犯」だからこそ重い結果の発生を必要とする結果的加重犯にとって，「危険実現」としての重い結果の発生は本罪成立の「必要条件」にすぎない。加重処罰根拠の有無は，その成立が認められる結果的加重犯の「十分条件」の存否にかかわるものである。以上の批判論はこの「十分条件」も否定しようとするが，それを基礎づけるのに，彼らは最初から基本犯と結果犯の分断的な考察に終始していた感をうけるのである。危険性説の主張は，ローレンツェンが例外的にその存続を認めた，たとえば傷

第4章　結果的加重犯の構造

害と重傷害の関係とまったく同様に，傷害⇒重傷害⇒致死という連続した同質の展開を基本犯の有する危険性に読み込む立場だといえるのである。この点に直接批判を向けることをせず，形式的・図式的に考察し，「基本犯に特殊な危険」は，重い結果不発生の場合は基本構成要件において，重い結果が発生した場合は結果構成要件で余すところなく評価されるというだけでは，分断的考察を許容する論拠として十分な説得力をもつとはいえないように思われる。わけても結果構成要件で評価し尽くされるという点については，問題の核心に迫るだけに，より突っ込んだ議論が必要ではなかろうか。次に検討する批判論は，発生した結果の客観的帰属という観点から，この点を論ずるものだといえる。

（１）　M.Schubarth, Das Problem der erfolgsqualifizierten Delikte, ZStW 85 (1973), 754(767f.).

（２）　Vgl.dazu D.Oehler, Das erfolgsqualifizierte Delikte als Gefährdungsdelikt, ZStW 69(1957), 503(514). エーラーのこの主張がしばしば危険性説批判の対象となる。

（３）　Schubarth, aaO [Anm (1)], 768f. また，シューバルトは，故意で殴打を加え過失で死亡結果を招致した者と，故意でセンターラインを無視し過失で死亡結果を招致した者に，なぜ，異なる原理があてはまるのか疑問を提起する（774 a.E.-775）。

（４）　Schubarth, aaO [Anm (1)], 770f.

（５）　Schubarth, aaO [Anm (1)], 771, 773, 775ff. なお，結果的加重犯を廃止したことにより刑罰範囲に不都合が生ずるときは，1966年の対案64条にならった観念的競合規定（スイス刑法68条）の修正（＝加重主義）が示唆されている（776）。

（６）　C.Lorenzen, Zur Rechtsnatur und verfassungsrechtlichen Problematik der erfolgsqualifizierten Delikte, 1981. 本書は，さまざまな観点から結果的加重犯の問題点を検討したものであるが，すでに，丸山雅夫「結果的加重犯と法定刑(上)(下)」警察研究57巻1号15頁以下，同2号34頁以下（1986），同『結果的加重犯論』49頁以下（1990）で，詳細な紹介・検討がなされているので，以下では，おもに「危険性説批判」という観点に焦点をあて，考察することにする。さらに，本書に関する簡単な書評としては，W.Kuper, GA 1984, 187-190. がある。

（７）　Lorenzen, aaO [Anm(6)], 39 a.E.-40.

（８）　ここでも，エーラーの前注（２）の主張が批判の対象とされている。

（９）　Lorenzen, aaO [Anm (6)], 40-42. しかし，強姦罪の重い法定刑の根拠をそのように解する必然性は，もちろん，ない。

（10）　Lorenzen, aaO [Anm (6)], 44 a.E., 66, 70, 85, usw.

(11) Lorenzen, aaO ［Anm（6）］, 66ff., 70, 87, 166, usw.
(12) Lorenzen, aaO ［Anm（6）］, 45ff, 48ff., 57ff., 73ff., 77ff., 83ff. 丸山・前出注
（6）警察研究57巻1号17頁以下参照。
(13) Lorenzen, aaO ［Anm（6）］, 68 a.E.
(14) Lorenzen, aaO ［Anm（6）］, 70-73, 169.
(15) Oehler, aaO ［Anm（2）］, 514.
(16) 丸山・前注（6）『結果的加重論』200～201頁参照。
(17) Vgl.Lorenzen, aaO ［Anm（6）］, 42.
(18) Jose L.Díez-Ripollés, Die durch eine fahrlässig herbeigeführte schwerere Tatfolge qualifizierten Delikte und Schuldprinzip, ZStW 96(1984), 1059(1074f.).
(19) Díez-Ripollés, aaO ［Anm（18）］, 1088.
(20) Díez-Ripollés, aaO ［Anm（18）］, 1065-1068, 1087, 1088.Vgl.auch Lorenzen, aaO ［Anm（6）］, 85.

3 「結果的加重犯存置論」の立場からの危険性説批判論
(1) 香川達夫の見解

「基本犯に内在する類型的で高度な危険」というものの実体は必ずしも明らかではない。わが国でいちはやく危険性説を詳細に検討した香川達夫は，この点を指摘する。その対象はもっぱらエーラーの主張に関するものではあるが，その批判の概要は次のようなものである。

危険性説の主張は，「基本犯それ自身のうちに重い結果に対する危険性の内在を予定しての立論」であり，「単に基本犯と重い結果の連結役だけ」をアピールしようとしたのではない。そして，基本犯に内在する「危険性」を違法徴憑としてとらえるところに，危険性説の危険性説たる所以があった。たとえば，（西）ドイツ旧刑法251条によると，強盗一般による死傷では結果的加重犯を構成せず，「被害者に加えられた暴行」から被害者の死傷結果の発生したことがその要件とされていた[1]。このように，法が構成要件自体において類型化された危険を企図しているということは，なるほど，基本犯において類型化された特殊な危険性に結果的加重犯の本質を見いだす危険性説の見解と一致する。しかし，「基本犯それ自身構成要件該当の面では危険犯ではない。それが当該結果を発生させた場合に危険犯になる」[2]として，危険犯の成否を結果の発生にかからしめていることからして，エーラーによ

第4章 結果的加重犯の構造

る危険概念の設定は，構成要件自体において類型化された特殊な危険を強調することにではなく，現行法上規定されている結果的加重犯規定にどこまで重い結果を包含させうるかの課題に集約される。それゆえ，危険性説は，「危険を因果関係とは別個のものとして取り扱いながら，それで因果関係の制約をもなそうとする」不当な理論だといえる。すなわち，エーラーによる危険概念の設定は，相当因果関係による限定と何ら異なるものではない[3]。

このような批判にもとづき，香川は，「既述の通りその危険性によって因果関係の限界づけをなそうとするものにすぎない」以上，その危険要因は「刑の加重」を基礎づける機能をもたないことになろう，と結論づける一方[4]，結果的加重犯の「加重処罰根拠」については，「相当因果関係の枠内にあって……人の生命または身体という重大な法益に対して侵害をもたらしたこと，そのことが，そしてそのことのために刑が加重されている」とし，「それを結論として維持するほかないのが現状であり，なにかそこに特別な法理がなければならないとみること自身に誤りがあるといわなければならない」と主張するのである[5]。

(2) レンギールの見解

比較的最近，ドイツにおいて同様の主張を行なうのがレンギールである。レンギールによれば，危険性説の主張は一般的な過失理論のいいかえにすぎない。すなわち，結果的加重犯を危険構成要件として確立しようとする試み（＝基本犯に内在する固有の類型的危険を強調すること）は，予見可能性，そして義務違反と結果との関係を不法構成要件の一部としてはとらえていなかった古い時代の産物である。「重い結果は基本犯に定型的に結びついている危険の実現でなければならない」というとき，その「基本犯」を「義務違反」に置き換えれば，それは過失理論の原則そのものである。基本犯の危険性を結果的加重犯の特殊な不法内容とみなす根拠はない。レンギールはこのように主張する[6]。

しかしながら，彼も結果的加重犯の廃止を主張するものではない。なぜなら，結果的加重犯は，謀殺・故殺と過失致死罪との間に存する「間隙」を補完する機能を果たすものとして維持しうるからである。彼によると，そのた

めには重い結果に対する過失は「単純過失」であってはならず,「重過失(Leichtfertigkeit)」が認められなければならない[7]。しかし,そのときには,故意基本犯と過失結果犯との単なる観念的競合を「上回る不法・責任内容」が認められる。被害者が複数いるなど,ごくまれな場合ではあるが,「考えらる最も重い場合」には,結果的加重犯の刑の上限である「無期自由刑」も正当化されうる。他方,重い結果に「単純過失」しか認められない場合は,当該故意基本犯と過失結果犯の観念的競合による処断がなされるべきであるが,最も問題の多い「傷害致死罪」の場合は,(1998年の第6次刑法改正法以前の旧規定―括弧内筆者)226条2項の「3月以上5年以下の自由刑が科されるにすぎない比較的重くない事態」が適用されることで,問題解決がはかられる。

レンギールはこのように述べて,刑の上限については過失の程度を「重過失」に高めること,他方,刑の下限については,故意の殺傷罪には認められる優遇規定(たとえば「故殺の比較的重くない事態」)[8]との整合性ある解釈を施すことにより,結果的加重犯を「量刑上の収容機能という刑事政策的な理由」から維持しようとするのである[9]。

(3) 検 討

(a) さて,以上の香川およびレンギールの批判論は,危険性説の主張に反して,「基本犯に固有の類型的危険」というものは何ら「特殊な要素」ではないとする点で共通する。たしかに,結果的加重犯にはその本質を基礎づける「特殊な危険」が存在するとしながら,その実現判断(=「直接性」)が,通常の過失結果犯の成否にも共通する「相当因果関係説」や「客観的帰属論」と何ら変わらないというなら,彼らの批判論にはもっともなところがあるといえよう。前述したとおり,結果的加重犯は重い結果の発生をまってはじめて成立する「実害犯」である。それゆえ「特殊な危険」は,それを肯定すると否とにかかわらず,重い結果不発生の場合には「基本犯の構成要件においてすでに評価し尽くされる」,すなわち「実害犯」としての結果的加重犯にとっては背後に押しやられる。ゆえに,現に重い結果が発生した場合にこそ,その存在意義をアピールすべきはずだからである。しかし,その本領

第4章　結果的加重犯の構造

を発揮すべきところで「特殊な危険」から「一般的な危険」に成り下がるのではないか——このような趣旨の香川やレンギールの批判論は、彼らの「前提的理解」が正当だとすれば、やはり説得力をもつといえるだろう。この前提的理解に関しては、後ほど、詳しく検討することにする。

　（b）　しかしながら、かりに上の前提的理解が正しいと仮定しても、彼らの見解には以下の点で疑問がある。

　まず香川は、基本犯と過失結果犯との複合形態として結果的加重犯をとらえる以前の見解を自ら改説したが[10]、「相当因果関係の範囲内にある生命・身体という重大な法益侵害」に結果的加重犯の本質を見いだすことは、ふたたび改説まえの見解に逆戻りすることになるのではないか、という疑問である[11]。正当にも香川は次のように主張する[12]。「複合形態とする表現に、なぜ刑が加重されるのかの基礎を説明しうる能力があるのかさえ疑われる」。結果的加重犯において結合される基本犯と結果犯とは「統一昇華」されるのであり、「複合形態とする認識では、その加重された刑の基礎をよく説明しえない」、と。たしかに香川は、その「複合形態論」を強盗致死傷罪に関する「機会説」と結びつけ[13]、その機会説は「条件説」の帰結だとする[14]。したがって、重い結果が「相当因果関係の範囲内」にある限り、基本犯と重い結果との関係は単なる複合形態を止揚し、「統一昇華」されるというのかもしれない。しかしながら、そういうことは不可能だろう。「相当因果関係の範囲内」における致死傷の結果が必要とされるのは、通常の観念的競合規定によって処断されるケースにおいても全く同様であるが、しかし、その「観念的競合規定によって処断されるケース」が、それ自体処罰される二つ以上の犯罪を「統一昇華」することのない単なる「複合形態」であることは明らかだからである。

　それにもかかわらず、「相当因果関係の範囲内にある生命・身体という重大な法益侵害」に結果的加重犯の加重処罰根拠を求めるには、「量刑上の刑事政策的考慮」から、結果的加重犯を殺人罪と過失致死罪の間隙を埋める「補完構成要件」としてとらえる方策が考えられる。まさに、レンギールの見解がそうであった。たしかに、この点を否定することはできないだろう。「過失致死罪ではちょっと」という考慮もまた、結果的加重犯の存続を支え

ている事実は無視できない(15)。しかし，そうだとしても，それは単なる「素朴な感情」であるがゆえに，「処罰の欲求」に流されてしまう危険性は否定できないのである。

それだけではない。ドイツに固有の問題ではあるが，レンギールが自説のよりどころとしていた傷害致死罪における「比較的重くない事態」は，1998年の第6次刑法改正法によって，旧規定226条2項の「3月以上5年以下の自由刑」から新規定227条2項「1年以上10年以下の自由刑」へと著しく加重されたのである。全く同様のことは，「自由略奪致死罪」に関する旧規定239条3項後段と新規定239条5項後段との間にも認められる。したがって，「比較的重くない事態」を指摘することによって，実質的には傷害致死罪（など）が否定されるべき事案を「量刑上」妥当な刑罰範囲に限定するという「弥縫策」は通用しなくなったのである(16)。処罰欲求に歯止めをかけるという意味でも，法益侵害の危険を中心にすえて，結果的加重犯の加重根拠を探求しようとする危険性説のほうが，より妥当な解釈論を展開しうるといってよいだろう。

実はレンギールの見解にもその一端を垣間見ることができるのである。この点は，発生した結果に「基本犯によって阻止されるべき危険」が実現したかどうかが重要だ(17)，とする主張に示されている。レンギールは別稿で，銀行強盗の犯人が逃走の際に警官と銃撃戦を交え，共犯者の一人が警官を狙って発砲した流れ弾が，通行人に命中し死亡結果を引き起こしたという事案でBGHが強盗罪を基本犯とする強盗致死罪の成立を認めたのに対して(18)，「このような危険（BGHもその立論の出発点に据える基本構成要件に特殊な危険）と刑事学上の現象を同一視してはならず，『構成要件に関係づけられた』危険を考慮しなければならない」とし，財物奪取のためにではなく，逃走するために行なわれた発砲を，強盗に「特殊な危険」と見なすことに批判的な見解を主張しているのである(19)。

他方，香川の見解にも同様の傾向をみてとることができる。前述したように，香川は，結果的加重犯の加重処罰根拠を正当化する「特別な法理」の存在には消極的である一方，この「特別な法理」は「結果的加重犯概念そのものを限定的に解する範囲で……生きてくることを看過してはならない」とす

る[20]。ここで「結果的加重犯概念そのものの限定」といわれるのは，強盗致死傷罪に関するいわゆる「機会説」の否定[21]，「強盗の機会」から生じた致死傷ではなく，強盗を実現する手段から生じた致死傷にだけ240条の適用があるとする「手段説」の正当性である[22]。「基本犯からの拘束を離れ，基本犯の機会におこなわれた過失致死傷でもたりるとする結論」は「維持しえない」[23]。これがその根拠である。ここから，これも前述したところであるが，「複合形態論をも含めて（結果的加重犯を）複数すなわち分割可能とする理解への別離を宣言するほかな」いと結論づけるのである[24]。しかし，それは危険性説の立脚点と何ら矛盾するものではないだろう[25]。むしろ，「相当因果関係説」≠「機会説」という理論的な根拠は見いだしがたい以上（わが国の学説において「機会説」を主張する論者のほとんどが相当因果関係説に依拠している），「強盗致死傷罪」に関する「手段説」の主張は，「強盗に特殊な危険」を視野にいれた「固有の帰属限定」に等しいのではなかろうか。危険性説の立場からすると，「結果的加重犯概念そのものの限定」は，すなわち本罪に「固有の帰属限定法理」の主張に他ならないのである。

(c) このようにみてくると，香川やレンギールに代表される，「結果的加重犯存置論」の立場からの危険性説批判は，危険性説の主張する「基本犯に固有の類型的危険」と「刑罰加重根拠」との関係が不明確であり，むしろ，その危険は相当因果関係や客観的帰属を基礎づける一要因と異ならない——この点に集約されるといってよいだろう。実際，香川の主な批判対象であったエーラーが結果的加重犯の成否を判断する基準として援用する「客観的目的可能性」[26]は，結果発生の「客観的予見可能性」に他ならず，それゆえすべての結果犯に共通する客観的帰属要件にすぎない[27]。「実害犯」であるがゆえ，結果的加重犯にとっては「特殊な危険の実現」が重要だとしながら[28]，このような「客観的目的可能性」の存否でその判断を行なうというなら，竜頭蛇尾の謗りを免れないのではなかろうか。この意味では，香川やレンギールによる危険性説批判には十分な根拠があるといえよう。

そこで問題となるのが，このような批判に対する危険性説の側からの有効な再批判はなされているのかどうかである。すなわち，「基本犯に固有の類型的危険」「特殊な危険」という要件が，危険性説において，まさに「固有」

II 危険性説批判論とその検討

「特殊」なものとして示されているのかということである。この点は，結果的加重犯の「加重処罰根拠」と「成立要件」の双方に関係する。たとえば，後者の「成立要件」に関して，この「特殊な危険」と「定型的因果経過」を混同してはならないといっても[29]，それだけで批判論に対する有効な再批判とはなりえないだろう。

そこで次節では，以上の批判論との関係からも，最初に相当因果関係説と危険性説の関係を検討したのち，つづいて，すべての危険性説批判論に共通する批判対象であった「基本犯に内在する固有の類型的危険（＝特殊な危険）」といわれるものの内容を，当の危険性説がどのようにとらえているのか，さらに検討することにしよう。

　(1) この（西）ドイツ旧251条は，1998年第6次刑法改正法ではなく，1974年3月2日の刑法典施行法による改正以前の法律を指す。
　(2) D.Oehler, Das erfolgsqualifizierte Delikt als Gefährdungsdelikt, ZStW 69 (1957), 503 (514).
　(3) 香川達夫『結果的加重犯の本質』93～94頁（1978）。
　(4) 香川・前出注(3)94頁，98～99頁。
　(5) 香川・前出注(3)99頁。
　(6) R.Rengier, Erfolgsqualifizierte Delikte und verwandte Erscheinungsformen, 1986, 130f., 134, 135, 149, 291ff., 314. それゆえ彼は，いわゆる「直接性原理」を否定する。Rengier, ebd., 130f., 147ff., 161, 164, 172, 313ff.; ders., Opfer-und Drittverhalten als Zurechnungsausschließende Faktoren bei §226 StGB, Jura 1986, 143ff.; ders., Strafrecht Bes.Teil, II.Delikte gegen die Person und Allgemeinheit, 1998, §16 Rn.4ff. 以下，最初の文献はDelikteとして引用する。彼の「直接性不要論」については第5章 I 3(1)で再度触れる。
　(7) Vgl.Rengier, Delikte, 134, 135f., 141f., 292, 314, 324.
　(8) この213条も1998年の第6次刑法改正法により，「6月以上5年以下の自由刑」から「1年以上10年以下の自由刑」へと加重されている。
　(9) 以上の主張につき，Rengier, Delikte, 131-143. 参照。
　(10) 香川・前出注(3)67頁以下，96～97頁。
　(11) 同旨の批判として，すでに丸山雅夫「結果的加重犯の構造」上智法学論集23巻1号168～169頁（1979）参照。
　(12) 香川・前出注(3)70～71頁。
　(13) 香川・前出注(3)53頁以下，68頁以下。

第4章　結果的加重犯の構造

(14)　香川・前出注(3)59～60頁。「機会説」については第5章II 1(2)(c)で詳しく検討する。

(15)　たとえば，E.Horn, SK II, 6.Aufl., 40.Lfg., 1997, §226 Rn.9, 11 は，殺人故意は立証できないが，かといって単なる過失致死罪を適用することには躊躇をおぼえる場合，実務は傷害致死罪を適用して結論の妥当性を確保しようとする傾向があると指摘する。

(16)　Vgl.Kai-D Bussmann, Zur Dogmatik erfolgsqualifizierter Delikte nach dem Sechsten Strafrechtsreformgesetz, GA 1999, 21(29).

(17)　たとえば，Rengier, Delikte, 155.

(18)　BGHSt.38, 295.

(19)　Rengier, Gewaltanwendung nach Vollendung des Raubs, NStZ 1992, 589 (590 r.Sp.), ders., Tödliche Gewalt im Beendigungsstadium des Raubes―BGHSt. 38, 295, JuS 1993, 460ff.
強盗致死傷罪については第5章II 2(1)参照。

(20)　香川・前出注(3)100頁注(8)。ただ，限定法理として使えるなら，なぜ，加重処罰根拠として使えないのかという疑問は残る。

(21)　香川・前出注(3)49頁以下，とくに57頁以下。

(22)　香川達夫『刑法講義各論』531頁（第3版，1997）。

(23)　香川・前出注(3)96頁。

(24)　香川・前出注(3)96～97頁。

(25)　丸山雅夫『結果的加重犯論』230頁（1990）によると，「我々の立場（危険性説一括弧内引用者）は，結果的加重犯を，故意犯の部分（基本犯）の上に過失犯の部分（重い結果）が単に積み重ねられたものとして理解するのではなく，それ自体として分割することのできない『内的に統一された犯罪類型』として把握する立場である」。この点はくり返し論じているように，危険性説に共通の出発点といえる。

(26)　Oehler, aaO [Anm(2)], 515f.Vgl.auch Oehler, Die erlaubte Gefahrsetzung und die Fahrlässigkeit, in: Eb.Schmidt-FS, 1961, 232(236ff.).

(27)　エーラーの「客観的目的可能性」が相当因果関係における「相当性」と完全に一致することを指摘するものとして，たとえば，P.Frisch, Fahrlässigkeitsdelikt und das Verhalten des Verletzten, 1973, 64.「客観的目的可能性」が「相当性」に他ならないことを一般に指摘するものとして，たとえば，J.Wolter, Adäquanz-und Relevantzthorie, GA 1977, 257(272); G.Jakobs, Strafrecht Allg.Teil, 2.Aufl., 1991, 7/31 a.E.; C.Roxin, Strafrecht Allg.Teil, Bd.1, 3.Aufl., 1997, §11 Rn.50; Schänke/Schröder, StGB., 26.Aufl., 2001, §18 Rn.3 [Cramer/Sternberg-Lieben]。小林憲太郎「因果関係と客観的帰属（一）」千葉大学法学論集14巻3号37頁（2000）など参照。なお，丸山・前出注(25)144頁は，エーラーの同上祝賀論文を引用して，「エー

ラーの言う客観的目的可能性は，因果関係論における相当性を意味するものではなく，それとは別の構成要件該当性を限界づけるメルクマールとしてとらえられている。」とする一方，その引用注 150 頁注(23)では，「もっとも，エンギッシュのように，因果関係における相当性を構成要件のメルクマールとするのであれば，それと客観的目的可能性との間に実質的な差はないことになろう」とする。

(28) たとえば，G.Küpper, Der unmittelbare Zusammenhang zwischen Grund-delikt und schwerer Folge beim erfolgsqualifizierten Delikte, 1982, 42.

(29) Vgl.z.B., Oehler, aaO〔Anm(2)〕, 514 Fn.28; Küpper, aaO〔Anm(28)〕, 82.

III 危険性説の再主張

1 「相当因果関係説」と「基本犯に内在する固有の類型的危険（＝特殊な危険）」

(1) 以上にしばしば論じてきた危険性説の立脚点は，因果関係論として相当因果関係説（以下，相当説）の妥当性を精力的に主張したクリースの見解に，すでに示されていた。相当説の実質的な創始者といえるクリースは，古く 1888 年に発表された論文で，次のように主張する。

「たとえば傷害や毒物投与，遺棄や放火など，一般に死亡結果が発生する一定の可能性ある行為，死亡結果を相当に惹起しうる行為においてのみ，法は死の惹起を加重事由として規定している。これらの犯罪において，かりに立法者が，結果が偶然に誘発（Veranlassung）された場合を念頭に置いていたとするなら，まさに死を偶然的に誘発する場合がありうる窃盗や恐喝，詐欺罪において，なぜ，死の惹起を同じく加重事由としていないのか，理解できないことになろう。実際，傷害の負傷者が医者に向かう途中で交通事故死した場合，ささいな傷害を与えた者にはその死が帰せられることになる一方，窃盗の被害者が告訴に向かう途中で死亡した場合には，窃盗犯人にその死が帰せられないというのでは，不正義にほかならない」[1]。

以上は，クリースが自説を支える実定法上の根拠を「結果的加重犯」に求めた部分にあたる。クリースも「現に発生したすべての出来事は，あらかじめ存在する諸事情の総体によって必然的にもたらされる」という観点――「因果律」――から出発しながら[2]，しかし他方，確率論の応用から導かれ

る「客観的可能性概念」を用いることによって「偶然の惹起」と「相当惹起」の区別が可能になるとする。彼によれば,「個別事例の特殊性を度外視し,事態を一般的にながめたとき」,あるモメントが「結果発生の可能性を高めた場合」,いいかえると「一般的にAがBの助勢事情であるとみなされる場合,AはBの相当原因」である[3]。このような「一般的助勢事情」が「結果的加重犯」において明示されている,というわけである。

クリースと同様,とくに結果的加重犯に言及しながら「相当惹起」を基礎づけようとする立場——クリースにならっていえば,結果的加重犯は「基本犯の一般的助勢事情の範囲内で重い結果が発生したのでなければならない」なら同様のことはその他の結果犯一般にもあてはまるはずだとする立場——は[4],以降の相当説の共有財になっただけではなく[5],フランクやラートブルフ,グラーフ・ツー・ドナーのように,相当説には反対する論者に対しても,「結果的加重犯」に限っては条件関係の限定がなされるとする機縁を与えるものであった[6][7]。「危険性説」もこの例外ではない。「一般に死亡結果が発生する一定の可能性ある行為にのみ,法は死の惹起を加重事由として規定している」という点では,危険性説も全く同様に考えているからである。

(2) しかしながら,以下の点(後述(a)～(c))には注意しなければならないだろう。

(a) それは,まず,クリースに始まる相当説論者は,発生した結果に不可欠な諸条件の一部を「判断基底」を設定することによって「一般化」する考察の正当性を主眼においていたのであり(「洗練された法感情には『一般化する考察（Die verallgemeinernde Betrachtung)』が特有である」[8]),この「一般化する考察」と「基本犯に固有の類型的危険」を完全に一致するものとしてとらえることはできないという点である。前者の考察を基礎づける「判断基底論」は周知のように「主観説」[9]「折衷説」[10]「客観説」[11]に分かれるが,それは,発生した結果の必須条件をなすうちのあるものを一般化することによって「作為的に『幅』を作り出」す[12]ため,つまり,行為と結果の必然的な繋がりをラフに規定することによって,その行為からその結果の発生することがありえたか（その行為は発生した結果の「一般的助勢事情」といえるか）を経験則に照らし合わせて判断するためのものといえる。しかし,

たとえば「一般化して考察した場合，傷害からは致死の結果が発生する可能性が高い」という場合の「一般化」という言明は，当該の具体的な事案に作為的に幅を作り出し，行為（傷害）と結果の必然的な繋がりをラフに規定するためのものではなく，個々の事案の帰納による一般化をへて，さらに一段抽象度の高い（一回限りの歴史的事件の一般化をこえた）一般法則を意味するといってよいだろう。

　たしかに相当説も，クリースが論ずるように，個別具体的な事案において現実に発生した一定の事象における諸条件と結果との法則的な繋がりを，一般的・抽象的に述べる見解だといえる[13]。それゆえ，結局のところ，相当説も条件関係の認められる具体的な因果経過を一般法則に包摂できるかを問うものといえよう[14]。しかし，条件関係の認められる因果経過を包摂する法則はまさに一般経験則（そこには当然心理法則も含まれる）に適合していればよいのであって，それ以外に何の制約もない。しかし，「傷害からは一般に致死の結果が発生する可能性が高い」という言明を導く法則は，過去の事例の集積から帰納された経験則ではあるが，次節でみるように，まさに「当の傷害に固有の法則」，すなわち「暴行」を基礎にする場合は「人体への物理力の付加に発する病理的機序」を説明する「医学法則・病理法則」だといえる。具体的な因果経過を包摂する法則性にこのような違いがあるということは――ある概念の内包が小さくなれば外延量も狭くなるように――当然，結論の違いももたらすだろう。この点は第5章の「直接性」のところで改めて検討することにしたい。ここでは次の点を確認すれば足りよう。すなわち，相当説が自説を基礎づけるにあたって着目した，たとえば「傷害からは一般に致死の結果が発生する可能性が高い」という結果的加重犯の性質は，まさに「傷害には重い結果を発生させる固有の類型的な危険が認められる」という文章で置き換えることが可能であるが，問題は，このような定義のうえでの一致ではなく，その実質的な内容にある，という点である。

　(b)　さらに，次の点にも注意すべきだろう。すなわち，「当該基本犯からは一般に致死の結果が発生する可能性が高い」として，相当説が「結果発生の一般的助勢事情」という自説の立脚点を結果的加重犯に求めた真の理由は，1871年のライヒ刑法典施行当時以来「無敵の進軍を誇った条件説」[15]

に対抗することにあったのではないか，という点である。以下がその根拠である。

クリースのあげる事例もそうであるが，一方では結果的加重犯と，他方では加重処罰規定が置かれていない犯罪から重い結果が生じた場合とを比較するときに多くの論者があげる事例は，「ともに相当因果関係が否定される典型例」といえる。傷害であろうが窃盗であろうが，その被害者が病院や告訴に向かう途中で交通事故死するなどの事例がそうである[16]。しかし，その場合でも条件関係の存在は認められる。ところが，いうまでもなく窃盗致死罪などという結果的加重犯は存在しない。それゆえ，事故死に対する予見可能性が認められない限り，死亡結果を窃盗犯に帰責することはできない。これに対して，傷害致死罪は結果的加重犯の典型例である。ここで，結果的加重犯の成立に関する判例・通説の立場（＝条件説＋過失不要説）に依拠するなら[17]，病院へ向かう途中であろうと告訴に行く途中であろうと，結果発生に至る経過は全く同様であるにもかかわらず，傷害では死亡結果が帰責され（しかも刑を加重する方向で），窃盗では帰責されないという，およそ正当化しえない結論が引き出されてしまう。これを是正するためには，結果的加重犯を条件関係の存否だけで判断することは許されない[18]——このように，相当説の条件説に対する優位性を示すために，結果的加重犯に着目された感があるということである。

（c）そして最後に，そもそも，クリースに始まる相当説が「結果的加重犯という独自の犯罪類型が規定されているのは，その基本犯からは一般に致死の結果が生じる可能性が高いからであり，そこには明らかに相当性思考を読みとれる」というとき，その相当性思考がなぜ加重処罰根拠に結びつくのかは不問のままだということである[19]。

（3）このようにみてくると，相当因果関係説と危険性説がかりに同根であるにしても[20]，相当説に「おんぶに抱っこ」では「危険性説」と呼ばれるに値しないことになろう。相当説の背後にあるものを前面に押し出してこそ，真に「危険性説」と呼ばれるに値する。

（1）J.v.Kries, Ueber den Begriff der objektiven Möglichkeit und einige

Anwendungen desselben, in: Vierteljahresschrift für wissenschaftliche Philosophie, Bd.12, 1888, 179(226-7). クリースの見解については, 岡本勝「『抽象的危殆化犯』の問題性」法学38巻2号8頁以下 (1973), 振律隆行「クリースの客観的可能性概念とその若干の適用について」刑法雑誌22巻3・4号101頁以下 (1978), 山中敬一『刑法における客観的帰属の理論』108頁以下 (1997), 林陽一『刑法における因果関係理論』105頁以下 (2000), 小林憲太郎「因果関係と客観的帰属 (二)」千葉大法学論集14巻4号265頁以下 (2000) など参照。

（２）　Kries, aaO [Anm(1)], 180f., 195. 「因果律」を出発点にすえる考察方法は, 多くの相当説に共通している。たとえば, M.Rümelin, Zufall im Recht, 1896, 7; H. Kriegsmann, Zur Lehre von adäquaten Kausalität, GS 68(1904), 134(134). なお, 小林・前出注（１）266頁以下, 274頁, 277頁は, 「因果律」を出発点とすることに対して鋭い批判を展開している。

（３）　Kries, aaO [Anm(1)], 202; ders., Über die Begriffe der Wahrscheinlichkeit und Möglichkeit und ihre Bedeutung im Strafrecht, ZStW 9(1889), 528(532).

（４）　同様の主張はわが国の相当説にもみられた。しかし, わが国では, もっぱら相当説による「偶然責任の排除」が念頭に置かれており, クリースらが指摘する「結果的加重犯の構造」には言及されていなかった（第1章Ⅱ2参照）。

（５）　たとえば, A.Merkel, Deutsches Strafrecht, 1889, 99f.; ders., Die Lehre von Verbrechen und Strafe, 1912, 121f.; Kriegsmann, aaO [Anm(2)], 141 Fn.1; A. Köhler, Deutsches Strafrecht, AT, 1917, 189f.; H.Tarnowski, Die systematische Bedeutung der adäquaten Kausalitätstheorie für den Aufbau des Verbrechensbegriffs, 1927, 56ff.; P.Allfeld, Lb des dt.Strafrechts, AT, 9.Aufl., 1934, 105f. など参照。さらに, K.Engisch, Kausalität als Merkmal des strafrechtlichen Tatbestände, 1931, 69ff.; M.L.Müller, Die Bedeutung des Kausalzusammenhangs im Sraf- und Schadensersatzrecht, 1912, 63f. も参照。後二者の見解はのちほど改めて取りあげる。

（６）　R.v.Frank, StGB, 18.Aufl., 1931, §1 III 2b) (S.15f.); G.Radbruch, Die Lehre von der adäquaten Verursachung, 1902, 65f.; Alexander Graf zu Dohna, Der Aufbau der Verbrechenslehre, 4.Aufl., 1950, 20 (「立法者が結果的加重犯を選定したのは, 基本行為が重い結果を一般に招致する傾向を内包しているという観点にもとづく」のだから, 本罪には例外的に相当性思考が妥当する。). さらに, H.v.Weber, Grundriss des dt.Strafrechts, 2.Aufl., 1948, 62f. も参照。

（７）　なお, 責任による修正が不可能だから例外的に相当説を採用すべきだとする見解として, たとえば, E.Beling, Grundzüge des Strafrechts, 3.Aufl., 1905, 70(11. Aufl., 1930, 53).Paul Merkel, Grundriß des Strafrechts, Teil Ⅰ, Allg.Teil, 1927, 58f. も同旨。したがって, パウル・メルケルは, 重い結果に対する過失が立法化され

第4章　結果的加重犯の構造

たなら，相当説はその存在根拠を失い条件説が例外なく貫徹されるとする。これに対して，Radbruch, aaO［Anm(6)］, 63 は，「悪法もまた法」であるし，条件説を基礎にしても，結果的加重犯の場合は，その構造から因果関係が限定されるのだから，必ずしも不当な結論に至るわけではないとして，これらの見解を批判している。

（8）　Kries, aaO［Anm(1)］, 225.

（9）　Kries, aaO［Anm(1)］, 228ff. 山中・前出注（2）115頁以下，林・前出注（2）114頁など参照。

（10）　たとえば，L.Traeger, Der Kausalbegriff im Straf-und Civilrecht, 1904, 159; Kriegsmann, aaO［Anm(2)］, 155ff.; M.L.Müller, aaO［Anm(5)］, 31; Engisch, aaO［Anm(5)］, 55f., 63.その他，たとえば，R.v.Hippel, Strafrecht II, 1930, 148f.; ders., Lehrbuch des dt.Strafrecht, 1932, 98. などドイツの多数説である。現在でも相当説を紹介するときは，折衷説の定式が用いられている。たとえば，C.Roxin, Strafrecht, Allg.Teil, Bd.1, 3.Aufl., 1997, §11 Rn.35; H.J.Rudolphi, SK, 6.Aufl., 26.Lfg., 1997, Vor §1 Rn.54; Schönke/Schröder/Lenckner, 26.Aufl., 2001, Vor §13 Rn.87/88, usw.

（11）　Rümelin, aaO［Anm(2)］, 47, 48; ders., Die Verwendung der Causalbegriffe in Straf-und Civilrecht, in: Archiv für die civilisitische Praxis(=AcP), Bd.90 (1900), 171(189f., 217).

（12）　小林・前出注（1）269頁。Vgl.auch Engisch, aao［Anm(5)］, 23.

（13）　Kries, aaO［Anm(1)］, 196ff., 198 Fn.1.

（14）　とくに，いわゆる「狭義の相当性」についてはそういえるだろう。ここでは，結果の条件を抽象化することなく，具体的な因果経過をそのまま判断対象とせざるをえないはずだからである（拙稿「わが国における最近の相当因果関係説の動向」成蹊大学法学政治学研究15号36頁以下参照）。そこでの「一般化する考察」を語るとすれば，それは，一般的・抽象的経験法則への具体的因果経過の包摂の可否に等しいように思われる。なお，小林・前出注（1）270頁，さらに285頁以下も参照。

（15）　Vgl.R.Rengier, Erfolgsqualifizierte Delikte und verwandte Erscheinungsformen, 1986, 69. が使用した評語である。

（16）　Vgl.z.B., D.Oehler, ZStW 69(1957), 515; Arth.Kaufmann, Das Schuldprinzip, 2.Aufl., 1976, 243, usw.

（17）　旧56条が制定される以前のドイツの判例・通説について，第2章I，II参照。

（18）　Vgl.M.Liepmann, GA 52(1905), 326(359); Engisch, aaO［Anm(5)］, 6f., 49f.

（19）　前述した香川説に対するのと同様の疑問である。本章II 3(3)参照。

（20）　丸山雅夫『結果的加重犯論』134頁，141頁，202頁（1990）参照。

III 危険性説の再主張

2　「危険性説」と「基本犯に内在する固有の類型的危険(=特殊な危険)」

それでは，危険性説は相当説に対して自説の独自性をどのようにアピールしているのだろうか。

(1)　(a)　まず，「基本犯に内在する重い結果発生についての固有の類型的な危険」(以下，単に「類型的危険」「特殊な危険」と略称する場合もある)と「加重処罰根拠」の関係についてみてみよう。

たとえば，W・フリッシュは次のように主張する。「基本犯の類型的危険」は「重い結果」との関係で認められることから，その危険を内包する基本構成要件は，その保護範囲には必ずしも属さない重い結果との関係で「付加的な保護規範」を包含する。それゆえ，基本犯の実行はこの付加的な保護規範の侵害をも基礎づける。この点で，通常の注意義務違反に対して「とくに高められた不法」が認められる[1]。「行為無価値一元論」の立場からではあるが，ツィーリンスキーも，結果的加重犯の基本犯は，その本来の「行為無価値」に加え，重い結果との関係でも，基本犯に「内在する特別な危険性」により基礎づけられる「さらなる行為無価値」という「二重の行為無価値」を包含する点で「不法加重要因」が見いだされるとする[2]。以上の見解は，加重処罰根拠を「基本犯」の側面からながめているといえるが，それと表裏をなす「重い結果」に視点を移すなら，故意で実行された基本犯には重い結果を引き起こす「類型的な危険」が認められる点で，結果的加重犯において結合される過失結果犯は，通常の過失結果犯に対してその違法性あるいは責任が高いということになろう。

高められる過失の要素をどうとらえるかは論者によって異なるが，「行為者は，重い結果に対する危険性を定型的に内在させている故意の基本犯を通して，重い結果発生の危険性をまさしく義務違反的に創出することにより特別な結果を生じさせるのであるから，そこには，純粋な過失による惹起をこえる行為無価値が存在する」というルドルフィーの見解[3]や，「結果的加重犯は，数多くの注意義務侵害から特に危険を内包させている注意義務侵害を選び出したものであり，さらに，その上に故意を要求する場合である。それゆえ，この類型(故意・過失結合―括弧内引用者)の結果的加重犯においては，特に当罰的な類型の過失が問われる」とするシュレーダーの見解[4]が，その

133

第4章　結果的加重犯の構造

ようなものといえる[5]。

わが国においても，有力な危険性説論者である丸山雅夫は次のように主張する。「固有の危険性を有する行為の故意的な実現が同時に発生した結果についての客観的注意義務違反でもありうるという点こそが，故意犯と過失犯との密接不可分な（内的に結合した）混同形態としての結果的加重犯と通常の過失犯を区別する重要なメルクマールであると言えよう」[6]。結果的加重犯の場合は，「客観的注意義務がすでに相当程度類型化されており，それとの関係で実行行為も一定程度制約されて」いるがゆえに，「実行行為に格別の制約もなく客観的注意義務が必ずしもそれほどまでに類型化されていない通常の過失（とくに過失致死罪）に比べ」，「より重い過失」をその内容としてもつ，と[7]。

(b)　危険性説を基調とするこれらの有力説によれば，重い結果を発生させる「基本犯の類型的な危険」は，シューベルトやローレンツェンが批判するようには「基本構成要件において評価し尽くされる」ことにはならず[8]，発生した重い結果に対する過失の違法性もしくは責任を高める要素として，その独自性を主張しうることになろう。この「類型的な危険」が「存在」してこそ，あるいはそれに「媒介」されてこそ，通常の過失結果犯に対する結果的加重犯の「高められた過失」が認められることになるからである。「通常」の観念的競合規定により処罰される事案を標準として結果的加重犯を考察した場合，重い結果発生の「類型的危険」が，前者には「なく」，後者には「ある」ことを理由に，「類型的危険」＝「加重処罰根拠」とみなすのが危険性説の出発点といえるが，このような形式的な理由づけに加えて，その「類型的危険」が通常の過失結果犯に対する不法ないし責任の加重を導くとする主張は，結果的加重犯の「骨組み」を基礎づけるものとして，十分に考察の基礎にすえることができるだろう。

(2)　しかしながら，このような有力説にも問題は残されている。それは，骨組みに対する「肉付け」の部分に関してである。見解の一致がみられた，重い結果を招致する「基本犯の類型的危険」が結果的加重犯の加重処罰根拠をなすという点を否定するものではないが，その危険の内容が必ずしも明らかではないのである。結果的加重犯には通常の過失結果犯に対して「高めら

れた過失」が認められるにしても,「類型的危険」の内容が不明確なままだと,「高められた過失」を基礎づけることになる,たとえば「予見可能性の対象」を絞り込むことはできないだろう。逆に,結果的加重犯の基本犯として規定されていることが「類型的な危険」の存在をあらわすとして,「高められた」,それゆえ,より厳格な判断を必要とするはずの過失がほぼ自動的に肯定されることにもなりかねない。この点は,現にわが国の判例と学説の多くにみられたところである[9]。ドイツでも同様の事情をみてとることができる[10]。わけても,客観的注意義務違反を「基準行為の逸脱」「社会生活上必要な注意の懈怠」として「行為無価値的」にとらえる考えが根強いドイツでは[11],それ自体が犯罪である基本犯を故意で実行する結果的加重犯の場合,より強い理由で客観的注意義務違反が当然視される可能性があるだろう。また,「客観的注意義務違反」を「客観的帰属論」の第一要件である「許されない危険創出」と同一視するなら[12],結果的加重犯の場合,この第一要件が肯定されることは明らかである[13]。それゆえ,「結果的加重犯においても注意義務違反は『重い結果』との関係で問題とされなければならないのであり,その肯否にかかわる『重い結果発生』の客観的予見可能性があるかないかは個々の事案ごとに判断されなければならない」といわれる[14]。しかし,「重い結果」に対する「類型的危険」が認められる基本犯を実行している以上,それだけで十分な限定を期待できるかは疑問である。

　シュレーダーが,基本犯の危険を強調することによって生ずる「一種のパラドックス」であるいい[15],香川達夫が,危険性説は「危険性という一言で,すべての加重責任の根拠がカヴァーされてしまう,といった危険性をも内包している」[16]と批判するのはこのような事情にもとづく。

　(3)　そこで,危険性説の多くは次のように主張する。基本犯に内在する「構成要件的に特殊な危険が重い結果に実現」して,はじめて結果的加重犯の不法内容が満たされるのだから,このような「構成要件的に特殊な危険連関」に関して,義務違反が問われなければならない[17]。ヒルシュによれば,「特殊な危険性連関は予見可能性の対象をもなす。それゆえ過失要件にも影響を及ぼす。この特殊な危険性連関においては加重事由が問われるのだから,加重される過失もこの危険性連関を包含するものでなければならない」[18]。

丸山雅夫も,「結果的加重犯における過失存否の判断は,……一般的な生活経験の範囲内にあるか否かといった基準（通常の過失の判断基準）によって判断されるべきではな」く,「固有の危険性が重い結果に実現したことの認定（直接性の存在が肯定されること）によって, はじめて, 結果的加重犯における客観的注意義務違反が肯定されるのである」と主張する[19]。

要するに,「構成要件的に特殊な危険」の「実現」＝「直接性の存在」のうえに「特別な過失」が築かれるというのである。そうすると, 両者に共通した前提をなす「構成要件的に特殊な危険」「類型的な危険」の「肉付け」が, ますますもってその重要性を増すことになろう。

(1)　W.Frisch, Die verschuldeten Auswirkungen der Tat, GA 1972, 321(331-3). 同旨の見解として, K.H.Gössel, Dogmatische Überlegungen zur Teilnahme am erfolgsqualifizierten Delikt nach §18 StGB, in: Lange-FS, 1976, 219(234). 邦訳として, カール・ハインツ・ゲッセル（井田良訳）「結果的加重犯の共犯についての解釈論的考察」法学研究55巻4号87頁（1982）。

(2)　D.Zielinski, Handlungs-und Erfolgsunwert im Unreschtsbegriff, 1973, 192, 194.

(3)　H.J.Rudolphi, Systematischer Kommentar zum Strafgesetzbuch, Bd.1, 6. Aufl., 25.Lfg., 1995, §18 Rn.1.

(4)　F.-Ch.Schroeder, LK 11.Aufl., 1994, §18 Rn.34.

(5)　Vgl.auch H.J.Hirsch, Zur Problematik des erfolgsqualifizierten Delikts, GA 1972, 65(71); C.Roxin, Strafrecht Allg.Teil, Bd.1, 3.Aufl., 1997, §10 Rn.108 a. E.

(6)　丸山雅夫『結果的加重犯論』231頁（1990）。

(7)　丸山・前出注(6)233頁。

(8)　本章II 2 参照。

(9)　第1章 I 及び II 参照。

(10)　Vgl.BGHSt.24, 213(215); BGH NStZ 1982, 27; 1984, 329; Gössel, aaO [Anm(1)], 234; Schroeder, LK, §18 Rn.30; K.Lackner, StGB.20.Aufl., 1993, §18 Rn.7; H.-H.Jescheck/T.Weigend, Lehrbuch des Strafrechts.Allg.Teil, 5.Aufl., 1996, 261f., 572, usw.

(11)　Vgl.z.B., R.v.Hippel, Strafrecht II, 1930, 361f.; H.Welzel, Studien zum System des Strafrechts, in: Abhandlungen zum Strafrecht und zur Rechtsphilosophie, 1975, 176f.; ders., Das Deutsche Strafrecht, 11.Aufl., 131ff.;　H.v.Weber,

Grundriß des deutschen Strafrechts, 2.Aufl.1947, 83f.; H.Mayer, Strafrecht Allg. Teil, 1953, 140-2, 186-8, 269f.; Jescheck, Aufbau und Behandlung der Fahrlässigkeit im modernen Strafrecht, 1965, 7ff.; ders., Lb[5], 578; P.Frisch, Fahrlässigkeitsdelikt und das Verhalten des Verletzten, 1973, 76ff.; Samson, SK Anh.§ 16 Rn. 10ff.; Maurach/Zipf, AT Teilb.1, 8.Aufl., 1992, 218f.; J.Wessels, Strafrecht.Allg. Teil, 23.Aufl., 1993, 207; S/S/Cramer, StGB, 25.Aufl., 1997, § 15 Rn.116ff., 133ff.; Lackner/Kühl, StGB, 23.Aufl., 1999, § 15 Rn.37f [Kühl]., usw.

(12) Vgl.z.B., Roxin, aaO [Anm(5)], § 24 Rn.10ff.; K.Yamanaka, Die Entwicklung des Japanischen Fahrlässigkeit im Lichte des sozialen Wandels, ZStW 102(1990), 928(944). 同『刑法総論Ⅰ』356～357頁，359頁 (1999)。J. Wolter, Strafwürdigkeit und Strafbedürftigkeit in einem neuen Strafrechtssystem.Zur Strukturgleichheit von Vorasatz und Fahrlässigkeitsdelikt, in: 140 Jahre Goltdammer's Archiv für Strafrecht, 1993, 269(310ff.). も同旨。

(13) G.Küpper, Der unmittelbare Zusammenhang zwischen Grunddelikt und schwerer Folge beim erfolgsqualifizierten Delikte, 1982, 73 (＝結果的加重犯においては「許されない危険創出」を問題としても意味がない。それなくしては重い結果の発生を考えることができない基本犯の実行に，すでに「禁じられた危険」が存在するから)。

(14) Hirsch, aaO [Anm(5)], 73 Fn.44a.

(15) Schroeder, LK, § 18 Rn.34. したがって彼は「軽率」を要求すべしとする。

(16) 香川達夫『［ゼミナール］刑法の解釈』255頁（1985）。同旨の見解として，川崎一夫「結果的加重犯」中山研一他編『現代刑法講座第3巻』97～98頁（1979）参照。

(17) Vgl.z.B.J.Wolter, Zur Struktur der erfolgsqualifizierten Delikt, JuS, 1981, 168(171 l.Sp.); ders., Der »unmittelbare« Zusammenhang zwischen Grundelikt und schwerer Folge beim erfolgsqualifizierten Delikt, GA 1984, 443 (445); J.Wessels, aaO [Anm(11)], 220.

(18) Hirsch, Der unmittelbare Zusammenhang zwischen Grunddelikt und schwerer Folge eim erfolgsqualifizierten Delikt, in: Oehler-FS, 1985, 111(132). 同旨，Küpper, aaO [Anm(13)], 31f.; ders., Hirsch-FS, 1999, 615(626).

(19) 丸山・前出注（6）233頁。

IV　結果的加重犯の構造

1　予備的考察

それでは，結果的加重犯の立法根拠，それゆえ加重処罰根拠をなすとして，危険性説においては一致して認められている「基本犯の類型的危険」の内容は，どのようなものなのか。以下，「類型的危険」の「肉付け」を試みることにする。ただ，そのまえに，次の点に注意を喚起しておきたい。すなわち，立法形式上，ある犯罪が結果的加重犯の基本犯として規定されているからといって，そこに重い結果を発生させる「類型的な危険」が当然に認められるとは限らないということである。

(1)　たとえば，わが国の刑法145条（浄水汚染等致死傷）が基本犯とする「浄水汚染」「水道汚染」(143条，144条) が，その典型例といえる。

この「汚染」とは，飲料水を物理的または心理的に飲めない程度に不純な状態にすることとされ，判例によれば，井戸水のなかに食紅を混入させ，一時「心理的」に飲用を不能にした場合も「汚染」が認められる[1]。しかし，このような「汚染」は「浄水利用妨害」に等しい[2]。それゆえ，旧刑法245条は，その基本犯を「前条ノ罪」すなわち「人ノ健康ヲ害ス可キ物品ヲ用ヒテ水質ヲ変シ又ハ腐敗セシメタル」244条だけに限定しており，ボアソナード草案277条も，「人ノ健康ヲ害ス可キ物品ヲ用ヒテ水質ヲ變シ又ハ腐敗セシメ」る276条だけに基本犯を限定していたのである。浄水汚穢罪に相当する同草案275条は，「人ノ健康ニ危険ナルニ非スシテ唯飲水ヲ用ユルコト能ハサルニ至ラシムル」罪と考えられたからである[3]。しかし，明治23年第1回帝国議会提出案267条が，「前条ノ罪」ではなく「前二条ノ罪ヲ犯シ」として，そこに「浄水汚穢罪」を含ませて以来[4]，一貫して現行刑法と同様の規定方式がとられた。立法当局者は，これを旧刑法245条と「同一の趣旨に基づく」[5]というが，旧刑法245条は，同244条の「浄水毒物等混入」[6]だけを基本犯としていたのである。にもかかわらず，「同一の趣旨に基づく」とみなしたのは「立法の過誤」といわざるをえない[7]。昭和49年の改正刑法草案が，現行刑法142条，143条に相当する飲料水，水道水の「汚染」について，「この種の行為から死傷の結果が生ずる場合は必ずしも多くはない

ことにかんがみ，結果的加重犯を規定しないものとした」のは[8]，正当である。それゆえ，現行刑法145条（「前三条の罪[9]を犯し，よって人を死傷させた者」）は，文言どおりにではなく，「前条（浄水毒物等混入）の罪を犯し…」，と限定的に解釈すべきであろう。

(2) 以上は，重い結果を発生させる「基本犯の類型的危険」の有無は，立法上の規定形式によるだけではなく，その実質的な解釈にまたなければならないことを裏づける好例をなすと思われる。そして，その実質的な解釈を行なうためには，致死傷の結果が発生した場合でも重く処罰されることのない脅迫や強要，窃盗や詐欺——たとえば，周囲にだれもいない人里離れた極寒の地で被害者から高価な毛皮のコートを詐取して被害者の凍死を招致したという場合では，相当因果関係にくわえて過失も認められうるが，それでも詐欺罪と過失致死罪は観念的競合によって処断されるにすぎない——などを対象にして，重い結果発生の「類型的危険の不存在」を引き出すだけでは不十分であろう。それだけでは，逆に，当該犯罪が結果的加重犯の基本犯だからというだけの理由で「類型的危険」の存在が「擬制」されてしまいかねないからである。したがって，「類型的危険」があると想定される当の「基本犯」においても，窃盗や詐欺などと同じく，致死傷の結果が発生してもせいぜい当該基本犯と過失致死傷罪との観念的競合によって処罰されるにすぎないような「基本犯」（いわば「仮象的基本犯」）を探り出さなければならない。結果的加重犯の基本犯として規定されていさえすれば「類型的な危険」が当然認められるという考えは，「抽象的危険犯」における「危険の推定・擬制」を肯定する「形式説」[10]になぞらえることができよう。しかし，このような「形式説」に対しては，わが国においてもドイツにおいても批判が強い[11]。同様のことが結果的加重犯の「類型的危険」にもあてはまる[12]。

2　結果的加重犯の構造

それでは，以上のような「仮象的基本犯」に対し，「真正基本犯」とでも称することができる，そういう基本犯を特徴づける「類型的危険」とは，どのようなものなのだろうか。その内実を探求することが，すなわち結果的加重犯の構造・固有の不法内容を基礎づける。以上について，まず，「基本犯」

が「危険犯」である結果的加重犯のいくつかをみてみよう。

(1) 「基本犯に内在する固有の類型的危険（＝特殊な危険）」
———— その一試論

(a) この類型でとくに問題となるのは，公共危険罪であれ個人的法益に対する罪であれ，「危険犯」の多くは不特定または多数人の，あるいは特定個人の「生命・身体」を保護法益としているという点である。すなわち，この類型では，すべての基本犯に重い結果発生の「類型的危険」が認められるのではないかが問題となりえよう。シューバルトやローレンツェンがこの類型の結果的加重犯（たとえば遺棄罪）を例示し，類型的危険は基本構成要件において評価し尽くされるとして危険性説批判を展開していたことはすでにみたところである[13]。もちろん，現実に重い結果が発生した場合には，基本構成要件で結果的加重犯の不法がすべて評価し尽くされないことは明らかである。しかし，そういうだけでは，通常の競合犯に対する結果的加重犯の独自性を主張しえたことにはならない。問われているのは，その存在によって通常の競合犯に対して結果的加重犯の独自性を示し，それゆえ，それと結びつけることなく単独で考察した場合の過失結果犯に対して過失の不法ないし責任を高めるような「類型的危険」の内容である。

当該犯罪の沿革や体系解釈の観点も加味しながら，その内容の一応の概略を示すことは不可能ではないと思われる。

①再び「浄水等汚染罪」を例にとれば，「飲料水に関する罪」は「不特定または多数人の生命・身体の安全を侵害する抽象的公共危険罪の一種」[14]であるが，前述したように，一人または多数人の死傷結果を招致する「類型的危険」は，浄水および水道の単なる「汚染」にではなく，「毒物等混入」にのみ限定されるべきである。これは汚染罪の沿革から裏づけられるだけではない。「汚染」の実体は飲料水の「利用妨害」に等しいといえるにもかかわらず，まさに「利用妨害罪」である水道損壊等罪（147条）には加重処罰規定がない点からも基礎づけることができるだろう。そもそも，「人の健康を害すべき物」「以外の物」を飲んだ人が死亡あるいは健康障害を引き起こすといった事態は，考えられるにしても，めったに生ずることではないだろ

う。生じたとしても，せいぜい当該基本犯と過失致死傷罪を認めることで，その不法・責任内容は十分に評価できるはずである。

　②また，たとえば往来妨害罪にも（124条），その2項で致死傷罪が規定されている。しかし，往来妨害罪が旅客など不特定または多数人の生命，身体，財産の安全を含む公共危険罪であるにせよ[15]，人や車馬の通行が不可能または困難な状況が作出されれば本罪の成立は認められる。すなわち，本罪は「交通・移動の自由」に対する具体的危険犯と解されている。しかし，そうだからこそ，本罪から「致死傷の結果」が発生する危険性は相対的に低いといえる[16]。したがって，「単なる往来妨害」にではなく，往来「危険」——衝突の危険など——を生じさせる往来「妨害」にのみ，死傷結果の「類型的危険」が認めらることになろう。たとえば，前方の見通しがきかないカーブの出口に大型車を斜めに置いて道路を閉塞したような場合である。改正刑法草案が，「単に交通を妨害したにとどまる場合とその危険を生ぜしめた場合とでは，違法性に大きな差が」あること，「死傷の結果を生ずる危険性の大きい」のは「交通危険罪」であることを理由に，同罪（草案193条）にのみ加重処罰規定を設け（草案193条2項），単に交通を妨害したにとどまる「交通妨害罪（草案192条）」を基本犯から排除しているのが[17]，参考になる。

　③要扶助者の「生命・身体」に対する危険犯[18]である遺棄罪の場合はどうか。「生命・身体」に対する危険犯ということから，本罪それ自体にはおよそ致死傷の「類型的危険」が認められるのではないかが問題となろう。しかし，本罪を「抽象的危険犯」——要扶助者を遺棄すれば「直チニ成立」し，「現実ニ生命身体ニ対スル危険ヲ発生セシメタル」ことは必要ない——と理解しようと[19]，あるいは「準抽象的危険犯」——遺棄罪は「客体とされる者に対して，ある程度の危険をもたらすような離隔行為であってはじめて『遺棄』」とみなされる——と解そうと[20]，いずれにせよ，そのような危険に要扶助者の「死傷結果を発生させる類型的危険」が認められるかは疑問である。また，遺棄罪の危険を「具体的危険」と解釈するにしても，「警察の門前に捨子をしても単に他人による救助が予想されるにすぎないから」遺棄になるというのであれば[21]，同じことがいえよう[22]。

　ところで，ボアソナードは，「通路，中庭又ハ人ノ住居スル家屋ノ附属地

第4章　結果的加重犯の構造

ニ於ケルカ如ク屢々人ノ来ルヘキ場所」と,「偶然ニ其被害者ヲ発見スル迄ニハ甚タ永キ時間ノ経過スルコトアルヘシ故ニ此ノ如キ被害者ハ空腹,風雨,霜雪ノ災害及ヒ猛獣ノ危害ヲ被ルニ至ル」可能性ある場所,すなわち「寥_{りょう}閴_{げき}ノ地」を区別し,このような場所への遺棄は「危険大ニ増加ストノ理由」から,「寥閴ナラサル場所」への遺棄(ボアソナード草案374条)に対して刑を加重していた(1月以上1年以下の重禁錮に対して4月以上4年以下の重禁錮[草案375条])⁽²³⁾。これを参考にして現行刑法217条の単純遺棄についていえば,次のように考えることができよう。

すなわち,単純遺棄の法定刑「1年以下の懲役」は「寥閴ナラサル場所」への遺棄(ボアソナード草案374条)に等しい⁽²⁴⁾。しかし,「寥閴ノ地」に遺棄した場合でも,その主体が「保護責任者」でない限り,単純遺棄であることに変わりはない。単純遺棄にはこのような二類型が含まれる。だが,この後者の遺棄は「寥閴ナラサル場所」への遺棄に対し,「危険大ニ増加」する点で「付加的不法内容」をもつといえる。現行217条の法定刑が重い結果の発生によって飛躍的に加重されることを考えても(致傷の場合は「1月以上10年以下」,致死の場合は「2年以上15年以下」の懲役である[219条,平成16年法律第156号による改正前]),死傷結果の類型的危険を具有する「真正基本犯」は,「寥閴ノ地」への遺棄に限られるべきである。

遺棄される場所の区別には批判的な旧刑法当時の学説においても,遺棄致死傷罪の脈絡では,たとえば,「同シク山野ニ遺棄スルモ猛獣ノ危険ヲ豫想シ得ヘキ箇所ト而ラサルモノト」は区別しなければならないとする見解⁽²⁵⁾がみられたことは,注目に値する。

（b）　以上は,「危険犯」を基本犯とする結果的加重犯において,その基本犯の外延に着目し,重い結果を発生させる「類型的危険」とそうでない危険——それゆえ「真正基本犯」と「仮象的基本犯」——との一応の区別を試みたものである⁽²⁶⁾。

以下では,傷害致死罪を筆頭に,強姦ないし強盗致死傷罪など,本書の主題である成立要件に関して最も問題が多い,「侵害犯」を基本犯とする結果的加重犯を考察することにする。ただ,その「類型的危険」を考えるのに先立ち,今度は「類型的危険」という「概念の中心部分」に目を向けてみるこ

①たとえば,次のような経験則は一般に成り立つだろうか。「人を脅すと死亡することもある」。「人の物を盗むとその被害者が死亡することもある」——このような経験則である。おそらく普通の人であれば,ただちには納得せず,「なぜそうなのか」とさらに質問をするだろう。この問いに答えるには,これこれこういう条件が積み重なると死亡する可能性がある,と説明せざるをえまい。すなわち,「当該の個別具体的な事案に特有の事情」を考慮に入れなければ,ただちに説明はつかないといえるのである。当該事案に特有の事情を考慮せざるをえないということ,たとえば,被害者は「重症糖尿病患者」であり,窃取されたカバンには「インシュリンが入っていた」という事情を考慮に入れてはじめて行為と結果の法則的な繋がりが認められるということは,結果を発生させる「類型的危険性」が乏しいということに他ならない。

以上に対して,たとえば「人を殴ると死亡することがある」という経験則は,とくにさらなる説明を加えることなく一般に受け入れることができるのではなかろうか。もちろん,そこには,飛行機の爆破→搭乗者の死亡というようなほぼ確実な法則的繋がりは存在しない。また,医者や解剖学者であれば,殴打と死亡の法則的な繋がりをさらに追求するだろう。しかし,たとえば「水は百度で沸騰する」が,それは,「『百度になると水の分子が自由運動をする』『水の分子が自由運動すると沸騰する』からだ」,という各連鎖の「推移律 (principle of transitivity)」にもとづく説明をしなくとも,われわれが日常生活を営むうえでは,「水は百度で沸騰する」という一般化された法則に甘んじても支障を来さないように,殴打→死の関係も,医者や解剖学者でない限り,その間のより詳細な説明をはぶいた一般化に甘んじることができよう。「科学的説明」においては,より基本的で原理的な世界を明らかにするために「なぜ」という質問をくりかえすことが重要だといわれるが[27],法益侵害という「不利益な結果の抑止」をはかる刑法にとっては,科学的説明というには粗雑であっても,p(行為)→q(結果)の関係が「相当程度の根拠を有し,かつ刑罰権を行使する側とそれを批判する側との共通の基盤となりうる経験則」によって結びつけられている限り[28],推移律における

第4章　結果的加重犯の構造

媒介項をカットして（p→q₁　q₁→qからp→qを導く際のq₁をカットして），一般的にp→qの関係を明示することには十分な合理性が認められるように思われる。「やけど」という好ましくない結果を防止するのに，「水の分子の自由運動」を云々しても意味はないだろう。むしろ，推移律における媒介項（「水の分子の自由運動」）をカットして，ストレートに「水は百度で沸騰する」といったほうが，よりよく「警告機能」を果たすことができる[29]。

②以上のように，日常生活の経験上，ことさらに，その間のさらなる説明を必要とすることなく，p→q（ああすればこうなる）という一般化された法則的説明を了解可能にするような，qに対してpに認められる属性を「類型的危険」と呼ぶことができよう。先に論じたことに引きつけていうと，浄水・水道への「毒物等混入」や，警察の門前への捨子ではなく「寥閴ノ地」や「猛獣ノ危険ヲ豫想シ得ヘキ山野」への捨子などが，この"p"にあたることに疑問はない。そして，「類型的危険」概念の，このような「だれもが疑うことのない中心部分」が，その反射として，結果的加重犯処罰規定の「ある」「なし」を基礎づけているといえるのである。

　(c)　以上の観点を前提として，「侵害犯」を基本犯とする結果的加重犯に目を移すことにしよう。まず，侵害犯を基本犯とする結果的加重犯の多くに共通している点は，「暴行」を手段とするということである。

　その「暴行概念」については，批判はあるものの，次のような分類が広く行なわれている。すなわち，①「物」に対する物理力の行使も含め，あらゆる物理力の行使を含む「最広義の暴行」（たとえば騒乱罪における暴行），②人に向けられた物理力の行使ではあるが，「物」に対する物理力の行使も含み，直接人の身体に対して加えられることを要しない「広義の暴行」（たとえば公務執行妨害罪，強要罪（223条1項）における暴行＝「間接暴行」），③人の身体に対する物理力の行使である「狭義の暴行」（特別公務員暴行凌虐罪，暴行罪における暴行），そして④「最狭義の暴行」（［事後］強盗や強制わいせつ・強姦罪における暴行），の四分類である[30]。このうち，致死傷罪が規定されているのは③と④だけである。

　他方，基本犯そのものの保護法益からすると「異質」といえるが，「自由」「財産」に対する罪で，致死傷罪が規定されているのは，「性的自由（自己決

IV 結果的加重犯の構造

定)」を侵害する強制わいせつ・(準) 強姦致死傷罪 (181条),「身体の場所的移動の自由」を侵害する逮捕・監禁致死傷罪 (221条), その特別類型としての特別公務員職権乱用致死傷罪 (196条),「財産に対する罪」では, 強盗致死傷罪 (240条), 強盗強姦致死罪 (241条後段), 建造物等損壊致死傷罪 (260条後段) である。このうち221条, 196条, 260条後段をひとまず置くとして (前二者については後述第5章「逮捕監禁罪」の項で改めて考察する), それ以外の犯罪に共通しているのは,「自由」「財産」の侵害そのものではなく, それを実現する「手段」にこそ人間の生命・身体を毀損する危険性が認められるということである。とくに強姦や強盗は, それ自体の保護法益と死傷結果との直接的な繋がりはないにもかかわらず, 被害者の抵抗を著しく困難に, あるいは抑圧する強度の暴行 (脅迫) を手段とするからこそ, 致死傷罪が規定されているといってよい[31]。これに対して, 同じく暴行・脅迫を手段とするのに, 恐喝には結果的加重犯処罰規定が置かれていないのは, 恐喝罪の実体が, 瑕疵はあるが任意性ある意思にもとづく財物・利益の移転という点で詐欺罪に近く, したがって恐取それ自体はもちろん, その手段にも生命・身体に対する危険が認めにくいからである[32]。同様に,「自由」に対する罪のうち,「意思決定の自由」「意思活動の自由」を侵害する「強要罪」には致死傷罪が規定されいないのに対して, 強姦等には結果的加重犯が規定されているのも, その手段である暴行・脅迫の「客対」——強要は「物」に対する物理力行使も含む——と「程度」を異にするからである。

(d) このように, 暴行概念の四分類における③と④のみ結果的加重犯が規定されていること, そして, 基本犯それ自体の保護法益との関係からは「異質」といえる「自由」および「財産」に対する罪のなかで, 強姦や強盗にのみ致死傷罪が規定されていることを前提にして, 結果的加重犯処罰規定の基礎をなす「類型的危険概念」の「だれもが疑うことのない中心部分」に目をやるなら,「人体に加えられた物理力」をその「最大公約数」として抽出することが可能である。したがって,「重い結果発生の類型的危険」は,「人体への物理力の付加」と相即不離の関係にあるということができるだろう[33]。人体に物理力が加えられることなく死傷結果が発生することも, 考えられなくはない。しかし, 非類型的だといえる。「心労で病に倒れる」こ

とは経験が教えるところであるが,「心労」から「発病」までの間には, たとえば「心労」⇨「食欲不振」⇨「体力の低下」⇨「インフルエンザ感染」というように, 複数の条件の介入を必要とするだろう。先述したように,「これこれこういう条件が積み重なると結果が発生することもある」というのは, 個別具体的な諸事情への依存度が高いぶん, 類型性には乏しいといえるのである。また, さまざまな条件が介在するということは, そのどれか一つを排除することで結果の発生が防止できるということも意味しよう。

これに対して, 人体という複雑で微妙な組織体に物理力が加えられた場合, どのような結末をみるかは保証の限りではない[34]。とくに, それが武器をもってなされたなら, まさにカルプツォフが主張したように,「確実な方法で傷害を与えることなどできない」といえる[35]。武器を用いないにしても, よほどの武闘家やけんかの達人でもない限り, 指一本だけの骨を折るとか気絶させるにとどめておくといった芸当は不可能である。死という, もはや増加できない100％の危険に達する前の段階, たとえば70％あるいは30％等々の負傷にとどめることなど不可能に近いのである。そもそも, 死は「生理機能障害の極致」で,「人体への物理力の付加」は, その「量の増大」が死亡結果に他ならない「生理機能障害」をもたらすのだから,「生理機能障害」を媒介項として,「人体への物理力の付加」と「死」の両者は「同質の直接的な関係」で結びつけられている。それゆえ, 傷害致死罪についていえば,「自分が意図した侵害の量をこえて, 死へと展開してしまう危険性」が, 死亡結果を発生させる「傷害に固有の類型的危険」「特殊な危険」といえるだろう。強度の暴行をその手段とする, 強盗や強姦等致死傷罪に関しても, 基本的には以上と同じことが当てはまる。

（e）このように, 重い結果との「同質で直接的な関係」を基礎づける「物理力」を人体に及ぼすということは, われわれが, その量の増減を支配できないという意味で「量的に制御不可能」な, それゆえ死傷結果に対する「高度な危険」も包含しているといえよう。そして, この点はもちろん, 主観面にも反映される。すなわち, このような高度な危険をもたらす物理力の行使それ自体には故意が及ぶ点で, およそその故意が認められない単なる過失致死傷罪に比べ, 結果発生の予見が極めて容易であるか, あるいは, 容易

であるにもかかわらず自己の行為に没頭する余り，およそ結果の発生・不発生に思いを致さないという「法益に対する重大な無関心」を表わす点で，いずれにしても，責任非難の程度が高いと考えられるのである[36]。ドイツでは，結果的加重犯（とくに傷害致死罪）の特徴を「同一危険の量的な錯誤」と理解する見解[37]がみられるが，致傷あるいは致死の危険源をなす物理力それ自体は認識しながら，そこに当然含まれている，致傷ひいては致死へと至る，その病理的な作用を過小評価するか，およそ念頭に置かないという心理状態は，まさに「同一危険の量的な錯誤」として特徴づけることができるであろう。この点に，「主観的側面」からも，任意の故意犯のうえにただ過失致死傷罪を積み重ねた単なる競合犯に対する，結果的加重犯の「加重処罰根拠」を見いだすことができよう[38]。このような観点からする「重い結果に対する過失」については，項を改めて検討する。

(2) 直接性法理の概要と必要性

ところで，以上では，直接的な「人体への物理力の付加」を基本犯の構成要素としない逮捕・監禁致死傷罪と建造物等損壊致死傷罪を，いちおう度外視したうえで（前者については，第5章Ⅱ2(3)で詳しく検討する），結果的加重犯の固有の不法内容をなす基本犯の「類型的危険」を次のように考えたのであった。

基本犯に認められる「重い結果発生の類型的な危険」は，さらなる説明を必要としなくとも，日常生活を送るうえでは甘んじて両者の繋がりを「一般化」できる，すなわち「推移律」によって結合される媒介項の説明をはぶくことができる"p→q"間の"p"に付与されたレッテルとみることが可能である。媒介項をはぶいた一般的説明に満足できるのは，「侵害犯」を基本犯とする結果的加重犯についていうと，その大多数におけるPが「人体への物理力の付加」を基礎とするからといえる。人体に物理力が加えられた場合，それが生理機能障害を引き起こし，その生理機能障害が，その極致である死に至ることは，まさしく自然法則にのっとった然るべき流れであろう。そして，このように，基本犯と重い結果の連鎖が「同質の直接的な関係」で結ばれているからこそ，起点と終点を結合する媒介項の説明を甘んじて省略する

第4章　結果的加重犯の構造

ことができるのである。これを，行為から結果へ向けた展望的な視点からいうと，当該基本犯には，意図せざる重い結果を招致する「類型的で高度な危険」が認められる——このように考えたのである。

　しかし，そのように考えたところで，以下のような批判が予測される。すなわち，傷害致死罪を中心にして，重い結果発生の「類型的危険」の中身を，以上のように「人体への物理力の付加」から発する「質的に同一の危険がその自己実現として極限に達する可能性」——「人体に加えられた物理力の，体内組織や臓器に及ぼす病理的な作用」——として理解したところで，結果的加重犯の成否が問われる現実の事案のほとんどは，現に被害者の身体に物理力が加えられ，そして死傷結果が発生した場合である。そうすると，基本犯の危険の内容を以上のようにとらえようとも，いずれにせよその起点をなす「人の身体に加えられた物理力」が肯定される限り，同時に「類型的で高度な危険」も肯定されるのではないか。したがって，そのような，ごくありきたりな「危険」は——それに加重処罰を負担する能力があるにせよ——結果的加重犯成立の限定には何ら役立たない。要点は，やはり，現に発生した結果との「因果連関」の判断にしぼられるのであり，結局，（たとえば）相当因果関係の存否こそが重要であることに何ら変更はもたらされない。このような批判である。

　たしかに，発生した結果の「客観的帰属」に関しては，「人の身体に加えられた物理力」と重い結果との間の繋がりが問題の核心をなすといえるだろう。しかし，この繋がりの起点と終点とは常に何らかの介在事情により媒介されているといってよい。したがって，その間の各因果連鎖の繋がりは問題としなければならない。現実に発生した全因果経過を「判断対象」としなければならないことは，正当にも「相当説」の一部の論者が認めるところでもある[39]。その際，殺人罪のように，客観的構成要件に特別の制約がないならば，小前提にあたる各因果連鎖の繋がり，現実の因果過程の確認で足りるだろう。だが，傷害致死罪に代表される結果的加重犯においては，人体への物理力の付加→生理機能障害→致死という「同質の直接的な関係」で結びつけられる因果連関が「固有の不法内容」をなすと考えられる以上，たとえば詐欺罪においては詐欺行為と財物の取得とが同罪の予定する因果連関によっ

て媒介されていなければならないように，当の個別具体的な事案における上のような因果連関が認められて，はじめて当該結果的加重犯の成立が肯定されると考えられるのである。つまり，結果的加重犯の場合には，「各因果連鎖を累積した全体の因果経過」が，たとえば「人の身体に物理力を加えると死亡する可能性が高い」という結果的加重犯に固有の構成要件に包摂する形で説明可能でなければならないと思われるのである。本書は，その具体的な判断こそが「直接性」の内実をなすと解するものであるが，その具体化には一般の因果関係論に関する問題も含め，さらに詳細な検討を要するので，直接性の具体的な検討は次章にまわし，「結果的加重犯の構造」と題する本章のもとでは，「重い結果に対する過失」に関する問題点を先に検討することにする。

(3)　重い結果に対する過失
　(a)　構成要件的に「重要な事実」，すなわち違法性を基礎づけるか高める要素には主観面が対応していなければならない。結果的加重犯の場合，重い結果の発生は，基本犯との関係ではその刑罰を「高める」ものであるが，それは同時に結果的加重犯という独自の犯罪類型の違法性を「基礎」づける要素といえるから，客観面と主観面との「呼応」という上記の大前提からして，重い結果の発生には「過失責任」が認められなければならないはずである。したがって，理論的には「過失必要説」が正当だといえる。しかしながら，結果的加重犯には，故意基本犯と過失結果犯の観念的競合をこえる固有の不法内容が認められるとする前提からは，責任の内容をなす過失もそのような不法内容に対応したものでなければなるまい。本章Ⅳ2(1)(e)でその概略を示したように，結論を先にすれば，「危険性説を基盤とする過失説は，重い結果発生についての固有の危険性の存在を結果的加重犯の不法内容として理解することとの関係で，そこで要求される過失を，通常の過失犯における過失よりも重いもの（重過失）として理解する立場である」といえるだろう[40]。

　しかし，その「重過失」をどう考えるべきかは別途問題となる。一般に重過失は「注意義務違反の程度が著しい場合をいう」とされているが[41]，か

りに,「わずかな注意を払えば結果発生の危険性を容易に認識できたほどに,その行為が高度に危険であった場合」,重過失が認められるのだとすれば[42],結果的加重犯における過失はこの意味の「重過失」をあらわすことになろう。重過失は構成要件要素だから,「類型的な意味が付与されるべき」であるとし,それゆえ,「結局,一般的に人の死傷を発生させる可能性が相当高い事態」における注意義務違反をいうとする見解もみられる。この見解によると,「たとえば,無免許者が,飲酒酩酊の上,自動車を運転して人の雑踏する場所に乗り入れ,しかも,前方注視を怠った場合などがそれにあたる」[43]。今日,このような場合は,「危険運転致死傷罪」に該当しよう。上の見解によると「重過失」が肯定される典型例は,今日,危険運転致死傷罪を構成し,同罪は「暴行の結果的加重犯である傷害・傷害致死罪に準じた……犯罪」だというのである[44]。そうすると,その他の結果的加重犯においても,まさに同罪に認められるような「一般的に人の死傷を発生させる可能性が相当高い」ことに基づく重過失の存在が必要とされることになろう。

　従来は,ともすれば,「結果的加重犯のもととなる暴力行為は,それ自体,性質上,重い結果を惹き起こす危険性をはらんだ行為」であるとし[45],そのことを一面的に強調する「危険な側面」もみられた。「結果的加重犯は,もとの行為に当然予測される,その射程範囲内の波及効果が生じたものである限りでは,行為者の責任に帰せしめうることは当然」だ[46]とする「過失不要説」の立場がその一例である。このような前提からすれば,結果的加重犯の過失を「重過失」に格上げしたところで,それが「自動的に肯定」される危険性がある。しかし,死傷の結果が現実に,「それ自体,性質上,重い結果を惹き起こす危険性をはらんだ行為」から発生したということができて,はじめて結果的加重犯の重い過失が肯定されるのである。犯罪の主観的成立要件は「客観的不法の主観面への投影」である以上,これは当然のことであろう。「直接性」が結果的加重犯に固有の不法内容の「客観的構成要素」だとすれば,重い結果の過失は「主観的直接性」ということができる。そして,死傷結果の発生によって,それが「自動的に肯定されない」のは「直接性」にも「過失」にも同様にいえることである。以下,このような観点から,本章において「重い結果に対する過失」の問題をさらに検討することにしたい。

IV 結果的加重犯の構造

(b) この点で参考になるのが，ドイツの多くの結果的加重犯において要求されており，「重過失」を意味するとされる「軽率（Leichtfertigkeit）」に関する議論である。以下では，まず，1971年以降，立法化のラッシュが始まったといわれる[47]，結果的加重犯の主観的成立要件である「軽率」に関する立法当局者の意見を概観し，ついで，軽率を総則規定に盛り込んだ1962年政府草案の立場とそれに対する学説の対応を手がかりとしながら，「重い結果に対する過失」を考察することにする。

① 「軽率」が必要とされる結果的加重犯とその根拠の概要は，以下のようなものである。たとえば，1971年12月16日の第11次および12次刑法改正法により，恐喝的な人身奪取致死罪（239条a第2項），人質奪取致死罪（239条b第2項），そしてハイジャック致死罪（316条c第2項）が新設された際，それぞれ「無期又は10年以上の自由刑」が科される条件として「軽率」が要求された（1998年の第6次刑法改正法により［以下，「新規定」］，軽率は「少なくとも軽率に」と改められたが［以下のすべての結果的加重犯に共通］，それ以外，以上の前二者はそのままである。後一者も条文が316条c第3項に移されたほか，法定刑その他で変化はない）。「無期又は10年以上の自由刑という加重処罰は軽率なくしては正当化できない」というのが，その根拠であり，たとえば「行為に条件づけられた心理的な負担のため，外からは認識できない心臓病の人間が死亡した場合や，奪取された被害者が行為者による交通事故で死亡したような場合，軽率が否定される」[48]。

② 1973年11月23日の第4次刑法改正法により，強姦致死罪などの性犯罪を基本犯とする結果的加重犯にも「軽率」が要求された。この法改正では，強姦致死罪などの上限＝「無期自由刑」が削除され，下限も10年から5年に軽減されたが（なお，新規定178条では「無期又は10年以上の自由刑」と加重），下限の5年は故殺に等しい（故殺の下限は新規定でも5年）。これが軽率が要求された根拠をなす。軽率が否定されるのは，被害者が自殺した場合，分娩で死亡した場合，特異体質で死亡した場合，ショック死した場合などで，絞扼により被害者が死亡した場合が軽率が肯定される典型例としてあげられている[49]。

③ さらに，たとえば核エネルギーによる爆発の招来など（1998年の第6次

刑法改正法以前の旧規定 310 条 b 以下，新規定 307 条以下），「放火罪」以外の「公共危険罪」を基本犯とする結果的加重犯にも「軽率」が要求された。その理由は以下にある。「軽率による限定なくしては，本罪（爆発物の爆破＝旧規定 311 条〔括弧内引用者〕）に科される刑の高さを説明することは困難である。というのも，本条 1 項の危険故意からは結果招致に対する単純過失は自動的に肯定されるので，高められた責任が認められないと，単なる結果が加重処罰根拠となってしまう」からである[50]。つまり，基本犯の実行により同時に重い結果の単純過失は肯定されるから，過失の程度を高めないと結果責任を認めることになってしまう，というわけである。

　結果的加重犯の「軽率」に関する立法当局者の立場は，概要，このようなものである。そこから直ちに判明することは，「刑の重さ」が軽率を要求する最大の根拠をなしているということである。以上の多くに科される「無期又は 10 年以上の自由刑」は「故殺」に科される「5 年以上の自由刑」（212 条 1 項。新規定も同じ）よりはるかに重い。また，強姦致死罪の「5 年以上の自由刑」（旧規定 177 条 3 項）なども（その他，旧規定 311 条 3 項，311 条 a 第 3 項前段など），故殺の刑と同じである。そこで，故意による結果招致との整合性をはかるべく，「故意に境を接する過失」として「軽率」が必要だというわけである[51]。したがって逆に，立法当局の見解によれば，「3 年以上の自由刑」が科される傷害致死罪や自由剝奪致死罪など，以上の結果的加重犯に比べれば比較的加重の程度が低いものには，「軽率」を要求する必要性が乏しい。1998 年の第 6 次刑法改正法に対する草案がすべての結果的加重犯に「軽率」を要求しようとしたのに対して[52]，連邦参議院は，とくに傷害致死罪を例示し，その不法内容は軽率なくしても加重された刑罰を正当化するとして草案の立場を否定した。そして，連邦政府も法務委員会もそれに従ったという経緯がある[53]。

　ここでは，このように，もっぱら「刑の重さ」を基準として「軽率」あるいは通常の「過失」という形式的な区別をする立場に対する疑問は，ひとまず置くことにしよう。しかし，以上のような立法当局側の説明には実質的で体系的な考察が欠けている[54]がゆえに，「軽率」の内容が依然不明なことは明らかである。また，強姦の被害者が「自殺」した場合に「軽率」が否定さ

れるという主張もみられたが，このような場合が「主観的成立要件」である軽率の問題かにも大いに疑問が残る。

「軽率」の内容がどのようなもので，いかなる場合にそれが肯定ないし否定されるのか。この点はさらに検討しなければならない。

(c) 時代は前後するが，総則として「軽率」を規定したのがドイツの1962年草案18条3項であった。18条3項は「軽率に行為する者とは，重大な過失により行為する者をいう」と規定する。この「軽率」に対する立法当局者の説明によれば，軽率は，(i)重大な不注意（Achtlosigkeit）によって構成要件実現を認識しなかったか，(ii)それを認識しながらも軽はずみな無思慮（in frivoler Rücksichtslosigkeit）で無視するか，あるいは(iii)特別な遵守が要求される義務（eine besonders Ernst zu nehmende Pflicht）を怠ること，を意味する(55)。後ほど改めて触れるように，たとえば強盗致死罪に関する比較的最近の判例（OLG Nürnberg NStZ 1986, 556）も，軽率に関するこの基本線は踏襲している。学説も，軽率に関する三類型を基盤に議論を展開するものが多い。

① たしかに，上記(i)(ii)に示されているように，「軽率」が結果発生の危険性認識のある・なしに左右されないというのは正当であろう。通常，「認識ある過失」には「軽率」が認められるとしても(56)，反対に，「認識ない過失」≠「軽率」とは限らないからである。たとえば，商店街に面した対面走行の路上を，夕刻，法定速度を超えて運転しながら，隣に乗せたガールフレンドとの話に夢中になって自己の行為の危険を認識せずに人身事故を引き起こした者の過失は，重いといってよい。軽率は「認識ない過失」の形態でも認められるとするのが多数説でもある(57)。

しかし，どのような場合に，結果発生の危険の不認識に導いた「重大な不注意」（62年草案(i)）が認められるのかは明らかではない。「軽はずみな無思慮」から認識した危険を無視した（同(ii)），という場合の「軽はずみな無思慮」にも同様の不明確さがある。さらに，「特別な遵守が要求される義務」とは（同(iii)），どのような義務をいうのであろうか。それは，「侵害される法益の価値に関係する」。「問題の法益の価値がとくに高い場合には，明らかに注意義務の特別な遵守が要求されるからである」。このような見解もみられ

第4章　結果的加重犯の構造

るが(58)、そうだとすれば、およそすべての「過失致死罪」に「軽率」が認められることになってしまうだろう。過失犯を「義務犯」的にとらえる可能性があることからも、62年草案が提示する(iii)の要件は最初から不当だと思われる(59)。

そこで、問題は、(i)(ii)の内容と、結果的加重犯とそれらの関係に絞られる。

②　この点に関して、マイヴァルトによると(60)、(i)の「重大な不注意」は「精神の緊張を欠くこと（eine mangelnde Anspannung der Geisteskräfte）」に基づく注意義務違反に該当するのに対して、(ii)の「軽はずみな無思慮」は、行為者により「追及される目的の価値と、危険にさらされる法益の価値および法益危殆の程度との不均衡」から引き出される。そしてマイヴァルトは、結果的加重犯の各則で要求されている「軽率」を(ii)の意味でとらえようとする。彼は、人命を重大な危険にさらしながら、違法かつ利己的な目的を追及すること自体に、つまり、その間の著しい不調和に「軽率」が認められるというのである(61)。おもに、恐喝的人身奪取致死罪、人質奪取致死罪とハイジャック致死罪を視野に入れて、「利己的な動機から不埒な（frevelhaft）態様で被害者の生命を犠牲にする極端な人命軽視」に「軽率」の内実を求めるマウラッハの見解(62)も、「利己的な動機」と「極端な人命軽視」の相関関係から「軽率」が基礎づけられるとする点で、マイヴァルトの見解と同様のものといえよう。

だが、「軽率」の内容をこのように解することは不当であろう。追及する目的と危殆化される法益との著しいアンバランスであれ、利己的で悪しき行為動機と極端な人命軽視であれ、このような観点を一面的に強調することになれば、強姦や強盗、ハイジャックにおいてはもちろん、およそすべての結果的加重犯において、「重過失」をあらわす「軽率」が「自動的」に肯定されることになるからである(63)。

以上に加えて、軽率を基礎づけるとして彼らがあげる要因は、「基本行為」に対する非難を高めこそすれ、「重い結果」の過失を高めるとはいえないだろう。それらの要因は、すでに「基本構成要件それ自体において刑を高める方向で評価」されているといえるのである。そうだとすれば、そのような要因を、「重い結果」に対する「加重要素として再び考慮」するのは「許され

154

ない二重評価」を犯すことでもあり，不当だといわざるをえないだろう[64]。

　③　そこで，「軽率」は，追及される目的や動機という「内面」を考慮してではなく，客観的な「行為の危険性に連動」させてその存否を判断すべきだという見解が主張される。たとえばガイレンは，「行為者の冒した危険がすでにそれ自体法外に高度であったかどうか。もっぱら，この点に関して，無思慮といった高められた非難がなされうるかどうかが問われなければならない」とする（傍点引用者）[65]。

　宝石商の妻Aをピストルで脅迫し宝石と現金を強取したのち，心臓の管状血管が高度に狭隘しており，近いうちにバイパス手術を行う必要のある56歳の夫Bに対し，さらに宝石類を持ってくるように強要したところ，興奮によりBが心臓麻痺を起こし死亡したという事案で，先に触れた判例も（OLG Nürnberg NStZ 1986, 556），強盗致死罪の成立を否定している。「強盗襲撃が被害者の死を招致する可能性のあることは被告人にとっても予見可能であるがゆえ，18条の意味における過失は認められる」。本判決は，このように述べて過失致死罪の成立は認めており（持凶器強盗罪との観念的競合），この点には疑問が残るが（強盗の危険をあまりに抽象化し，強盗の生命危険の存在を当然視しているからである），上述した62年草案18条3項の「軽率」に関する三類型を引用しながらも，軽率は，「たとえば行為者が過度に粗野な暴行（ein Übermaß an brutaler Gewalt）を用いた場合に認められる」とし，行為者らは実弾が込められていないピストルで脅迫したのであり，Bの年齢や外見からはBの宿痾を認識できる機縁もなく，行為者らのいずれからも暴行は加えられてないことを理由に，「軽率」を否定したのである。追及する目的と危殆される法益とのアンバランスや行為動機の不法性などではなく，強盗を実現する手段である暴力行為の危険性が，本判決において「軽率」の存否を決定する重要な要因と考えられていることは明らかである。

　「とくに明白な死の危険に対して自ずと念頭に浮かぶ警告（die sich aufdrängenden Hinweis auf eine besonders naheliegende Todesgefahr）を重大な過失で無視した場合」に「軽率」が認められるとし，結果発生に対する「とくに明白な危険」を基盤に軽率をとらえるペェッフゲンの主張も同様のものである[66]。「軽率」が明文上要求されている「強盗致死罪」を例にとれ

ば，判例や多数説によると，過度に粗野な暴行を振るった場合，たとえば，88歳になる老婦人を長時間拘束して窒息死させた場合[67]や，上半身をナイフで切りつけるとか鉄パイプで激しく殴打するなどした場合[68]，「脅迫」に強盗致死罪の基本犯としての適性を肯定する立場からは[69]，「被害者がショック死するというような事態はそうそう起こることではないから，年齢に条件づけられた被害者の虚弱体質とか，被害者がすでに高度に興奮しているにもかかわらず，脅迫の度を強めるなど，行為者に認識可能である特別な事情が存在する場合」にのみ[70]，「軽率」が肯定される。

さらに――これは強盗致死罪に限ったことではないが――，「基本犯に特殊な危険」という観点から，たとえば重症を負わされた被害者を現場に放置し死亡させた場合のように，事後の行為に「軽率」が認められるだけでは十分ではないとする見解[71]も，主張されている。

④　これらの見解は，「重大な不注意」であれ「軽はずみな無思慮」であれ，「軽率」を規定するこれらの概念を主に「行為の危険性」を基盤に把握すると同時に，結果的加重犯には単なる競合犯を超える「固有の不法内容」が存在することを認め，基本犯に内在する「重い結果発生の類型的で高度な危険」にその内実を見いだすことから，そのような結果的加重犯の実質に対応する形で主観的成立要件をとらえようとするものといえ，正当な観点に立脚する見解と解される。このような見解からは，わが国の判例においては一貫して当該結果的加重犯の成立が認められている事案，たとえば「被害者の特異体質類型」においては，そのほとんどで「軽率」が否定されるであろう。当該基本犯が形の上では実行され，現実に重い結果が発生したとしても，発生した結果が――62年草案の用語でいうと――，その認識に至らないときは「重大な不注意」を，また，認識しながらもそれを打ち消した場合には「軽はずみな無思慮」を基礎づける，その起点をなすところの，たとえば「とくに明白な死の危険」の現実化であるとは限らないからである。重い結果に実現する「基本犯の危険」の内実を真剣にとらえるからこそなされるこのような判断は，「危険性説」の立場からは当然の帰結であると同時に，すべての結果的加重犯に共通して妥当するものであろう。

(d)　ところが，不思議なことに「危険説」が通説をなすドイツでも，こ

のように考えられてはいないようである。各則として「軽率」が規定されていない結果的加重犯は総則18条の「過失」で足りる。このような「二分説」が支配的だといってよい[72]。もっぱら「法定刑」の軽重のみを根拠にした立法当局者の「二分説」は先に紹介したが，危険性説の代表的な主張者であるヒルシュも，この二分説を正当とみなし，その根拠を次のように説明する[73]。法律上「軽率が要求される結果的加重犯の場合は，基本構成要件の実現に重い結果発生に対する法外に高度な危険性が結びついている。したがって，通常の過失要因は基本構成要件の刑罰範囲において既に包含されている以上，通常の過失ではカヴァーされない軽率が要求される」，と。

しかしながら，たとえば「軽率」が要求されている強姦致死罪と，それが要求されていない傷害致死罪とで，ヒルシュのいうような違いがあるのだろうか。両罪の基本犯における危険性が，強姦においては通常の過失要因が基本構成要件の刑罰範囲においてすでに包含されるほどに「高度」であり，傷害においてはそうではないといえるかは疑問である。基本犯の危険性が軽率を規定するか否かのメルクマールであるとすれば，1998年の第6次刑法改正法以前の旧規定ではあるが，なぜ，たとえば，「他人の健康を害するために，その者に対し，毒物またはその他の健康を破壊するに適した物質を投与し，その行為によって死亡結果を引き起こした場合」に（旧規定229条2項後段），「軽率」が要求されていなかったのだろうか。毒物を投与するがごときは，「法外に高度な危険」以外の何ものでもないであろう。以前からドイツでは「毒投与の構成要件において，行為者は，自らの行為の結果を手中に収めているとはいえない」とされていた[74]。そのことを反映して，現に同罪には「無期又は10年以上の自由刑」という，極めて重い刑罰が科されていたのである。「法定刑の軽重」を根拠とすることが不当なことも，毒物等投与致死罪と同様，同じく「無期又は10年以上の自由刑」が科される「放火致死罪」にも旧規定では「軽率」が要求されていなかったことから（旧規定307条1項），一目瞭然である[75]。

このようにみてくると，「軽率」が規定されているかどうかという立法形式を根拠とすることは，何ら実体のないことといえるだろう。したがって，軽率が規定されている結果的加重犯の基本犯とそうではない基本犯とで，結

果発生の危険性の高低に違いを見いだすような「二分説」は妥当性を欠くといってよいだろう[76]。さらに，そもそも，ドイツ刑法 18 条は，過去の「結果責任」を体現する犯罪類型であるとの批判を回避するべく，結果的加重犯の成立に「少なくとも過失」を要求する「最低限の要請」にすぎなかったことを想起すべきであろう。したがって，何もそのような最低ラインにあわせた解釈を展開する必要はないはずである。むしろ，たとえば「軽率」が要求されていない傷害致死罪においても，先に論じたように，「行為者が意図した侵害の量を超えて自ずから死へと増大する危険性」に同罪の固有の不法内容を求める本書の立場からは，しばしば「法外に高度な危険」があるとして引用されるドイツ刑法 239 条 a ないし b 条[77]と同罪において，有意味な違いを認めることはできないのである。傷害に認められるこのような危険性は，行為者のコントロールが及ばないという意味で「きわめて高度」であることに変わりはないからである。法における「軽率」と「過失」の別にかかわらず，固有の不法内容をなす基本犯の「危険性」を限定的にとらえるならば，「重い結果の発生・不発生を支配しえないほどの危険」[78]，「とくに明白な，必然的な死の危険」[79]，「単なる抽象的な思考可能性としてではなく，まさに明白な危険としての致命的危険」[80]が，結果的加重犯の基本犯には一般に認められるということができよう。

　もちろん，基本犯の危険をこのようにとらえても，「結果」の認識そのものを欠く限り，発生した結果に「故意」を認めることは不当である。さらに，結果発生の危険性（蓋然性）認識だけで，（未必の）故意が認められることもないであろう。しかしながら，基本犯の危険が以上のようなものなら，結果発生の危険性を認識することは極めて容易といえる。したがって，その認識がある場合はもちろん，それがない場合でも，発生した結果に対する「精神の弛緩［は］大きかったので過失は重大であったということができる」だろう[81]。そして，結果発生の危険性の認識を阻害した「精神の弛緩」が規範心理的あるいは倫理的な能力[82]の欠如に基づくのであれば，それをただすために重い責任非難が加えられる[83]。こうして，基本犯の危険性が類型的に高度であることを前提とし，それゆえそのような危険が重い結果に実現した場合にのみ，結果的加重犯の成立が認められるとする「危険性説」の立場

からは，やはり，結果的加重犯には「およそ軽率」が要求されることになると解されるのである[84]。

　(e)　わが国では井田良が，つとに次のような立場を表明していた[85]。「結果的加重犯は，単なる故意犯と過失犯との複合形態なのではなく，基本犯の高度の具体的危険性を前提とし，そこから直接に結果が実現することによって，その高度の危険性が確証されたところに重い刑が科される根拠がある。したがって，重い結果を発生させた基本行為の充分な危険性を基礎づける事情を［行為者が］認識していなければ，結果的加重犯における結果の帰属のための『主観的要件』として不十分なのである」。したがって，「たとえば，強盗犯人が，『金を出せ』といいながら被害者の身体を軽く突いたところ，後ろには急な階段があり，被害者が転げ落ちて死傷の結果が生じたというような事例では，行為者が階段の存在を認識していなければ，たとえ暴行の故意が認められるとしても，死傷の結果は偶然的に生じた過失的結果といわざるを得ないように思われる」，と。注意をすれば背後の階段の存在が認識可能であったというだけでは足りず，「結果に実現した基本行為の危険を基礎づける事情の認識」を要求するのだから，彼の見解においては結果的加重犯の過失が特別なものとして理解されているといえる[86]。丸山雅夫も，結果的加重犯の「固有の危険を基礎づけている諸事情に対する認識（行為の危険性に対する認識可能性）がなければならない（括弧内原文）」とし[87]，「結果的加重犯における『過失』は，すべての類型において，『重過失』として解釈されるべきものだと思われる」とする[88]。本書も，これらの見解を正当と考えるものである。

　(f)　なお，井田が主張する「基本行為の危険を基礎づける事情の認識」という要件について付言すると，それが必要とされる理由は次のように考えられる。

　たしかに，多くの事案でみられるような，たとえば，顔面や腹部などを複数回，殴る・蹴るなどした場合には，過失の要否にかかわらず，また，過失の内容として如何なるものを要求しようとも，重い結果に対する過失責任は肯定されるものと思われる。本書の考えでも，このような場合は，故意で高度の物理力を加えているので，その量の増減を支配できない高度の危険性を

現に認識して結果を生じさせている以上，上述したように，通常の過失致死傷罪に比べて，より重い責任非難をくわえることが可能である。また，わが国の判例にあらわれた事案でいうと，たとえば強盗犯人が，被害者の鼻口等にガムテープを張りつけ窒息死させた場合[89]，この反抗抑圧行為は，明らかに，その「萌芽」として死亡結果へと展開する「危険性」を包含するといってよいだろう。このような場合には，かりに結果の不発生を信頼したという意味で，自己の行為の危険性を打ち消したとしても，それは単なる評価の誤りにすぎないものとして無視できる。まさしく62年草案のいう「軽はずみな無思慮」から，結果発生の可能性を無視した場合といえるであろう[90]。

しかし，このことは特に暴行罪，あるいは暴行を手段とする強盗あるいは強姦等致死傷罪において問題となるが，当該暴行が，外傷その他の器質的な変化を伴わない程度の物理的な作用であったにもかかわらず，致死傷の結果が生ずる場合のあることは否定できない。井田が例示するように，被害者の肩を軽く突いたところ，背後に急な階段があったとか，被害者が高度に酩酊していたため，致死傷の結果が生じた場合である。このような場合でも，注意をすれば，たとえば階段の存在を予見できたのであれば，発生した結果に対する過失致傷罪・致死罪の成立は認められるであろう。しかし，暴行や傷害を基本犯とする結果的加重犯の場合，「人体に加えられた物理力の，体内組織や臓器に及ぼす病理的な作用」を固有の不法内容であると理解するならば，基本犯の故意の内容とし，行為者には，最低限，自己が行使する物理力の病理的な作用を基礎づける事実の認識がなければならないと解されるのである。頭部や腹部を乱打するといった場合は，認識の及ぶ，このような物理力の行使それ自体が致傷あるいは致死へと展開する病理的な作用を基礎づける事実に該当すると評価できるので，この行為者は，その作用の展開についての評価的認識を欠いたにすぎないといえるのに対して，肩を軽く突くとか，平手打ちを食らわすなど，軽度の物理力を行使したにすぎない場合は，行使された物理力の人体に対する病理的な作用を基礎づける事実，すなわち，背後に急な階段があるとか，被害者が血友病体質であるという事実に対する認識の有無が，正面から問われることになると思われるのである。

物理力の行使には違いはないが，外傷その他の器質的な変化を伴わない程

度の物理力というその性質の点では,「暴行によらない傷害」と選ぶところがないといえる点からしても,発生した致死傷の結果を帰責するためには,背後に急な階段がある,相手方が血友病患者である,といった事実に対する認識が必要とされるのではなかろうか。そして,その現実の認識があるからこそ,客観的直接性に対する認識可能性が肯定され,主観的側面から結果的加重犯を特徴づける――「重過失」の内実をなす――「同一危険の量的な錯誤」が認められると考えられるのである[91]。

（1）　最判昭和36・9・8刑集15巻8号1309頁（142条の「汚穢＝[汚染]」に関して）。

（2）　たとえば,村井敏邦「公衆の健康に対する罪」小暮他編『刑法講義各論』405頁（1988），平川宗信『刑法各論』142頁（1995）など参照。

（3）　傑博散徳著・中村純九郎譯『刑法草案注釈・下巻』196～197頁（明治19年版復刻，1988,有斐閣），仏国人ボアソナード氏講義・元老院譯述『刑法草按注解下』吉井蒼生夫＝藤田正＝新倉修編著『刑法草按注解下［旧刑法別冊(2)］』782頁（1992,信山社）。

（4）　倉富勇三郎序・田中正身著『改正刑法釈義下巻』447～448頁（1908,復刻版『日本立法資料全集別巻36』1994,信山社）。

（5）　倉富他・前出注（4）455頁。

（6）　内田文昭＝山火正則＝吉井蒼生夫編著『刑法［明治40年］(2)』551頁（1993,信山社）参照。

（7）　その他の一例として,現行刑法127条をあげることができる。本条は旧刑法に重大な修正を加えているにもかかわらず,現行127条は「舊刑法第百六十九条ト同一ノ趣旨ニシテ別ニ説明ノ要ヲ見ス」とだけされている（倉富他・前出注（4）394頁）。この点に関する問題点について,たとえば,所一彦「電車転覆による致死の責任」『刑法判例百選［新版］』153頁（1970），同『刑法判例百選II各論』157頁（第2版,1984）参照。

（8）　法制審議会『改正刑法草案の解説』238頁（法務省刑事局,1974）参照。同旨,小暮得雄『注釈刑法(3)』281頁（1965），村井・前出注（2）。

（9）　ボアソナード草案や旧刑法における「前条（浄水毒物混入）の罪」から「前三条の罪」に改正されたのは,旧刑法当時は水道設備が完備しておらず,ごく一部に限られていたのに対して,水道設備もほぼ完備し,それを保護する必要性が高まったため「公衆の用に供する水道を保護する規定」が設けられ（倉富他・前出注（4）452～453頁参照），また本文既述のとおり,「浄水汚穢」が基本犯とされた結果,こ

第4章　結果的加重犯の構造

れまでの基本犯であった「浄水毒物等混入」に,「浄水汚穢」「水道汚穢」が加えられたことによる。

(10) 山口厚『危険犯の研究』198頁以下（1982）参照。

(11) その若干について，内外の文献も含め，拙稿「ユルゲン・ヴォルターの刑法観と危険概念」成蹊大学法学政治学研究第10号85頁以下（1991）参照。なお，この点に関する最近の包括的な研究として，佐伯和也「『抽象的危険犯』における可罰性の制限について(一)(二・完)」関西大学法学研究46巻1号116頁以下，同2号89頁以下，また「抽象的危険犯としての放火罪の制約原理」として星周一朗「焼損概念（一）」東京都立大学法学会雑誌36巻2号457頁以下（1995），同『放火罪の理論』（2004）参照。

(12) おそらく，基本犯の「類型的危険」は，裁判官による個別具体的な事案の判断によってその存否が左右されることはないという意味からであろうが，結果的加重犯の基本犯を「抽象的危険犯」とみなす場合でも（Vgl.z.B., G.Küpper, Der unmittelbare Zusammenhang zwischen Grunddelikt und schwerer Folge beim erfolgsqualifizierten Delikte, 1982, 41; ders., Unmittelbarkeit und Letalität, in: Hirsch-FS, 1999, 615(616f.)），本文で述べたとおり，基本犯の実行による（類型的）危険の推定ないし擬制は認められるべきではない。なお，José L.Díez-Ripollés, Die durch eine fährlassig herbeigeführte schwerere Tatfolge qualifizierten Delikte und Schuldprinzip, ZStW 96(1984), 1059(1065ff., 1074 und Fn.4). は，危険性説論者は明言すると否とにかかわらず基本犯の危険を「具体的危険」と解していると指摘する（Vgl.auch K.Altenhain, Der Zusammenhang zwischen Grunddelikt und schwerer Folge beim erfolgsqualifizierten Delikten, GA 1996, 19(23ff.).）。

(13) 本章II 2参照。

(14) たとえば，西田典之『刑法各論』314頁（第2版，2002）。

(15) たとえば，団藤重光『刑法綱要各論』221頁（第3版，1990），岡本勝「往来を妨害する罪」小暮他編『刑法講義各論』318頁（1988），平川・前出注(2)128頁，西田・前出注(14)306頁など。

(16) 平川・前出注(2)130頁は，それにもかかわらず「単なる往来の妨害を処罰する」本罪に疑問を提起し，「立法論としては，本罪からは単純な往来妨害を除外し，往来の危険を発生した場合に処罰範囲を限定すべきものと思われる」とする。

(17) 『改正刑法草案の解説』前出注(8)223頁参照。

(18) 要扶助者の「生命」に対する危険性と解する学説も有力である。たとえば，平野龍一『刑法概説』163頁（1977），町野朔「遺棄の罪」小暮他編『刑法講義各論』65頁（1988），西田・前出注(14)29頁，山口厚『問題探究刑法各論』19頁（1999）など。

(19) たとえば，大判大正4・5・12刑録21輯670頁。

(20) 山口・前出注(10)253頁参照。

(21) たとえば，団藤・前出注(15)452頁。

(22) たとえば，西田・前出注(14)29頁，中山研一『概説刑法Ⅱ』54頁（第2版，2000）によれば，判例の「抽象的危険犯説」と，学説の「具体的危険犯説」とでは，実質的な違いはない。

(23) 『刑法草案注釈・下巻』前出注(3)474〜475頁。

(24) ボアソナード草案374条の法定刑は「1月以上1年以下の重禁錮」であるが，「重禁錮ハ定役ニ服」する（同草案31条）のだから「懲役刑」に等しい。

(25) 岡田朝太郎『日本刑法論（完）各論之部』832頁（1895）。

(26) 「放火」「激発物破裂」「出水」の各公共危険罪にも，もちろん，不特定または多数人の生命・身体（および財産）に対する「類型的危険」は認められよう（放火につき，たとえば井田良「放火罪をめぐる最近の論点」阿部純二他編『刑法基本講座6巻・各論の諸問題』184頁（1994））。しかし，わが国の刑法はこれらに加重処罰規定を置いていない。108条，117条1項，119条の極めて重い法定刑（最高刑はそれぞれ「死刑」）からみて，おそらく，基本犯それ自体において，その不法内容を余すところなく評価した結果と推察される。したがって，死傷の結果が発生した場合は，それと「罪質」を異にする以上の各犯罪との間には，観念的競合による処断がなされることになろう。しかし，これらの犯罪を根拠に，「類型的危険」は基本構成要件において余すところなく評価しつくされるとか，結果的加重犯にとって類型的危険の存在は本質的ではないなどと一般化するのは早計にすぎよう。なお，ドイツのように，たとえば「放火致死罪」などの結果的加重犯が規定されている場合，死（傷）結果を発生させる「放火に固有の類型的危険」を抽出する作業は必要である。そして，ここでは，「ひとたび創出されたなら，もはや行為者の支配が及ばない，自然力を通した，さらなる法益侵害の危険」を「類型的危険」と考えることができよう（Vgl.z.B., Küpper, Zusammenhang, aaO［Anm (12)］, 109ff.; I.Puppe, Die Erfolgszurechnung im Strafrecht, 2000, 250ff.）。

(27) たとえば，長尾真『「わかる」とは何か』42頁（2001，岩波新書）参照。「水の沸騰」の例も本書による。また，科学的説明に関しては，たとえば，黒崎宏「科学的説明の特質」『岩波講座哲学12 科学の方法』329頁以下（1968）など参照。

(28) 林陽一『刑法における因果関係理論』268頁（2000）参照。

(29) 結果的加重犯の場合は，「基本犯の特別な危険によって与えられている警告を無視する点で責任非難が重い」とされることがある。Vgl.W. Hardwig, Betrachtung zum erfolgsqualifizierten Delikt, GA 1965, 97 (100); Küpper, Zusammenhang, aaO［Anm (12)］, 36; J.Wolter, Zur Struktur der erfolgsqualifizierten Delikt, JuS 1981, 168 (178 l.Sp.).Vgl auch F.Ch.-Schroeder, LK, 11. Aufl., §18 Rn.34.

(30) これに対して，山火正則「暴行の意義」平野龍一・松尾浩也編『判例百選Ⅱ

第4章　結果的加重犯の構造

各論』18頁（第2版，1984）は，この分類には「有形力行使の客体」を基準にしたものと，「有形力行使の程度」を基準にしたもの（最狭義の暴行）とが混同されており，適切さを欠くと指摘する。なお，以上で「有形力」ではなく「物理力」という用語を使用したのは，とくに③の「暴行」には「音声」「熱」などによるものも含まれるとするのが判例・通説だからである。「物理力」という用語が適切であることについて，たとえば，平野・前出注(18)166頁，町野・前出注(18)38頁，山口・前出注(18)41頁など参照。

（31）　強姦や強盗致死傷罪の場合，重い結果を発生させる「類型的危険」は，強姦や強盗ではなく，それを実現する「手段」に認められるとする見解として，たとえば，H.J.Hirsch, Zur Problematik des erfolgsqualifizierten Delikts, GA 1972, 65 (76); ders., Oehler-FS, 1985, 111 (121); Jakobs, AT, 2.Aufl., 1991, 9/35 Fn.56; Küpper, Zusammenhang, aaO ［Anm (12)］, 122; ders., Hirsch-FS, aaO ［Anm (12)］, 617 Fn.10; Altenhain, aaO ［Anm (12)］, 32.など参照。

（32）　恐喝罪の沿革が名誉毀損的事実の暴露を告知することにより財物を交付させる行為にあったことから，かつては，恐喝の手段を「脅迫」に限定しようとする見解もあったぐらいである。たとえば木村亀二『刑法各論』138頁（復刻，1957）参照。

（33）　つとに，丸山雅夫「結果的加重犯の構造」上智法学論集23巻1号217頁（1979）は，「強盗罪の実行行為でありながら，強盗致死傷罪の実行行為たりえない行為の存在を否定することはできないのである」として「脅迫」から致死傷の結果が発生した場合に同罪の成立を認めることに疑問を提起していた。この点は，同『結果的加重犯論』211頁（1990）で再確認されている。この見解は，重い結果発生の類型的危険を「人体への物理力の付加」に求めていこうとするものといえ，注目される。なお，強盗致死傷罪については次章で改めて検討する。

（34）　文脈は異なるが，I.Puppe, Anmerkung zum Urteil des BGH v.30.6.1982-2 StR 226/82 (BGHSt.31, 96 ［Hochsitz-Fall］), NStZ 1983, 21 (23 l.Sp.2.Abs.). 参照。

（35）　B.Carpzov, Practica nova (1635), Quaestio I Nr.28. 第3章Ⅲ2(1)参照。

（36）　丸山雅夫「結果的加重犯の加重処罰根拠」阿部純二他編『刑法基本講座第2巻』136頁（1994）によると，「重い結果発生についての固有の危険性が基本犯に内在しているということを強調することから，基本犯が被害者の生命・身体に対する故意の生命危険犯に近い側面を持つものであることに着目して，故意の侵害犯（殺傷罪）に対する法定刑に近い程度までの加重は許される」。また，井田良も，「重い結果との関係で未必の故意が認められても不思議ではないような場合に犯罪の成立範囲を限定することが問題」であるとする（井田良「因果関係の錯誤について考える」アーティクル121号25頁（1996））。「基本犯の類型的危険」を軽視した点で不当であったが，拙稿「結果的加重犯の法定刑に関する一考察」成蹊大学法学政治学研究8号27頁以下（1989）も参照。

(37) G.Jakobs, Anmerkung zum Urteil des BGH v.3.7.1985-2 StR 202/85 (NJW 1985, 2958), JR 1986, 380 (382 r.Sp.); ders., AT, aaO ［Anm (31)］, 9/35. 同旨，J.Wolter, Anm.zum Urteil des BGH v.18.9.1985-2 StR 378/85 (BGHSt.33, 322), JR 1986, 464 (468 l.Sp.); Puppe, aaO ［Anm (26)］, 221.

(38) 山中敬一『刑法総論Ⅰ』166頁（1999）は，重い結果に実現する類型的危険により基礎づけられる結果的加重犯の加重処罰根拠を「一般予防」の観点に求める。なお，最近の「一般予防に依拠した違法論」「加重処罰根拠」を主張する論稿として，長井圓＝藤井学「ドイツ刑法における徒党犯罪の加重処罰根拠」神奈川法学34巻1号197頁以下（2000）参照。また，結果的加重犯の加重処罰根拠を考えるうえでも示唆的な論稿として，所一彦「抑止効の科刑基準──犯罪論の抑止モデルとして──」『団藤重光博士古稀祝賀論文集第2巻』106頁以下（1984）参照。

(39) たとえば，西原春夫「刑法における因果関係［総論］」法セミ322号12頁以下（1981），井田良『犯罪論の現在と目的的行為論』85頁（1994）など参照。「結果の予測は，より正確にいうと，因果の流れの予測であって，……この予測判断は，科学的知識をも含めた経験上の法則を用いて行われるべきである」。「ある実行行為から生ずる因果の流れはいくとおりも予測されることが多いが，現にたどった因果過程がそのどれか一つに該当すれば，それで相当性を認めて差し支えないことになる。」とする中野次雄『刑法総論概要』111頁（第3版補訂版，1995）も同趣旨であろう。小林憲太郎「因果関係と客観的帰属（二）」千葉大学法学論集14巻4号279頁以下（2000）は，自身が相当説に依拠するものではないが，詳細に「因果経過全体の予測可能性」を問う相当説の正当性を基礎づけている。

(40) 丸山・前出注(33)『結果的加重犯論』234頁。ドイツでは，たとえば1851年のプロイセン刑法典の立法当局者が，「軽過失（culpa levis）」しか認められないときは，傷害致死罪（同194条）を認めることができないとする立場を表明していた。Goltdammer, Die Materialien, Theil II, 1852, 420. 第3章Ⅳ1(1)参照。

(41) 団藤重光『刑法綱要総論』346頁（第3版，1990），西田・前出注(14)64頁など参照。近時の裁判例としては，たとえば神戸地判平成11・2・1判例時報1671号161頁参照。

(42) ドイツの立法史においては，たとえば1813年のバイエルン刑法典65条Ⅱが，このような「重過失」の規定を設けていた。1794年のプロイセン一般ラント法第2部第20章第1節29条前段も同旨である。学説としては，P.J.Anselm von Feuerbach, Kritik des Kleinschrodischen Entwurfs zu einem peinlichen Geseßbuch für die Chur＝Pfalz＝Bayrischen Staaten, 2.Teil, in: Bibliotek des Peinlichen Rechts der peinlichen Geseßgebung und Geseßkunde, Bd.3, 1.Stück, 1804, 2.Theil, 55ff. 参照。

(43) 大塚仁『刑法概説各論』48頁（第3版，1996）。

(44) たとえば,山田利行「刑法の一部を改正する法律の概要」警察学論集 55 巻 3 号 117 頁 (2002) 参照。

(45) 藤木英雄=板倉宏『刑法案内』131 頁 [藤木執筆] (1980) 参照。

(46) 藤木英雄『刑法講義総論』201 頁 (1975) 参照。

(47) R.Rengier, Erfolgsqualifizierte Delikte und verwandte Erscheinungsformen, 1986, 92 (以下,Delikte)。なお,Leichtfertigkeit を「軽率」と訳すことが実体を適切に反映するかには若干疑問があるが,適切な訳語がみあたらないので,この訳語をあてることにする。

(48) BT-Drucks.6/2721, S.4; 6/2722, S.2f [zit.von Rengier, Delikte, 84f.].

(49) 軽率が要求される根拠を含め,vgl.Rengier, Delikte, 85.

(50) BT-Drucks.4/2186, S.2 [zit.von Rengier, Delikte, 81-2].

(51) Vgl.C.Roxin, AT, Bd.1, 3.Aufl., 1997, §10 Rn.110f.

(52) Vgl.dazu G.Freund, Der Entwurf eines 6.Gesetzes zur Reform des Strafrechts, ZStW 109 (1997), 455 (460f., 464f., 472).

(53) Vgl.dazu Küpper, Hirsch-FS, aaO [Anm (12)], 625; ders., Zur Entwicklung der erfolgsqualifizierten Delikte, ZStW 111 (1999), 785 (798).

(54) Rengier, Delikte, 92; Küpper, ZStW 111, 798. 1974 年の刑法典施行法により強盗致死罪に「軽率」が要求された理由が,「立法者の今日的傾向にそう」という点に求められていること (Von Bulow in Prot.7, S.195 [zit.von Rengier, 86]) は,その最たるものだろう。

(55) Begründung zum E.62, S.132.

(56) Vgl.Schroeder, LK, 11.Aufl., §16 Rn.210 mit Fn.326; Paeffgen, NK, 1995, §18 Rn.48; OLG Nürnberg NStZ 1986, 556.Vgl.auch G.Arzt, Leichtfertigkeit und recklessness, in: GedS-H.Schröder, 1978, 119 (128f.); H.Wegscheider, Zum Begriff der Leichtfertigkeit, ZStW 98 (1986), 624 (653).

(57) Vgl.R.Maurach, Problem des erfolgsqualifizierten Delikts bei Menschenraub, Geiselnahme und Luftpiraterie, in: E.Heiniz-FS, 1972, 403 (416); Arzt, aaO [Anm (56)], 133, 142f.; J.Tenckhoff, Die leichtfertige Herbeiführung qualifizierter Tatfolgen, ZStW 88 (1976), 897 (904ff.); Wegscheider, aaO [Anm (56)], 653f.; Rengier, Delikte, 124ff.; Schroeder, LK, §16 Rn.210; Herdegen, LK, 11.Aufl., 1994, §251 Rn.7; Paeffgen, NK, §18 Rn.50. 丸山『結果的加重犯論』239 頁。

(58) M.Maiwald, Der Begriff der Leichtfertigkeit als Merkmal der erfolgsqualifizierter Delikte, GA 1974, 257 (259).

(59) Vgl.Schroeder, LK, §16 Rn.212.

(60) Maiwald, aaO [Anm (58)], 259.

(61) Maiwald, aaO [Anm (58)], 260, 266, 269.

IV 結果的加重犯の構造

(62) Maurach, aaO〔Anm (57)〕, 417.
(63) Vgl.Schroeder, LK, §16 Rn.211; Herdegen, LK, §251 Rn.8; H.-L.Günther, Der Zusammenhang zwischen Raub und Todesfolge (§251 StGB), in: Hirsch-FS, 1999, 543 (550 Fn.31); Kindhäuser, NK, Bd.2, 4.Lfg., 1997, §251 Rn.14; Lackner/Kühl, StGB, 23.Aufl., 1999, §251 Rn.2; S/S/Eser, 26.Aufl., 2001, §251 Rn.6. 丸山『結果的加重犯論』246～247頁。
(64) Vgl.Tenckhoff, aaO〔Anm (57)〕, 910f.
(65) G.Geilen, Raub und Erpressung (§§249-256), Jura 1979, 557 r.Sp.Zust. Herdegen, LK, §251 Rn.9.
(66) Paeffgen, NK, §18 Rn.50.
(67) Vgl.BGHSt.35, 257. 同様の事案で強盗致死罪を認めたわが国の裁判例として、たとえば東京地判平成9・10・16判例時報1625号158頁（＝後出注〔89〕）がある。さらに同種の事件として、たとえば読売新聞2002年9月2日39面参照。
(68) Günther, Hirsch-FS, aaO〔Anm (63)〕, 551. 同旨, Kindhäuser, NK, §251 Rn.14; S/S/Eser, §251 Rn.6.
(69) 第5章II 2参照。
(70) Günther, Hirsch-FS, aaO〔Anm (63)〕, 551.
(71) Vgl.BGHSt.33, 66 (68f.); Rengier, Delikte, 124ff., 181; Kindhäuser, NK, §251 Rn.14; Paeffgen, NK, §18 Rn.47; S/S/Eser, §251 Rn.6.
(72) Vgl.z.B., Küpper, Zusammenhang, aaO〔Anm (12)〕, 31; ders., Hirsch-FS, aaO〔Anm (12)〕, 624; ders., ZStW 111, aaO〔Anm (53)〕, 799; Roxin, AT, aaO〔Anm (51)〕, §10 Rn.115 Fn.157, usw.
(73) Hirsch, GA 1972, aaO〔Anm (31)〕, 73f., 77.
(74) Goldtdammer, Die Materialien, Theil II, aaO〔Anm (40)〕, 426.Vgl.auch M.Ludovisy, Erforgsqualifizierung und Unterlassung am Beispiel des §229 Abs.2 StGB, 1991, 19ff.
(75) 1998年の第6次刑法改正法により、同罪にも「少なくとも軽率」が要求された。ただ、それ以前の旧規定307条1項では、「行為時に放火された場所内にいた人」の死亡結果だけに放火致死罪の成立が認められていた（そして、このような危険実現の客観的限定にもかかわらず「軽率」は要求されていなかった）のに対して、本改正により、このような限定は取り払われた（そして、それにもかかわらず今度は「軽率」が要求されている）。
(76) Vgl.Paeffgen, NK, §18 Rn.45. 丸山『結果的加重犯論』249～250頁。
(77) Vgl.Hirsch, GA 1972, aaO〔Anm (31)〕, 73f.; Küpper, Zusammenhang, aaO〔Anm (12)〕, 31.
(78) D.Oehler, Das erfolgsqualifizierte Delikte als Gefährdungsdelikt, ZStW

第4章　結果的加重犯の構造

69, 503［512］（結果的加重犯一般について）。
   (79)　Wolter, JuS 1981, aaO［Anm (29)］, 176 r.Sp（結果的加重犯一般について）。
   (80)　Paeffgen, NK,§18 Rn.45; ders., AK,§18 Rn.50, 52（結果的加重犯一般について）。
   (81)　平野・前出注(18)『刑法概説』89頁参照。62年草案でいうと，その(i)における「重大な不注意」に基づく「軽率」が認められる。
   (82)　行為者の知能や技能など，行為者本人を標準に判断されるべき「生理的・知的能力」ではなく，行為者の「そそっかしさ」や，法益に対する「無関心」など，「一般的な標準」によって判断されるべき能力である。松宮孝明『過失犯の研究』121頁以下（1988）参照。
   (83)　ヤコブスは，「法の無関心に起因する事実盲目性（eine aus Rechtsgleich-gültigkeit resultierende Tatsachenblindheit）」という観点をあげ，構成要件該当事実の認識を欠く点で「故意」は認められないものの，このような強く責められるべき態度が認められる場合は故意犯に準じた重い評価をすべきだとし，それが結果的加重犯には認められるとする。Vgl.Jakobs, JR 1986, aaO［Anm (37)］, 382 r.Sp.; ders., AT, 2.Aufl., 1991, 8/5a; ders., Über die Behandlung von Wollensfehlern und von Wissensfehlern, ZStW 101 (1989), 516 (529f.mit Fn.20). このヤコブスの見解も，本文で論じたような意味にとらえ直すことができるだろう。
   (84)　Vgl.dazu Wolter, JuS 1981, aaO［Anm (29)］, 177 r.Sp.f.; Paeffgen, Die erfolgsqualifizierten Delikte-eine in die allgemeine Unrechtslehre integrierbare Deliktsgruppe？ JZ 1989, 220 (224f.); ders., AK§18 Rn.46ff., 102; ders., NK,§18 Rn. 43ff.; Rengier, Delikte, 134, 135, 141f., 292, 314, 324; Wegscheider, ZStW 98, aaO［Anm (56)］, 656; K.Hobe, Objektive Zurechnung, Fahrlässigkeit und Unrechts-schwere bei den erfolgsqualifizierten Delikten, in: GedS für Max Busch, 1995, 253 (260ff., bes., 262). Vgl.auch Schroeder, LK,§18 Rn.34 a.E. わが国では，丸山『結果的加重犯論』249〜250頁が同様の立場を主張する。なお，「軽率」と「過失」の「二分説」を主張するキュッパーも，「立法論」としては，結果的加重犯における「軽率の一般的な導入」を主張する（Küpper, ZStW 111, aaO［Anm (53)］, 800, 804）。
   (85)　井田良「結果的加重犯における結果帰属の限界についての覚書——強盗致死傷罪を中心として——」法学研究60巻2号252頁，253頁，255頁（1987），同「強盗致死傷罪」阿部純二他編『刑法基本講座』第5巻136〜137頁（1993），同「結果的加重犯の理論」現代刑事法44巻110頁（2002）参照。
   (86)　Vgl.auch E.Horn, SK, 6.Aufl., 40.Lfg., 1997,§226 (a.F.) Rn.10f.
   (87)　丸山『結果的加重犯論』234頁。
   (88)　丸山・同上249頁。
   (89)　前出注(67)に引用した東京地裁判決（「強盗致死罪」の成立を認めた）の事

案である。その他，たとえば読売新聞 2002 年 9 月 2 日 39 面にも，同様の強盗事犯が報道されている。

(90) さらに，「同一危険の量的な錯誤」という観点から，ヤコブスが結果的加重犯の加重処罰根拠としてあげる「法の無関心から帰結される事実盲目性」が（＝前出注(83)），この場合には認められるだろう。そして，この事案におけるように，「行為者が意図した侵害の量（＝抗拒不能）を超えて自ずから死（傷）へと増大してしまうような危険」が認められる場合には，たとえば「他人の法益を顧みない自己中心的な心情」といった「倫理的な能力の欠如」を，加重事由として考慮することが許されるだろう。先述したマイヴァルトやマウラッハの見解が不当なのは，このような「危険」の存否にかかわらず，もっぱら当該基本犯の「凶悪性」を根拠に同様の判断をしている点にある。

(91) 前出注(37)，およびその本文参照。

V 小 括

(1) 以上，本章では，危険性説の基本的な正しさから出発しながらも，結局のところ，本説の立脚点をなす「重い結果発生の類型的で高度な危険」といわれるものの内容が明らかではないという点に収斂する危険性説批判論の主張を批判的に検討しながら，あわせて，とくに最近の危険性説の見解を取り込むことにより，危険性説の側からの再批判を示すとともに，問題の要点をなす「特殊な危険」に関する「肉づけ」を試みてきた。その試みがなされないままだと，結果的加重犯に「固有」の客観的帰属限定法理として「直接性」を要求しようが，また，重い結果に対する「過失」あるいは「軽率」を要求しようとも，これらの帰責限定は単なるリップサービスに成り下がる可能性が高いからである。

(2) この「肉づけ」の部分に関して，たとえば「傷害からは一般に致死の結果が発生する可能性が高い」という言明を否定する者はいないだろう。この言明が肯定されるのは，人体に殴打等をとおして物理力が加えられた場合[1]，生理機能障害が生じ，その生理機能障害の極致が死を意味するという図式が成り立つから，つまり，暴行あるいは傷害と死亡とは，前者の量の増大が後者に直結するという「同質の直接的な関係」で結ばれているからだといえる。そうだからこそ，右の図に例示したような因果経過において，その

第4章　結果的加重犯の構造

媒介項（p_1；q_1）の説明をはぶき"$p →q$"という「一般的な説明」に甘んじることができるのである（たとえば，腹部の強打→腎臓破裂→急性腎機能不全→尿毒症→……→死亡＝「腹部の強打⇒死亡」）。

$$p → p_1$$
$$p_1 → q_1$$
$$q_1 → q$$

したがって，「同質の直接的な関係」で結びつけられる因果経過において，視点を行為の側面から結果へ向けて設定した場合に認められる，行為（p）の結果（q）に対する属性が「類型的で高度な危険」としてとらえることができるのである（「腹部の強打」には「死亡結果を発生させる類型的で高度な危険」が認められる）。

極めて単純ではあるが，本章で試みた「肉づけ」の結論はこのようなものである。これが全ての結果的加重犯にも当てはまるかどうかはさらに問題となるが，「人体への物理力の付加」を起点とする場合にはもちろん，そうではなくとも，たとえば「場所的移動の自由の長時間に及ぶ剝奪→生理機能障害（⇒死）」という図式は十分に成り立つだろうから，基本的には以上と同様に考えてよいと思われる。この点については，次章で改めて検討することにする。傷害致死罪を中心にすえたのは，同罪の基本犯が以上のような結果的加重犯の特徴を最も鮮明にあらわすからである。

(3) ところで，基本犯の「類型的で高度な危険」が，基本犯と重い結果との「同質で直接的な関係」を基礎づける，人体に対する物理力の付加とそれが内包する病理的な作用と同義であるとすれば，そのような作用を具有する基本犯を故意で実現する者には，主観的に「同一危険の量的な錯誤」が認められるといってよい。その場合には，自己の創出した危険性に対する現実の認識の有無にかかわらず，発生した重い結果に関して，行為者には「重大な過失」を肯定することができる。しかし，被害者の肩を軽く突くなど，軽度の物理力を行使したにすぎない場合には，たとえ，その行為が立法形式上は当該結果的加重犯の基本犯に該当するにしても，結果発生の危険を基礎づける事情（＝加えられた物理力の人体に及ぼす病理的な作用を基礎づける事実）の認識がない限り，当該結果的加重犯の成立を認めることは不当だと解される。いわば「主観的直接性」として結果的加重犯の主観面を特徴づける「同一危険の量的な錯誤」を肯定することができないからである。このようにして，

V 小　括

結局，重い結果発生に「重過失」が肯定される場合にのみ，結果的加重犯の成立は限定される。「重い結果に対する過失」を「結果的加重犯の固有の不法内容」を基盤に考察して到達した本書の結論は，以上のようなものである。犯罪の主観面は犯罪の実質に対応しなければならないことからして，これは当然のことといえるだろう。

　(4)　しかしながら，現実に，このような「重過失」が否定される場合はさほど多くはあるまい。たとえば，地上 3.5 m の見張り台に座っている高齢者を傷つけようとして台を激しく震動させ，そこから落下させる行為には，発生した死亡結果に対して「重過失」が認めらるだろう。だが，行為時になされる責任判断としてはそのような結論に至っても，同時に結果的加重犯の成立が肯定されるとは限らない。事後判断の観点からみるならば，上のような場合でも，その「客観的帰属」が否定されることは十分にありうるからである。次章でみるとおり，傷害致死罪を例にとれば，傷害の故意をもって生命に危険な行為が実行されている場合が事案の大半を占めていることを考えても，結果的加重犯の主要な帰責限定は，それに「固有」の客観的帰属限定法理である「直接性」に負うところが大きいといえるだろう。

　ところが，基本犯と重い結果の間に，たとえば相当因果関係が認められる限り，その「直接性」も否定することは困難にみえる。しかし，結果的加重犯の本質をなす「基本犯の類型的で高度な危険」＝「基本犯に特殊な危険」が，基本犯と重い結果が「同質で直接的な関係」で結びつけられているからこそ認められる点に思いを致すなら，そのような「基本犯に特殊な危険の重い結果への実現」を意味する「直接性」も，各因果連鎖を累積した全体が，およそ何らかの「一般経験則」にではなく――基本犯と重い結果との「同質で直接的な関係」を媒介する――人体に対する物理力の付加に発し，生理機能障害ひいてはその極致である死に至る「病理的な機序」を確認するために用いられる「医学法則・病理法則」の下に包摂可能でなければ，肯定することはできないのではなかろうか。

　このような構想に基づいて，結果的加重犯に固有の客観的帰属限定法理といわれる「直接性」と，その具体的な適用を検討するのが次章の課題である。

第 4 章　結果的加重犯の構造

　（1）　物理力を加える場合だけではなく，もちろん，「薬理作用」などによる場合も同様に考えることができる。ただし，そのような「暴行によらない傷害」の場合，傷害罪・同致死罪を認めるためには，生理機能障害を惹引する認識が必要なことは，いうまでもない。

第5章 「直接性法理」とその具体化

I 直接性法理の概要

1 歴史的・理論的背景

(1) 第2章のIでその若干を紹介したように，重い結果に過失を要求する旧56条が制定される以前のドイツでは，基本犯と重い結果との間に明らかに「条件関係」の存在が肯定されるにもかかわらず，客観的側面から当該結果的加重犯の成立を否定する判例が散見された。しかし，判例の主流は，わが国と同様，やはり条件関係の存在が認められればよしとするものであった。このような傾向は，しかし，旧56条が制定されたことにより，さらに助長されてもよいはずであった。結果的加重犯における「苛酷な負責」という点では，その問題点が排除されたからである。後述するBGHSt.14,110 ［113］によると，1953年に旧56条が制定されたことにより，「単なる条件関係に代えて『定型的因果経過 (typischer Kausalverlauf)』を要請する努力は，もういらなくなった」。同様の事案で傷害致死罪の成立を否定したRGSt.44,137「判決は，責任と刑罰に関する現代の見解とはもはや相いれない偶然責任を限定しようとする努力にもとづくといってよい」。つまり，BGHは，RGがした限定解釈を，結果的加重犯（傷害致死罪）の構造から帰結されるのではなく，偶然責任の賦科がありうる時代の産物としてとらえたわけである。

上記のBGHが理解するように，RGの限定解釈が「相当因果関係」によるものだとすれば，いかなる立場（主観説・折衷説・客観説）によるにせよ，「過失責任」による限定には及ばない以上，旧56条の制定により，RGのした限定は「もういらなくなった」というのは正しい[1]。しかし，現実はそうではなかった。むしろ，「重い結果に対する過失」が立法化されて以降の判例においてこそ，RG時代においては「傍流」であった「直接性」的な観点

からする帰属の限定が,「主流」へと転じたのである。

　(2)　わけても,1970年9月30日に下された「鼻骨骨折事件(Rötzel-Fall)」がその機縁を与えるものであった。事案は,被告人Xにより,二階の一室で鼻骨骨折及び上腕部裂傷の傷害を加えられた女中Aが,被告人のさらなる暴行に恐れをなし同室からテラスをつたって逃避を試みた際,転落して死亡したというものである。これに対してBGHは,次のように論じて傷害致死罪の成立を否定し,Xを傷害罪と過失致死罪の観念的競合で処断した[2]。

　「旧56条制定後は,定型的な因果経過を要求することによって予見可能性の要素を因果関係の検討に持ち込む必要はなくなった。しかし,傷害に内在する重い結果発生についての固有の危険を阻止しようとする本条(1998年の第6次刑法改正以前の226条,現227条－[括弧内引用者])の意義と目的からすれば,傷害と死の間には,両者の単なる条件関係以上に密接な関係が要求される。第三者もしくは被害者自身の行為が介在してはじめて死亡結果がもたらされた場合は,立法者が予定した,傷害に固有の危険の実現は認められない」。

　この事件では,主人であるXがAに対して鼻骨骨折及び上腕部裂傷をもたらす激しい虐待を加えている。女性であり,他に自分を守ってくれる人もいないAが,さらなる虐待に恐れをなし無謀な逃避を試みることは極めて自然であろう。Xの行為に発する一連の因果経過は「偶然・希有」どころではないといってよい。行為から結果発生に至る一連の因果経過が「日常経験の範囲に収まっている」なら,当の行為者に結果の予見を不能にする特別な事情がない限り過失も認められるとするのがドイツの判例だから,相当因果関係はもちろん過失責任の存在も明らかである。それにもかかわらず,BGHは傷害致死罪の成立を否定したのである。「傷害に内在する重い結果発生についての固有の危険」「立法者が予定した,傷害に固有の危険の実現」という説示からもうかがえるように,本判決は,具体的因果経過の経験的に通常想定される因果経過との符合,最終結果の予見可能性など,これらの要件が満たされても当該結果的加重犯の成立が肯定されるとは限らないということを──その説示のうえでは──明示した判決といえるだろう。

傷害致死罪についていうと、同罪の成立には「傷害が死の発生に対する条件であったというだけではなく、より密接な関係、すなわち、傷害に内在する、それに固有の危険がまさに死亡経過に実現したのでなければならない」[3]。その後、同旨の主張が異口同音にくりかえされ、確立した判例理論を形成する。

（3）まず判例理論として確立され、今や、一部の例外をのぞき、結果的加重犯に固有の帰責限定法理として通説によっても支持されているのが「直接性法理（Unmittelbarkeitsprinzip）」である。それは、結果的加重犯が固有の不法内容を有する独自の犯罪類型であることを認めたうえで、その不法内容を結果的加重犯の客観的成立要件に反映させたものといえる。したがって、「直接性法理」は「危険性説」の立場からすると、その当然の帰結を意味する[4]。

この点には異論がない。また、当該基本犯に「固有の危険の重い結果への実現」という以上、たとえば逮捕・監禁致死傷罪、傷害致死罪、放火致死罪などにおける「直接性」が異なることにも見解の一致がある[5]。しかし、同じ結果的加重犯に関して、しかも、その出発点においては同様の主張をくりかえしながら、結論を180度異にする判例・学説がみられるのである。同じ傷害致死罪であるのに、(1)で引用したBGHSt.14, 110によると、「鼻骨骨折事件」で同罪が否定されることはないだろう。直接性要件に賛成すると否とにかかわらず、その「不明確さ」が非難される所以である[6]。その傾向は、最近の判例において、とくに強くなっている感を受ける。しかし、だからといって、私には、直接性法理の不明確さは「結局のところ、直接性の要件ないし危険性説に必然的に内在するものであると言わざるをえないであろう」[7]、とは思われない。危険性説（それゆえ直接性法理）の推進者をして、そういわしめる原因はどこにあるのだろうか。まずは、「総論賛成、各論反対」といった感を与えるドイツの判例における、その間の不整合をみることにしよう。

　　（1）もちろん、「因果経過全体の予測可能性」を問題とするのが正当な相当因果関係説と理解する一方、過失は「最終結果の予見可能性」に尽きるとするなら、「過

第5章 「直接性法理」とその具体化

失」による限定でカヴァーされない部分が「相当因果関係」に残されることになる。この点について，小林憲太郎「因果関係と客観的帰属（一）」千葉大学法学論集14巻3号9頁，10頁注(36)（2000年）参照。

（２） BGH, Urt.v.30.9.1970-3 StR 119/70＝NJW 1971, 152; JR 1971, 205.

（３） たとえば，BGHSt.31, 96 [98f.]; 32, 25 [28]. ＝それぞれ，本文後述⑩判例，⑪判例。

（４） たとえば，H.J.Hirsch, GA 1972, 65 (75); ders., Oehler-FS, 1985, 111 (111f.). 丸山雅夫『結果的加重犯論』144頁，152頁以下，175頁以下（1990）など参照。

（５） Vgl.z.B., Hirsch, Oehler-FS, 129ff.; G.Jakobs, AT, 2.Aufl., 1991, 9/36; C. Roxin, AT, 1.Bd.3.Aufl., 1997, §10 Rn.114; I.Puppe, Die Erfolgszurechnung im Strafrecht, 2000, 202, 233, 250, usw.

（６） 文献の引用も含めて，たとえば，Hirsch, Oehler-FS, 112 mit Fn.12; Küpper, Hirsch-FS, 1999, 615 (618 Fn.20f.). 参照。

（７） 丸山・前出注（４）210頁。同旨，山本光英「結果的加重犯における『直接性要件』について」山口経済学雑誌47巻2号537頁以下（1999）。

2　ドイツの判例における直接性[1]――「傷害致死罪」を中心として

ここでも，その数が最も多く，それゆえ，各類型ごとの比較・検討が容易である「傷害致死罪」に関する判例を中心に考察することにしたい。その他の結果的加重犯に関する判例については，最小限度，必要な限りで触れるにとどめることとする。その他は，次節Ⅱの2以降で適宜参照する。

以下，「被害者自身の行為介在型」，「第三者の行為介在型」，「行為者自身の行為介在型」の順に検討することにする。なお，被告人および共犯者はＸ，Ｙ等と，被害者はＡと略記する。

(1) 「被害者自身の行為介在型」
（a） 「逃避行為類型」

先の「鼻骨骨折事件」と同様，被害者自身の「危険な逃避行為」が介在して死亡結果が発生した事案において，傷害致死罪の成立を否定した判例として，まず，「強制収容所事件」をあげることができる。

① BGH, Urt.v.3.12.1953-4 StR 378/53＝MDR 1954, 150f (KZ-Kapo-Fall).

は，強制収容所の看守であるXがAに虐待を加えたところ，より以上の虐待から逃れるために逃亡し非常警戒線に侵入したAが歩哨により射殺されたという事案で，Xの行為と，歩哨の発砲により生じたA死亡との間に条件関係が存在することを肯定しつつ，「……しかし，傷害致死罪の重い刑罰は，故意の傷害『それ自体』，すなわち傷害を直接引き起こす人間の身体への作用が，負傷者の死を惹起したということを要件とする。Xはこの種の虐待をAに加えてはおらず，Aの死を惹起した歩哨の行為と，ただ外面上認識可能な関係を有するにすぎない。Xの意図したより以上の傷害は，もはや実行されていないのであるから，強要もしくは脅迫として評価されるだけである。このような犯罪行為に（旧規定）226条を適用することはできない」，とした。

「危険な逃避」ではなく，ごく自然な回避行動が介在した場合でも，傷害致死罪の成立を否定したのが，② BGH, Urt. v. 20.10.1953-1 StR 360/53＝MDR 1954, 150 である。

Xが酩酊状態にあるAに2，3回平手打ちを食らわせたところ，Aが2，3歩後退し転倒して死亡したという事案で，本判決は，「Aの死亡が平手打ちの『結果』生じたものか，Xの強固な態度に恐れをなし，その場を立ち去るために自らの意思で2，3歩後退したところ，折りからの酩酊状態のため転倒したことによるものか，はXの行為の因果性にとって重要である。後者の場合は，被った平手打ちと転倒死亡との間に法的な意味における因果関係が欠ける」として，傷害致死罪の成立を否定した。もっとも，本判決は，結果の予見可能性に関して，「成人に1，2回のそれほど強力ではない平手打ちを加える者は，彼が認識した通常の諸事情を前提とする限り，一般に，自己の行為の結果を予測する必要はない」と論じており，この点からは，死亡結果に対する過失を否定して傷害致死罪の成立を否定したとみることもできる[2]。

この②判決では，判文上，過失致死罪の成立が認められたかどうか不明であったが，③ BGH, Urt.v.23.9.1981-3 StR 298/81＝MDR 1982, 102f. は過失致死罪の成立を認めたうえで，Xを同罪と危険傷害罪（および窃盗罪）との観念的競合で処断したものである。Xは，ときに鋭利な凶器をもって，Aの面部に重傷を負わせ，Aは頚部刺創による出血多量で死亡したのであるが，

第5章 「直接性法理」とその具体化

この致命傷（殺人故意は立証されなかった）がXによりもたらされたものなのか、それとも、Xの暴行に影響されA自らがガラスの中に倒れ込んだために生じたのか認定できなかったという事案で、大要、次のように論じて傷害致死罪の成立を否定した。すなわち、本罪は「重い結果を発生させる基本犯に内在する特殊な危険を阻止しようとするものである」から、その「意味と目的からして、傷害行為と死亡結果の間には条件関係より以上の密接な関係が要求される」。「第三者もしくは被害者自身の行為が介在してはじめて死亡結果がもたらされた場合は、この特殊な危険の実現は否定される。したがって、被害者がさらなる殴打を回避しようとし、その際、自らの酔いや性急な逃避にもとづいて転倒し致命傷を負った場合には本罪の適用は否定される」。「鼻骨骨折事件」や上記②判決を援用していることからしても、傷害致死罪の成立が否定された根拠は、「自らの酔いや性急な逃避にもとづいて転倒し致命傷を負った」可能性が否定できないという点に求められているといえよう[3]。ここまでは、判例相互の間に強固な統一性を認めることができる。

もっとも、傷害致死罪以外の結果的加重犯では事情が異なる。2、3の例をあげると、たとえば、④ BGH, Urt.v.28.6.1960-1 StR 203/60（判例集未登載）は、強姦を逃れようとして、線路と線路の間の盛土に身を隠してやりすごそうとしたAがやってきた列車に轢過され死亡したという事案で、強姦「未遂」致死罪の成立を肯定し[4]、また、⑤ BGHSt.19, 382（386f.）＝Urt.v.14.7.1964-1 StR 216/64 も、A女が監禁されていた走行中の自動車から転落し死亡したという事案で、次のように論じて239条3項（1998年の第6次刑法改正により239条4項）＝「自由剝奪致死罪」の成立を認めている。「A女が自ら走行中の自動車から飛び下りたのか、望まずして転落してしまったのかは、重要ではない。逃避を試みた際の負傷は加重処罰根拠たりえないとする見解（Schaefer im LK, 8.Aufl., §239 StGB Anm.Ⅶ［括弧内原文］）もあるが、本刑事部はその種の見解に従うことはできない。……被害者が自由剝奪から逃れようと試みた際に直接致命傷を負った場合にも、死は自由剝奪によって惹起されたといえる。なぜなら、この場合も、自由剝奪がなければ死も発生しなかっただろうからである」。この④と⑤の事案は、強姦罪と自由剝奪罪という点で「基本犯の性質」を異にする以上、傷害致死罪とは異なる判断が

許されるのかもしれないが，しかし，最近に至って，「傷害致死罪」に関し，しかも「鼻骨骨折事件」と同様の事案において，その成立を肯定する判例が現れた。⑥ BGH Urt.v.17.3.1992-5 StR 34/92＝BGH NJW 1992, 1708; NStZ 1992, 335; MDR 1992, 688〔Fenstersturz-Fall（以下，「転落死事件」）〕がそれである。

　事案は，X・Yらが，Aの前額部を箒の柄で強打し，頭蓋骨裂傷を生じさせた結果，Aは意識朦朧・混濁状態に陥り，引き続き，ZがAのすねをバットで殴打したことによりその状態がさらに増幅させられたため，思考能力を完全に失ったAは，Zらに暴行の中断を命じたXから「少し外の空気でも吸え」と申し向けられたとき，10階建てのマンションの窓から逃避をはかり転落死した，というものである。これに対してBGHは，先の「鼻骨骨折事件判決」などを引用しながら，旧「226条は，傷害と死亡結果との間の，その他の場合に要求されるよりも，より密接な関係を必要とする。本条は，重い結果を発生させる，傷害に結びついた危険を阻止しようとするものである。それゆえ，223条の基本構成要件に内在する固有の危険が死亡結果に実現したのでなければならない」と，ほとんどパターン化された一般論を述べながらも，概要，次のように論じて傷害致死罪の成立を認めたのである。

　すなわち，Aの危険きわまりない逃避行為は，「鼻骨骨折事件」における被害者や上記①事件のそれとは異なり，Xらの激しい虐待により思考能力および行為能力が重大に侵害されたということ，すなわち，「傷害に固有の危険の結果」にもとづいている。したがって，「223条の基本構成要件に固有の危険が，まさしく致命的経過に実現したことになる。Aの転落死は，Xらの虐待によって生じさせられた精神的・肉体的パニック状態に明白で本来的な危険が実現したものであり，死亡結果に対する独自の原因として，自己答責的な被害者の行為が介在して生じた結果と評価することはできない。この点に，鼻骨骨折事件や強制収容所事件（上記①）判決における事案との違いがある」。また，「現実の事象経過をとおした傷害と死亡結果との結びつきが生活経験の範囲内にあるなら」過失も認められる。

　この「転落死事件」に関する学説の評価は賛否両論相半ばの状態にある。この点については後述しよう。しかし，鼻骨骨折事件の被害者は自己答責的

第5章 「直接性法理」とその具体化

に行為した一方，本件の被害者は，もはや自己答責的な決断をなしうる状態にはなかったという点に，先例との整合性を求めるならば，たとえば「直接性不要論」を展開するレンギールがいうように，本判決は〝Rötzel〟判決からの「歓迎すべき方向転換」を意味するといえるだろう。レンギールによると，「緊急避難状況にもとづく不自由は，両判決で異なるところはなく，継続する虐待・拷問の定型的な結果であって，ともに被害者の自己答責性を排除する」。この「転落死事件判決」が実証するように，「問題の多い『直接性思考』は自己答責性の基準にとって代わられるべきであり，被害者もしくは第三者の行為が，他の方法をもってしては回避しえない生命，身体，自由に対する現在する危険を回避するためのものである場合は，危険実現連関が肯定されなければならない」(5)。

自己答責性の存否だけを基準とするならば，やはり，「鼻骨骨折事件」と「転落死事件」とで結論を異にする理由は見いだしがたい。しかし，この基準は何も結果的加重犯に固有の基準ではない。それゆえ「直接性」とは無関係である。そうすると，もっぱらこの基準によってのみ傷害致死罪の成立を肯定した本判決は，結論の当否は別にして，その説示の上から判断するなら，「直接性離れ」を暗示すると評価できるだろう(6)。

(b) 「治療拒絶類型」

結論の当否をひとまず置くなら，このように，「鼻骨骨折事件」と「転落死事件」の間には理論上の齟齬を認めることができるのであるが，被害者自身の行為介在型として，「逃避行為類型」と並びしばしば問題となる「治療拒絶」においては判例の違いはないようである。傷害致死罪（他）の成立を否定した判例はほとんどみられないのである。たとえば⑦ OLG Köln, Beschl.v.5.7.1963＝NJW 1963, 2381 は，汚れた角材による殴打で頭蓋骨骨折の傷害を受けたAが，その土地の病院に行ったところ，生じうる結果に対する明白な説明を受けたにもかかわらず，そこでの治療を拒絶し，2日後にはじめて他の病院に入院したものの，被った負傷にもとづく破傷風により死亡したという事案で，傷害致死罪の成立を肯定した。また，⑧ BGH, Urt.v.30.9.1970-3 StR 146/70＝MDR 1971, 16f. も，殴る，蹴るなど，Xから粗野な虐待を受け一連の傷害を負ったAが，そのうちの，肘への比較的軽微な負傷か

ら連鎖状球菌に感染し格闘の6日後に亡した。しかし,この負傷は医師の治療によって容易に治癒可能であったのに,Aは医師の診察を受けなかったという事案で,「今日の医療がその種の感染の生命に危険な結果を防止できるというのは正当であろうが,しかし,そのような炎症を被った者が医師の治療を受けないということは,あらゆる生活経験の外部にあるわけではない。とくに格闘関与者の場合はそうである。彼らが,格闘にかかわったことを,たとえば親族,知人あるいは雇主に隠しておくために,もしくは格闘への関与を些細なことと見せかめるために,医師の診察を放棄することはまれではないからである」と論じて,傷害致死罪の成立を肯定した。

最近の判例では,⑨ BGH, Urt.v.9.3.1994-3 StR 711/39＝NStZ 1994, 394 が同様の観点に立つ。被告人X,Yにより,頭部を拳骨や平手,ひしゃくを用いて複数回強打され,その前腕部を骨折させられたA女が,搬送された病院で,生命の危険があるため,入院加療の必要があるといわれたにもかかわらず,アルコール中毒患者のA女は,自宅でさらに飲酒することを欲したため,それを拒絶して帰宅した。そのため,負傷の3日後に,上記暴行にもとづく脳内出血で死亡した。しかし,最初に病院へ搬送されたとき,そのまま入院加療を受けていれば,脳出血が発見され,手術が施されて,A女は死亡しなかったであろうという事案である。

BGHは,次のように判示してX,Y両名に対して傷害致死罪の成立を肯定した。

本件においては「傷害致死罪の成立に必要とされる直接性を肯定するのに法的な疑問はない。被告人らは被害者に対して,致命的結果の危険を内包する行為を行なった。そして,刑法223条に内在する固有の危険が被害者の死に実現した。この直接的関係は,必要とされる医療処置の要請を拒絶したことで中断されるものではない。なぜなら,負傷者の死は,生活経験(Lebenswahrscheinlichkeit)の範囲外にある事象経過にもとづいて生じたのではないから。アルコール中毒患者であり重傷を負わされた者が,さらなる飲酒の欲求に屈し,入院加療を拒絶するというがごときは,その生命危険を切々と指摘され,自らに対する事の重大性を認識していたとしても,あらゆる経験に反するとはいえない」。

第5章 「直接性法理」とその具体化

　これらの判例をみた限りでは，たしかにその間に不整合はないといえよう。しかし，行為者の行為に発する一連の因果経過が「生活経験の範囲内にあるかどうか」という観点が，判例がしばしば行なう主張——「傷害致死罪は，傷害と死亡結果との間の，その他の場合に要求されるよりも，より密接な関係を必要とする。本罪は，重い結果を発生させる，傷害に結びついた固有の危険を阻止しようとするものである」という主張——と整合的であるかは疑問である。前者の観点はまさしく「一般的帰責基準」に他ならないからである[7]。「転落死事件」に関する上記⑥判例によれば，「生活経験の範囲内にあるかどうか」は重い結果に対する過失の存否を判断する基準でもある。

　他方，⑥の「転落死事件」に準拠して，アルコール中毒であるA女が治療拒絶から生ずる自己の生命に対する危険を正確に評価し，その評価にしたがって行動することができたかどうか，すなわち「自由答責的な自己危殆化 (freiverantwortliche Selbstgefährdung)」が決定的だといっても[8]，事情は何ら異ならない。この基準もまた，発生した結果を行為者に帰属する一般的な要件にすぎないからである[9]。したがって，たとえば先の「鼻骨骨折事件」を，これらの基準で判断するなら，粗野に虐待されたA女がバルコニーづたいに逃避し，転落・死亡することは「生活経験の範囲内」であるし，また，その危険な逃避行為（＝自己危殆化）には「自由答責性」が欠けるといえるから，傷害致死罪の成立が肯定されうる。「直接性不要論」を主張するレンギールの立場によるなら，これは，たしかに「好ましい方向転換」であろうが，直接性の必要性を説く判例についていえば，「羊頭狗肉」の感を免れないだろう。

　（1）　丸山雅夫『結果的加重犯論』152頁以下（1990），山中敬一『刑法における客観的帰属の理論』595〜598頁（1997）なども参照。
　（2）　BGH v.13.8.1968‐1 StR 259/68（判例集未登載。Zit.von G.Geilen, Unmittelbarkeit und Erfolgsqualifizierung, in: Welzel-FS, 1974, 655 (658). Vgl. auch R.Rengier, Erfolgsqualifizierte Delikte und verwandte Erscheinungsformen, 1986, 206 mit Fn.94 [zit.＝Delikte]）は，殴打されたAが2，3歩後退し歩道の縁石につまずいて転倒・死亡したという事案で，「Aが，直接平手打ちによってではなく，2，3歩後退して縁石につまずき転倒死亡した場合には，過失に必要な予見可能性が

I　直接性法理の概要

否定される」とする。

（3）　同旨の判例として，すでに OGHSt.2, 335 (337) ＝ Urt.v.16.1.1950. がある。Xがその妻Aを木材で数回殴打し，Aの死を惹起したのであるが，その死がXの殴打によるものか，Aが転倒し床や壁に頭を強打したことによるものなのか，判明しなかったという事案で，傷害致死罪の成立を肯定するためには，故意の傷害それ自体，すなわち，傷害を直接的に引き起こす，傷害故意にカバーされた個別的な行為（Einzelhandlung）が死を惹起したのでなければならない。Aの死がXの虐待及び行動全体にもとづく転倒から生じた場合は，この場合ではない」とする（第2章 I 1参照）。

（4）　Zit.von Rengier, Delikte, 198; G.Küpper, Der unmittelbare Zusammenhang zwischen Grunddelikt und schwerer Folge beim erfolgsqualifizierten Delikt [zit.＝Zusammenhang] , 1982, 52 a.E.-53.

（5）　R.Rengier, Strafrecht Bes.Teil, II.Delikte gegen die Person und Allgemeinheit, 1998, §16 Rn.7f.「事実関係」および「自己（自由）答責性の欠如」という点では，両判決に違いはないことを指摘するものとして，たとえば K.Geppert, JK 92, StGB §226 (a.F.)/3, in: Jura 1992, Heft 12; S.Bartholme, Strafrecht－AT und BT: Die Probleme des ursächlichen Zusammenhang bei der Körperverletzung mit Todesfolge, JA 1993, 127 (128); I.Puppe, Die Efrolgszurechnung im Strafrecht, 2000, 213f.; H.U.Paeffgen, NK, II, 2.Aufl., 8.Lfg., 2000, §227 Rn.8, usw.

（6）　Vgl.W.Mitsch, Sturz aus dem Fenster－BGH, Urt.v.17.3.1992＝NJW 1992, 1708, Jura 1993, 18ff.

（7）　この点を指摘するものとして，たとえば Paeffgen, NK, §227 Rn.8. なお，「治療拒絶事例」に関するオーストリアの判例も同様の傾向にある。その批判も含めて M.Burgstaller, Erfolgszurechnung bei nachträglichem Fehlverhalten eines Dritten oder des Verletzten selbst, in: H.-H.Jescheck-FS, 1985, 357 (359ff.); ders., Spezielle Fragen und der objektiven Sorgfaltswidrigkeit, in: Franz Pallin-FS, 1989, 39ff. 山中・前出注（1）331頁以下，611頁以下など参照。

（8）　H.Otto, JK 95, StGB §226 (a.F.)/6 (in: Jura 1995 Heft 1) は，このような観点から，この点を問題としない本判決を批判する。

（9）　Vgl.Puppe, aaO [Anm (5)], 212. もっとも，G.Altvater, Rechtssprechung des BGH zu Tötungsdelikten, NStZ 2001, 19 (24 mit Fn.62) によると，たとえば BGH, Beschl.v.8.3. 2000-3 StR 69/00 も，「治療拒絶」が介在した場合の傷害致死罪の成否につき，「自己の生命に対する危険性をはっきり認識していない場合など，被害者が医療措置の意味を意識せず，それゆえ自己答責的な決断をなしえない場合」には，被害者の治療拒絶は帰属連関を中断しないとし，本罪の成立を認めている。

183

(2) 「第三者の行為介在型」

しかしながら，以下にみる「第三者行為介在型」においても，「表向きの直接性必要説，実質的不要論」といった感を受ける判例がみられるところである。

⑩ BGHSt.31, 96 = Urt.v.30.6.1982-2 StR 226/82（以下，「樹上見張り台事件」）が，その典型例だといえよう[1]。本判決は，以下のような事案で傷害致死罪の成立を認めたものである。

1980年11月13日，Aが狩猟をするために座っていた地上3.5mの高さのある樹上見張り台を，その甥Xが突き倒したところ，そこから落下したAが右の踝を骨折する負傷を負った。Aは市立病院で手術を受け骨折部位を固定し，12月2日に退院したが，入院中，血液溶解措置がなされることもなく，また，退院に際して，自宅療養について何の指示も受けなかった。その後，後治療もなされることなく，ほとんど寝たきりの状態にあったAは，骨折にもとづく長い病床生活と，高齢に起因する心臓および循環器官の摩耗現象とが相まって，肺炎と肺栓塞を併発し，12月19日の朝，搬送された病院において心臓の血液循環不全により死亡した。

これに対して原審は，本件のような経過をへてAが死亡することを，Xが予見できなかった可能性があるとして，傷害致死罪の成立を否定した。すなわち，Xにとって予見できなかった特別な諸事情——適切な運動の指示と血液溶解措置の双方がいずれもなされなかったという事情が加わって，はじめてAが死亡した可能性は払拭できない。いいかえると，Aの既往症や長い病床生活にもかかわらず，これらの処置が施されていたならば，Aの死は回避された可能性が強いところ，Xはこれらの措置の懈怠を予見できなかったであろうから，結局，Aの死を予見できなかった可能性がある，というのである[2]。したがって，原審は危険傷害罪の成立のみを認め，Xを1年6月の自由刑に処した[3]。これに対し，検察官上告をいれて原審を破棄したのが本判決である。

本判決もその出発点においては，「鼻骨骨折事件判決」や上記③判決など，そしてヒルシュの見解[4]を引用して次のように論ずる。「傷害行為と死亡結果の間に条件関係が認められるだけでは，もちろん十分ではない。(旧) 226

条の意味と目的からは，明らかに両者のより密接な関係が要求される。本条は，傷害行為に結びついた重い結果発生の危険性を阻止しようとするものである。それゆえ，本条は，被害者の死に至る特殊な危険をともなうような傷害行為にのみ適用される。そして，このような危険が死亡結果に実現したのでなければならないのである。それゆえ当裁判所は，負傷者の死が傷害『によって』直接的にではなく，第三者もしくは被害者自身の介入をとおしてはじめて招致された場合には，本条の前提を否定してきたのである」[5]。

しかし本判決によると，このような直接的な関係は「それ自体をとれば，一見，生命にとって危険のない傷害が発生し，その後に特別な諸事情が加わって被害者の死が発生したからといって，常に欠落するとは限らない。現実の事象経過が，あらゆる生活経験（Lebenswahrscheinlichkeit）の外部にあるわけではないならば……，傷害に固有の危険が被害者の死に実現したといえる」。本件の場合がまさにそうであって，「踝骨折が被害者の比較的長い病床生活をもたらしたこと」「傷害に条件づけられたこの病床生活が生命に危険な肺炎と肺栓塞を助長したこと」，さらに，治療に当たった医師が「そのような展開に至る危険性を看過し，有効な対抗措置をとらず，それゆえ負傷者の死が発生したということ」は，いずれも死亡結果と身体傷害との「関係を中断するほどには，およそありえないものではない」からである。

本判決はこのように論じて[6]，問題は──「直接性」の存否ではなく（それは以上のように肯定される）──XがA死亡を予見できたかどうかのみだというのである（しかも，およそ生活経験の外部にあるとはいえない事象経過は通常予見可能でもあるから，X個人の知識・経験からして，彼が行なった傷害の可能な結果としてAの死を認識できる状態にはなかった場合にのみ過失責任が否定される，とする）[7]。

さて，以上から明らかなように，本判決がとらえる「直接性」は「相当因果関係」と完全に一致する。それゆえに，本判決が引用する諸判例との整合性が問われるだろう。現に，学説として自らが引用されているヒルシュによれば，本判決においては，出発点で要求された直接性も，過失要件に対してもはや独自の意義をもたないほどに希釈化されてしまっている[8]。

たしかに，高齢者を3.5mの高さから転落させた場合，いかなる結末をみ

第5章 「直接性法理」とその具体化

るかはわれわれの支配を超える。そして，現に被害者は死亡した。このような観点が本判決を支えているといえるだろう。しかし，幸いにも，Aは踝骨折を負ったにすぎなかったのである。行為に発する高度の生命危険がひとまず収束し，それが再び——原審をして結果発生の予見可能性の存在を疑わしめるほどの——不幸な諸事情の連鎖をとおして死亡結果に実現したというのが，本件の実情である。そうすると，それを「行為」に求めようが「結果」に求めようが，いずれによ，本判決も前提とする傷害致死罪の規定が「阻止しようとする」ところの「死亡結果を発生させる特殊な危険」は，現実には「特殊ではない一般的な危険」に転じたといってよい。はたして，このような危険が，「経験則上およそありえないとはいえない因果経過」をへて死亡結果に実現したならば，「傷害に特殊な危険」になるとでもいうのだろうか[9]。「直接性法理」の必要性を前提とする限り，やはり本判決の直接性のとらえかたは不当だといえるだろう[10]。

これに対して，この「樹上見張り台事件」判決から丸一年後に下された[11] BGHSt.32, 25＝Urt.v.29.6.1983-2 StR 150/83 は，同じ第2刑事部判決でありながら，傷害致死罪の成立を否定したものである。事案は次のようなものである。

被告人XによりX面を強打されたAはアスファルト路面に頭部を強打する形で倒れ込んだ。倒れ込んでいるAの頭部を，少なくとも1回，XかYが力一杯足蹴りした。アスファルト路面に倒れ込んだことで後頭部骨折が生じ，その後の足蹴りによって頭蓋冠陥没が発生し，これらの傷害でAは死亡したのであるが，いずれか一方の頭蓋骨骨折だけが死因を形成したのか，あるいは，両者が競合して死因を形成したのか確定できなかった。さらに，X・Yの間にAを傷害する意思の連絡があったかどうかも立証できなかった。そこで原審は，利益原則にのっとり，Aが被った2箇所の頭蓋骨骨折のうち，Xの第一暴行により生じたそれを排除して，その後になされた足蹴りで生じた骨折がAの唯一の死亡原因であり，かつ，この足蹴りがXと共犯関係にないYによるものであることを前提として，Xを危険傷害罪で4年の自由刑に処した。これに対してなされた検察官の上告を棄却したのが本判決である。

本判決によると，「XがAの顔面を強打し，Aを路上に昏倒させなかった

なら、YがAの頭部を踏みつけ、致命傷を与えることもなかったという意味では、XのÆ行とA死亡との間に因果関係は認められる」。しかし、傷害致死罪「を認めるには、傷害に内在する、それに固有の危険性がまさに死亡結果に実現したのでなければならないのである。被害者の死亡が傷害に『よって』直接的にではなく、第三者の介在によって、はじめてもたらされた場合はそれが欠ける。本件がその場合である。Xの加えた顔面強打が生命にとって危険であったということは、[以上のように]その危険が死亡結果に実現したのではないのだから、重要ではない」。

このように論じて[11]、本判決はXに対する傷害致死罪の成立を否定したのである。ただ、もちろん、「直接性法理」によらなければ、同じ結論に至りえないというわけではないだろう。被告人XのÆ行とA死亡の間にはたしかに条件関係が認められようが、致命傷を与えたのはXと無関係な第三者YのÆ行とされているからである。本件は、「基礎に置かれるべき事実関係によると、Yが、Xには帰責しえない介入をとおして、直接の死亡原因を設定した」場合である[12]。それゆえ、条件説以外の見解によるなら、いかなる見解からしても、Xに傷害致死罪を否定することは十分に可能といえる[13]。したがって、本判決が先の「樹上見張り台事件」においても、傷害致死罪の成立を否定したとは断定できないだろう。

⑫BGH, Urt.v.12.2.1992-3 StR 481/91＝NStZ 1992, 333（以下、「自殺偽造事件」）が論ずる「直接性」は、単なるリップサービスにすぎない感を受けるものである[14]。

被告人XはA女の頭を硬質ゴムのハンマーで強打し、A女を昏倒させた。XはA女を死亡したものと思い、その旨をいとこYに打ち明けた。Yは、そのことを確認するために、犯行の日の午後、Xから手渡されたA女宅の鍵をもってA宅に侵入し、彼女を自殺に見せかけるためドアノブに首を吊した。Xがハンマーで加えた頭部傷害は、医療を施しても延命の可能性がないほどに極めて重傷であったこと、しかし、YがA女を吊した時点ではまだAが生きていたこと、そして、頭部傷害と絞扼傷害の両者がAの死を惹起したことが、鑑定によって明らかにされた。以上に関して、旧東ドイツ・ドレスデン地裁がXを傷害致死罪により7年の自由刑に処したのに対して、被告人から

第5章 「直接性法理」とその具体化

なされた上告審が本件である。

原審がXとYの傷害が競合して結果を生じさせたという前提に立ったのに対して，BGH は，Y の自殺偽装行為による絞扼傷害（Strangulationsverletzung）のみが死亡の直接原因であることから出発しつつも，次のような理由から上告を棄却した。「傷害致死罪が正当化される理由は，他の行為に比べ，身体傷害が，被害者の死亡に至りうる危険性を内包している点にある。本条は，このような傷害に内在する特殊な危険を阻止しようとするものである。本条の規範目的からすれば，本罪は，具体的事案において死亡結果に対する特殊な危険を内在させている傷害行為に適用されるのである。しかし，本罪を認めるには，傷害に固有の，このような死の危険が創出されただけでは十分ではなく，この危険が死亡結果に実現したのでなければならない」。このような「直接性」に関する一般論を述べたのち，本件においては，「Y の行為が介入しているにもかかわらず，X の暴行と死亡結果との間には上述した意味における『直接的な』（危険実現）連関が認められる」とする。本判決によると，その理由は，「X が加えた頭部傷害は，医療処置が無意味なほどにそれ自体が致命的であり，Y の介入は死亡時期を若干早めたにすぎず」，しかも「その Y の介入は，X の犯行を隠蔽するためになされた，X のための，X に代わって行った非自律的（nicht autonom）な行為」だからである。「X のために行為した Y が，自らすでに死亡したものと誤信した A の死を意図せず早めてしまうように誘発されたという本件の特殊性は，(旧) 226 条の意味を価値的に考察するなら，傷害と死亡結果との特別な危険実現連関の存在を肯定させるものである」（傍点引用者）。

また，本判決によれば，前記⑪判例など，BGH が傷害致死罪の成立を否定した事案では，「特殊な死の危険が第三者の介入によってはじめてもたらされたのに対して，本件では，その危険実現が若干早められたにすぎない」点で「決定的な違い」がある。本判決によると，前記⑪判例などの事案は「行為者は，それ自体死の危険性のない傷害もしくは必ずしも死に至る必然性のない傷害によって，なるほど死が発生する条件を設定したが，しかし，死は，本来的な死の危険を呼び起こす第三者の介入によってはじめてもたらされた」場合である。さらにまた，本件は「不可避的に発生する死の経過を

188

［事後の介入行為が］若干早めたにすぎないという」点で，「重大な虐待を加えた行為者自身が，被害者を死亡したものと誤信して第二行為に出た場合とも異なる」とする[15]。

以上のように，本判決は，本件で「直接性」が認められる理由，および認めた場合における先例との整合性を論ずるのであるが，ともに多くの問題を含んでいるといえるだろう。まず，後者の点からみてみよう。第三者あるいは行為者自身の行為が介入して結果が発生した場合，BGH は一般に傷害致死罪の成立を否定しているが[16]，本件で傷害致死罪を認めても先例と矛盾しないという根拠は次の点に求められているといえよう。すなわち，本件の場合，Yの事後の介入は「Aの死期を若干早めたにすぎない」。これに対して，先例の事案は介入行為が「独自に死因を形成した」ものであり，この点で違いがある。しかし，本判決は，Xに有利に，Aの死因を縊死に求めたのであった。Aが頭蓋骨骨折によって死亡したというなら，Yの介入がその死を「若干早めたにすぎない」といえても，Aは縊死したというのだから，それはまさにYの事後的な介入が「基礎づけた」といわなければならないだろう。それゆえ，先例が本罪を否定した事案との違いは見いだされないはずである。

さらに，上の点と重複するが，Aが縊死したことから出発する以上，Xのゴムハンマーによる頭部強打がいかに危険なものだとしても，その危険はAの死に実現したことにはなるまい[17]。そのためか，本判決は，「Xが加えた頭部傷害は，医療処置が無意味なほどにそれ自体が致命的であり，Yの介入は死亡時期を若干早めたにすぎ」なかったことと並んで，Yの介入が自ら進んでなされたのではなく，まさに，いとこであるXを思ってなされたことを強調する。おそらく，「心理的」にではあるが，Xの先行行為にYの介入が強く影響されたこと，それゆえ，両者の間に「密接な関係」があることをアピールすることで，本判決がいう「傷害と死亡結果との特別な危険実現連関の存在」を裏づけようとしたのであろう。本判決が「価値的にみて……」というのも，この点を物語る。しかしながら，いつ死亡しても不思議はないほどの致命傷を与えたという「物理的影響力」と，Yの介入の自発性を失わせる「強い心理的な影響力」が認められるからといって，前者の「物理的影響

第5章 「直接性法理」とその具体化

力」は「縊死」に何の「影響」も与えていないのだから，両者を単純に合算して，「傷害と死亡結果との特別な危険実現連関」を基礎づけることは不可能なことである[18]。

そこで，学説のなかには，「直接性法理」に忠実でありながら，本件で傷害致死罪を認めるためには「死の概念」を変更せざるをえない，つまり，「不可逆的な脳死に移行する前段階」として「死」をとらえるべきだとする見解もみられる[19]。しかし，それには批判が多い[20]。本判決も，「死の概念」を変更することによって傷害致死罪の成立を認めることはなかった。

以上のように，「不可逆的な脳死に移行する前段階」をもって「死亡結果」とみなすか，あるいは，「縊死」を強引に「ハンマー殴打に固有の特別な危険の実現」とみなすか，このような無理をしない限り，「傷害と死亡結果との特別な危険実現連関」は認められまい。それにもかかわらず，傷害致死罪の成立が肯定されたのは，結局，Yが，いとこであるXの犯行を隠蔽する目的で介入することは「生活経験上予見可能な範囲内」にあると考えられたからだろう[21]。本判決はXの過失責任を論ずる際に次のように論じていた。「故意犯における概括的故意の事案で，犯行隠蔽目的でなされた第二行為を非本質的なズレと解するのであれば，そこで基準とされている『生活経験上予見可能かどうか』という基準が，過失を検討する際にも同様に援用されうることは論をまたない」[22]。これと同様の観点が，本件でXに傷害致死罪の成立を認めさせた根拠であると解されるのである[23]。結局，本判決も，「直接性法理」から出発しながら，その実，「相当因果関係」の存否に帰責の肯否をゆだねた判例の一つに数えることができよう。ドイツの学説の多くが本判決を批判する理由も，その間の不整合さにある[24]。

　　（1）　本判決に対する評釈として，H.J.Hirsch, JR 1983, 78; W.Hassemer, JuS 1983, 227; G.Küpper, JA 1983, 229; I.Puppe, NStZ 1983, 21; T.Schlapp, StV 1983, 61; W.Stree, JZ 1983, 73; M.Maiwald, JuS 1984, 439. 山本光英「傷害致死罪の結果の帰属可能性」比較法雑誌26巻1号94頁（1992）などがある。このうち，本判決に賛成するのはHassemerとStreeだけであり，ドイツでは，本判決に批判的な見解が圧倒的である。上にあげた論者以外で，たとえば，Paeffgen, NK, 1995, §18 Rn.27, 53; ders., NK II, 8.Lfg., 2000, §227 (n.F.) Rn.8; Roxin, AT, 1.Bd.3.Aufl., 1997, §10 Rn.

116; Lackner/Kühl, StGB.23.Aufl., 1999, §227 Rn.2; Tröndle/Fischer, StGB.50. Aufl., 2001, §227 Rn.2. さらに，山中敬一『刑法における客観的帰属の理論』667頁以下（1997）など参照。

（2） Vgl.dazu BGHSt.31, 96 [98].

（3）「直接性不要論」を主張するレンギールは，本件における医師の懈怠は，一般に結果帰属を中断する「重過失」をあらわすがゆえ，過失致死すら認められないとする（Rengier, Delikte, 167f.）。結果発生に至る因果の過程に「医師の重過失」が介在した場合は，原行為者と最終結果の関係が希薄化されるため，「一般予防・特別予防」の必要上，原行為者への結果帰属が否定される，とする見解として，Blugstaller, Jescheck-FS, 365. 基本的に同旨，Roxin, aaO [Anm (1)], §11 Rn.115ff.bes., 117. なお，「樹上見張り台事件」に関して，かりに医師の懈怠が「重過失」だとしても原行為者への結果帰属は否定されないとする見解として Puppe, Die Erfolgszurechnung im Strafrecht, 2000, 142. 参照。

（4） Hirsch, LK 10.Aufl., §226 Rn.4. が引用されている。

（5） BGHSt.31, 96 [98f.].

（6） Ebd., 100.

（7） Ebd., 101. 前出注（1）にあげた，本判決に反論を提起する評釈のなかでも，過失致死罪の成立は認められるとするものが多い。Vgl.Hirsch, aaO [Anm (1)], 82 l. Sp.; Puppe, aaO [Anm (1)], 24 r.Sp.und aaO [Anm (3)].; Maiwald, aaO [Anm (1)], 445 r.Sp.

（8） H.J.Hirsch, Der unmittelbare Zusammenhang zwischen Grunddelikt und schwerer Folge beim erfolgsqualifizierten Delikt, in: Oehler-FS, 1985, 111(113). ハッセマーとシュトレー以外，前出注（1）であげた論者も同旨. Vgl. auch C.Sowada, Das sog.Unmittelbarkeits-Erfordernis als zentrales Problem erfolgsqualifizierter Delikte, Jura 1994, 643 (648).

（9） 多少のニュアンスの違いはあるが，同旨の批判として，前出注（1）にあげた文献のうち，Hirsch, aaO [Anm (1)], 81 l.Sp.; Küpper, aaO [Anm (1)], 230 l.Sp.; Maiwald, aaO [Anm (1)], 444 l.Sp.; Schlapp, aaO [Anm (1)], 63 l.Sp. 参照。

（10） その総括として，丸山雅夫『結果的加重犯論』170頁（1990）参照。

（11） BGHSt.32, 25 [27f.].

（12） BGHSt.32, 25 [28].

（13） Vgl.z.B., Rengier, Delikte, 163f.

（14） 評釈として，F.Dencker, NStZ 1992, 311; Puppe, JR 1992, 510; C.Joerden, NStZ 1993, 268; J.Pütz, Strafrecht-BT: Die Unmittelbarkeitsbeziehung zwischen Körperverletzung und Todesfolge, JA 1993, 285; H.Otto, JK 1993, §226 (a.F.)/4, in: Jura 1993, Heft 1. などがある。また，斉藤誠二「いわゆる『相当因果関係説の危機』

第 5 章　「直接性法理」とその具体化

についての管見――故意の第三者の行為と客観的帰属――」法学新報103巻 2・3 号 760 頁以下，766 頁以下（1997）も参照。

　（15）　以上につき NStZ 1992, 334 r.Sp. 参照。なお，本判決がいわゆる「ヴェーバーの概括的故意」をあげ，この事案における先例との比較を問題とするのは，第二行為が第三者であることを別にすると，自殺偽装による犯跡隠蔽目的という点で，本件と「概括的故意」の事案には共通点を見いだすことができるからであろう。Otto, JK 1993, §226/4 Nr.2, 2.Abs. は，本判決は問題の核心を「概括的故意」にみているとする。現に，本判決は「過失」に関して，次のように論ずる。「かりに X が飲酒しており興奮状態にあったとしても，ハンマーにより激しく殴打したことからすれば，その傷害が死亡結果に至ることは直ちに予見可能であったといえる。Y の介在によって死が早められたことも予見可能性を排除する理由とはならない。予見可能性は，原則として，最終結果に及べば足り，それに至る因果経過の細目にまで及ぶ必要はないからである。致命的に殴打され死にかけている被害者を，医師でない素人が死亡したものと誤信し，死体として扱うことにより，死の発生を若干早めたるようにして死亡させることは，生活上ありうる範囲内の出来事といえる。故意犯における概括的故意の事案で，犯行隠蔽目的でなされた第二行為を非本質的なズレと解するのであれば，そこで基準とされている『生活経験上予見可能かどうか』という基準が，過失を検討する際にも同様に援用されうることは論をまたない」（335 l.Sp.）。

　（16）　結果的加重犯に関する「概括的故意」類似の事案を含め，「行為者自身の行為介在型」については，この後に検討する。

　（17）　Vgl.G.Küpper, Unmittelbarkeit und Letalität, in: Hirsch-FS, 1999, 622.

　（18）　Vgl.auch Puppe, JR 1992, 512 r.Sp.; dies., aaO ［Anm (3)］, 209.

　（19）　Vgl.Denker, NStZ 1992, 312ff., bes., 314f.

　（20）　Vgl.Puppe, JR 1992, 513; Otto, JK 1993, §226/4 Nr.2; Küpper, aaO ［Anm (17)］, 620f.; Schroeder, LK, 11.Aufl., 1991, §18 Rn.17 Fn.23; J.C.Joerden, Tod schon alsbaldigen Eintritt des Hirntodes?, NStZ 1993, 268ff., usw.

　（21）　もっとも，ゴムハンマーによる殴打で頭蓋骨骨折を受けた被害者を，首を吊ることによって自殺に見せかけようと考える者がいるのか，理解に苦しむという見解（Sowada, aaO ［Anm (8)］, 649 Fn.77.同旨, Puppe, aaO ［Anm (3)］, 210-211）が示唆するように，Y の自殺偽装行為は「およそ日常経験の範囲外」にあるとして，発生した結果の帰属そのものに疑問を提起する見解もある。Vgl.Paeffgen, NK, §18 Rn. 63, §227 Rn.9.

　（22）　前出注(15)参照。

　（23）　Otto, JK 1993, §226/4 Nr.3. によれば，「一般生活経験上予見可能な範囲内にあり，かつ，所為の他の評価が正当化されない場合」は，表象と現実に発生した因果経過のズレは「非本質的である」とする判例の立場からすると本判決の結論づけは

一貫しているが，彼が規定するズレの本質性基準によると，本件の場合には，因果経過のズレは本質的である。なぜなら，本件のように，犯跡隠蔽目的で行われた第三者の自由な意思決定にもとづく行為は，たとえそれが行為者のためになされたものであっても，もとの危険行為（Ｘの殴打行為）の「定型的な危険領域の外部」に位置するからである。したがって，オットーは本判決の結論には反対する（Vgl.auch Otto, Grundkurs Strafrecht.Die einzelnen Delikte, 4.Aufl., 1995, 76）。

（24）　これに対して，たとえばF.-Ch.Schroeder, LK, §18 Rn.17 a.E. は，因果関係の錯誤に関する独自の見解から，「自殺偽装事件」においても傷害致死罪の成立が認められるとする。彼は，ドイツの通説が，ズレの「非本質性」を根拠に，たとえば橋脚事例において故意既遂犯を認めるなら，行為者が金槌だと誤信した水泳の名手を同様に橋から落下させ，橋脚に頭を打ちつけて死亡した場合にも故意既遂犯を認めざるをえないことになるが，水泳の名手を川で溺れさせようとすることは「不能犯」である以上，通説によれば，「不能犯プラス結果発生＝既遂犯」という不当な結論を認めることになる，とする。そこで，彼は，重要なのは「行為者の表象と現実の因果経過とのズレの程度ではなく，行為者が認識した行為の具体的な結果適性」にあるとし，「たしかに因果経過の本質的な部分は故意・過失の対象ではないが，しかし，行為の具体的な結果招致の適性はその対象である」と主張する（Schroeder, LK, §16 Rn.29）。ここから，「第一行為に具体的な結果適性があるならば，すなわち被害者がすでに致命傷を負わされた場合は，（憶測上の死体を）投棄するなどによる死亡結果の促進（Beschleunigung）は，故意を排除しないが，他方，第一行為に具体的な結果適性が欠ける場合は故意が欠ける」とし（§16 Rn.31），同様の考えは，"cupla generalis" および「結果的加重犯」にも当てはまるというのである（§16 Rn.32）。しかし，第一行為（ゴムハンマーによる頭部強打）の具体的な結果適性が「縊死」の結果に実現したというためには，本判決のように，一連の因果経過が「日常経験の範囲外にあるわけではない」とか，Ｘの行為はＹの「心理過程」に影響を与えたなどを根拠にしなければならない。そして，このような考えが，『傷害に固有の危険』の重い結果への実現」＝「直接性」に適合的であるかは，本文で論じたように疑問があるのである。したがって，基本的には後述する「致命性説」が妥当であるとするロクシンが，「すでに死亡したものと誤信した被害者を殺害の隠蔽目的で吊すことにより自然死をいくぶんか早めたという形においてではあるが，Ｘが加えた致命的な傷害は被害者の死を招致した」とするのも不当であろう（以上につき，Roxin, AT, §10 Rn.115 mit Fn. 157 und am Ende）。

［補記］　なお，「第三者行為介在型」といっても，同じ判断がすべての結果的加重犯に等しく妥当するものではないことは，判例・通説の認めるところで

第5章 「直接性法理」とその具体化

ある。たとえば，ドイツ刑法239条b第2項＝「被害者を殺害する，もしくは被害者に重傷をくわえると脅迫して（1998年の第6次刑法改正法により，「一週間以上に及ぶ自由剥奪」を内容とする脅迫が加えられた），第三者に行動，受忍または不作為を強要するために，他人を誘拐もしくは領有（sich bemächtigen）した者，または自らの行為が他人に作り出したその状況を右の強要に利用した者」が，「その行為により軽率に（「少なくとも軽率に」──同上）被害者の死を引き起こした場合（無期または10年以上の自由刑）」に関して，⑬ BGHSt.33, 322＝Urt.v.18.9.19-85-2 StR 378/85 は，人質奪取致死罪の「直接性」に関して次のように論ずる[25]。

事案は，銀行強盗が，銀行襲撃後に逃走するため，自動車に人質を連れて立てこもったところ，乗車している者全てを強盗犯人と誤信した警官による発砲で，捕らえられていた人質が死亡した，というものである。

人質奪取致死罪の「厳格な刑の加重は，軽率に人質の死亡が惹起されただけでも，また，人質罪と過失致死との観念的競合が認められるだけも肯定しうるものではない。本罪の厳格な刑を認めるためには，少なくとも『直接性』が認められなければならない。しかし，（旧）226条で展開されている直接性と本罪におけるそれとでは，その内容が自ずと異なる。本罪においては，人質奪取により創出された強制状況を終結させるために，被害者自身もしくは第三者，とりわけ警官によって創出される人質の生命危険も，本罪に固有の特殊な危険として包含される。したがって，このような危険が実現した場合は，軽率の存在を条件として，行為者に本罪の成立が認められるのである」[26]。「しかしながら，本件の場合は，人質の生命に対する危険を基礎づける事象経過は警官の状況誤認であり，したがって右に述べた本罪に特殊な危険実現は認められない」[27]。

人質奪取致死罪の成立を否定した本判決の結論については賛否両論に分かれている。本判決と同様の理解を示す見解がある一方[28]，「警官が人質を強盗犯人と誤認することも人質奪取罪に定型的に結びついた危険性である」とする見解もみられる[29]。しかし，本判決が示す前段部分，すなわち「人質奪取により創出された強制状況を終結させるために，被害者自身もしくは第三者，とりわけ警官によって創出される人質の生命危険も，本罪に固有の特殊な危険」であるとする部分については，確たる見解の一致がある。問題とされる「基本犯の罪質」の違いによって，その「特殊な類型的危険」の内実が異なるのは当然

であるから、その「危険実現」を意味する「直接性」にこのような違いが生ずるのも当然だといえよう。

本節で検討している判例における「直接性の不一致」というのは、以上の意味における「不一致」ではなく、同一の結果的加重犯に関する、しかも同様の事案での「不一致」であることを、再度確認しておきたい。

　(25)　本判決に対する評釈として、たとえばJ.Wolter, JR 1986, 465; G.Küpper, NStZ 1986, 117; Fischer, NStZ 1986, 314. などがある。なお、本判決は、「樹上見張り台事件判決」を評釈したPuppe, NStZ 1983, 22. を引用して、直接性については「せいぜい問題提起がなされているにすぎない」とする（S.323）。ただし、プッペがそういうのは、混乱する判例・学説状況を指してのことである点に注意を要する。
　(26)　BGHSt.33, 322 (324).
　(27)　Ebd., 325.
　(28)　Küpper＝Anm (25); Otto, BT, aaO［Anm (23)］, 104; Schäfer, LK, 1986, §239 a Rn.19; Wessels, BT, Teil-1, 17.Aufl., 1993, 97. 結論同旨、Puppe, aaO［Anm (3)］, 243; Rengier, Delikte, 187-9 (行為者は、警官がマシンガンによる一連の発砲で対処することを不可避的にする緊急状況を作出したとはいえない、すなわち警官は「行為者の間接正犯性」を基礎づける「強制緊急避難」で行為したとはいえない)、など。
　(29)　Roxin, AT, §10 Rn.117 a.E. その他、結論同旨、Wolter, JR 1986, 468 r.Sp. -469; Fischer＝Anm (25); Lackner/Kühl, 23.Aufl., 1999, §239 a Rn.9; S/S/Eser, 26.Aufl., 2001, §239 a Rn.30, usw.

(3)　「行為者自身の行為介在型」

そのような「不一致」をあらわす最後の類型として、行為者自身の行為が介在して重い結果が発生した事案における判例の立場をみることにしよう。

(a)　「概括的故意類似の事案」

ただ、この類型の一つ、「概括的故意類似の事案」に関して、結果的加重犯の成立を肯定した判例は見当たらない。この点では判例間の不一致はないといえる。

強姦致死罪に関する判例であるが、たとえば、⑭ BGH, Urt. v. 5. 7. 1955 -2 StR 157/55＝NJW 1955, 1327. は、次のような事案で同罪の成立を否定した。

第5章 「直接性法理」とその具体化

　XはAを強姦目的で絞扼したところ，Aが意識を失った。それを死亡したものと誤信したXが（まだ生きている）Aを川に投棄したため，Aはそこで窒息死した。

　もっとも，その根拠は過失の否定にあった。すなわち，本判決によると「（旧）56条（＝現行18条「重い結果に対する少なくとも過失」）と結びつく178条は，Xが177条に記されている行為によってAの死を過失で招致したことを要件とする。その行為は本件の場合，絞扼行為である。条件説からすると，それがAの死を惹起したことは明らかであるが，しかし，Xが絞扼の時点において，Aの溺死を予見することは不可能であった」[1]。

　しかし，本判決も，確立した判例理論にしたがい，「現に発生した事象経過が通常の経験の範囲内にある限り，最終結果が予見可能であれば足りる」というのである[2]。そうすると，被害者が意識を失うほどに絞扼した場合，「最終結果」である死亡は十分予見可能といえようから，その前提から，強姦［未遂］致死罪（本件ではXはAを姦淫していなかった）の成立を否定するためには，Aの死に至る事象経過が「通常の経験の範囲外」であるとしなければなるまい。現に本判決はそのような見解をとった。すなわち，「絞扼が意識喪失をもたらしたことは日常経験の範囲内にある」が，しかし，「気絶したAを死亡したものと誤信し，重大なショックを受けて，川へ投棄し，そこで溺死させるという事象経過はおよそ経験の範囲外にある」，と。

　たしかに，殺意がある通常の「概括的故意」の事案とは異なり，殺意のない結果的加重犯の場合に犯跡隠蔽行為にでることは「通常のことではない」といえるかもしれない[3]。しかし，逆に，殺意がないからこそ，「憶測上の死体」を目の当たりにした者が，自分のしでかした事の重大性に驚き，犯跡隠蔽行為にでることも希有ではないといえるのである。殺意のある・なしによって，事象経過の通常・異常を判断することは「水掛け論」に終わる可能性があるだろう。ただ，前掲⑫の「自殺偽装事件判決」からすると，本件においても，Xの絞扼から発してAの死に至る一連の事象経過が「経験の範囲内にある」とされようし，また，わが国の裁判例にも，次のように論じて傷害致死罪の成立を肯定したものがみられるのである。

　「およそ犯人が被害者に暴行を加え，重篤な傷害を与えた結果，被害者を

仮死的状態に陥らせ，これが死亡したものと誤信して犯跡隠ぺいの目的で山林，砂中，水中等に遺棄し，よって被害者を凍死，窒息死，溺死させるに至ることは，自然的な通常ありうべき経過であり，社会通念上相当程度ありうるものであって，犯人の予測しえたであろうことが多いと考えられる。本件についても全くこれと同様であって，その直接の死因は溺水吸引による窒息死であるが，被告人が被害者を殴打昏倒させて失神状態に陥らせ，そのうえ失神した右被害者を死亡したものと誤信して水中に投棄し死亡させたものであるから，被告人の殴打暴行と死亡との間に刑法上因果関係があることは明らかである」[4]。

このように考えることは可能であるにもかかわらず，本判決も含め，ドイツではこの類型において結果的加重犯の成立を認めた判例はみられない。先の「自殺偽造事件」でBGHが被害者は「縊死」したとしながらも，強引に，「ゴム・ハンマーによる頭部強打の致命的な危険が死亡結果に実現した」として「直接性」の存在を肯定したために，学説の多くの批判を受けたことは前述したが，行為者の第二行為によって被害者が死亡したことの明らかな「概括的故意類似の事案」においては，重い結果を発生させる「絞扼」や「殴打」に「固有の危険」が，「凍死」「窒息死」「溺死」などの結果に実現したとはいえないこと，すなわち「直接性」が満たされないことが明白な点に，その理由があるといってよいだろう。

たとえば⑮BGH, Urt.v.4.11.1997-1 StR 364/97（判例集未登載）は[5]，殺意なく殴打・足蹴りの暴行を加え，意識不明のまま昏倒したAを死亡したものと誤信し，犯跡を隠蔽する目的でAを川に投棄し溺死させたという事案で，次のように論じて，傷害致死罪の成立を認めた原審を破棄している。

「傷害致死罪の規定は，身体傷害に結びついた死亡結果を発生させる危険性を阻止しようとするものである。それゆえ本規定は，被害者の死を引き起こすような特別な危険を内包する身体傷害にのみ適用される。そしてこの危険が，まさに死の経過に実現したのでなければならないのである。……決定的なことは，被害者の死を発生させる，行為者によって行われた身体傷害に固有の危険が死亡結果に実現したかどうかである。身体傷害と被害者の死亡との，この意味における『直接的な関係』は，本件においては存在しない。

第5章 「直接性法理」とその具体化

意識を失い，死亡したと誤信した被害者を，犯跡を隠すために川へ投棄することを通しては，行なわれた身体傷害に固有の危険が実現したとはいえないのである」[6]。

先の⑭判決に関しても，そこで強姦「未遂」致死罪の成立が否定された実質的な根拠は「直接性の欠如」にあるとする立場が，学説では有力である[7][8]。

ところで，わが国においては，ドイツとは対照的に，このような「概括的故意」類似の事案に関して（も）結果的加重犯の成立を否定した判例は見当たらない。先に引用した大阪高裁判決以外で，たとえば，大判大正7年11月30日刑録24輯1461頁は，格闘における絞扼で仮死状態に陥ったAを溺死に見せかけるため海中に投入して死亡させた事案で，大阪地判昭和45年9月24日（判例集未登載）[9]は，暴行殴打の結果，穴に落ち込んだAを死亡したものと誤信し，犯跡隠蔽のためにAをそこへ埋めたため窒息死させた事案で，それぞれ傷害致死罪の成立を肯定した。また，最決昭和36年1月25日刑集15巻1号266頁は[10]，酩酊による抵抗不能状態に乗じてAの姦淫を企てたX，Yが，Aの下半身を全裸にし，手淫したが陰茎が勃起せずその目的を遂げなかったのであるが，下半身を全裸にし寒冷にさらすことを含めた暴行により異常体質のAをショック状態に陥れ，それを死亡したものと誤信し，Aを背負って約200m離れた田圃に放置したために，ショック状態と競合してAを凍死させた事案で，強姦致死罪の成立を肯定している。その根拠は，概要，第一行為と第二行為の「時間的・場所的近接性」および「外形上第一行為の継続」といえるかどうかを基準として，それぞれの基本行為とAの死を惹起した第二行為を「包括的に一個の行為」として評価できる，という点に求められている[11]。さらに，「結果的加重犯が故意行為と過失行為との競合から成立し，しかも，その過失行為は，同一犯人による事後の過失でも足りるとするならば」，「結果的加重犯は……原因たる故意行為（暴行行為）が完了した後における，犯人による別個の過失行為が競合して結果を発生せしめた場合にも成立しうると解することができる……」とか[12]，あるいは，「構成要件の定型からみると殺人行為よりも暴行行為の方がはるかにゆるやかであるから，第二の所為を暴行行為と評価して第一の行為と相合し

て包括的一行為になると認めやすい面があるといえるのではなかろうか」[13]，などといわれている。

　このような考えからすれば，たとえば行為者が傷害の故意で行為にでて，それと「時間的・場所的な近接性」が認めらる範囲内で当の行為者が引き起こした重い結果は，問題なく結果的加重犯の成立を肯定させることになるだろう。しかし，ドイツでは，故意の傷害行為と「時間的・場所的近接性」の認められる第二行為が「犯跡隠蔽目的」などの認められない，まさしく「純然たる過失行為」の場合でも，それゆえ結果的加重犯を「故意犯と過失犯の競合」と理解するなら，よりその成立が認められやすくなるにもかかわらず，結果的加重犯（傷害致死罪）の成立を否定した判例がみられるのである。それが「ピストル殴打事件」に関する帝国裁判所判決である。この事件の問題点は，たしかに行為者は傷害故意で行為にでたが，しかし，その意図した傷害結果が発生するまえに死亡結果が発生してしまった場合，いうなれば傷害「未遂」致死という形で傷害致死罪の成立が認められるのかという点にあり，これまでにみてきた判例とは様相を異にするが，分類上，「行為者自身の行為介在類型」ということができるので，ここでみておくことにしよう。

　(b)　「ピストル殴打事件」

　⑯RGSt.44, 137＝Urt.v.24.10.1910－Ⅲ 746/10 は，被害者Aと口論のすえ，その場から離れていったAに，所持していたピストルで打撃をくらわそうとしてAの後を追い，追いついたところで，Aを安全装置が解除されているピストルの銃口で突いたとき，右手の指が引き金にかかっていたため過って引き金を引いてしまい，暴発によりAを死亡させたという事案で，次のように述べて傷害致死罪の成立を否定した。

　傷害致死罪の規定を「適用するためには，身体傷害『それ自体』（原文離字体―以下同様），すなわち，身体傷害を直接的に招致する行為が死を惹起したことが必要である。……意図した傷害を招致するにあたり，複数の行為が行なわれ，そのうちの一つが意図した（傷害）結果（括弧―引用者挿入）とは無関係に，それ自体単独で死を惹起する独自の因果系列（Ursachenreihe）を引き起こした場合，その死は『身体傷害によって』惹起されたものとはいえない。これはとくに，死を単独で招致する行為が意図した行為とただ外面

的で偶然の関係にあり，傷害結果を招致するのに必要とされない場合，いいかえると，『身体傷害』を取り除いても死亡結果はなくならない場合にあてはまる」(14)。

これに対して，BGHはこのRG判決を明示的に変更し，同様の事案で傷害致死罪の成立を認めた。⑰GBHSt.14, 110＝Urt.v.2.2.1960-1 StR 14/60 がそれである。事案は次のようなものである。風俗営業法上の法定閉店時刻 (Polizeistunde) 遵守の見回りをしていた警察官である被告人Xが，まだクラブで飲酒していた客に帰宅を促したところ，そのひとりAに罵倒され，腕をつかまれるなど執拗に絡まれたため，携帯していたピストルで2回Aの頭部を殴りつけたうえ，路上にうつぶせに倒れているAの後頭部をさらに1回突いたところ，その時に発生した暴発によりAを死亡させたというものである。このような事案で原審が傷害致死罪の成立を認めたのに対して，被告人が前記⑯判決を引用して上告したが，BGHは次のように論じて，上告を棄却した。

「帝国裁判所の見解は，立法者が（旧）226条の傷害を被害者に故意で加えられた身体損傷 (Körperbeschädigung) それ自体としてのみ理解したであろう場合にだけ，不可避である。そのように理解するなら，死亡結果が226条の構成要件に該当するのは，行為者が故意でもたらした被害者の身体損傷がまさに死を惹起した場合のみということになろう。帝国裁判所はこのように考えているようである。身体傷害を取り除いたなら同時に死亡結果もなくなる場合にのみ，傷害致死罪の成立は認められるといい，その脈絡において，打撃または突きをもたらした行為者が銃創を意図していなかったと示唆しているからである。

しかし，226条の傷害概念（「身体傷害によって」にいう「傷害」―引用者挿入。以下同様）をこのように理解することはできない。この概念は……，行為者が直接招致した（傷害）結果を包含するだけではなく，むしろ，第一義的には，（傷害）結果をもたらす動作 (Tätigkeitsakt)，すなわち，殴打，突き，被害者の身体に対するその他の作用等々に関係づけられている。……このように傷害は，Xが殴打武器として用いたピストルを振り上げることから，Aの頭部にそれが当たり，負傷に至る全過程を包含する。それゆえ，226条

の適用にとっては、傷害『行為』がＡの死に至ったかどうか、いいかえると、Ａを傷づけようとする意思に担われ、結果として傷害をもたらす動作が同時にＡの死を招致したかどうか、が重要なのである。これが否定されるのは、……突く、殴るという過程と、ピストルの引き金を不意に引いてしまうことの自然的単一性（die natürliche Einheit）が解消される場合のみである」[15]。

「ピストル殴打事件」に関するこの二つの判例は、結果発生およびそれに至る因果経過の検討に先立って、最初に指定されるべき「帰属の起点」をどう理解するかに関する問題を提起している。すなわち、「重い結果を招致する基本犯に固有の類型的危険」を結果的加重犯の「不法内容」とみるとき、それが「傷害行為」に認められれば足りるか（このBGHがそうである）、それとも「傷害結果」に認められなければならないかの違いとして、今日でも激しく争われている論点である。前者を「行為説」、後者を「結果説」と呼ぶことにしよう。両説については後述するドイツの学説（致命性説）のところでも触れるが、ここで結論を示すなら、やはり「結果説」が正当と解される。傷害致死罪の「特殊な危険」は、傷害行為そのものにではなく、その人体に及ぼす物理的・病理的な作用に媒介された生理機能障害においてこそ認められるからである。すでに論じたように、生理機能障害がその量の増大として極限に達するまえの、そのいずれかの段階で歯止めをかけることが不可能ないし極めて困難だからこそ、加重処罰をもって臨む必要性が認められるのである[16]。

たしかに、「ピストル殴打事件」も含め、これまでに検討したすべての事案で現実には死亡結果が発生している。したがって、同時に傷害結果の発生も認められる。それゆえ、そのように考えても意味はないといわれるかもしれない。しかし、傷害致死罪に固有の「不法内容」を以上のように考えるなら、犯罪の不法は主観面に反映されなければならない以上、故意の基本犯からなる傷害致死罪の成立を認める条件として、まず、「主観的側面」において、少なくとも、重い結果発生の危険源をなす「人体に及ぼされる病理的な作用を基礎づける事実」の認識がなければならないことになる。そして、故意にカヴァーされる、この作用が当の本件においても最終結果にまで通底しているかどうかが、「客観的直接性」として問われると解されるのである。

第5章 「直接性法理」とその具体化

これらの条件が満たされて、はじめて傷害致死罪の成立が認められるとすれば、「行為説」と「結果説」の違いはやはり重要であろう。

このような前提で「ピストル殴打事件」を考えると、本件は上記第一段階ですでに問題が生ずる事案だと思われる。「結果説」の見地からすると、行為の出発点において認められる「傷害故意」の存在だけでは足りず、傷害致死罪の不法内容の核をなす「傷害結果」——最低でも「人体に及ぼされる病理的な作用を基礎づける事実」に対する認識が認められなければならないところ、本件ではそれが否定されようからである。たしかに実弾が込められており安全装置が解除されていることを認識していたならば、そのようなピストルで殴ろうとする者には、少なくとも、暴発による生理機能障害を基礎づける事実の認識が、それゆえ傷害の未必の故意が認められるであろう。しかし、被害者を殴打ないし突いた時点ではその間の事情を看過していた行為者にとって、彼の頭にあったピストルは、もっぱら「殴打武器」として利用された「角ばった鉄の塊」にすぎなかったといってよい。銃器としての認識がないところに暴発による負傷の故意があるとはいえない以上、結局、本件は「故意の及ばない傷害結果」から死亡結果が発生した場合、「結果説」の立場からすると、過失傷害致死すなわち過失致死が問題の事案だといえるだろう[17]。

これに対してBGHは、結論的には、傷害故意で行為が実行され、それと重い結果をひき起こした行為との間に「自然的な単一性」が認められればよいとしたのであった。しかし、このような理解では、せいぜい（危険）傷害罪と過失致死罪との「観念的競合」が認められるのが関の山であろう。BGHが、本件で傷害致死罪の成立を否定する考えを不当だとするのに、「刑事政策上の目的」をあげざるをえなかったのも[18]、そのためではなかろうか。すなわち、実際には実弾が込められ安全装置が解除されているピストルを、「傷害故意にもとづく殴打」の武器として用い、現実にも人間の死をひき起こした以上、傷害致死罪として重く処罰するのが政策目的に合致する。このような考えが、明らかにその背後に読み取れるのである。そして、本件でも過失致死罪が認められることは明らかである。このことを前提として、この事件に関するBGHがいうように[19]、傷害致死罪は「過失で招致された

死亡結果が，故意で行なわれたそれ自体可罰的な傷害行為にもとづく点で，過失致死罪に対してより高い当罰性を基礎づける」という観点から本罪の本質を理解するならば，本件で傷害致死罪の成立を否定する理由は見当たらない。このような観点からは，RGの「限定解釈」が「(旧)56条の制定により不要となった」[20]とするのは当然である。BGHの理解による傷害致死罪は，傷害罪と過失致死罪の「単なる積み重ね」にすぎないといえるからである。両者の間に「自然的な単一性」が認められればよいとしたのも，結局は以上の点に帰着するように思われる。

しかし——「行為説」一般にも同様にいえることだが——，このような立場に立った場合，結果的加重犯の加重処罰根拠はどう理解されるのだろうか。BGHは過失致死罪に対する傷害致死罪の高められた当罰性を指摘するが，「重く」処罰されるという場合の比較の対象は，単なる過失致死罪ではなく，傷害罪と過失致死罪との観念的競合にあるのだから，それでは答えになっていない。問題は「傷害罪」と「過失致死罪」との「観念的競合」を超える加重処罰根拠にあるのである。発生した死亡結果を「過失致死」として評価するだけでは「刑事政策的に不十分」であるとか，死亡結果を基礎づけた過失致死が「それ自体可罰的な故意行為にもとづく」といっても，「重く処罰すべきだから重く処罰する」というのに等しい[21]。ところが，その後も⑱BGH, Urt.v.29.20.1974-1 StR 525/74＝MDR 1975, 196は，ピストルで殴打した際に不意に暴発を起こして被害者を死亡させた事案で，⑰判決をそのまま踏襲して傷害致死罪の成立を肯定した。さらに，⑲BGH, Urt.v.3.7.1985-2 StR 202/85＝NJW 1985, 2958は，酩酊したXが2歳半の息子Aを虐待している最中，床に落下させてAを死亡させたのであるが，それが故意の虐待によってではなく，その後にXがAをうっかり落下させてしまった可能性があるという事案で，「複数の行動からなる複雑な事象経過において，死を招致した活動が傷害故意によって実行されたのではなく，傷害が傷害故意の及ばない態度の結果である場合」は，「故意の傷害行為それ自体が死亡結果を惹起したとはいえない」として本罪の成立を否定したが，しかし，傍論として，次のように論ずる。「故意のある傷害行為と過失で被害者の死を招致した行為との間に『自然的な行為の単一性』が認められる限り，『故意にカヴ

第5章 「直接性法理」とその具体化

ァーされた傷害行為それ自体が死を惹起した場合』といえる。先の⑰判決もこのように理解することができる」，と。「時間的・場所的近接性」が認められる限り，行為者の「事後の過失」による結果発生でも結果的加重犯が認められるとするわが国の判例に比べると，そこまで大胆ではないにしても（わが国では，この⑲判例においても傷害致死罪が認められる可能性があるだろう），故意の傷害行為と過失で死を招致する行為とが「自然的単一性」で結ばれていれば足りるというのだから，両者の観念的競合を基礎づける以上に密接な関係が要求されていないことに変わりはない。それだけではなく，観念的競合が認められるのは，わが国の判例にならっていえば，「法的評価をはなれ構成要件的観点を捨象した自然的観察のもとで，行為者の動態が社会的見解上一個のものとの評価を受ける場合」であるから(22)，このような「行為者の動態」が「故意にカヴァーされた傷害行為それ自体」といえないことも明らかである(23)。後者は「傷害罪の構成要件該当行為」そのものだからである。

「行為説」に立つ⑰判決（BGHSt.14, 110），およびそれに従う以上の判例には，結果的加重犯の加重処罰根拠の点に関しても，その立論の前提には置かれている「基本犯と重い結果との特殊な関係」を無に帰せしめてしまう点でも，賛成しかねる。やはり，RG判決（＝「結果説」）をもって正当と解すべきであろう(24)。

（1） NJW 1955, 1327. ただし，不思議なことに，過失致死罪の成立は認めている。
（2） 以下の論述も含め，NJW 1955, 1328 l.Sp.
（3） わが国でも，たとえば大阪地判昭和43・8・16判例タイムズ227号242頁は，このような観点から（Vgl.auch Rengier, Delikte, 180.），この類型で傷害致死罪の成立を否定した。なお，本判決は本文で後述する控訴審判決により破棄されている。
（4） 大阪高判昭和44・5・20刑事裁判月報1巻5号462頁（470頁）［確定］。本判決は，前注（3）の大阪地裁判決を破棄したものである。本判決に対する評釈としては，河上元康「判批」判例タイムズ265号79頁以下がある。
（5） Vgl.dazu G.Altvater, Rechtsprechung des BGH zu den Tötungsdelikten, NStZ 1998, 342 (345).
（6） BGH StV 1993, 75. も，傷害の被害者を自殺に見せかけるためにその首を絞め死亡させたという事案で，「そのような経過は，先行する虐待（絞扼）とそれによ

I 直接性法理の概要

ってもたらされた意識喪失に固有の類型的な危険の範囲外である」とし，傷害致死罪の成立を否定する。
　（ 7 ）　Vgl.G.Geilen, Unmittelbarkeit und Erfolgsqualifizierung, in: Welzel-FS, 1974, 655 (664f.).; J.Wolter, Zur Struktur der erfolgsqualifizierten Delikte, JuS 1981, 168 (172 l.Sp.).H.J.Rudolphi, SK, 6.Aufl., 25.Lfg., 1995, §18 Rn.3 unten. も同旨。本判決が他方で過失致死罪の成立は認めていることも，この点を裏づけている。
　（ 8 ）　「直接性不要論」を展開するレンギールは，この種の事案において結果的加重犯の成立が否定されるのは，重い結果に対する過失は「基本犯の実行時（＝絞扼時）」に存在しなければならず，「事後の過失（＝絞扼後に，生体を死体と誤信した点での過失，傷害の被害者を自ら病院に搬送する途中での過失，など）」では十分でないからだとする（Rengier, Delikte, 178ff. 同旨, S/S/Stree, 26.Aufl., 2001, §227 (n. F.) Rn.7 unten）。もちろん，結果的加重犯は「単なる故意犯と過失犯の積み重ね」ではない以上，この主張に異論はない（Vgl.auch Wolter, aaO［Anm (7)］, 169 r. Sp. なお，後出注(12)およびその本文参照）。しかし，結果的加重犯の否定に導く「事後の過失」というのは，当該基本犯に固有の特別な危険が現実に重い結果に実現したか，という「直接性」の存否を主観面に投影させた結論にすぎないのではなかろうか。レンギールも次のように論じている。これらの事案でも「たしかに，行為者は死の危険を創出している。しかし，この危険が具体的に発生した結果に実現してはいない。具体的な結果発生は新たな独自の因果経過にもとづいているからである」，と（Ebd., 178 a.E.-179）。「事後の過失」を「客観面」からいいかえると，「直接性の欠如」を意味するといってよいだろう。
　（ 9 ）　河上・前出注（ 4 ）83頁より引用。
　(10)　本決定に対する評釈として，たとえば長島敦「強姦致死と因果関係」同『刑法判例研究Ⅰ』202頁（大学書房，1967）がある。
　(11)　各判例の他，河上・前出注（ 4 ）82頁参照。なお， 2 番面の大阪地裁判決は，このことを根拠に，第一行為と第二行為「を包括して一個の暴行に当たるものと解するのが妥当である」から，「原因行為と死の結果との間に相当因果関係が認められることは明らかで」あるとする。河上・同上83頁。
　(12)　長島・前出注(10)214頁，215頁参照。
　(13)　河上・前出注（ 4 ）82頁参照。
　(14)　RGSt.44, 137 (139). 第 2 章Ⅰ 1 （②判例）参照。
　(15)　BGHSt.14, 110 (111f.).
　(16)　第 4 章Ⅳ 2 (1)及び(3)参照。
　(17)　なお，この事件では，銃創の故意を阻却する，行為者の表象と現実の因果経過との「本質的なズレ」があるとするのが多数説である。Vgl.Geilen, aaO［Anm (7)］, 682; Hirsch, LK, 10.Aufl., 1981, §223 Rn.18, §224 Rn.5, §226 Rn.3; ders.,

Oehler-FS, 119 Fn.37; Küpper, Zusammenhang, 74（以上「結果説」の立場から）。Und z.B., Schroeder, LK, 11.Aufl., 1994, §18 Rn.24, 38; Rengier, Delikte, 202, 218, 246; K.Laubenthal, Der Versuch des erfolgsqualifizierten Delikts einscließlich des Versuchs im besonders schweren Fall bei Regelbeispielen, JZ 1987 1065（1068 l.Sp.）; S/S/Stree, 26.Aufl., 2001, §227 Rn.5（以上「行為説」の立場から）。さらに，結論同旨，Puppe, Erfolgszurechnung, 216f.; S/S/Cramer/Sternberg-Lieben, ebd., §18 Rn.4.

　(18)　BGHSt.14, 110［113］.
　(19)　Ebd.
　(20)　Ebd.
　(21)　「行為説」からする「加重処罰根拠」に関する疑問については，たとえば，G.Jakobs, JR 1986, 380（381 r.Sp.）＝［本文後述⑲判例に対する評釈である］; ders., Das Fahrlässigkeitsdelikt, Beiheft ZStW 86（1974）, 6（37）. 参照。
　(22)　最（大）判昭和49・5・29刑集28巻4号114頁。
　(23)　同旨，Jakobs, JR 1986, 381 l.Sp.
　(24)　K.Altenhaien, Der Zusammenhang zwischen Grunddelikt und schwerer Folge beim erfolgsqualifizierten Delikten, GA 1996, 19（22 mit Fn.13）. によると，BGHのような理解では，「基本犯と重い結果の特殊な関係」は確立されず，基本犯の実行の「機会」における重い結果まで取り込んでしまうことになる。

3　ドイツの学説における直接性

(1)　「直接性不要論」とその検討

(a)　この「ピストル殴打事件」に関するRGとBGHを含めた，判例相互間の不統一，さらに「直接性法理の空洞化」はすでに指摘されていたが[1]，以上にみたように，とくに1990年代に入ると，その感をより強くする。「一連の事象経過があらゆる生活経験の範囲外にあるとはいえない」として傷害致死罪の成立を肯定した「樹上見張り台事件判決」（判例番号⑩─以下同様）に端を発し，全く同様の観点から本罪の成立を認めた「治療拒絶事件」に関する一連の判決（⑧⑨），さらに──実質的には以上の判例と同様と解することができるが──，とくに介在行為が「自己答責性を基礎づける自由な行為」ではない点を強調して本罪の成立を認めた「転落死事件判決」（⑥）および「自殺偽装事件判決」（⑫），などがそうである。

このような状況にもかかわらず，ほぼすべての判例が，たとえば「傷害致

死罪の規定は傷害罪に固有の特殊な危険を阻止しようとするものであり、それゆえ、このような特殊な危険が重い結果に実現したのでなければならない」と異口同音に主張するのであるから、直接性法理においては「定義づけがなされているだけである」といわれても致し方ないだろう。このような状況においては、「直接性不要論」が主張されても不思議はない。

　他方、学説においても、すでに論じたように、危険性説の実質的な創始者といえるエーラーが、結果的加重犯の客観的成立要件を判断する基準として援用したのは、その実質においてまさしく「相当因果関係説」に等しい「客観的目的可能性」であった(2)。ガイレン(3)をしていわしめれば、「エーラーですら、[基本構成要件の独自性に結びつけられた特殊な危険は、故意基本犯の機会に間接的に生じた侵害にはけっして及ばない]として挙示する唯一の事例は（[　]内—引用者挿入）、救急車の事故による負傷者の死という、すでに（旧）56条によっても加重処罰が否定される事案にすぎなかった」のである(4)。

　これに対して、「鼻骨骨折事件判決」の結論は、たしかに「相当因果関係説」や「自己答責性の理論」によっては説明困難であった(5)。しかしながら、本判決も、「傷害致死罪に科される刑の高さからみて、『本罪は傷害に内在する固有の危険性』を阻止しようとする規定であり、それゆえ、『このような危険性』が重い結果に実現した場合にのみ本罪の成立は認められる」と主張しつつ、本件で傷害致死罪を否定した根拠をなす直接性要件の不存在に関しては、「第三者または被害者自身の行為が介在して初めて結果が発生した場合は、立法者によって予定された基本構成要件に固有の危険性の実現は否定される」、と論ずるに止まっていたのである。したがって、本判決の実質は、かつて条件説の立場からフランクが「条件関係が中断」される場合として主張した「遡及禁止論」——すなわち「自由かつ故意で事象経過に介在する行為は因果関係を中断するとした「遡及禁止論」(6)に等しいと解釈される余地があった(7)。そうすると、この事件で傷害致死罪の成立が否定されるかどうかは、被害者の「危険な逃避行為」の性質をどう理解するか、故意でなされたことは明らかだから、その行為の「自発性・任意性」にもっぱら依存することになろう。そして、このような「遡及禁止論」の観点からすれば、「自

第5章　「直接性法理」とその具体化

発性・任意性」が認められると，今日の用語では「帰属連関が中断」されて傷害致死罪が「否定」されることになる[(8)]。したがって，逆に，介入行為が「不自由」であったことを理由に傷害致死罪の成立を「肯定」した「転落死事件」(⑥)や「自殺偽装事件」(⑫)のBGH判決は，理論的には何ら不当ではないことになるのである。

（b）　このような観点から，たとえば「転落死事件判決」を「鼻骨骨折事件判決」からの「好ましい方向転換」だと歓迎するのが，以前から「直接性不要論」を展開していたレンギールである[(9)]。

レンギールによると，「重い結果は基本犯に定型的に結びついている危険の実現でなければならない」というとき，その「基本犯」を「義務違反」に置き換えれば，それは過失犯論における「義務違反性連関」「危険実現連関」等々……そのものである[(10)]。これらの事案において決定的なことは「直接性」の存否ではなく，「緊急避難状況にもとづき自由な自己決定をなしえない者の行為から生じた結果は，その背後者の答責領域に該当する」という一般的な帰属原理である[(11)]。「被害者自身の行為介在類型」についていうと，

①自ら死をもたらす，あるいは自己を危殆化した被害者の置かれた状況が，客観的に背後者の間接正犯を基礎づけ（被害者にとってドイツ刑法35条の「免責緊急避難」が認められる状況の創出），

②被害者の行為が（いまだに継続する）基本犯の構成要件行為に帰せられ，

③行為者が上記の二点および結果惹起に関して過失（軽率）の責めを負わせられれば，当該結果的加重犯の成立が認められる[(12)]。

レンギールは以上のように論じて，たとえば「強制収容所事件」「鼻骨骨折事件」では，まさに傷害致死罪の成立が認められるというのである[(13)]。問題の多い「直接性思考」はこのような帰責基準（「自由答責性基準」）によって，とって代えられるべきであり，被害者もしくは第三者の行為が，他の方法をもってしては回避しえない生命，身体，自由に対する現在する危険を回避するためのものである場合は，危険実現連関が肯定さればければならない[(14)]。したがって，被害者が自己答責的に，生命を救助する医療措置を拒絶した場合には，この帰属連関は中断される。「診療拒絶事件」における前掲⑨判決（BGH NStZ 1994, 394）が傷害致死罪の成立を肯定したのは，被害

者の酔いの状態が自己答責的な決断を排除するという前提でのみ，正当化できる[15]。

これに対して，殺人故意なく意識を失うまで絞扼した被害者を死亡したものと誤信した行為者が，自殺を偽装しようとし，ベルトを被害者の首に巻きつけ，締めたところ，そのことによりはじめて被害者は死亡した[16]。このような「概括的故意類似の事案」の場合は，死を惹起した第二行為は基本犯に固有の危険をあらわさない（？）[17]がゆえに，本罪の危険性連関は中断される。被告人のいとこが，錯誤に陥り，被告人のために同様の行為を行なった場合も同じである。それゆえ，前掲⑫の「自殺偽造事件判決」は，妥当ではない[18]。

(c) 以上が，レンギールが「直接性」を不要だとする根拠，およびその立場からの——前節でみた——いくつかの判例批評である。すでに彼の見解については検討を加えたが，結果的加重犯は「固有の不法内容」を有する特別な犯罪類型ではないとするレンギールの前提からすれば[19]，以上のような主張はありうべきものといえるだろう。むしろ，立論の前提では「固有の不法内容」「特殊な危険」を主張しながら，結果的加重犯の客観的成立要件にそれを反映すべき「直接性」の段に至って，前言をひるがえすかのような結論づけを行なう一部の判例・学説より，首尾一貫した立場である。

しかしながら，結果的加重犯に対する前提理解，すなわち「固有の不法内容」を否定しつつも，殺人罪と過失致死罪との間隙を埋める「補完構成要件」といった政策的観点にのみ結果的加重犯の「存在根拠」を認めることは[20]，やはり，問題であろう。ともすれば，「処罰欲求」という感情にのみ結果的加重犯の成否がゆだねられてしまう危険があるからである。もちろん，殺意が立証できない場合にその補完として，たとえば傷害致死罪の成立を認めることは不当ではあるまい[21]。しかし，問題のケースがそのような事案ばかりとは限らない。観念的競合によって処断されるべき場合もあるのであって，レンギールの見解からは，まさに問題のこのような事案に，重く処罰される危険性が常につきまとうといえよう。「比較的重くない事態」を指摘することでこのような場合をカヴァーしようとする弥縫策も1998年の第6次刑法改正法により，それまでの「3月以上5年以下の自由刑」が「1年以

第5章 「直接性法理」とその具体化

上10年以下の自由刑」へと大幅に加重されたため（ドイツ刑法新規定227条2項，239条5項後段），もはや有効ではなくなった点もすでに論じたところである[22]。

(d) したがって，重い結果に対する過失致死罪が認められさえすれば，それで必要にしてかつ十分とはいえないのである。しかし，レンギールの見解は，先の「ピストル殴打事件」に関するBGH判決（判例番号⑰）と同様，結果的加重犯を「故意基本犯と過失結果犯との単なる積み重ね（複合形態）」と理解し，それゆえ，本罪を一面的に過失結果犯の側面から眺める立場に帰着する[23]。通常の過失致死傷罪に対する結果的加重犯の加重処罰根拠は「基本犯の定型的危険をとおして行為者に与えられる警告」にあるとしてversari法理を引用するオットーの見解[24]にも，同様のことがいえるであろう。このような「警告」は，「基本犯の定型的危険」なるものの実体が明らかにされない限り，結果的加重犯を実行するすべての行為者に与えられようからである[25]。それゆえ，結果加重犯として重く処罰されるかどうかは，もっぱら過失致死傷罪の成否にゆだねられることになるからである[26]。オットーが，「直接性」に疑問を提起し，たとえば「鼻骨骨折事件」では帰属連関を中断する被害者の任意性・自律性ある介入が認められるかどうか疑わしい，それゆえ傷害致死罪の成立が認められる可能性がある。同種の事案で本罪の成立を肯定した「転落死事件判決」（⑥）からすると，BGHが「鼻骨骨折事件判決」に固執しているのか疑問がもたれるとするのも[27]，以上のような結果的加重犯に対する前提理解の帰結だといえる。

このような立場――結果的加重犯を一面的に過失結果犯の側面からとらえる立場――からは，たしかに「転落死事件判決」などは「鼻骨骨折事件判決」からの「好ましい方向転換」と評価できるだろう。そこでは「自己答責性」の観点が前面に押し出されているからである。しかし，結果的加重犯には，基本犯と結果犯との任意の分断を許容しない「固有の不法内容」があるとみなす立場からは，正反対の評価がなされることになる。

（1） とくに，G.Geilen, Unmittelbarkeit und Erfolgsqualifizierung, in: Welzel-FS, 1974, 655 (657ff., 672ff.); G.Küpper, Der unmittelbare Zusammenhang zwi-

I 直接性法理の概要

schen Grunddelikt und schwerer Folge beim erfolgsqaulifizierten Delikt, 1982, 45 ff（zit.＝Zusammenhang）.; H.J.Hirsch, Der unmittelbare Zusammenhang zwischen Grunddelik und schwerer Folge beim erfolgsqualifizierten Delikt, in: Oehler-FS, 1985, 111(113f.). なお，ガイレンとヒルシュの以上の論文は，以下，題名を省略して出典のみを記する。

（2） D.Oehler, Das erfolgsqualifizierte Delikt als Gefährdungsdelikt, ZStW 69 (1957), 503 (516). 第4章II 3 (3)参照。

（3） Geilen, Welzel-FS, 676.

（4） Oehler, aaO., 515. また，危険性説の「双璧」ともいえるウルゼンハイマーも（前述の「鼻骨骨折事件判決（Rötzel-Fall）」はエーラーとウルゼハイマーの論文を引用して傷害致死罪における「密接な関係」の必要性を説いていた），エーラーと同旨の主張を基礎づけるべく引用する事例は，「その自宅に放火された，高齢で心臓病の婦人が心臓まひで死亡した」というものであった。K.Ulzenheimer, Zur Problematik des Versuchs erfolgsqualifizierter Delikte, GA 1966, 257（268）.

（5） 本章 I 1 参照。

（6） R.v.Frank, Das Strafgeseßbuch für das Deutsche Reich, 18.Aufl., 1931, § 1 III 2a)〔＝S.14〕.

（7） Vgl.Geilen, Welzel-FS, 656; Hirsch, Oehler-FS, 129; J.Wolter, Zur Struktur der erfolgsqualifizierten Delikte, JuS 1981, 168 (175 l.Sp.); E.Horn, SK, II, 6. Aufl., 40.Lfg., 1997, §226 (a.F.) Rn.9.Vgl.auch M.Maiwald, Zurechnungsprobleme im Rahmen erfolgsqualifizierter Delikte−BGHSt.31, 96.JuS 1984, 439 (440 r.Sp.; 443 r.Sp.).

（8） 遡及禁止によって「因果関係（条件関係）」が中断されるというのではなく（すべての結果条件の「等価性」から出発する条件説によるなら，条件関係は「ある」か「ない」かのいずれかでしかありえない），因果関係を肯定したうえで，「帰属連関」が否定されるという「遡及禁止論の現代版」が，主張されることがある。たとえば，「遡及禁止」を「操縦可能性」概念に置き換え，「事象経過を操縦しながら介入することで自ら危険を引き受け，帰責能力ある自由な人間の決意が介入したところで，原行為者の『操縦可能性』は失われる」として，原行為者への「帰属連関の中断」を主張するオットーの見解などが，その代表例といえるだろう。Vgl.H.Otto, Kausaldiagnose und Erfolgszurechnung im Strafrecht, in: Maurach-FS, 1972, 91 (97f.). 哲学上，有意的な人間行為は「遡及の限界として扱われる」という点で，因果関係論上，「特殊な地位」にあるといわれるように（H・L・A・ハート＝トニー・オノレ共著（井上祐司＝真鍋毅＝上田博共訳）『刑法における因果性』147頁（1991）），刑法に限られず，遡及禁止の観点は重要なポイントをなしているといえる。「出来事の原因の連鎖は無際限に続いている」が，「行為の因果連鎖を原因の方向にむかってた

第5章 「直接性法理」とその具体化

どれば，それは基礎行為とその主体たる人格存在によって区切られ」(黒田亘『行為と規範』68頁，(1994))，それゆえ，もとの行為と結果との間に「他人の意志行為が介在する場合は，責任の問題はもっぱら第二の行為との関係で問われ，もとの行為には及ばない」(黒田・同上72頁) という見解もみられる。同様の観点が，「帰責の学」である刑法において主張されるのは当然であろう。刑法においても，「責任能力者の自由にして故意ある行為」が介在して結果が発生した場合は，原行為者への結果帰属は否定されるという見解は，古くから主張されていた (Vgl.M.E.Mayer, Der Causalzusammenhan zwischen Handlung und Erfolg im Strafrecht, 1899, 102ff. わが国では，たとえば小疇傳『日本刑法論 (各論之部)』574～575頁 (1906)，同『新刑法論 (総論)』185頁以下 (1910))。「共犯論」との関係で「遡及禁止論」の正当性を主張する最近の文献として，たとえば，J.Hruschka, Regreßverbot, Ansitifungsbegiriff und Konsequenzen, ZStW 110 (1998), 581ff.「共犯の射程」を考慮にいれた「帰属論」，すなわち人間行為が介在して結果が発生した場合，原行為者に結果が帰属されるのは「間接正犯」か「共犯」の場合に限られるが，「自由かつ故意ある行為」が介在するときは間接正犯は認められないため，共犯の処罰を追及しなければならないが原行為者と第二の行為者との間に共犯関係が認められない限り，結局，原行為者への結果帰属は否定される。これに対して，第二行為が「過失」である場合は，「過失行為を利用する間接正犯」が肯定されるように，原行為者への結果帰属が可能となる。このような主張を行なうのが山口厚である (同『問題探究刑法総論』141頁，197～198頁，さらに28頁以下 (1999) も参照。さらに，島田総一郎『正犯・共犯論の基礎理論』(2002) 参照)。「遡及禁止」とは，このように根が深く，かつその射程は広範に及ぶといえるが，ここでは，遡及禁止論それ自体の当否・体系的な位置づけを検討する余裕はない。

(9) R.Rengier, Strafrecht Bes.Teil, II.Delikte gegen die Person und Allgemeinheit, 1998, §16 Rn.7 (以下，BT と略記する)。

(10) Rengier, Erfolgsqualifizierte Delikte und verwandte Erscheinungsformen, 1986, 130-1 (以下，Delikte と略記する)。

(11) Rengier, Delikte, 186ff., 192ff., 196ff., 200, 202, 204, 205f., usw.

(12) Rengier, Delikte, 196ff., 207f., 320f.

(13) Rengier, Delikte, 197f., 199; ders., Opfer-und Drittverhalten als zurechnungsausschließende Faktoren bei §226 StGB, Jura 1986, 143ff.「強制収容所事件」については，前節①判例参照。

(14) Rengier, BT, §16 Rn.6ff., bes., Rn.8.

(15) Rengier, BT, §16 Rn.9.

(16) BGH StV 1993, 75.

(17) ここでは，なぜか「直接性」と同様の観点が主張されている。レンギールの

見解と「直接性」の関係についてはすでに論じた。第4章II 3 (2)参照。
　(18)　Rengier, BT, §16 Rn.10.
　(19)　Rengier, Delikte, 130f., 134, 135, 149, usw.
　(20)　Rengier, Delikte, 132ff., 291ff., 314, usw.
　(21)　たとえば，最近でも，兵庫県尼崎市の運河で小学1年の児童が遺体で発見された事件で，児童を入所中の児童養護施設から一時帰宅させたうえ，2001年8月5日ごろから7日ごろにかけて，自宅で殴る蹴るの暴行を加え，全身に皮下出血をともなう二十カ所の傷害を負わせ，左側頭部に致命傷を負わせて死亡させた児童の両親に対して，兵庫県警は殺人罪の適用を見送り，傷害致死罪の容疑で両親を再逮捕したと報じられている（たとえば，読売新聞2001年8月31日付39面）。神戸地検尼崎支部も，両被疑者の死体遺棄容疑については処分保留とし，傷害致死容疑とあわせて一括処分すると報じられていてる（読売新聞同年9月5日付34面）。
　(22)　第4章II 3 (3)参照。
　(23)　同様の指摘として，すでに丸山雅夫『結果的加重犯論』208頁（1990）。なお，「ピストル殴打事件」に関してレンギールは，BGHと同様，傷害行為に認められる「危険性」が問題だとする「行為説」を正当とする（Rengier, Delikte, 216ff.）。
　(24)　H.Otto, Grundkurs Strafrecht.Allgemeine Strafrechtslehre, 5.Aufl., 1996, §11 Rn.1（以下，ATと略記する）。
　(25)　したがって，オットーも「行為説」を正当とする。Otto, AT, §11 Rn.10; ders., Grundk. Strafrecht. Die einzelnen Delikte, 4.Aufl., 1995, §18 I 1 b)（以下，BT）．
　(26)　しかし，不思議なことに，オットーは「ピストル殴打事件」に関して次のように論じている。この事件では，「傷害致死罪の成立は否定されるべきである。暴発による死は危険な武器による殴打の定型的な結果ではないから。死に実現したのは，殴打の危険ではなく，意図した傷害にとって定型的ではないその他の危険である」。AT, §11 Rn.12; BT, §18 I 2 a)．
　(27)　Vgl.Otto, AT, §11 Rn.11 und BT, §18 I 2 b)．

(2)　いわゆる「致命性説（Letalitätslehre）」の主張とその検討
(a)　本書も，結果的加重犯には「固有の不法内容」があることから出発した。そして，この点は，本罪の歴史的考察だけではなく，解釈論的な観点からも正当化できると考えている。後者については，第4章IVで論じた。したがって，結果的加重犯の「固有の不法内容」をその客観面に投影する「直接性」は，堅持されなければならないと考える。たしかに，結果的加重犯を，

第5章 「直接性法理」とその具体化

もっぱら結合される対の一方である過失結果犯の側面からとらえる場合には「直接性不要論」に至ることになろう。当該基本犯の故意による実行が認められない限り，最初から結果的加重犯の土俵に乗ってこないことからしても，問題の要点は，過失致死傷罪の成否，とくに過失致死罪をめぐって華々しく論じられている「規範の保護目的論」等々に，絞られるからである[1]。しかし，このような見解は，結果的加重犯を故意基本犯と過失結果犯との「複合形態」とみなす立場に帰着する。その不当なことは，繰り返し論じてきたところである。やはり，「固有の不法内容」の存在を認める「危険性説」と「直接性法理」とは相即不離の関係にあるといえるだろう[2]。

(b) 同様の観点から，「直接性」の必要性を強調し，後述する「直接性法理の具体化」に最初に取り組んだのが，ガイレンではないかと思われる。ガイレンによると，たしかに，規範の保護目的論や危険性連関などの「客観的帰属論」が過失犯を舞台として活発に論じられたことによって，客観的帰属論を直接性法理にとって代えようとする傾向が生ずることは了解できなくはない[3]。しかし，客観的・主観的過失要件に甘んじることでは，判例が明白に要求する直接性が形骸化され[4]，結果的加重犯の成立が極端に拡大されることになる[5]。

そこでガイレンは，独自の「直接性原理」を基礎づける必要性を強調する。それは，「基本構成要件外の諸事情を度外視して判断される，基本構成要件それ自体」の危険実現判断であり[6]，傷害致死罪に関していえば，傷害の「致命性（Letalität）」が重い結果に実現した場合にのみ，その成立が認められるとする「致命性説」である[7]。ガイレンによると，「鼻骨骨折事件」はもちろん，たとえば，パン職人の被告人XがXが同僚Aを殴打したところ，バランスを失ったAが稼働中のパン粉機の桶のなかに倒れ込み，その粉で窒息死したという事案[8]，あるいは，往来の激しい路上のすみで殴打を加えたところ，路上に飛び出した被害者がやって来た車に轢過され死亡したという場合[9]も（以下「轢過事例」），殴打自体の致命性が死亡結果に実現した場合ではないとして，それぞれ傷害致死罪の成立が否定される[10]。

ガイレンは，このような見解が「ラディカル」な帰属限定をあらわすものであることは自認しつつも[11]，一部の判例が行なっているように過失要件

に甘んじるか（その場合，直接性は形骸化される），それとも，上述したように「故意基本犯それ自体」に内在する危険要因のみを考慮に入れた判断を行なうかの二者択一しか存在せず，その中間的な形態はありえないとし[12]，この後者の立場に立つことによって，判例の一部にみられるような両義性のない単一的な解決を達成するとともに，加重結果と，基本犯罪の故意との近接をはかることが重要だ，と主張するのである[13]。

(c) 基本的にはガイレンの見解を受け継ぎながら，「致命性説」のさらなる推進をはかったのがキュッパーとヒルシュである。もっとも，彼らの見解が相互に一致するというわけではない。すなわち，キュッパーは，基本的にガイレンの見解に賛成するのであるが，ガイレンの見解を「消極的に基本構成要件外の事情を排除する」立場と理解し，直接性原理として重要なことは「それぞれの構成要件に特殊な危険要因を積極的に画定すること」であるとする[14]。ヒルシュも，重要なことは「重い結果に実現する，基本構成要件の『結果』に内在する固有の危険をどのように理解するかである」と主張する[15]。しかし，以下の点では三者の間に完全な見解の一致があった。

すなわち，重い結果に対する過失要件や各則で要求される「軽率」に帰責の限定をゆだねるだけでは，刑の重さの説明に関しても，結果的加重犯の成立を限定する面でも，十分な問題解決を期待することはできない[16]。「一般経験上，結果的加重犯の基本犯には一定の展開を引き起こす危険性がある」といった以前から主張されている見解に甘んじるだけでも，実質的な問題の解決ははかれない，という点である[17]。

このような見地に立って，キュッパーとヒルシュは，とくに問題の多い傷害致死罪に関しては，同罪の歴史および「負傷者の死（Der Tod der Verletzten）」という同罪の文言から，「故意の傷害それ自体が死亡結果を惹起したのでなければならない」という場合の「傷害それ自体」は，発生した傷害結果に認められる「致命性」と理解されることになる。それゆえ，この「致命性」が重い結果に実現した場合にのみ同罪の成立が肯定される，と結論づけた[18]。

ヒルシュによれば，「致命性説によって画される限界を踏み越えるや否や，発生した結果の帰属連関を判断する基準としては，第三者もしくは被害者自

第5章 「直接性法理」とその具体化

身が有意的に介在して発生した結果を排除する基準しか残されないことになろう。しかし，この基準は過失致死の帰属を判断する基準でしかないため，その基準で傷害致死罪の成否をも判断するとなれば，直接性原理は断念されることとなり，結局，傷害致死罪は，故意基本犯と，それをとおして過失により惹起された死亡結果との単なる積み重ねということになろう。そのことの結末がどのようなものかは，表向き『直接性』の必要性を明言しつつも，傷害行為から死亡結果の発生することが『日常的にありがちなこと』といえる場合は，傷害致死罪の成立が認められるとした判例（BGHSt.31,96＝樹上見張り台判決）に示されている」[19]。このような観点から，ヒルシュは，たとえば「パン粉機事件」，「轢過事例」の場合，「死亡の危険は，傷害罪の保護法益に対する侵害の強度（Intensität）からではなく，傷害によってその他の危険が展開しうる状況が発生したことから生じたのであり，死は傷害の間接的な結果でしかない。間接的に死が発生する危険は，強要や，たとえば被害者を驚かせ安定を失わせるなど，およそ故意基本犯を実現しなくとも，同様に生じうるのである。このことが，傷害結果に特殊な危険性が欠けるということを明りょうに示している」[20]。「被害者が傷害『で』死亡したのではなく，傷害によって，死をもたらすその他の外部的な要因の影響範囲に陥れられた場合は，傷害致死罪の成立が否定される」というのである[21]。

(d) もっとも，以上の三者の見解が細部に関してまで一致しているわけではない。たとえば，エホバの証人輸血拒否事例を含めた「被害者の治療拒絶類型」に関して，キュッパーは次のように論じている。「負傷者が必要とされる医療措置を行なわず死亡した場合は，負傷（Verwundung）それ自体が死をもたらした」。この種の事案に関しては「直接性」（致命性）の観点からではなく，被害者の「自己答責性の存否」を基準に判断すべきである，と[22]。たとえば重傷害罪の成立に関して，傷害の被害者が義歯などの装着器具の装着を拒絶したため，ドイツ刑法224条（現行226条1項3号前文）にいう「永続する奇形（dauernd entstellt wird）」が生じたという事案で，ウルゼンハイマーは，負傷者の拒絶が客観的にみて合理的な根拠に基づくかどうか，それとも，およそ理性に反した，たとえば自らの頑固さなどに基づくかどうかを区別し，後者におけるような「自己決定権の濫用」は行為者の不利

益とはならないとして、その論拠を、「傷害に内在する特殊な危険の実現」とはいえないという「直接性」の欠如に求めたことがある[23]。これをキュッパーは、「直接性」に対する「過度の要求」だというのである[24]。

医療過誤事件などにおいて介在した行為が「不作為」の場合は、「第二結果に実現したのは、まさに行為者によって違法に創出された危険に他ならない」として、原行為者への最終結果の帰属可能性を一律に肯定するかのような見解が主張されることがある[25]。これと同様に、キュッパーも、治療拒絶のケースでは、傷害結果がすでに発生し、その除去がなされず結果が発生した、つまり、行為者の加えた傷害の「致命性」が重い結果に実現したこと（＝直接性）は否定できないとするのである[26]。このように治療拒絶類型に関しては、厳格な「致命性説」を主張するキュッパーも、結論的に「直接性不要論」と同様の観点を主張していることになる。

さらに、傷害致死罪以外の結果的加重犯に関しては見解が分かれる。たとえば強姦致死罪および強盗致死罪[27]について、キュッパー、ヒルシュは、後述する「機会説」の対極に位置する「手段説」と等しい見解を主張するのに対して[28]、ガイレンは、とくに強盗致死罪に関して、むしろレンギールなどの「直接性不要論」すら超える帰属の拡張を主張する[29]。また、自由剥奪致死罪について、キュッパーは、監禁中に被害者が逃避を敢行することは、傷害罪の場合とは異なり、「相当なリアクション」であり、それゆえ「立法者が重く処罰することで対処しようとした類型的な危険」であるとする一方[30]、ヒルシュは、「構成要件に特殊な危険と一般に過失を基礎づけるにすぎない危険との構造上の違いは、すべての結果的加重犯に同じように存在する」。ゆえに、傷害致死罪における法理はその他の結果的加重犯にも妥当する、として次のように主張する。自由剥奪致死罪においても「実現された自由剥奪に存する構成要件的に特殊な危険は、ある者が自由剥奪それ自体で死亡するという点にある。それゆえ、被害者が監禁された条件のもとで餓死ないし凍死したことが必要である。これに対して、監禁の機会に予見可能な態様で爆発が生じ、そのことによって、自由な状態にある者を含め居合わせた全ての人間が爆死したという場合は、重い結果に実現したのは、被監禁者が置かれた監禁場所の危険であって、監禁されたことの危険ではない」、

と⁽³¹⁾。被監禁者が逃避をはかり死亡した場合に直接論及するものではないが，以上のようなヒルシュの立場からすると，この場合にも自由剝奪致死罪の成立が否定されることになろう。

(e) もともと「致命性説」は傷害致死罪について主張された見解であるから，それ以外の結果的加重犯に関して見解の相違が生まれるのは不思議なことではない。強姦や強盗致死（傷）罪，逮捕・監禁致死傷罪については，本章Ⅱの2で改めて検討することにして，ここでは傷害致死罪に限って「致命性説」の主張を考えることにしよう。

たしかに，「負傷者の死」という文言を拠り所にすることも，あるいは傷害致死罪の先駆が「間接故意」にある点を指摘することも，それだけでは「致命性説」の正当性を基礎づけることはできないだろう⁽³²⁾。しかし，「加えられた傷害がそれ自体として重い結果を引き起こす病理的な (pathlogisch) 作用」に，本罪の「不法内容」＝「加重処罰根拠」を求める点で⁽³³⁾，致命性説はやはり正当であると解される。よく論じられるように，外部的な事情と結びついて致命的な結果をもたらす危険は，何も傷害に固有の危険ではない⁽³⁴⁾。他方，傷害はそれ自体として致命的な作用をもたらしうる。そもそも，健康状態の悪化，生理機能障害の極致が死であることはいうまでもない。すでに論じたが，両者は，前者の「量の増大」が死に他ならないという「同質の直接的な関係」で結びつけられている。「推移律」によって結合される各連鎖の説明を省略した「一般的説明」に満足できるのも，そのためである⁽³⁵⁾。人命という最高の価値を保護するためにも，その実現を阻止するべく加重処罰をもって臨む必要性があるのは，傷害罪を基本犯とする傷害致死罪の場合，「同質の直接的な関係」を基礎づける傷害結果の「病理的な作用」にあると考えられるのである。

さらに，傷害結果のこのような作用に傷害致死罪の不法内容を見いだす致命性説からは，客観的不法の主観面への反映として，致命的な作用をもたらす危険源をなす「傷害結果」——暴行の故意しかない場合でも「人体に及ぼされる物理力の病理的な作用を基礎づける事実」——には現実の認識が及ばなければならないと解される⁽³⁶⁾。傷害結果は，「ピストル殴打事件」をめぐって主張されている「行為説」⁽³⁷⁾が考えるような死亡結果に至る単なる

「通過点」ではなく，傷害致死罪の不法内容を基礎づける「本体」といえるからである。そして，現実に傷害結果を認識しながらも，そこに当然含まれている病理的な作用の量的な極限化をおよそ認識せず，あるいは認識しつつもそれを過小評価して行為にで，死亡結果を引き起こした点で，「過失責任の加重」を認めることができるのである[38]。致命性説の観点から傷害致死罪の不法内容を具体化することによって——それ自体処罰される犯罪行為を故意で実行し，現実に重い結果を発生させたという「無内容な理由づけ」をこえる——，同罪の「特殊な過失責任」も基礎づけられるといってよい[39]。

致命性説は，ガイレン，キュッパー，ヒルシュ以降，徐々にその賛同者を増やしており[40]，今や「通説的な立場」にあるといわれることもあるが[41]，けっして理由のないことではないだろう[42]。

(f) しかしながら，これもすでに論じたところであるが，現実には，問題となる，およそすべての事案で死亡結果が発生している。したがって，同時に傷害結果とその作用の存在自体は否定できない。死は生理機能障害の極致である以上，その病理的作用のない死亡結果はありえないからである[43]。そうすると，「故意の及ぶ傷害結果に内在する特殊な危険（傷害結果の病理的作用）が重い結果に実現したのでなければならない」と「直接性」を定義した場合，その存否がどのように判断されるのか，その基準が必要とされよう。しかし，「致命性説」からも，その具体的な「判断基準」は明らかではなかった。

たとえば，「樹上見張り台事件」「自殺偽装事件」「転落事件」「診療拒絶事件」など，直接性の存否が問題とされた多くのケースでは，「故意で招致された傷害結果」が現実に発生している。「踝骨折」「頭がい骨骨折」「前額部骨折」等々がそれである。そして，これらの傷害結果に対する故意を否定する見解はない。したがって，「故意の及ぶ『傷害結果に特殊な危険』が重い結果に実現したのでなければならない」としても，その具体的な判断基準はどうしても必要とされよう。「直接性は古くからのドクトリン，すなわち，負傷が『直接かつそれ自体』死に至ったのでなければならないとするドクトリンにもとづく」として，死を招致する人間行為が介在した場合には直接性は否定される。それゆえ，「傷害の病理的な過程」が死に至った場合にのみ

第5章 「直接性法理」とその具体化

直接性が肯定される[44]，というだけでは，適格な基準が提示されたことにはならないだろう。

(g) この点に関して，「基本構成要件それ自体」を資料にした危険実現判断を行なうべきであるとしたのがガイレンであった。これは，「相当因果関係」の存在根拠を態度の法規範違反性に求めると同時に，「態度の法規範違反性を基礎づけるその危険の範囲内で結果が発生したこと」を既遂処罰のさらなる要件とすることで，一般に「許されない危険創出とその結果への実現」を出発点とする，今日の客観的帰属論の先駆けともいえる見解を主張したM・L・ミューラー[45]が結果的加重犯に関して主張した見解にヒントをえたものである[46]。すなわち，ミューラーは，「有責に惹起された基本犯の結果が，重い結果を発生させるそれに本来的な助勢の範囲内で，重い結果を発生させた場合にのみ」結果的加重犯の成立は認められる，と論じたのである[47]。

しかしながら，何が「基本構成要件それ自体」に属する事情といえるのか，どこまでが「傷害結果に本来的な助勢事情の範囲内」といえるのかは明らかでない[48]。したがって，それを判断する基準がさらに必要とされることになるだろう。たとえば，エンギッシュは，結果的加重犯には「独自の相当性判断」が要求されるという観点に立ちながらも[49]，その実，「基本犯の既遂時点に存在するその他の事情も，その存在もしくは発生が，必ずしもありえないわけではない（nicht unwahrscheinlich）ものとして，行為者にとり行為時に認識ないし予測された場合，または，行為者の立場に置かれた最も分別ある人間にとって認識ないし予測されたであろう場合には，原則としてその全てが考慮される」と主張していた[50]。このエンギッシュの見解からすれば，「基本構成要件それ自体」に属する事情かどうかは，彼が正当とする「折衷的相当因果関係説」[51]の定式によって判断されることとなる。だが，このような相当性判断と，「致命性説」の出発点とが相いれないことは明らかである。

それでは，どのように考えるべきなのか。その立論は正当と解される「致命性説」ではあるが，しかし，この点は不明確であった。そこで以下，本書が理解する「致命性説」の観点からみた，「直接性の具体的な判断基準」を

模索することにしたい。

（1） J.Wolter, Der unmittelbare Zusammenhang zwischen Grunddelikt und schwerer Folge beim erfolgsqualifizierten Delikt, GA 1984, 443 (443f.) が，「被害者又は第三者の行為が介在した事案における帰属の問題は，直接性ではなく規範の保護目的ないし遡及禁止の問題として解決すべきだ」とするのも，彼が結果的加重犯を「過失結果犯」の観点から理解することと無関係ではないだろう。この点に関しては，Wolter, Zur Struktur der erfolgsqualifizierten Delikte, JuS, 1981, 168 (170 r.Sp.a. E.und 177 r.Sp.f.). さらに，拙稿「結果的加重犯の法定刑に関する一考察」成蹊大学法学政治学研究第8号22頁以下（1989）も参照。ヴォルター説に対する包括的な批判として，Hirsch, Oehler-FS, 1985, 114ff. ヒルシュも，ヴォルターは結果的加重犯を過失致死罪の側面から一面的に把握するものだと批判する（Hirsch, Oehler-FS, 117, 126-8）。なお，私は，上記拙稿で，「結果的加重犯は『客観的直接性』と『主観的無頓着』によって重く処罰される」とするヴォルターの見解にヒントをえつつも，しかし，彼のいう「客観的直接性」は通常の帰属要件と異ならないことから，結局，過失責任の加重のみが結果的加重犯の加重処罰根拠を基礎づけるとした（前掲拙稿26頁以下）。ヴォルターのいう「直接性」，あるいはエーラーの「客観的目的可能性」などが「直接性」に等しいというなら，現在でも，この結論を変更するつもりはない。しかし，このような「表向きの直接性」ではなく，「真の意味における直接性」が存在するとすれば，この点を考慮せずに「高められた過失責任」だけを主張した拙稿は不当であったと考えている。「結果的加重犯の客観的成立要件と直接性」同上誌13号1頁以下（1994）は，このような観点から，傷害致死罪の「真の意味における直接性」を模索したものである。以下では，さらにその「肉付け」を試みることにしたい。

（2）　とくに，Hirsch, Oehler-FS, 111f.
（3）　Geilen, Welzel-FS, 1974, 656-7.
（4）　Geilen, Welzel-FS, 675.
（5）　Geilen, Welzel-FS, 679.
（6）　Geilen, Welzel-FS, 676, 677, 681.
（7）　Geilen, Welzel-FS, 681.
（8）　OGHSt.1, 357 (363f.) は，XとA死亡との間に条件関係が認められることを根拠に傷害致死罪の成立を肯定している（以下，「パン粉機事件」）。
（9）　Dazu vgl.Geilen, Welzel-FS, 671.
（10）　Geilen, Welzel-FS, 681.
（11）　Geilen, Welzel-FS, 680.
（12）　Geilen, Welzel-FS, 679.
（13）　Geilen, Welzel-FS, 682. ガイレンによれば，発生した重い結果に対する「故

第5章 「直接性法理」とその具体化

意の相当性」を確立すること，すなわち，重い結果にほぼ相応する (in etwa passen) 侵害故意を要求することが，とくに，無害な平手打ちから，危険なナイフによる突きにまで，その射程が及ぶ「傷害罪」を基本犯とする傷害致死罪においては，重要だとする (S.676 a.E.-677)。

(14) Küpper, Zusammenhang, 76.

(15) Hirsch, Oehler-FS, 129.

(16) Küpper, Zusammenhang, 26, 30ff., bes., 32.

(17) Küpper, Zusammenhang, 79.

(18) Küpper, Zusammenhang, 85ff., bes., 87-8; ders., Unmittelbarkeit und Letalität, Hirsch-FS, 1999, 615 (616f., 619, 621ff., 629); ders., Zur Entwicklung der erfolgsqualifizierten Delikte, ZStW 111 (1999), 786 (792f.); Hirsch, Anm.zu BGH JR 1983, 77 (=BGHSt.31, 96), JR 1983, 78 (79f.); ders, Oehler-FS, 114 Fn.19, 122, 130f.

(19) Hirsch, Oehler-FS, 131.

(20) Vgl.auch K.Ulsenheimer, Zur Problematik des Versuchs erfolgsqualifizierter Delikte, GA 1966, 257(272); I.Puppe, Die Erfolgszurechnung im Strafrecht, 2000, 220, 229f.

(21) Hirsch, Oehler-FS, 130-1. 同旨，ders., LK, 10.Aufl., 1981, §226 Rn.4; Küpper, Zusammenhang, 88-9.

(22) Küpper, Zusammenhang, 89, 91ff., bes., 94ff.

(23) K.Ulsenheimer, Anm.zu BGH, Urt.v.29.2.1972-5 StR 400/72, JZ 1973, 64 (67 r.Sp.f.).

(24) Küpper, Zusammenhang, 92.

(25) Vgl.z.B., H.J.Rudolphi, SK, 6.Aufl., 26.Lfg., 1997, Vor §1, Rn.74. このような観点からルドルフィーは，「樹上見張り台事件判決」を援用している。この事件における医者の落ち度は，血液溶解措置の懈怠，適度な運動の指示を怠るという「不作為」だったからである。しかし，この事件で傷害致死罪が認められるかどうかは論じられていない。

(26) Küpper, Zusammenhang, 92.

(27) ドイツでは，強姦「致傷」，強盗「致傷」という結果的加重犯は規定されていない。もっとも，後者については，1998年の第6次刑法改正法が施行される以前から，旧規定250条（重い強盗）3項＝「行為者またはその他の強盗関与者が，その行為により被害者を死または重傷（224条）の危険に陥れたとき」に該当すると解されていた（たとえば，S/S/Eser, 25.Aufl., 1997, §250 Rn.20, §251 Rn.1.)。しかし，前者に関しては，「児童の性的乱用」を規定する176条3項2号に「特に重い事態」として，「行為者が行為に際して児童の身体に重大な虐待を加えたとき」とする加重

I 直接性法理の概要

処罰規定しか存在しなかった。これに対して，第6次刑法改正法により，性的強要・強姦を規定する177条4項2号a）b）は，それぞれ，「被害者が行為の際に身体的に重大に虐待されたとき」，「行為によって死の危険にもたらされたとき」を新設した。したがって，今日では，性的強要・強姦「致傷」はこのいずれかの構成要件に該当することになろう。

(28) Küpper, Zusammenhang, 98-102; Hirsch, Oehler-FS, 132（後述する）。

(29) Geilen, Raub und Erpressung (§§ 249-256 StGB), Jura 1979, 53, 109, 165, 221, 277, 333, 389, 445, 501, 557, 613, 669（後述する）。もっとも，強姦の被害者が逃避して，線路に侵入し，やって来た列車に轢過されたという事件では，被害者の死は「構成要件外の危険要因に媒介されている」として，強姦（未遂）致死罪の成立を認めたBGHに否定的である（本判決については，本章I 2の④判例参照）。Dazu Geilen, Welzel-FS, 682.

(30) Küpper, Zusammenhang, 105. 自由剝奪致死罪については，本章次節II 2(3)で再度検討する。

(31) Hirsch, Oehler-FS, 131f.

(32) これらの点を根拠とすることに対する批判として，Rengier, Delikte, 200f.; Wolter, GA 1984, 449, 450; H.U.Paeffgen, Die erfolgsqualifizierten Delikte-eine in die allgemeine Unrechtslehre integrierbare Deliktsgruppe, JZ 1989, 220 (225f.); ders., NK I, 1995, § 18 Rn.31; NK II, 8.Lfg., 2000, § 227 (n.F.) Rn.11.E.Graul, Anm. zu BGH NJW 1992, 1708＝NStZ 1992, 335, JR 1992, 342 (345 l.Sp.) も，旧規定226条の文言および規範目的に「致命性説」の拠り所をみいだすことはできない，とする。Vgl.auch R.Bloy, Die Tatbestansform des erfolgsqualifizierten Delikts, JuS-Lernbogen, 3/1995, L 17-24 (L 19).

(33) Vgl.Küpper, Zusammenhang, 87f.; ders., Hirsch-FS, 621; Hirsch, JR 1983 79 r.Sp.-80; ders., Oehler-FS, 130.

(34) 前出注(20)にあげた文献のほか，たとえば，Küpper, Zusammenhang, 89, 101; C.Roxin, AT, I, 3.Aufl., 1997, § 10 Rn.114ff（以下，ATと略記する）．；G. Jakobs, AT, 2.Aufl., 1991, 9/34 Fn.51c（以下，ATと略記する）；C.Sowada, Das sog.Unmittelbarkeits-Erfordernis als zentrales Problem erfolgsqualifizierter Delikte, Jura 1994, 643 (649 r.Sp.f.); Graul, JR 1992, 512 r.Sp.; Puppe, JR 1992, 512 r. Sp.; Paeffgen, NK, § 18 Rn.52. などでなされている主張をみよ。

(35) 第4章IV 2(1)参照。

(36) 第4章IV 2(3)(f)参照。さらに Hirsch, Anm.zum BGH, Urt.v.30.3.1995-4 StR 768/94, NStZ 1996, 35 (37 r.Sp.); Küpper, Hirsch-FS, 629; Schönke/Schröder, StGB., 26.Aufl., 2001, § 18 Rn.5 [Cramer/Sternberg-Lieben]. も参照。「暴行致傷・致死」については，本章II 1(3)で改めて検討する。

第5章 「直接性法理」とその具体化

(37) 判例として，BGHSt.14, 110; BGH MDR 1975, 196; BGHSt.31, 96 [99] =「樹上見張り台事件」; BGH NJW 1985, 2958; BGH NStZ, 1995, 287; BGH NStZ 1997, 341. など。学説として，W.Stree, Zur Auslegung der §§ 224, 226 StGB, GA 1960, 295-6; ders., Anm.zu BGHSt.31, 96, JZ 1983, 73 (75f.); ders., S/S/Stree, § 227 (n.F.) Rn.4, 5; E.Dreher, GA 1961, 238; ders., Dreher/Tröndle, 42.Aufl., 1985, § 226 (a.F.) Rn.2; Hassemer, JuS, 1983, 228 r.Sp.; Wolter, JuS 1981, 173; ders., GA 1984, 444-5; Rengier, Delikte, 214ff.; Laubenthal, JZ 1987, 1068 l.Sp.; H.Otto, AT, 5.Aufl., 1996, 187; ders., BT, 4.Aufl., 1995, 75.「ピストル殴打事件」に関するBGH判決に対する批判として，本章Ⅰ2(3)(b)参照。「行為説」批判に関する詳細は，拙稿「結果的加重犯の成立要件と直接性」成蹊大学法学政治学研究13号9頁以下（1994）参照。

(38) 第4章Ⅳ2(3)(b)の③以下参照。なお，本文で述べたように，死亡結果へと至る「単なる因果の一コマ」ではなく，傷害致死罪の不法内容を体現する「傷害結果」に対する故意が阻却されるなら，「傷害」致死罪は否定されることになる。「致命性説」の立場からは，傷害「未遂」致死という形で傷害致死罪の成立を認めることはできないのである（Vgl.z.B., Küpper, Zusammenhang, 120）。死亡結果の対の一方は「故意の及ぶ傷害結果」とみなすのが致命性説だからである（結論同旨，Deubner, NJW 1960, 1068; R.Schmidt, JZ 1962, 392 (393); Welzel, Lb, 11.Aufl., 1967, 195f.; Maurach JR 1970, 70 (71), usw）。もっとも，わが国では「暴行致死」という類型が存在するので，暴行との関係でさらなる考察を必要とする。この点は後述することにする。

(39) Vgl.Hirsh, Oehler-FS, 118, 132; Küpper, Hirsch-FS, 626f.

(40) Vgl.z.B., Roxin, AT, § 10 Rn.115 mit Fn.157; Jakobs, AT, 9/35 mit Fn.57; W.Mitsch, Sturz aus dem Fenster-BGH NJW 1992, 1708, Jura 1993, 18 (21 l.Sp.); C.Sowada, aaO [Anm (34)], 647 r.Sp.; Lackner/Kühl, StGB., 23.Aufl., 1999, § 227 Rn.2.; Kai-D.Bussmann, Zur Dogmatik erfolgsqualifizierter Delikte nach dem Sechsten Strafrechtsreformgesetz, GA 1999, 21 (30ff.); Vgl.auch S/S/Cramer/Sternberg-Lieben, aaO [Anm(36)], § 18 Rn.4 mitte-unten.

(41) Paeffgen, NK, § 227 (n.F.) Rn.11.

(42) これに対して，佐伯和也「結果的加重犯における『基本犯』と『重い結果』との関係──傷害致死を中心に──」関大法学論集52巻3号624頁以下（2002）は，「致命性説」に一定の理解を示しながらも，「致命性説より『少し緩やかな理論』を提示することにも意味があろう」と結論づける（同646頁）。

(43) Vgl.Jakobs, Die Konkurrenz von Tötungsdelikten mit Körperverletzungsdelikten, 1967, 96ff., 101, 110, 114; Maurach/Schroeder, Strafrecht Bes.Teil, Teilband 1, 6.Aufl., 1977, 105; Horn, SK, 6.Aufl., 40.Lfg., 1997, § 212 Rn.30, § 226 Rn.6; Paeffgen, NK, § 227 (n.F.) Rn.11., usw.

(44) Vgl.z.B., Küpper, Zusammenhang, 87f.; ders., Hirsch-FS, 619, 621ff.
(45) 以上の論述につき，M.L.Müller, Die Bedeutung des Kausalzusammenhangs im Straf-und Schadensersatzrecht, 1912, 29ff., 57f., 59. 参照。
(46) Vgl.dazu Geilen, Welzel-FS, 678.
(47) Müller, aaO［Anm (45)］, 62f.Vgl.auch S.64.E.Mezger, Strafrecht.Ein Lehrebuch, 3.Aufl., 1949, 123f. もミューラにならい，全く同様の主張を行う。
(48) Vgl.Wolter, JuS 1981, 176 l.Sp.; Rengier, Delikte, 203; Horn, SK, §226 Rn. 8; Paeffgen, NK, §18 Rn.33; Puppe, Erfolgszurechnung, aaO［Anm (20)］, 225f. 丸山雅夫『結果的加重犯論』209～210頁（1990）も参照。
(49) K.Engisch, Die Kuasalität als Merkmal der strafrechtlichen Tatbestände, 1931. エンギッシュは，結果的加重犯の場合，第一の構成要件的結果（傷害や放火など）を行為者は相当かつ違法に惹起する以上，通常の意味における「広義の相当性」──行為時の判断に基づく「客観的注意の懈怠」としての違法要素（行為の危険）──を問題とすることは意味を持たず（S.60)，それゆえ，「立法者によって重い結果を発生させるものと懸念された危険が現実にも基本犯の実行に結びつけられていたか」，そして「そのような危険が重い結果に実現したか」が独自に論ぜられなければならない，と主張する（S.70)。
(50) Engisch, aaO［Anm (49)］, 72. これはミューラの見解を批判する文脈での主張である。
(51) Vgl.Engisch, aaO［Anm (49)］, 52f., 55, 57, 63, usw.

II 直接性法理の具体化

1 傷害致死罪（暴行致死罪）と直接性

(1) 予備的考察

(a) いわゆる「判断基底論」に関して

「基本構成要件外の事情は度外視」して，「基本構成要件それ自体に属する事情」だけを資料に危険実現判断を行なうことによって，「致命性連関」を判断しようとしたのがガイレンであった。しかし，どのようにして資料とされるべき事情を画定するのか，その基準は提示されていなかった。ここでは，まさに相当因果関係説（以下，相当説）における「判断基底論」と同様の問題が生じているのである[1]。

わが国では，丸山雅夫が[2]，次のように主張して，このことを率直に認め

第5章 「直接性法理」とその具体化

ている。「各事案の帰結は、基本犯における各事情を抽象化したうえで危険要素だけを分離して（平手による殴打、堅い物による殴打それ自体として）判断する立場をとるか、危険要素を総計して（車道の脇における平手による殴打、装弾されたピストルによる殴打として）全体的な危険を判断する立場をとるかによって、異なったものとなるのである。また、その判断基底を事前的に構成するか事後的に構成するかによっても、帰結は異なったものとなりえよう」。このような立場からすると、直接性の判断が結局は「経験的な判断方法に頼らざるをえない」[3]こと、いいかえるなら「相当性判断」と完全に一致することは明らかである。

しかし、「直接性」と「相当性」の異同はひとまず置くとして、相当説にとっても「判断基底の画定」は不要であろう。最近、相当因果関係を含めた客観的帰属を詳細に検討した小林憲太郎は[4]、「最終的な被害態様（＝最終態様）」ではなく、「因果経過全体の予測可能性を問う」相当説を正当とする観点から[5]、正当にも次のように論ずる。「判断基底論が存在するために、『因果経過の経験的通常性を排除するはずの突飛な介在事情が、予めそのような経験的通常性判断の対象から排除されてしまう』という一種の自家撞着が生じる」。逆に「判断基底論なるものが存在すること自体、全因果経過を辿った相当性判断がなされていなかったことの証左と言い得る」。たとえば「大阪南港事件」の場合、「『第二行為は認識不可能であるから判断基底から排除する→そのように画された判断基底に基づいて、第二行為の介入をも含めた全因果経過としての結果に対する相当性を問う』などというのは、全くナンセンスな判断だからである」、と。

たしかに、「判断基底の画定」は「行為の危険」を判断するには重要な要因だといえよう。判断基底論に関する「主観説」「折衷説」「客観説」の対立は、血友病事例など、一般的な理解によると「行為時に特殊な介在事情」が存在して結果が発生した場合に先鋭化する[6]。それゆえ、たとえば「平手打ち」という「行為の危険」についての争いといえるからである。しかし、現実に結果が発生した場合には、「可能性の程度100パーセントの危険」が存在すると解するなら[7]、危険の存在そのものではなく、「その実現態様」こそが「客観的帰属」にとって問題の核心をなすはずである。そもそも「広義

II 直接性法理の具体化

の相当性」「狭義の相当性」を区別したエンギッシュの当初の意図は，前者にのみ「故意」「過失」が及べば足りることを論証しようとした点にあった[8]。だとすれば，「行為の危険」「広義の相当性」を因果関係ないし客観的帰属として要求するのは，「責任の先取り」という批判を受けることになろう。そして，この批判の矛先は結局，「判断基底論」に帰着する。

さらに，このような体系的な観点の当否にかかわらず，判断基底の画定がもっぱら行為の危険判断に関するものであることの裏面として，「危険実現」すなわち「狭義の相当性」に関しては，当然のこととして，判断基底論の存在意義が疑わしくなってくる[9]。この点は先に小林が指摘したところであるが，たとえば，「米兵ひき逃げ事件」についていうと，同乗者の引きずり降ろし行為が「異常である」「まれである」と判断された場合，この介在行為は判断基底から排除されることになる。そうすると，しかし，このように「異常な介在事情」を経て結果へと至った因果経過であるにもかかわらず，介在行為が判断基底から排除されることにより，被告人の轢過と被害者の死亡の繋がりが問われ，たとえば被害者の死因が脳内出血であったとすると，両者の繋がりは「異常ではない」「ありうること」と判断されうるのである。「異常な介在事情」の介入により生じた結果発生のプロセスが，最終的に「異常でない」と判断されるのだとすれば，やはりナンセンスといわなければならないだろう。「判断基底不要論」が正当である[10]。

ここでの問題提起は，結果発生に共働した危険要因のうち，そのどれが「基本構成要件それ自体」に属するのか，これを判断する基準が提示されていなかったということであったが，その基準は結局，相当説における判断基底論に帰着し，以上のように，その判断基底論が「不要」であるとすれば，最初から「基本構成要件それ自体に属する危険要因」かどうかを選別する基準は「不要」ということになる。むしろ，結果発生に共働した危険要因は，そのすべてを考慮しなければならないのである。

（1）たとえば，「傷害結果発生時」という判断時点の繰り下げを認めながら，「折衷説」の定式で解決しようとしたのがエンギッシュであった。
（2）丸山雅夫『結果的加重犯論』210頁参照（1990）。

第5章 「直接性法理」とその具体化

（3）　丸山・同上。
（4）　小林憲太郎「因果関係と客観的帰属（二）」千葉大学法学論集14巻4号280〜281頁，284頁，290頁，294頁（2000），同『因果関係と客観的帰属』104頁以下（2003），参照。
（5）　小林によると，さもなければ，最終態様が変更されない限り，異常な介在事情が介入して結果が発生した諸々の事例で不当な結論が導かれかねないからである。たとえば，きわめて異常であるが，その介在事情が不作為や消極的条件の場合など。もっとも小林自身が「相当説」を支持するわけではない。
（6）　たとえば，岡野光雄『刑法要説総論』54〜55頁（2001）参照。
（7）　たとえば，山口厚『危険犯の研究』150頁（1982）参照。
（8）　K.Engisch, Untersuchungen über Vorsatz und Fahrlässigkeit im Strafrecht, 1930 (Neudruck, 1964), 72ff., 75, 80, 151f.（故意（目的も含む）に関して）；377ff., 379, 384（過失に関して），など参照。もちろん，狭義の相当性を「客観的処罰条件」と解したのは不当である。周知のように，エンギッシュ自ら，この点は改説している（Engisch, Kausalität, 1931, 68, usw）。
（9）　すでに，井上祐司『行為無価値と過失論』165頁以下，174頁以下，190頁，227頁以下（1973），山中敬一『刑法における因果関係と帰属』311頁以下（1983）も参照。
（10）　拙稿「わが国における最近の相当因果関係説の動向」成蹊大学法学政治学研究15号36頁以下（1996）参照。最近，「判断基底不要論」を主張する論稿として，たとえば佐伯仁志「因果関係論」山口厚＝井田良＝佐伯仁志『理論刑法学の最前線』15〜16頁（2001）がある。

(b)　「因果的説明」に基づく因果経過の把握

そのような見地に立った場合，それでは，どのようにして「直接性」の存否が判断されるのだろうか。判断基底の役割は結果発生に共働した結果条件の一部を度外視する点にあるから，それを放棄するということは，すべての危険要因を考慮することを意味する。だとすれば，直接性などという限定法理を主張したところで，無意味ではないか。それよりもハードルが低いはずの相当因果関係ですら，このような理解からは，およそ否定されることはないだろうからである。このような疑問が生じよう。しかしながら，裁判時までに判明したすべての危険要因を考慮しつつ「全因果経過」を判断の対象とする，ということは，「個々の事実的な繋がり」を重視することを意味する

にとどまる。それゆえ，ある何らかの事実が確定されても，その構成要件該当性（確定された事実の当該構成要件への包摂の可否）が別途問われるように，「各因果連鎖を累積した全体の因果経過」が，たとえば「傷害からは一般に致死の結果が発生する可能性が高い」という言明を基礎づける法則に「包摂」されるかどうかが，さらに問題とされなければならないはずである。

同様の観点は，すでに「合法則的条件公式（以下，合法則説）」が主張するところであった。しかし，同説に対しては，「行為があって，その後に結果が発生すれば，そのすべてに合法則的な繋がりが認められる」といった批判も根強い。そこで，本書が理解する「直接性」とその「判断枠組み自体」は共通すると考えられることから，以下ではまず，合法則説に対するこの種の疑問をとき，ありうべき合法則説の形を模索すると同時に，本書が理解する「直接性」との違いを素描することにしたい。

① 周知のようにエンギッシュは，必要条件公式は証明されるべき因果関係の存在をすでに前提として「AなければBなし」を問うもので，真の因果関係をとらえるものではない[1]，また，仮定的因果経過や択一的競合の処理で挫折するとし[2]，合法則説を主張した。それによれば，「ある行為が結果に対して因果関係をもつとみなされるのは，その行為に後続する外界の変動が，その行為との関係およびその連続において相互に合法則的に結合している場合」，「一連の変動をとおして行為と結果が合法則的に結合されている場合である」[3]。ドイツの通説である合法則説[4]は，わが国でも最近は有力になりつつある[5]。しかしながら，そこにいう「法則性の内容」，この公式の「具体的な適用」は必ずしも明らかではなく，「行為者の行為に引き続いて結果が発生している以上，行為と結果とは必ず法則的に結合して」いるとか，「行為と結果がなんらかのかたちで繋がっている」，あるいは「事象経過の一こま一こまがつながっているという程度」で合法則的連関が認められると考えられがちであった[6]。「『合法則的連関』という表現は，直観的に推定される因果関係を詳細に基礎づけることなく主張するための，空虚な公式として利用されている」だけだとする指摘もなされている[7]。

実は，当のエンギッシュ自ら，およそ否定されることのない「空虚な公式」として合法則的条件公式を用いていた節がなくはないのである。その一

第5章 「直接性法理」とその具体化

つが，彼の主張する「結果規定」である。エンギッシュは，何らかの意味でその発生態様・程度を変更しさせすれば，「結果の完全な具体化」がなされるとする。たとえば，警告を与えて被害者の後頭部から側頭部に打撃の場所を変更した者は，側頭部の頭がい骨骨折に対して因果関係をもつ[8]。おそらく，合法則的条件の存在は既遂犯成立の「一条件」にすぎず，他の要素による限定が可能なので問題はないというのであろう[9]。しかし，そのような結果観を基礎とする限り，つねに合法則的な繋がりが認められかねない[10]。花瓶の彩色行為ですら，それが花瓶の強度に変化を及ぼし，破損の程度・態様をかえたとして，花瓶の破壊に対する「合法則的連関」が認められうるのである。「およそ否定されることのない繋がり」のいいかえにすぎないような結論を導き出す点で，エンギッシュの唱える「結果の具体化」は妥当性を欠くといってよいだろう[11]。

他方，彼の主張にしたがい，警告を発して側頭部に打撃の場所を変更した者，あるいは治療によって瀕死の患者の死亡時刻を遅らせた医師の行為と，頭がい骨骨折，患者の死という結果の間に「法則的な繋がり」があるとしよう。だが，その場合の「法則的な繋がり」は，単に「事象経過の一こま一こまの繋がり」を意味するに他ならないのではなかろうか（治療すれば患者は死亡する？）。そうだとすれば，それはエンギッシュの以下の主張と矛盾しよう。すなわち，エンギッシュは，一連の事象の法則性を判断する際に用いられる一般法則が「蓋然性法則」の場合には，相当因果関係と合法則性の違いが問題となるとして次のように論じていたのである[12]。相当説における蓋然性連関は，判断基底を設定することにより因果経過をラフに規定することから，「ある意味では恣意により不正確に定義される行為の結果惹起傾向」である一方，「自然法則の内容にとり標準となるのは判断時の最高知識」であり，「自然法則はできる限り正確かつ厳密に定められなければならない」点で，両者の違いが見いだされる，と。そして，合法則説は，このような「できる限り正確かつ厳密に定められた自然法則」に「具体的な事象が包摂可能かどうかを問う」ものだというのである[13]。だとすれば，単に事象経過の一こま一こまが何らかの形で繋がっていれば，それで合法則的連関が認められるということにはなるまい。その各連鎖が何らかの確立された一般法

II 直接性法理の具体化

則に包摂されなければならないのである。

② このような観点から，因果関係をとらえるのが，今日，科学哲学においては一般化している「因果的説明」である。すなわち，ヘンペル／オッペンハイムが提唱し，ポパーがその正当性を有力に主張したといわれる「演繹的・法則的モデル (Deduktiv-nomologisches Modell. 以下，DN モデル)」がそれである[14]。ポパーによると，たとえば，「ある糸に，一定の荷重がかけられると，つねに糸は切れる」という「一般法則」と，「この糸の臨界重量は1 kgであるが，ここでは2 kgの荷重がかけられている」という特称命題から，「この糸は切れるだろう」という予測がなされる[15]。このように DN モデルは，"$p \to q$"という一般法則と，特称命題（両者を合わせて「説明項（Explanans）」と呼ばれる）とから，結果（「被説明項（Explanandum）」）を予測させると同時に，その当然の裏面として，現に結果が発生した（被説明項が与えられている）場合は，発生した結果を「一般法則」と「特称命題」との連言から「説明」するものである。たとえば，Aが死亡したとして，その場合に，なぜ「Aは死亡したのか」を，「人間は 30 パーセント以上の血液を失えば，必ず死亡する」という一般法則[16]と，「XがAを斬りつけたためAは多量に出血した」という特称命題との連言から演繹的に導き出す（説明する）ものである。医師や経済学者が死因やインフレ・デフレなどの現象を述べる場合，このような因果的説明によっているといってよいだろう。

このように因果的説明は「具体的な事象が一般法則に包摂可能かどうかを問う」点で合法則説に等しいといえるのであるが[17]，その適用に当たっては次のような問題点が指摘されている[18]。すなわち，このモデルが大前提にすえる"$p \to q$"という一般法則が「十分条件」をあらわすという点である。プッペによると，必要条件とは異なり，結果の十分条件は，それに他の任意の事実を付け加えても依然として十分条件であることに変わりはない。たとえば，Aがステッキで花瓶を壊したとする。このとき，「堅い物質が一定の力で粘土性の花瓶にぶつかった場合には，花瓶は壊れる」という一般法則に，「BがAのこの行為に拍手喝采を送った」という任意の事実を付け加えて，「堅い物質が一定の力で粘土性の花瓶にぶつかり，そして，誰かがそれに拍手喝采を送れば花瓶は壊れる」と構成することに論理的な矛盾はない

231

第5章 「直接性法理」とその具体化

のだから,「BがAの行為に拍手喝采を送る」という行為までもが花瓶損壊の十分条件とされてしまいかねない。しかし,Bの拍手喝采と花瓶破損の間に因果関係を認めることは全くのナンセンスである。それを確認するには,それを消去しても,選択された一般法則を用いた因果的説明の筋がとおっている (schlüssig) かどうかを調べればよい。すなわち,ある事実を消去しても,選択された一般法則の妥当性を損なうことなく,発生した結果の因果的説明がなされるなら,消去されたその事実は余分なものとして,結果の「十分条件」ではないことになる[19]。このように述べて,プッペは,「一般法則上,結果発生に対する十分な最低条件[20]の必要的構成要素」が結果の(個別)原因だとする[21]。

以上を「より現実的な事例」で考えれば[22],その趣旨および確認作業は「因果関係の断絶」の場合と相通ずるものがあるように思われる。たとえばXがAに致死量の毒を盛ったところ,それが作用するまえにYがAを射殺したという場合,「人間は〇〇グラムの毒を摂取すると必ず死亡する」という一般法則と,XがAに致死量の毒を盛ったという特称命題とから,Aの死亡を演繹的に推論することは可能である。しかし,Aが射殺されたこの事例では,いずれにせよAの体に銃創がみられるという事実が与えられている以上,Xの毒投与を「消去」しても,この事実と「人間は身体の枢要部に銃弾を受けると死亡する」という一般法則との連言から,Aの死亡が矛盾なく引き出される。以上のプッペの指摘は,結局,このようなものと思われる。

そもそも,実験室における仮説検証ではなく,現に生じた「その事件」の因果関係が問われているのだから,問題の行為が「一般法則上,結果発生に対する十分な最低条件の必要的構成要素」であるかどうかは,当の具体的な事案を離れて,単なる「法則的結合の存在」を確認するだけでは確定しえないのは当然であろう。三段論法のシェーマであらわされる因果的説明は,結論命題を引き出すために,何らかの法則をその大前提として必要とするが,小前提をなす特称命題はまさに当該事案に関係づけられた命題であり,この両者の連言から結論命題が引き出される。それゆえ,当の事案を離れた単なる「法則的結合」とは無縁なのである。したがって,「法則的結合」の存在だけではなく,それが「具体的事案の中で現に……妥当していること [が],

II 直接性法理の具体化

事実を跡づけることによって確認」されなければならないのである（当の具体的事案における法則的結合の現実的な展開）[23]。そして，この確認作業として，上述した「結果を引き出す際に用いられる一般法則の妥当性を損なうことなく消去できる事実を調べる」という方法は有益なものといえるだろう[24]。

③　このように，DN（あるいはIS）モデル[16]に基づく因果的説明にとっては，その大前提をなす「一般法則」の存在を確認することと，その一般法則に包摂される形で結論命題を引き出す「当の具体的事案」を確定することの両者が，その骨格をなすといってよい。したがって，「行為者の行為に引き続いて結果が発生している以上，行為と結果とは必ず法則的に結合している」ということも（＝具体的事案の軽視），「事象経過の一こま一こまが何らかの形でつながっている程度」で合法則性が認められるということも（＝一般法則への包摂がなされていない），ともに括弧内の理由から不当ということになる。要は，行為者の行為に発し最終結果に至る因果連鎖のそれぞれが，エンギッシュとともにいうならば，「できる限り正確かつ厳密に定められた一般法則」に包摂される形で説明されなければならないのである。

ふたたびプッペを引用すると，彼女は以上を「近接作用法則（Nahwirkungsgesetz）」に基づく「発生的／動的（genetisch od.kinetisch）因果説明」という観点から基礎づけようとする。

物体間に働く力の作用は「遠隔作用」としてではなく，中間の媒質内のある物理的現象をつうじて互いに伝達する。たとえば万有引力が遠方に達する場合にも中間の変化を経なければならない。このように中間事態の推移的な連続作用としての「近接作用法則」は，光の速度を最大限とする有限の速度で伝播する[25]。このような近代物理学の定説に基づき，プッペは，時間的・場所的に離れた事象は，aからbへといきなり作用するのではなく，a…a_1…a_2…a_3…a_x…bにおけるa_1, a_2, a_3, a_xのように，時間的・場所的に離れた事象aとbを相互に結びつける中間事態をとおして，それらが相互に「近接作用法則」によって合法則的に結びつけられる，したがって，その個々の因果連鎖の繋がりに「連続した説明」がなされて，はじめて合法則性連関が認められるというのである[26]。

第5章 「直接性法理」とその具体化

　上述したように，行為者の行為に発し最終結果に至る「因果連鎖のそれぞれ」が，「できる限り正確かつ厳密に定められた一般法則」に包摂される形で説明されなければならないと考えられる以上，このプッペの指摘は正当と思われる[27]。ただし，近接作用法則に基づく「発生的説明」という観点を，ことさらに強調する必要はないだろう。「発生的説明」と「因果的説明」とは，$a \cdots a_1 \cdots a_x \cdots b$ 間の各連鎖のそれぞれを一般法則に包摂する形で説明できるか，それとも，$a \cdots b$ を一般法則に包摂する形で説明できるかという，「演繹的推論の連鎖」によるか「連鎖でない演繹的推論」かの違いしかなく[28]，たとえば原爆投下→死亡といった場合をのぞいて，現に因果関係の存否が問題となる圧倒的多数の事案では，演繹的推論の「連鎖」が問題となる以上，およそすべてが「発生的説明」だといっても過言ではないからである。重要なのは，「現実の因果経過を問題とし，そこでいかなる要素が結果発生に関与したかを確認するために」，「行為から結果へ至る因果連鎖の各々の間にも合法則性が認められることを要求する」ことである[29]。

　④わが国で，つとに，このように主張したのが林陽一である。合法則説の有力な主唱者の一人である林によると，合法則的条件公式を適用する際には以下の三点に注意しなければならない。(i)ただ漠然と「因果律」の観念にとらわれるなら，不確かな法則を確かなものと軽信し，関連のありそうな行為と結果の間には法則的結合があると考えられやすいが，そのような漠然とした法則（知識）は用いてはならない（「漠然とした法則の適用排除」）[30]。(ii)「事案における事実の正確な把握」[31]，そして，上記①で論じたように，(iii)エンギッシュの唱えるような結果の具体化はなすべきではないこと[32]，の三点である。以上は，ありうべき合法則説の形を示すものと思われる[33]。

　しかし，本書が構想する「直接性」との関係では，次の点を指摘したい。それは，林陽一が「人の行為による外界支配を通して法益侵害の発生を抑止しようとする刑法」の機能に着目し，そこから，合法則性にいう「法則」を「外界支配のために人間にとって利用可能な法則」と理解していることに関してである。

　「当該行為と当該結果との間に，客観的に，人の支配可能性を基礎づける法則性が存在するか」，「人間にとって利用可能な法則性が当該事例において

II　直接性法理の具体化

行為と結果の間に存在していたか」——林説においては，上述したとおり，この確認が合法則的条件の内容をなすのであるが[34]，このような観点から，たとえば傷害致死罪でしばしば問題となる「逃避行為類型」とくに「危険な逃避行為」は，次のように判断される。この種の場合，まず，「被害者がなぜ危険な逃走を敢えてなしたのか，了解可能な説明」が求められる。その際，「『人間は不合理な行動をとることがある』という漠然とした『経験則』では，なぜ当該事例で不合理な行動に出たかの説明には不十分」である（上記(i)に反する）[35]。しかし，他方，「被害者の恐怖心による逃避行動惹起という心理的法則を介して」，人は外界を支配することができるので[36]，そのような法則性が当の事案で実現しているとみられるならば，たとえば「被害者の生命・身体・貞操等を守るため，当該逃避行為が被害者の立場にある人から見てほとんど唯一の手段であると考えられるような状況にあったときは，因果関係を認めることができ」る[37]。

　「外界支配に利用可能な法則性の存在」を柱とし，「合法則的条件関係の存否」と，「行為から結果に至る具体的経過において，(A)単独でも結果を発生させ得る程度に危険な事情が介在し，かつ，(B)その事情がもつ危険性に対して行為が影響を与えないようなものであるか」という二段階の判断で，「外界支配に利用可能な法則性」の存否を確認しようとする林説からは[38]，とくに「被害者の緊急避難的な逃避行為」が介在して死亡結果が発生した場合，たとえばドイツの「鼻骨骨折事件（Rötzel-Fall）」のような場合に，結果帰属を肯定するのは当然の帰結といえるであろう。「人（とくに女性＝A）が粗野に虐待された場合，さらなる身の危険を感じて危険な逃避経路を選択することも十分にあるだろう」。このような経験則は十分成り立つし，外界支配に利用可能な法則でもある。かつ，Aの介在行為は被告人Xの粗野な暴行に起因するという点で上記(A)(B)の両者も「否定」されるからである。

　しかしながら，以上の判断において，Xの暴行→Aの危険な逃避を説明するために用いられる「法則」に課される制約は，抽象度の高い漠然とした法則であってはならないこと，つまり「相当程度の信頼」と「間主観性の確保」にすぎない[39]。そして，この要請が満たされる限り，「被害者の恐怖心による逃避行動惹起という心理的法則」による因果的説明も許されるのであ

第5章 「直接性法理」とその具体化

る。だが，このような「心理的法則」によって媒介される因果経過，そのような「心理的法則」を法則的説明の要素に加えなければならないような一連の因果経過をへて発生した重い結果を，「傷害致死罪」として重く処罰するのが妥当であるかは別問題であろう。被害者の恐怖心に訴えて危険な逃避経路を選択させるということは，加重処罰規定が置かれていない強要・脅迫などからも，全く同様に考えられるからである。

林説は，一連の因果経過を説明する法則が同質でなくとも，それを一つにまとめ上げ，外界支配に利用可能である限り，「異なる法則を用いてなされる因果的説明」による法則性連関を認めるものといえるが，結果的加重犯の場合，とくに傷害致死罪の場合には，前章で検討したように，故意で加えられた物理力（あるいは傷害結果）の体内組織や臓器に及ぼす「病理的な作用」が「固有の不法内容」をなすと考えられる以上，この作用の確認に不可欠な「病理法則」を用いた各因果連鎖の説明がなされなければならないと思われる。これが，「基本犯に固有の特別な危険の重い結果への実現」の内実であり，本書が理解する「致命性説」の内容に他ならないと考えるのである。

（1） K.Engisch, Die Kausalität als Merkmal der strafrechtlichen Tatbestände, 1931, 16, 18f.
（2） Engisch, aaO［Anm（1）］, 13ff.
（3） Engisch, aaO［Anm（1）］, 21, 29.
（4） Vgl.z.B., C.Roxin, Strafrecht Allg.Teil, Bd.1, 3.Aufl., 1997, §11 Rn.20（以下，AT と略記する）。
（5） たとえば，山中敬一『刑法における因果関係と帰属』111頁以下，241頁以下，とくに266頁以下（1983），同『刑法総論Ｉ』251頁以下（1999），林陽一『刑法における因果関係理論』66頁以下，263頁以下（2000），成瀬幸典「条件関係について」『刑事法学の潮流と展望』大野眞義先生古稀祝賀117頁以下（2000），齋野彦弥「原因の複数と因果性について」現代刑事法26号51頁以下（2001），佐伯仁志「因果関係論」山口厚＝井田良＝佐伯仁志『理論刑法学の最前線』1頁以下（2001），小林憲太郎「因果関係と客観的帰属（六・完）」千葉大法学論集16巻2号20頁以下（2001），さらに，鈴木茂嗣『刑法総論［犯罪論］』51～52頁（2001）も参照。拙稿「条件関係と合法則的条件関係」成蹊大学法学政治学研究17号1頁以下（1998）も参照されたい。

236

（6） このような考えを批判するものとして，林陽一「相当因果関係説の批判的検討」法教185号23頁（1996），小林・前出注（5）32頁参照。

（7） 合法則説の立場からではあるが，従来，漠然と理解されてきた合法則的連関について，Themistoklis I.Sofos, Mehrfachkausalität beim Tun und Unterlassen, 1999, 54.

（8） Engisch, aaO［Anm（1）］, 9ff., insbes., 11f. また，たとえばロクシンも，「結果発生に至るすべての中間項を算入した，その完全に具体的な形態における結果」を問題とするのが通説であるとし，たとえば治療によって患者の不可避的な死の発生を幾分か遅らせた医師の行為にも，患者の死亡との間に合法則性が認められる，という（Roxin, AT,§11 Rn.20）。

（9） 「警告事例」につき，Engisch, aaO［Anm（1）］, 12. は「違法性」もしくは「責任」の問題として解決をはかろうとする。また，Roxin, AT,§11 Rn.47. は「警告事例」および前注の「医師の事例」を，「危険減少」の場合として「客観的帰属」が否定されるとする（Vgl. auch Roxin, AT,§11 Rn.20f.mit Fn.50; U.Kindhäuser, Kausalanalyse und Handlungszuschreibung, GA 1982, 477（477 mit Fn.5））。

（10） 林・前出注（5）71頁，73頁参照。

（11） なお，本書で詳しく論ずることはできないが，行為との合法則性が問われる「結果」は，「構成要件上重要な事実」であるだけではなく，その「有意的な不良変更」＝「法益状態の不良変更」と解すべきと考える。刑法は「結果無価値」を処罰の対象とする以上，無色透明な「法益の単なる事実状態」ではなく，その「不良変更」こそが重要なことは明らかだからである。Vgl.insbes., I.Puppe, Der Erfolg und seine Erklärung im Strafrecht, ZStW 92（1980）, 863（880f.）; dies., Die Beziehung zwischen Sorgfaltswidrigkeit und Erfolg bei den Fahrlässigkeitsdelikten, ZStW 99（1987）, 595（599）; dies., Naturalismus und Normativismus in der modernen Strafrechtsdogmatik, GA 1994, 297（306）; dies., Nomos Kommentar, 1995, Vor § 13 Rn.67ff., insbes., 74ff（以下，NKと略記する）．; dies., Die Erfolgszurechnung im Strafrecht, 2000, 11ff（以下，Zurechnungと略記する）．; Sofos, aaO［Anm（7）］, 64ff., bes., 94ff. なお，以上のプッペの文献は，NKとZurechnungをのぞき，以下，表題を省略して，雑誌名および巻ないし年代のみを記して引用することにする。わが国でも，すでに林・前出注（5）71頁，259頁以下，同・前出注（6）23頁，最近では，小林憲太郎「因果関係と客観的帰属(四)」千葉大学法学論集15巻4号226頁以下（2001）参照。

（12） Engisch, aaO［Anm（1）］, 23.

（13） Engisch, aaO［Anm（1）］, 26.

（14） DNモデル——カヴァー法則（covering-law）モデルとも呼ばれる——については，M.Maiwald, Kausalität und Strafrecht, 1980, 64ff（以下，Kausalitätと

第5章 「直接性法理」とその具体化

略記する。）．；Kindhäuser, GA 1982, 480ff.; Sofos, aaO ［Anm (7)］, 36ff. などが詳しい。その他，碧海純一『新版・法哲学概論』248頁以下（全訂第1版，1976），内井惣七『科学哲学入門』85頁以下，とくに102頁以下（1995，世界思想社），西脇与作『現代哲学入門』90頁以下（2002，慶應義塾大学出版会）など参照。

(15) K.Popper, Logik der Forschung, 10.Aufl., 1994, 31f.Dazu Maiwald, Kausalität, 63; E.Hilgendorf, Der gesetzmäßige Zusammenhang im Sinne der modernen Kausallehre, Jura 1995, 514 (515 r.Sp.); ders., Zur Lehre vom »Erfolg im seiner konkreten Gestalt«, GA 1995, 515 (526); Sofos, aaO ［Anm (7)］, 38f.

(16) Vgl.dazu H.Walder, Die Kausalität im Strafrecht, SchwZStr 93 (1977), 113 (124 Fn.23). もっとも，刑法上問題となるような社会的事象に関して，とくに人間の行為ついては，このような決定論的な法則を適用することはできないがゆえ，その多くは「演繹的・法則的説明」ではなく，「帰納的・統計的（inductive-statisticial）説明」（＝ISモデル）が用いられることになる。Vgl.Hilgendorf, Jura, aaO ［Anm (15)］, 520f.Vgl.auch K.Rolinski, "Statistische Kausalität" im Strafrecht, in: FS-Koichi Miyazawa, 1995, 483 (494f., 500). 個々の事象経過を包摂する法則は，このように，決定論的法則・必然性法則に限られず，蓋然性法則や一般の経験則も用いられることになるが，だからといって，因果的説明が適用しえない不当な理論だということにはならないであろう。なお，私見が構想する「直接性法理」の前提をなす「法則性」は，本文記述のような「医学的・病理学的法則」である。この点については後述する。

(17) Vgl.Puppe, ZStW 92, 874f.; J.Schulz, Gesetmäßige Bedingung und kausale Erklärung, in: K.Lackner-FS, 1987, 39 (39f.); Hirgendolf, Jura 1995, 515; ders., GA 1995, 525f.; Sofos, aaO ［Anm (7)］, 53.

(18) なお，哲学的観点から「因果的説明」に関する問題点を指摘するものとして，内井・前出注(14)107頁以下，西脇・前出注(14)91頁以下，107頁など，刑法の観点からする「因果的説明」に関する包括的で批判的な検討として，とくに，杉本一敏「相当因果関係と結果回避可能性(三)」早稲田大学大学院法研論集103号101頁以下(2002)，同「(四)」同上誌104号176～180頁（2002）参照。

(19) Vgl.auch Hilgendorf, Jura 1995, 514 (516 l.Sp.); H.Otto, AT, 5.Aufl., 1996, §6 Rn.26.

(20) Vgl.z.B., Puppe, Kausalität, SchwZStr 107 (1990), 141 (151 Fn.12). なお，十分条件のうちの「最低条件」というのは，たとえば，役員A，B，C，Dが全会一致で有害物質の回収に反対投票をしたが，定款上，会社の意思決定には役員の過半数で足りるという場合，有害物質回収の「最低条件」は三票だから，A～Dの四名全員を考慮する必要はなく（考慮した場合には，だれか一人が回収に賛成投票をしても，どのみち過半数はえられない），たとえばA～Cの三名だけを考慮し，そのうちのだ

II 直接性法理の具体化

れか一人でも反対投票をすれば過半数がえられないので，反対投票をした者は，有害物質の不回収に対して「十分な『最低条件』」を有することになる。このようなことを意味する（Vgl.z.B., Puppe, Zurechnung, 71 f.）。

(21) つまり，それを「消去」したとき，筋のとおった因果的説明ができなくなるような条件が十分な最低条件の「必要的構成要素」を意味する。Puppe, ZStW 92, 867, 875f.; ZStW 99, 599; SchwZStr 107, 150f.; GA 1994, 303; NK, Vor§13 Rn.96f.; Jura 1997, 408 (414 l.Sp); Zurechnung, 2000, 67f., 71.同旨, Sofos, aaO ［Anm (7)］, 40, 45, 108ff.

(22) たとえば，ハンソン（N.R.Hanson）が主張した「観察の理論負荷性」によると，本文で引用した「拍手喝采事例」の場合，「ガラスはある程度以上の物理的衝撃によってのみ壊れる」という「理論を背景として観察される」ので，Bが拍手喝采することも，あるいは「あっ！と声を上げたこと」も，「花瓶が壊れるのをみていたこと」も，ともにその破損原因ではないことになる。「観察の理論負荷性」と因果関係の問題に関しては，一ノ瀬正樹『原因と結果の迷宮』第二章（2001，勁草書房）参照。

(23) 林・前出注（5）316頁，詳細は同・269頁以下参照。Vgl.auch Puppe, SchwZStr 107, 147ff. そこでは，医師による心臓のバイパス手術における誤縫合が，死体解剖の結果，患者の心停止の原因ではないことが判明したという事例をあげて，プッペの因果関係論に対する見解が開陳されている。

(24) なお，以上の確認作業における「消去手続」は，選択された一般法則を用いてなされる因果的説明が筋のとおったものかどうかを確認するためのものであり，それゆえ，結論命題を引き出すための，大前提をなす一般法則からの「消去」であり，「この世」からの消去ではない。さらに，消去したあとで，何かを「付け加える」必要もない。これがプッペの強調するところである。Puppe, ZStW 92, 876; dies., GA 1994, 303; dies., ZStW 99, 599; dies., SchwZStr 107, 151; dies., NK Vor§13 Rn.97. 同旨, Sofos, aaO ［Anm (7)］, 114. 増田豊「刑事手続における一般的因果性の証明とディアロギッシュな原理としての自由心証主義——必要条件公式と合法則的条件公式の相補性のテーゼに関連して——」法律論叢第68巻3・4・5合併号146頁以下，とくに148頁，152頁も参照（1996）。

(25) 『岩波・哲学小辞典』128頁，379頁（増補版，1937），『哲学辞典』174頁（1971，平凡社），湯川秀樹『物理講義』47頁以下（第23刷，1995，講談社学術文庫）など参照。

(26) Puppe, ZStW 92, 888ff.; dies., ZStW 95, 310f.; dies., ZStW 99, 610; dies., GA 1994, 304f.; dies., NK, Vor§13 Rn.101.Vgl.auch Hilgendorf, Jura 1995, 517; Sofos, aaO ［Anm (7)］, 44f., 111ff.

(27) 林・前出注（5）261～262頁参照。

第 5 章 「直接性法理」とその具体化

(28) 黒崎宏「科学的説明の特質」岩波哲学講座12『科学の方法』335, 336頁(1968)参照。
(29) 林・前出注(5)72頁, 261〜262頁など参照。
(30) 林・前出注(5)72頁, 271頁, 312頁注(13)など参照。
(31) 林・前出注(5)72頁, 269頁以下。
(32) 林・前出注(5)259頁以下, 264頁。
(33) これに対して, 本書が依拠する, 以上に引用した林説を含め, プッペの見解など, いわゆる「因果的説明モデル」——「合法則的因果関係」——を基盤にすえる見解に対する批判として, 杉本・前出注(18)参照。
(34) 林・前出注(5)231頁以下, 同・前出注(6)23頁。
(35) 林・前出注(5)271頁。
(36) 林・前出注(5)274〜275頁。
(37) 林・前出注(5)302〜303頁。
(38) 林・前出注(5)243〜244頁。なお,「合法則的条件の存否判断」と, 本文記述の(A)(B)からなる「一般的危険の実現判断」は, 前者により「利用可能な法則性の一応の存在」が認められ, 後者により「それが排除されないか」を確認するというように, 表裏の関係にあるようである。林・前出注(6)25頁では,「私見は, 因果関係の実体については『利用可能な法則性の存否』という一段階の判断と考えるが, 事案への適用に際しては二段階の判断方法を用いる, いわば1・5段階的構成ということができるであろう」とされている。
(39) 林・前出注(5)16頁注(9), 268頁など参照。

(2) わが国およびドイツの判例を素材にした私見の具体的適用

上記(1)では,「合法則的条件公式」の基本的な正当性を認めながらも, それがおよそ否定されることのない帰属要件を既遂犯成立の一要件に加えるといった空虚な公式として運用される可能性も認められることから, ドイツおよびわが国の最近の議論が, この点にどう対応しているかをみてきた。そして, 本公式とその内容を一にする因果的説明にとって不可欠な三要素, すなわち, その大前提をなす「一般法則」, それとの連言から結論命題を導く小前提としての「特称命題」, そして, これらの説明項から引き出される結果(被説明項)を, それぞれどのように把握するかによって, 実のある公式への方向転換をはかることができると考えられた。

ただ, 大前提をなす法則として,「人間による外界支配に利用可能な法則

性」「その間主観的な妥当性が科学的に承認されている法則性」による結果の因果的説明では，結果的加重犯に関する限り，その成立の必要条件が提示されたにすぎないのである。発生した重い結果を過失致死（傷）罪として客観的に帰属できるだけでは，結果的加重犯の十分条件たりえない。本罪は，単なる故意基本犯と過失結果犯の観念的競合類型ではないからである。

それゆえ，ここで問題の「傷害致死罪」に関しては，次のようにいえるだろう。

重い結果へと至る各因果連鎖のそれぞれを説明するのに用いられる法則は，単なる一般経験則や心理法則ではなく，典型的には，たとえば腹部強打・足蹴りにより腎臓が破裂し，急性腎機能不全を起こして尿毒症により死亡したなどの「病理法則・医学法則」でなければならない。因果的説明の大前提をなす法則として，それ以外の単なる一般経験則などを用いなければ当の具体的事案を包摂する形で発生した結果を説明できないということは，結果帰属それ自体は肯定されるにしても，いわば「一般的因果経過」によって「特殊な因果経過」が追い越されたといえるからである。傷害致死罪の「固有の不法内容」「加重処罰根拠」は，故意で加えられた物理力の人体に及ぼす病理的な作用にあると考えられる以上，結果発生へと至る因果経過の各連鎖は，その病理的な機序を明らかにする「病理法則・医学法則」のみを用いた包摂の可否によって判断されなければならないと考えられるのである。

本書が主張するこのような「致命性連関」――それは一言でいってしまえば「加えられた傷害の病理的作用による一貫した因果的説明（発生的因果説明）」といってよい[1]――について，以下，前項で触れた「被害者の逃避行為類型」から，順次，その具体的な適用を考えてみることにしたい。

(a)　「被害者の逃避行為類型」

①　私見によると，高所からの逃避や河川への逃避など，このような被害者の危険な逃避行動を説明するのに，「恐怖心」や「無鉄砲さ」など被害者側の「心理的な事情」を考慮せざるをえず[2]，したがって「心理法則」を援用しなければ了解可能な説明がなされないなら，傷害致死罪の成立は否定される。

しばしば引用している "Rötzel-Fall" がこの場合である。なるほど，「粗

第5章 「直接性法理」とその具体化

野に殴打された者が，さらなる虐待を恐れて危険な逃避を敢行することは十分にありうる」。このような経験則は十分に成り立つ。そして，この経験則に，「被害者（以下，A）は粗野に殴打された」という特称命題を包摂することによって，なぜ「Aは危険な逃避を敢行した」のかが経験則に適合する形で説明されることになる。しかし，この事件では，それを消去したなら一連の連続した説明ができなくなる中間事態（Aの逃避）は，「病理法則」を用いなくとも，「さらなる虐待を恐れる」という「心理的法則」から説明可能である。反対に，この心理法則を援用しなければ説明がつかないのである。先行する暴行・傷害は「また殴られる」という「将来」の害悪を通じて被害者の「意思決定・意思活動の自由」を妨げ，逃避行為へと駆り立てた点で，死亡結果との関係では「強要」と同様の機能を果たしたにすぎない。傷害致死罪の成立を否定するドイツの通説が妥当である[3]。

　類型としては同様の事件であるが，「転落死事件」[4]の場合は異なる判断が可能である。この事件の場合，Aは地上27mの高層ビルから逃避をはかっている。しかも，被告人（以下，X）が，Y・Zに暴行の中止を命じ，「窓をあけて，少し外の空気でもすえ」といったときに，Aはこのような極めて危険な逃避を敢行したのである。そうすると，それを説明するには，「将来のさらなる虐待に対する恐怖心」に加え，前額部を箒の柄で強打されたことによる頭蓋骨裂傷に基づいて発生した意識混濁・朦朧状態を考慮せざるをえないと思われるからである[5]。

　たしかに，この事件でも，結果発生に至る因果経過に「恐怖心」という「心理的な要素」も介在していることは事実であろう。しかし，先の"Rötzel-Fall"では，自室の二階の窓からバルコニーを伝った逃避がなされたのであり，それゆえ，さらなる虐待に対する「恐怖心」を考慮に入れさえすればAの逃避に対する筋の通った説明ができるのに対して（危険ではあるが二階からの，しかも直接飛び降りるのではなく，バルコニーを伝ってどこかに逃避しようしたのだから，「恐怖心」を考慮しさえすれば説明がつくだろう），この転落死事件では，Xらが加えた暴行による頭蓋骨裂傷に妥当する法則，すなわち「頭部外傷により意識混濁・朦朧状態が増幅されると，突発的興奮を示したり，衝動的な行動に出ることがある」という「病理法則・医学法則」を援

用しなければAの逃避を説明することは困難だといえよう。そうすると、暴行・傷害⇒逃避⇒転落死の各連鎖において「傷害の病理的作用による一貫した因果的説明」がなされる事件のように思われるのである。「転落死事件」は、"Rötzel-Fall"のような、「強要致死」とでもいいうるケースと同列に論ずることはできないだろう[6]。

② わが国の判例に現れた事案はどうか。この類型で傷害致死罪の成否が問われたケースは多数に上る。しかし、私のみたところ、傷害致死罪の成立を否定したのは下級審の裁判例が2、3あるぐらいである。

そのひとつが「道頓堀川事件」である。事案は、某旅館で飲食中、体力にものをいわせたAの傍若無人な言動に立腹していたXが、同旅館の女将からAが同旅館の窓ガラスや襖などを毀損したことを聞き知り、警察に通報されたり突きだされることを恐れ逃走したAを、Y（正当行為として無罪）の応援を求め追跡し、道頓堀川大黒橋中央歩道附近でAに1、2回足蹴りの暴行を加え、さらにYも竹箒により同程度の殴打をくわえたところ、Aは同所の欄干を乗り越え、下方約5mの道頓堀川に飛び込み溺死したというものである。これに対して大阪地裁[7]は、Xらの暴行は極めて軽度なものであり、それにもかかわらず、高さ1.06m、幅0.47mあるコンクリート造りの欄干を乗り越えて、「幅約54.5m、水面から橋までは約5mもあり、特に流れる水は汚水であって常時悪臭をただよわせている」道頓堀川に逃避経路を求めるなどは、営業中の店などいくらでも助けを求めることは可能だったことからしても、極めて突飛なことである。むしろ、Aの逃避は、「器物損壊の犯人として逮捕されることを免れるため」に、かつ「たまたま水泳に自信があった」からなされたものだ。概要、このような観点から結論的には相当因果関係を否定した。

この事件に関して、たとえば林陽一は次のように主張する[8]。すなわち、以上に述べた本件の具体的な事実関係をもとにすると、「悪臭ただよう濁流に飛び込んだ被害者の行為」を説得的に説明するには、被害者の「水泳技能に対する過剰な自信」が「法則的説明の要素に加えられなければならない」。しかし、「特に困難のない逃避経路が他に残されていたにもかかわらず、被害者が危険な逃避方法を選んだ」本件のような場合は、水泳に対する「過剰

第5章 「直接性法理」とその具体化

な自信」という「被害者の心理的性質が行為者の行為による結果のコントロールを不可能にするほどに独自の影響力」をもった可能性があり，それゆえ，「一般的危険」が実現した場合として因果関係が否定される，と。つまり，水泳に対する過度の自信や，被害者の，わずかなことに過剰な反応を示すという「無謀さ」「軽率さ」など，もっぱら被害者側の（心理的な）事情によって危険な逃避行動などの介在事情が説明できるなら，その介在事情は「行為者の行為」により危険の増減の影響を受けていないとし，第二段階の判断として，結果帰属が否定されうるというのである。しかしながら，「致命性説」の観点からすると，単なる「行為者の行為」ではなく，「加えられた傷害の病理的な作用」により，介在事情が危険の増減の影響をうけたかどうかが重要である。「道頓堀川事件」では，当然に傷害致死罪の成立は否定されよう[9]。

しかし，地裁レヴェルでも，傷害致死罪の成立が否定されたケースは例外的だといってよい[10]。上級審に至っては，この類型で傷害致死罪の成立を否定した裁判例をみいだすのは困難である。先の「道頓堀川事件」も大阪高裁で破棄されているのである[11]。したがって，大審院も含め，最高裁が傷害致死罪の成立をほぼ一貫して認めているのは不思議ではない[12]。最近では，複数の被告人から執拗かつ長時間にわたり暴行を加えられたAが，被告人らに対する極度の恐怖心から，隙を見て逃げ出し，暴行現場から800m前後の距離にある中央高速道路に侵入し，疾走してきた自動車に轢かれ死亡したという事案で，被害者のこのような行動は「極めて危険」なものとしつつも，それに先行する暴行の時間・程度からすると，そのような「暴行から逃れる方法として，著しく不自然，不相当であったとはいえない」として傷害致死罪の成立が肯定されている[13]。しかし，本書の考えでは，先行する暴行の程度・執拗さ，被告人らの追跡行為の有無・その態様と，被害者の心理状態・恐怖感を秤にかけて，被害者の「極めて危険な回避行動」が「著しく不自然，不相当であった」かどうか，という判断は傷害致死罪の成否にとっては決定的ではない[14]。

(b) 「被害者の治療拒絶類型」

この類型に関しては，ドイツの判例もほぼ一貫して傷害致死罪の成立を肯

定していた。たとえば，BGH NStZ 1994, 394 によると，「アルコール中毒患者であり重傷を負わされた者が，さらなる飲酒の欲求に屈し，入院加療を拒絶するというがごときは，その生命危険を切々と指摘され，自らに対する事の重大性を認識していたとしても，あらゆる経験に反するとはいえない」というのが，その理由である[15]。わが国でも同様の判断がなされている。たとえば大阪高判平成4年12月22日（判例集未登載）[16]は，顔面・腹部に殴打，足蹴りを受け，腹部に激しい痛みを訴え甲病院に搬送された被害者Aが，医師の診察に激しく抵抗したため，腹部に関しては触診すらなされない状態で病院をあとにした後，再び激しい腹痛を訴え別の乙病院へ搬送されたが，そこでも同様に激しく検査に抵抗したため，疑われた腹腔内出血の検査を受けぬまま帰宅し，その翌日，腹腔内出血により死亡したという事案で，被告人がAに加えた暴行はそれ自体が甚だ強度なものであること，そして，「人によっては酒に酔うと常軌を逸した行動に出ることも決して珍しくないから，かなり酒に酔っていた被害者が，その酒酔いのほかに，腹部の激痛や酒酔いを含む性格的なものも一因となっているにせよ，医師の診療を拒否することがあり得ることも，通常予測しうる事柄というべきである」などと論じて，傷害致死罪の成立を認めた。

なるほど，これらの事案では，行為者の加えた傷害結果の病理的作用が腹腔内出血などによる死亡結果と直結していることは事実である。しかしながら，診療を受けていれば当然救命された場合はもちろん，その可能性があったにすぎない場合でも，「利益原則」にのっとり「救命できたものとして扱われるべき」である以上[17]，因果連鎖の中間項として消去することのできない「診療拒絶の理由」が納得のいく形で説明されなければならない。その際，たとえばエホバの証人の輸血拒否にみられるように，「宗教上の理由」を（輸血をともなう）診療拒絶の説明要素として考慮しさえすれば説明がつく場合はもちろんのこと，BGHの事案におけるように，「傷害結果の病理的な作用」に言及しなくとも，「さらなる飲酒への欲求」といった被害者側の事情（習癖など）を考慮することによって一連の因果連鎖の連続した説明がなされるならば，傷害致死罪の成立は否定されることになろう。大阪高裁の事案も基本的に以上と異なるところはないと思われる[18]。診療拒絶は相

当に酩酊していたAの「酒乱癖」によって説明することができるからである[19]。

(c) 「概括的故意」類似の事案

殴打などにより昏倒した被害者Aを死亡したものと誤信し，自己の犯跡を隠蔽する目的でAを川などに投棄したところ，そこでAが溺死などした場合がこの事案である。わが国でもいくつかの裁判例がみられる[20]。ドイツでは，犯跡隠蔽行為に出たのが第三者ではあるが，先に検討した「自殺偽装事件」[21]もこの類型に数えることができるだろう。

たしかに，この事案の場合，被害者の昏倒は傷害結果に他ならず，その傷害結果である昏倒が介在行為者（行為者本人であれ，第三者であれ）の投棄行為に影響を与えている。しかし，昏倒した者を死亡したと誤信することは，「自殺偽装事件」のBGHがいうように，「医師でない素人が［被害者を］死亡したものと誤信することは…生活上ありうる範囲内の出来事」，すなわち「一般経験則」によって説明されるし，その誤信から投棄行為に至る繋がりは，もっぱら「自己の罪跡を隠蔽しようとする犯人の心情」，すなわち「心理的法則」によって説明される。たとえば，あお向けのまま気絶していた被害者が吐瀉物を気管に詰まらせ窒息死したような場合とは異なり，昏倒以降の因果経過を説明するのに「病理法則」を援用する必要はないのである。今日，ドイツの学説は，この類型に関して傷害致死罪の成立をほぼ一致して否定するが，正当な態度であると思われる[22]。私の調べた限り，判例も，「自殺偽装事件」以外で傷害致死罪の成立を肯定したものはないようである[23]。

(d) 第三者行為介在型

① 医療過誤類型

ドイツの判例では，「樹上見張り台事件（Hochsitz-Fall）」[24]がこの類型に該当するといえよう。

この事件のように，心臓および循環器官の摩滅現象が確認された高齢者が長い病床生活を強いられた場合，肺炎・肺栓塞を併発することは医学法則上，十分に説明可能であろう。それを基礎づけたのは，本件の場合，まさしく行為者が加えた「踝骨折」に他ならない。「踝骨折により，宿痾のある高齢者が長い病床生活を強いられた場合，肺炎・肺栓塞を併発して急性呼吸困難を

来すことは，医学上，十分に考えられる」。「Ａは踝骨折を被り，長い病床生活を強いられた」。ゆえに，「肺炎・肺栓塞を併発し（死亡し）た」。以上の経過においては，踝骨折からＡの死亡に至る各連鎖が「医学的・病理的法則」に包摂する形で矛盾なく説明可能である。

　しかしながら，本件では，治療に当たった医師が，手術により骨折部位を固定した以外，血液溶解措置を施すことも，また，退院後の生活について適切なアドバイスをすることもなく被害者を退院させたという「落ち度」が介在している。しかも，原審の認定によれば，Ａの既往症や長い病床生活にもかかわらず，これらの処置が施されていたならば，Ａの死は回避された可能性が強いというのである。したがって，被告人に有利に，そのことを前提とし，それらの処置がなされなかった理由が問われなければならないであろう。この点に関してBGHは，「医師が，肺炎・肺栓塞を併発するといった危険な展開を見落とし，有効な対抗措置を施すことなく，死亡結果が発生するという事態は，およそありえないわけではない」と論ずるだけであるが（BGHSt.31, 96［100］），本書の立場からすると，踝骨折の病理的作用に何ら言及することなく，このような「一般経験則」——たとえば，「大規模経営の病院ではこの種の不作為はありがちである」など[25]——によって説明がつくなら，傷害致死罪の成立は否定される[26]。

　わが国の裁判例にも，医療過誤が介在して死亡結果が発生した事件は多くみられる。比較的最近のもので，たとえば，東京高判昭和61年4月24日判例タイムズ630号222頁（確定）は，腹部を蹴られ，全体重をかけるように踏みつけられて膵臓破裂・十二指腸破裂等の創傷を被った被害者Ａが，搬送された○△厚生病院のＨ医師による診断および開腹手術を受けたが，(i)早期に十分な量の輸血がなされなかったこと，(ii)全身麻酔ではなく局所麻酔で開腹手術が実施されたこと，そして，(iii)十二指腸の裂創を縫合しただけでその他の臓器の止血措置は何ら施されず放置されたという医療過誤によって（もっとも，(iii)に関する主張は事実に反するとされている），因果関係が否定されるという控訴趣意に対し，「Ｈ医師のとった措置になんらかの過誤が存したとしても，その措置が現在の通常の医療技術水準ないし医療上の常識から甚だしく隔たった異常なものであったために被害者の状態を悪化させ死亡するに

至らせたというような特段の事情が認められない限り，本件暴行による傷害と死亡との間には刑法上の因果関係がある……」として，傷害致死罪の成立を肯定している。その趣旨は，介在した医療過誤が「異常・希有」なものでない限り，相当因果関係が認められると理解することができよう。

しかし，本判決は，(i)の過誤については，レントゲン撮影・エコー検査の結果により腹腔内臓器の出血を明確に診断できない段階で「大量に輸血することは心臓の負担を重くして患者の全身状態のいかんによってはかえって危険な場合」があるとし，また，(ii)の過誤についても，「Aを速やかに麻酔専門医と設備のある大病院に搬送する措置をとることが望ましかったと一応いえるけれども，……Aのように全身状態の悪い患者を搬送移動すること自体が危険を伴う」としている。すなわち，「Aの全身状態が悪く，開腹手術の適応についても困難かつ慎重な検討を要する病体であって，H医師としては当面救命的応急的な手術を実施するにとどめざるを得なかった」ことが，医療過誤の介在により因果関係が否定されるとする弁護人の主張を論駁する最も重要な根拠としてあげられているのである。したがって，かりに(i)(ii)の点にH医師のミスがあったとしても，それはまさに，Xの加えた傷害の病理的な作用によって説明されている。このように，この事件は，「加えられた傷害結果の病理的な作用による一貫した因果的説明」がなされる場合といえ，本書の立場からも傷害致死罪の成立は肯定できると思われる。

次のような事案で傷害致死罪の成立（共謀共同正犯）を肯定した札幌地判平成12年1月27日判例タイムズ1058号283頁（確定）も[27]，同様に考えることができるだろう。

Xら4名は，被害者Aの頭部，顔面等を多数回手拳で殴打したり足蹴りにするなどの暴行を加え，Aに，頭蓋側頭骨骨折，急性硬膜外血腫および脳挫傷等の傷害を与えた。Aは犯行から約1カ月後，入院加療中の病院で，以上の傷害に起因するストレス性胃内損傷に基づく胃内出血による出血性ショックにより死亡した。しかし，デュルフォラ潰瘍（胃の血管の走行異常）といわれるAの特異体質が大量出血の前提と考えられ，さらに，Aが最初に容態を急変させたときに（死亡の1日前），消化器内科の専門医の最善の治療を受けていれば，命を落とさずにすんだ可能性も否定できない，という事案であ

る。

　この事件では，まずAの頭部外傷等と胃内出血による出血性ショック死との関係が問題となるだろう。しかし，本判決によると，「頭部外傷を負った者が，肉体的なあるいは精神的なストレスから消化性潰瘍を併発したり，急性粘膜病変等が起こり，これらから消化管出血が生じて死亡の危険が生じる場合があること［は］医学的常識であり，臨床的にもよく見られる」という。しかも，Aが被った傷害のひとつ「頭蓋側頭骨骨折は，頭蓋底の方まで及んで中硬膜動脈を切断し，多量の出血をもたらし，一時意識レベル300の昏睡状態に陥ったほど」であり，このような脳の障害とその治療行為のために受ける種々の肉体的ストレスは相当であって，また，意識が回復した後でも「ほとんど瞬きでしか外界と意思疎通を図ることができない状態」のため精神的なストレスも相当に蓄積されたとされていた，というのである。したがって，Xらの与えた頭部傷害から胃内出血による出血性ショック死に至る因果連鎖は，まさに傷害の病理的な作用によって貫かれているといえよう。本件で問題があるとすれば，それは，「消化器内科の専門医の最善の治療を受けていれば，命を落とさずにすんだ可能性も否定できない」という点である。しかし，被告人に有利にこの点を前提とし，かつ，消化器内科の専門医ではない当該医師が，専門医であれば行ったであろう止血措置を施さなかった点をかりに医療過誤とみなすにしても，それは，通常の潰瘍跡とは異なり，明らかな潰瘍跡が認められないにもかかわらず胃から大量の出血をもたらす「デュルフォラ潰瘍という，とくに注意して調べなければ見つけることができないくらい小さな潰瘍跡」があったため，当該医師がそれを発見できなかったからである。それゆえ，「デュルフォラ潰瘍」という被害者の特異体質，およびその「病理的な機序」を，主治医が最善の医療を施さなかったことの説明要素として加えなければならない。たとえば，「複数の患者を抱えている大病院では，そのような見落としもありがちだ」というような単なる一般経験則によっては説明がつかないのである。それゆえ，本件は，治療に当たった医師の止血措置の不実施を医療過誤とみなすにしても，Xらが加えた傷害の病理的な作用による一貫した因果的説明がなされるケースだといえよう。札幌地裁は，「本件の事実関係においては，例えば急性硬膜外血腫等の頭部

第5章 「直接性法理」とその具体化

外傷が直接原因となった場合と本件とで刑法上の因果関係を考えるに当たって別異に考える必要はないのである」と論ずるが（同上286頁），本書の立場からも，そういうことが可能であると思われる。

これに対して，たとえば大阪地判平成8年10月11日判例タイムズ979号248頁（確定）の場合は[28]，様相を異にする。腹部を右足で3，4回強く踏みつけるなどの暴行を受けたAは，救急搬送された病院において，犯行の2日後，この暴行による外傷性小腸穿孔等に起因する汎発性腹膜炎で死亡した。しかし，治療に当たった医師YはCT撮影の結果，Aの腹部に，腹膜炎を含む重篤な結果を招来するおそれのある腹腔内の液体貯留を認めたにもかかわらず，自らが担当した24時間の間にわずか3，4回しかAを診察せず，自制が不可能なほどにAの腹痛が悪化した時点でも外科医に連絡する等の措置もとらなかったという事案で，大阪地裁は傷害致死罪の成立を肯定した。「……Xの判示暴行により，Aの小腸に穿孔が生じ，右穿孔から消化液が腹腔内に流出，貯留して，汎発性腹膜炎が発症し，……急速に症状が悪化した結果，Xの暴行による受傷後わずか53時間余りでAは死亡するに至った」と判示されているように，たしかにこの事件でも，Xの加えた傷害の病理的な作用が死亡結果に実現している。しかしながら，腹腔内の液体貯留を認めた場合には，重篤な結果を招来するおそれのある腹膜炎が疑われ，その腹膜炎は，激しい腹痛や脱水症状にともなう口渇感（現にAはのどの渇きを繰り返し訴え，Y医師も回診時に口渇感を訴えられている），さらに腹部に筋性防禦が生ずるため，触診等で比較的容易に診断できるとされているにもかかわらず，Y医師は何ら有効な措置すらとらなかったのである。大阪地裁も，このようなY医師の「一連の措置は，医師としての適切さを欠く点のみられるものであったとのそしりを免れ難いところである」という。

そうすると，医師のミスに「重過失」が認められる場合は帰属連関が中断されるという見解からはもちろん[29]，本書の立場からも，Y医師の不適切な措置をどう評価するかは重要なポイントとなってくる。Xの暴行によって生じた外傷性小腸穿孔の「病理的な作用」にYの行動が影響されたとは考えにくく，むしろ，腹腔内の液体貯留を認めたにもかかわらず自らが担当した24時間の間にわずか3，4回しか診察せず（そのような場合は約2時間毎に

触診などをして，腹部膨満や腹痛の程度を把握する必要があるとされている），さらに，自制不可能なほどにAの腹痛が悪化した時点でも外科医に連絡すらしなかったのは，医学の不十分な知識，経験不足，「当直医」としての過酷な労働条件から生ずる注意力散漫・倦怠感など，――外傷性小腸穿孔の「病理的な作用」に影響されない――もっぱらY医師の個人的な事情から説明できる可能性が強いからである。しかし，Y医師が，CT撮影でAの腹膜炎を疑ったとき，あるいは自制不能なほどの腹部激痛を認識した時点でも適切な措置を講じていればAが救命されたのかどうかを含め，以上の点について大阪地裁は具体的な認定をすることなく，主に「Xの暴行によって生じた傷害自体がAの死亡という結果を惹起する程度の危険性を具有していたものであること」を根拠に傷害致死罪の成立を認めている。「傷害の危険性」が重要なことはもちろんであるが，本書の立場からしても，それだけで傷害致死罪が認められることにはならない。結果発生に至る「因果連鎖のそれぞれ」が「傷害の病理的な作用」によって貫かれていなければならない，いいかえると，「各連鎖」を説明するのに「病理法則」を説明要素として加えなければ筋の通った説明がなされない場合に，はじめて本罪の成立が肯定されるからである。それゆえ，この事件の場合，CT撮影でAの腹膜炎を疑った時点ではもちろん，かりに自制不能なほどの腹部激痛を認識した時点でも適切な措置を講じていればAが救命された可能性があったと仮定し，それにもかかわらずY医師が適切な措置を講じなかった理由が，上述したようなY医師の軽率な判断にあったとすれば，傷害致死罪の成立は否定されることになろう[30]。それがなければAは救命されたと仮定しなければならない「Y医師の不適切な措置」が，外傷性小腸穿孔に関する「病理法則」を援用しなくとも，説明できるからである[31]。

② 大阪南港事件（最決平成2年11月20日刑集44巻8号437頁）

Xによる一連の暴行（革バンドや洗面器での頭部殴打，失神している最中にされた右脇腹に対する数回の足蹴り，コンクリートへの2, 3回に及ぶ頭部の打ちつけ，バケツによる冷水の浴びせかけ等）と，恐怖心による心的圧迫等も加わり，血圧を上昇させ内因性橋脳出血により完全に意識を失ったAを，Xが大阪南港にある資材置き場に放置したところ，そこで，無関係の第三者Yに

第5章 「直接性法理」とその具体化

より角材で頭部を殴打され（現場に残された角材に付着していた血痕から第二暴行の存在自体は認めたものの，この暴行もXによるものだとする検察官の主張は，第一審において「証拠不十分」として退けられている），その翌日，内因性高血圧性橋脳出血により死亡したという事案で，Xに対する傷害致死罪の成立を肯定したのが本決定である。Yの角材による殴打は「幾分か死期を早めたに過ぎない」というのが，その主たる根拠をなす。

「港の資材置場に意識を失って放置された者にさらなる危害が加えられる可能性は少ないとは言え［ない］」とする見解もみられるが[32]，――本件では被告人に有利にその存在が仮定された――介入行為が「故意行為」のときは，異常・希有な事情が介在したものとして相当因果関係を否定するのが通例と考えられることから[33]，本件を従来の相当説の観点から説明することは困難だとし[34]，それにもかかわらず因果関係が肯定された点で，いわゆる「相当説の危機」が語られたことは周知である。それでも，わが国の多数説は，本決定の結論を支持するが[35]，本書も傷害致死罪の成立を認めることが可能と考える。最高裁がAの死因を「内因性高血圧性橋脳出血」と記述するのは，Xの一連の暴行とそのような死亡結果との間には「医学的・病理学的な法則関係」が明らかだということ[36]，すなわち，Xの一連の暴行は，Aの死亡結果の発生過程を病理法則を用いて説明するのに「不可欠な要素」であることの証左といえるからである。本件は，Yの異常な故意行為の介入にもかかわらず，傷害の病理的な作用による一貫した因果的説明がなされる場合といえるだろう。

(e) 被害者の特異体質類型

第1章第1節でみたように，わが国の最高裁判例はこの類型では一貫して因果関係を肯定している。高裁レベルでも同様の傾向をみてとれる。たとえば，この類型の典型例といえる「血友病事件」に関して，新入生のサークル勧誘で争いとなったAに対して応援団員であるXが，革靴履の右足でその腹部を一回蹴り上げ，同時に左手掌でAの右側頚部を突く等の暴行を加えたところ，中程度の血友病に罹患していたAが犯行の3日後に死亡したという事案で，岐阜地判昭和45年10月15日判例タイムズ255号299頁が折衷的相当因果関係説の見地から傷害罪のみの成立を認めたのに対して，控訴審で

ある名古屋高判昭和48年4月18日刑裁月3巻8号1058頁は，一連の最高裁判例を引用して，原審を破棄している（ただし量刑は懲役1年執行猶予2年）[37]。

ドイツの判例も，わが国と同様の傾向にあるといってよいだろう[38]。「致命性説」の論者も，致命性＝直接性は認められるとするのが一般である[39]。本書も，この類型では「致命性連関」が否定されることはないと考える。血友病事例に代表される「被害者の特異体質類型」の場合は，被害者の特異体質と，行為者の加えた暴行・傷害を包摂する形で，出血多量による死亡を説明する法則は，まさしく「血友病患者に一定程度以上の傷害を負わせると，出血が止まらず死亡するに至る」という「医学的・病理学的な法則」に他ならないからである。したがって，この類型では，「客観的な直接性」の存在は否定できず，傷害致死罪の成否はもっぱら，責任の段階における結果発生の予見可能性の有無に依存する。

(1) 結果帰属に関する「一貫性要求（Durchgängihkeitserfordernis）」という考えは，プッペの以下の文献に負う。I.Puppe, Die Beziehung zwischen Sorgfaltswidrigkeit und Erfolg bei den Fahrlässigkeitsdelikt, ZStW 99 (1987), 595 (608ff.); dies., AK, 1995, Vor §13 Rn.219ff.; dies., Die adäquate Kausalität und Schutzzweck der Sorgfaltsnorm, in: Bemman-FS, 1977, 227 (230ff.); dies., Die erfolgszurechnung im Strafrecht, 2000, 103ff.

(2) たとえば，林陽一『刑法における因果関係理論』274〜275頁，296頁以下(2000)など参照。

(3) Vgl.z.B., G.Geilen, Unmittelbarkeit und Erfolgsqualifizierung, in: Welzel-FS, 1974, 681; H.J.Hirsch, LK, 10.Aufl., 1981, §226 Rn.4; ders., Der unmittelbare Zusammenhang zwischen Grunddelkt und schwerer Folge beim erfolgsqualifizierten Delikt, in: Oehler-FS, 1986, 111 (129ff.); G.Küpper, Der unmittelbare Zusammenhang zwischen Grunddelkt und schwerer Folge beim erfolgsqualifizierten Delikte, 89; ders., Unmittelbarkeit und Letalität, in: Hirsch-FS, 1999, 623; H.U.Paeffgen, Die erfolgsqualizierten Delikte-eine in die allgemeine Unrechtslehre integrierbare Deliktsgruppe, JZ 1989, 220 (227 r.Sp.); ders., NK, 1995, §18 Rn.73f.; W.Mitsch, Sturz aus dem Fenster−BGH NJW 1992, 1708, Jura 1993, 18 (21 l.Sp.); C.Sowada, Das sog.Unmittelbarkeits-Erfordernis als zentrales Problem erfolgsqualifizierter Delikte, Jura 1994, 643 (650 Fn.88), F.Ch.-Schroeder, LK, 11.Aufl.,

第5章 「直接性法理」とその具体化

1994, §18 Rn.18 mit Fn.25; C.Roxin, Strafrecht AT, Bd.1, 3.Aufl., 1997, §10 Rn.115; K.D.Bussmann, Zur Dogmatik erfolgsqualifizierter Delikte nach dem Sechsten Strafrechtsreformgesetz, GA 1999, 21 (31); Tröndle/Fischer, StGB, 50.Aufl., 2001, §227 (n.F.) Rn.2. 結論同旨，G.Jakobs, AT, 2.Aufl., 1991, 9/35; E.Horn, SK, 6.Aufl., 40.Lfg., 1997, §226 (a.F.) Rn.11; Lackner/Kühl, StGB, 23.Aufl., 1999, §227 (n.F.) Rn.2; Puppe, Erfolgszurechnung, aaO [Anm (1)], 226ff. わが国でも，傷害致死罪の成立を否定するものとして，丸山雅夫『結果的加重犯論』212～213頁（1990），佐伯和也「結果的加重犯における『基本犯』と『重い結果』との関係について——傷害致死を中心に——」関大法学論集52巻3号641頁（2002），など。これに対して，本件でも傷害致死罪の成立が認められるとする見解として，Vgl.H.Schröder, JR 1971, 206ff.; J.Wessels, Strafrecht, Bes.Teil-1, 17.Aufl., 1993, 63f.; H.Otto, Grundkurs Strafrecht, Die Einzelnen Delikte, 4.Aufl., 1995.75; Rengier, Delikte, 1986, 199; ders., Jura 1986, 143ff.; S.Bartholme, Strafrecht—AT und BT: Die Probleme des ursächlichen Zusammenhang bei der Körperverletzung mit Todesfolge, JA 1993, 127 (128); K.Hobe, Objektive Zurechnung, Fahrlässigkeit und Unrechtsschwere bei den erfolgsqualifizierten Delikten, in: GedS für Max Busch, 1995, 260 (266 und 276 Note 65).

（4）　本章Ⅰ2(1)(a)の⑥判例参照。

（5）　Vgl.E.Graul, Anm.zu BGH NJW 1992, 1708＝NStZ 1992, 335, JR 1992, 342 (345 r.Sp.); Sowada, Jura 1996, aaO [Anm (3)], 650 l.Sp.

（6）　これに対して，Küpper, Hirsch-FS, 623. は「転落死事件」も「強要致死」に他ならないとする。また，Mitsch, Jura 1993, aaO [Anm (3)], 21 l.Sp. によれば，「この事件の被害者は身体に加えられた殴打・蹴りによって死亡したのではない。彼は地上27mから転落したことにより死亡したのであり，逆に，犯行現場が1階であったなら，死亡しなかったのである。つまり，被害者の死に実現したのは場所的な状況に基づく付随的な事情にすぎない。さらに，被害者の死をもたらしたのは虐待に基づく『心理的な恐怖心』であり，それは223b条（1998年の第6次刑法改正法以前の旧規定—括弧内：引用者）にいう『責め苦』には該当しても，『身体傷害』には異物である。それにもかかわらず，傷害致死罪を認めることは，『強要致死』を認めるに他ならない」。自説を「修正された致命性説」と呼ぶプッペも，次のように主張する。「傷害の致命性」とは，傷害結果の発生時点において被害者の死が客観的に決定されていること，傷害結果と人間の死が客観的で厳格な意味において必然的に結びつけられていること，すなわち，傷害発生時に死の発生が一般の因果法則上100％の確実度をもって予測されることを意味する。したがって，死の発生が傷害発生時においていまだに決定されていないその他の因果要因，とくに，多かれ少なかれ任意でなされる人間行為（それに責任が問われるかどうかは問わない）が加わって，死亡結果の

発生が完全なものとされた場合には，直接性（致命性）が否定される（Puppe, Erfolgszurechnung, aaO［Anm (1)］, 226f., 228）。傷害罪には，その不法内容に大きな変動幅があるがゆえ，加重処罰を負担しうる傷害に限定しなければならないとする観点，さらに，ささいな傷害でもその他の事情，とりわけ事後に介入する落ち度ある人間行為と結びついて致命的となるケースがある以上，この種の場合をスクリーニングするためには「厳格な直接性」を要求しなければならないとする観点（Vgl.Puppe, ebd., 232, 233, 281）には全く賛成である。また，キュッパー，ミッチュ，そしてプッペの見解と私見とでは，結論上の径庭もほとんどない。が，しかし，傷害結果発生後におよそ何らかの人間行為が介在して死亡結果が発生しさえすれば，そのすべてに直接性（致命性連関）が否定される（現に，Puppe, ebd., 232, 280f.Vgl.auch Küpper, Hirsch-FS, 619）とまでは，いえない。この「転落死事件」がその一例だと思われる。また，後述するいくつかの事案でも同様に考えられる。

（7）　大阪地判昭和40・4・30下刑集7巻4号628頁。

（8）　林・前出注（2）271頁，302～303頁参照。

（9）　結論同旨，山中敬一『刑法における客観的帰属の理論』602頁（1997）。

（10）　たとえば，神戸地裁姫路支部判決昭和37・7・16下刑集4巻7＝6号689頁，広島地判昭和47・12・20刑裁月4巻12号1995頁，水戸地裁土浦支部判決昭和63・12・13判例時報1304号151頁など参照。これらでは傷害致死罪の成立が肯定されている。

（11）　大阪高判昭和41・1・31大阪高検速報昭41年8号28頁（本判決については，永井登志彦「事実認定の実証的研究・因果関係の認定」判例タイムズ267号44頁（1971）を参照した）。その他の高裁判例としては，たとえば，東京高判昭和32・5・9高刑集10巻3号310頁，大阪高判昭和46・7・27高検速報昭46年41号93頁などが，この類型で傷害致死罪の成立を肯定している。

（12）　たとえば，大判大正8・7・31刑録25輯899頁，（傍論ではあるが）大判昭和2・9・9刑集6巻343頁，最決昭和25・11・9刑集4巻11号2239頁（傷害罪に関して），最決昭和59・7・6刑集38巻8号2793頁（評釈として，松浦繁・ジュリスト831号721頁，木村静子・警研62巻4号35頁）など参照。

（13）　最決平成15・7・16刑集57巻7号950頁。

（14）　この点に関して，曽根威彦「判批」平成15年度重要判例解説（ジュリスト1269号）158頁が，「［危険性説の］見地からすると，……A（被告人―括弧内引用者。以下同様）らの傷害行為が死亡結果に直結しているとはいえない本件において，はたして傷害致死罪の罪責を問い得るかについてはなお論ずべき余地がある。B（被害者）が死亡したのは，あくまでも高速道路上において自動車に衝突し，れき過されたからであって，基本犯であるAらの暴行行為ないし傷害結果に内在する死の危険が直接的に実現したものとはいえないからである」と論じていることが，注目される。

第5章 「直接性法理」とその具体化

　(15)　本章 I 2(1)(b)の⑨判例参照。

　(16)　ジュリスト1042号85頁。ここでは，「自殺関与罪の規定」を考慮に入れた「規範的帰責限定」の方向を示唆する山口厚の評釈が加えられている（傷害致死罪の成立には積極）。

　(17)　山口・前出注(16)87頁参照。なお，M.Burgstaller, Erfolgszurechnung bei nachträglichem Fehlverhalten eines Dritten oder des Verletzten selbst, in: H.-H. Jescheck-FS, 1985, 357 (369ff.); ders., Spezielle Fragen und der objektiven Sorgfaltswidrigkeit, in: Franz Pallin-FS, 1989, 39 (44ff.). は，救命できたことの「確実性に境を接する蓋然性」は要求されないが，「蓋然性」は要求されるとする。

　(18)　本章 I 2(1)(b)の⑧判例も参照。

　(19)　結論同旨，山中・前出注(9)620〜621頁。「被害者の『不合理な行動』は，酩酊と被害者の元来の性格に由来するものであり……，暴行自体が性格や酩酊による『被害者の不合理な行動』を『誘発』しているのではなく，また，この場合，しかも，行為者は，暴行を加えただけであって，被害者の事後の不合理な行動に対する『支配的影響』を及ぼしているわけではない」。このように，「被害者の不合理な行動の『誘発』も『支配的影響』もない場合には，被害者の診療拒否という異常な行動がたとえ『通常予測できる事柄』であるとしても，……規範的な危険連関は否定されるのではないだろうか」。

　[補注]　なお，被告人ら数名により，頭部をビール瓶で殴打されたり足蹴りにされるなどの暴行を加えられ，さらに共犯者の1人から底の割れたビール瓶で後頸部等を突き刺され，左後頸部刺創による左後頸部血管損傷等の傷害を負わされた被害者が，受傷後直ちに病院に搬送され止血のための緊急手術を受け，いったんは容体が安定したが，その日のうちに容体が急変し，転送された他の病院において，事件の5日後に死亡したという事案で，最近，最高裁は次のように述べて被告人に対する傷害致死罪の成立を認めている。すなわち，被害者の受けた傷害は「それ自体死亡の結果をもたらし得る損傷であって，仮に被害者の死亡結果の発生までの間に，上記のように被害者が医師の指示に従わず安静に努めなかったために治療の効果が上がらなかったという事情が介在していたとしても，被告人らの暴行による傷害と被害者の死亡との間には因果関係があるというべきであり，本件において傷害致死罪の成立を認めた原判断は，正当である」（最決平成16・2・17刑集58巻2号169頁）。この事件も，「治療拒絶」と同様，被害者自身の不適切な行動が介入して結果が発生した事件であるが，本文でみた事案とは次の点で違いがあると思われる。それは，「被害者が無断退院しようとして，体から治療用の管を抜くなどして暴れ，……医師の

II 直接性法理の具体化

指示に従わず安静に努めなかった」という被害者自身の不適切な行動の介入は，最高裁が認定するところによれば「治療の効果を減殺した可能性があることは，記録上否定することができない」(傍点引用者)というものであって，本文で検討した事案とは異なり，その不適切な行動がなければ「救命された可能性がある」という類のものではないという点である。そして最高裁が，被害者の死亡過程を「事件の5日後に上記左後頸部刺創に基づく頭部循環障害による脳機能障害により死亡した」と記述していることから考えると，この事件は，被告人らの加えた傷害の病理的な作用が死亡結果に至る各因果連鎖を説明するのに不可欠な要素をなす事例として，本書の立場からも傷害致死罪の成立を肯定できるように思われる。他方，1審，2審ともに何ら判断していないので不明な点が多いが（1審は「被害者に対する手術はいったん成功したもののその後容体が急変して死亡したという不幸な面もある」とだけ認定している），被害者の不適切な行動（この事件ではその具体的な内容に関しても不確かな点が多い）が介入しなければ救命された可能性があったとした場合は，その不適切な行動が，たとえば，「左後頸部刺創が頸椎左後方に達し，深頸静脈，外椎骨静脈沿叢などを損傷し，(脳内に)大量の出血を来」たしたために生じた意識混濁・朦朧状態等によって説明されるのか，あるいは，本文記述のように，たとえば「飲酒の欲求に駆られたためである」のか，などが区別され，後者の場合には傷害致死罪の成立が否定されるものと考えたい（なお，本決定に対する評釈として，大谷晃大・研修674号15頁以下（2004），前田巌・ジュリスト1273号171〜172頁（2004），豊田兼彦・法セミ597号113頁（2004）などがある）。

(20) 本章 I 2(3)(**a**)参照。
(21) 本章 I 2(2)の⑫判例参照。
(22) Vgl.z.B., Geilen, Welzel-FS, 664f.; J.Wolter, Zur Struktur der erfolgsqualifizierten Delikte, JuS 1981, 168 (172 l.Sp.). H.J.Rudolphi, SK, 6.Aufl., 25. Lfg., 1995, §18 Rn.3; K.Altenhein, Der Zusammenhang zwischen Grunddelikt und schwerer Folge bei den erfolgsqualifizierten Delikten, GA 1996, 19 (34); Lackner/Kühl, aaO [Anm (3)], §227 (n.F.) Rn.2 a.E., usw.「直接性不要論」を主張するレンギールですら，そうである。本章 I 3(1)の(**b**)参照。Vgl.auch S/S/Stree, StGB, 26. Aufl., 2001, §227 (n.F.) Rn.7. 私のみたところ，この類型で傷害致死罪の成立を認める見解は皆無ではなかろうか。
(23) Vgl.z.B., BGH, Urt.v.29.10.1991-5 StR 473/91 [dazu J.Pütz, Strafrecht-BT: Die Unmittelbarkeitsbeziehung zwischen Körperverletzugn und Todesfolge,

第5章 「直接性法理」とその具体化

JA 1993, 285 (288)］; BGH StV 1993, 75; BGH, Urt.v.4.11.1997-1 StR 364/97 ［dazu G.Altvater, Rechtsprechung des BGH zu den Tötungsdelikten, NStZ 1998, 342 (345)］.

(24) 本章 I 2(2)の⑩判例参照。

(25) 文脈は異なるが，たとえば，Puppe, Erfolgszurechnung, aaO ［Anm (1)］, 142. 参照。

(26) 結論同旨，丸山・前出注(3)213頁，山中・前出注(9)669頁，佐伯・前出注(3)642頁。なお，ヤコブスは，肺炎・肺栓塞の併発とそれに基づく死亡が，転落後の「寝たきり状態」の結果であれば，寝たきりにさせるという強要作用（Nötigungseffekt）の実現として傷害致死罪の成立は否定されるが，それが，被害者が転落で被った傷害の結果であれば傷害致死罪の成立が認められるとし，以上は，被害者が無傷でベッドに固定されていたと仮定した場合，肺炎・肺栓塞の併発とそれに基づく死亡が説明できるかどうかによる，とする（G.Jakobs, Strafrecht, AT, 2. Aufl., 1991, 9/35 Fn.59a）。

(27) 本判決の評釈として，山田利行「傷害致死被告事件において，因果関係を肯定して傷害致死罪の成立を認めた事例」研修 639 号 51 頁（2001），小林憲太郎・現代刑事法 37 号 74 頁以下（2002），杉本一敏・早稲田法学第 77 巻 3 号 297 頁以下（2002）など参照。

(28) 本判決の評釈として，辰井聡子「不適切な医療の介入と因果関係」上智法学論集 43 巻 1 号 159 頁（1999）参照。

(29) Vgl.z.B., Burgstaller, aaO ［Anm (17)］, Jescheck-FS, 365; Roxin, aaO ［Anm (3)］, AT, §11 Rn.115ff.; J.Wolter, Objektive und personale Zurechnung von Verhalten, Gefahr und Verletzung in einem funktionale Straftatsystem, 1981, 347f.; ders., Der unmittelbare Zusammenhang zwischen Grunddelik und schwerer Folge beim erfolgsqualifizierten Delikte, GA 1984, 443 (444 mit Fn.9); Rengier, Delitke, 1986, 161ff., 164, 167; S/S/Lenckner, StGB, 26.Aufl., 2001, Vor §13 Rn.102 unten, usw. わが国でも，たとえば佐伯仁志「因果関係論」山口厚・井田良・佐伯仁志『刑法理論の最前線』20〜21頁（2001）参照。

(30) なお，辰井・前出注(28)163頁以下は，「行為者が結果発生を支配したといえるかどうか」を結果帰属の規範的な基準とする立場（たとえば，他人の自由意思に基づく行為が介入することによって結果が発生した場合は，結果帰属が否定される）から，この事件では，第一に，具体的な結果が医師の行為を介して発生したといえるかどうか，すなわち医師が適切に行動していれば患者の死亡が回避できたかどうかが問われ，回避できた場合には，具体的な結果を発生させたと評価される「介入行為が行為者の行為から自由に行われたかどうかが決定的である」とし，それは「医師の過失の大きさによって判断されることになる」とする（同上 167〜168頁）。このような

観点に立って、大阪地裁の認定からは、「医師が適切に行動していれば被害者の死亡という結果が発生しなかったのかどうかを読みとることができない」として本判決に疑問を投げかけると同時に、医師の過失を相当程度のものと評価できる可能性があることから、辰井は、この事件では「因果関係が否定される余地もあったのではないか」とする。

(31) 内ゲバ事件で、X他数名から鉄パイプにより頭部、背部、四肢等をかわるがわる殴り、あるいは突くなどの暴行を受け、頭部打撲傷、体幹部打撲傷、鋭器刺創等の傷害を負わされたAが、広範囲組織間出血に基づく失血により死亡したという事案で、「当初Aの診察にあたった宿直医Mが、当時右Aの体内において進行していた広範囲にわたる出血症状を看過し、出血症状の場合には避けるべきものとされている昇圧剤を投与し、血液検査の指示もせずに右Aを整形外科に移したため、その後N医師のもとで尿検査、血液検査などが行われたうえ、同日午前10時ごろに至ってはじめて輸血処置がとられた点において」、「医師の過誤と治療行為の遅延」が介入していることを認定しながら、「右Aに対してとられた診療措置は、救急病院を含む一般病院における診療態勢を前提とする限り、必ずしも稀な事例ではない」として傷害致死罪の成立を認めた大阪高判昭和53・10・25高検速報昭和53年11号（藤永幸治＝河上和雄＝亀山継夫著『刑法判例研究』99頁（1981、東京法令）より引用）にも、同様の疑問が残る。「医師の過誤と治療行為の遅延」が、もっぱら「救急病院を含む一般病院における診療態勢」によって説明されているにすぎないからである。

(32) 前田雅英「事例演習刑法(3)」警察学論集46巻12号132頁（1993）。

(33) 現に、比較的最近、たとえば、過失により轢過した被害者を「殺人や傷害の故意を生じて再発進して轢過」することは、「経験則上、通常予測しうるようなものではない」とした裁判例として、大阪地判平成3・5・21判例タイムズ773号265頁がある。

(34) たとえば、山口厚『問題探究刑法総論』23頁（1998）、林陽一・前出注（2）319頁など参照。

(35) 本決定の結論に明白に疑問を提起する見解としては、たとえば、斉藤誠二「いわゆる『相当因果関係説の危機』についての管見」法学新報103巻2＝3号755頁以下（1997）、小林憲太郎「因果関係と客観的帰属(二)」千葉大学法学論集14巻4号282～283頁（2000）、同「(六・完)」同上誌16巻2号35頁、57頁以下（2001）、同『因果関係と客観的帰属』216頁以下（2003）など参照。

(36) 林・前出注（2）325頁参照。

(37) 本判決も含め、この類型では「執行猶予付判決」のなされる場合が多い。明確に確認できたところだけでも、たとえば、最決昭和32・3・14刑集11巻3号1075頁（懲役2年執行猶予3年＝以下同様）、最決昭和36・11・21刑集15巻10号1731頁（3年、3年）、最決昭和49・7・5刑集28巻5号194頁（1年6月、3

第5章 「直接性法理」とその具体化

年），札幌高判昭和35・11・16下刑集2巻7＝8号1318頁（1年6月，3年），山形地裁米沢支部判決昭和37・7・6下刑集4巻7＝8号667頁（1年，2年）など。ここからは，表面的には傷害致死罪の成立を認めたうえで，量刑でその「不成立」を考慮しているとはいえないだろうか。なお，「被害者自身の逃避行為類型」では，前出注(10)にあげた広島地裁判決と水戸地裁土浦支部判決が，それぞれ懲役3年執行猶予4年，懲役2年6月執行猶予3年という判決を下している。

　　(38)　Vgl.RGSt.5, 29; BGHSt.1, 332, 過失致死罪に関する判例としては，RGSt.54, 349. など。

　　(39)　Vgl.Hirsch, Oehler-FS, aaO［Anm（3）］, 125; ders., JR 1983, 80 r.Sp.; Küpper, Der unmittelbare Zusammenhang, aaO［Anm（3）］, 89f.Puppe, Erfolgszurechnung, aaO［Anm（1）］, 227.Vgl auch D.Oehler, Das erfolgsqualifizierte Delikte als Gefährdungsdelikt, ZStW 69 (1957), 503 (515). 丸山・前出注（3）211頁も結論同旨。なお，学説彙纂9巻2章7文5節（Digesta, 9.2, 7 §5）には，「何が致命傷となるかは人それぞれによって異なる（quia aliud alii mortiferum esse solet）」と記されているとされるが，M.Liepmann, Zur Lehre von der adäquaten Verursachung, GA 52 (1905), 326 (345)は，この一節は「クリースの強調する結果的加重犯の立法根拠」をなすとする。Vgl.auch M.Rümelin, Die Anwendung der Causalbegriff in Straf-und Civilrecht, in: AcP Bd.90 (1900), 171 (300); G.Radbruch, Die Lehre von der adäquaten Verursachung, 1902, 65.

(3)　暴行致傷，暴行致死

　以上では主にわが国の判例を素材として，本書が正当と考える「致命性説」の観点から，「傷害罪」を基本犯とする傷害致死罪の成否に関する「直接性法理」の具体的な適用を試みてきた。一連の因果経過の各連鎖を説明するのに，行為者の加えた傷害の病理的な作用に言及せざるをえない場合，それゆえ，医学的・病理学的な法則を用いた因果的説明が各連鎖にわたってなされる場合にのみ，傷害致死罪の客観的成立要件が満たされる。これが，考察の根底をなした判断の基準である。傷害罪における「重い結果を発生させる固有の類型的な危険」を，行為者が故意で加えた「傷害の人体に及ぼす病理的な作用」に見いだすなら，その「重い結果への実現」をあらわす「直接性」は，以上のような基準によって判断されるのである。

　しかしながら，わが国の立法形式からすると，傷害罪ではなく「暴行罪」を基本犯とする致傷罪・致死罪という結果的加重犯が成立しうる体裁となっ

ている。傷害罪が暴行の結果的加重犯を含むこと（その結果，傷害致死罪は暴行致傷致死という形でも成立すること）は，判例・通説の立場でもある[1]。しかし，このような立場に立った場合，208条に該当するあらゆる暴行が致傷罪・致死罪の基本犯でもありうるのか，そうではなく，基本犯としての暴行には一定の限定がなされるのか——これらの点については判例・学説ともに明確な態度を示しているとはいえない。たとえば大判昭和8年4月15日刑集12巻427頁は，「刑法第208条第1項ニ所謂暴行トハ人ノ身体ニ対スル不法ナル一切ノ攻撃方法ヲ包含シ其ノ暴行カ性質上傷害ノ結果ヲ惹起スヘキナルモノヲ要スルニ非ス」とするが[2]，このような暴行が致傷罪・致死罪の「基本犯」たりえないことは，「危険性説」の立場からは明らかである。それゆえ，暴行致傷・暴行致死罪の成否を考えるには，致死傷の対の一方をなす暴行をどうとらえるかが，まず，問われなければなるまい。

以下では，「傷害致死罪の具体的な適用」を考察する最後として，暴行罪を基本犯とする致死傷罪の成否に関して，若干の考察を行うことにしたい。

（a）以上を検討するに際して，まず注意すべきことは，「暴行罪」は旧刑法においては「違警罪」であり（旧刑法425条9号），致傷罪はもちろん致死罪の「基本犯」でもなかったという点である。暴行罪が「傷害の罪」として傷害罪と同一の章に規定されたのは，おそらく，法律取調委員会が1895（明治28）年12月に脱稿した2編318条からなる「明治28年草案」が初めではないかと思われる。その263条は，「暴行ヲ加フト雖モ人ヲ傷害スルニ至ラサル者ハ拘留又ハ科料ニ処ス。本条ノ罪ハ告訴ヲ待テ之ヲ論ス」と規定する[3]。しかし，暴行罪が旧刑法と「同一ノ趣旨」であること，すなわち「違警罪」であることは一貫して認められていた[4]。ところが，政府が1907年2月2日，第23回帝国議会に提出した，法律取調委員会の作成による改正案（2編265条）209条は，暴行罪の刑罰をこれまでの「拘留又ハ科料」から，「1年以下ノ懲役若クハ50円以下ノ罰金又ハ拘留若クハ科料ニ処ス」とし，大幅な法定刑の引き上げがなされたのである。その理由は，政府委員である倉富勇三郎によると，次のようなものであった。

「縦令創ハ出来マセヌデモ，其人ヲ非常ニ恥シメルト云フヤウナ結果ノアル場合ガア」り，それを「口デ言ヘバ」名誉棄損として「1年以下ノ懲役

第5章 「直接性法理」とその具体化

……」[5]として「重イ罪ニ処セラレルガ，手デシタモノハ軽ルイト云フコトデハ，其ノ権衡ヲ得ナイ」からである。したがって，たとえば「人糞ヲブチカケルト云フヤウナ場合」も，被害者に「エライ苦痛ガ生ズル」のだから，暴行罪に該当するというのである[6]。

ここでは，暴行の一類型として「行動による侮辱」が念頭に置かれていることは明らかだといえよう。しかし，この種の暴行と，「暴行ナルモノハ動モスレバ傷害ノ結果ヲ伴フコト多キヲ以テ法ハ結果犯トシテ被告人ニ其罪責ヲ負担セシムルモノ」であるとの主張[7]における暴行を同列に論ずることができないことも，明らかである[8]。

(b) したがって，暴行が致死傷罪の「基本犯」でもあるとするなら，その「暴行」と208条単独で考察した場合の「暴行」とは明確に区別しなければならないだろう。しかし，暴行罪が致死傷罪の基本犯たりうることを認める学説においても，以上の点をどう理解すべきかは明らかではない。なされている議論は，もっぱら208条を単独で考察した場合の「暴行概念」である。①「人の身辺を脅かしうるものであれば足り，必ずしも身体へ接触することを要しない」としつつ，「傷害の結果を惹起すべき性質」も必要ではないとする見解[9]，より限定的に，②「身体的接触」がない場合は傷害の具体的危険を要求する一方，「身体的接触」がある場合には，傷害を生じさせる危険性を問わないとする見解[10]，③暴行概念の二元的な把握を否定し，暴行を傷害発生の危険性ある物理力の行使として一元的にとらえる見解[11]，④暴行概念の二元的な把握を否定する点では③と同一の見地に立ちながら，208条を傷害未遂という観点からではなく，暴行という独自の法益侵害に着目した規定と解しつつ，身体的接触がない場合には，「身体の安全の侵害」ではなく「安全感」という異質な要素が保護法益とされてしまう（その実質は「脅迫」に他ならない）として，「身体的接触」を要求する見解[12]（以下，「接触必要説」），などがそれである[13]。

しかし，このうちのいずれの立場によろうとも，そこでとらえられている暴行は，致死罪に関してはもちろん，致傷罪の基本犯としても必要かつ十分とはいえない。結果的加重犯の基本犯としての暴行を考える限り，③説がもっともそれに適した暴行概念を提示しているが，「身体的接触」なくして重

い結果を発生させる危険が認められるかには疑問が残る。少なくとも，身体的接触のない物理的な作用に重い結果発生の「類型的な危険」が認めがたいことは事実であろう[14]。しかし，反対に，身体的な接触のある物理的な作用のすべてに，この危険が認められるものではないことも明らかである。

(c) 致（死）傷罪の基本犯としての「暴行」に関しては，次のように考えるべきであろう。すなわち，傷害致死罪の基本犯たる傷害罪が「結果犯」であると同時に，死亡結果との関係では「危険犯」でもあるのと同じく，致傷罪の暴行も，「身体の完全性」を「侵害」すると同時に，傷害結果を発生させる「危険」を具有するものでなければならない。「身体的接触に内在する傷害発生の危険性」が致傷罪の「固有の不法内容」をなすといってよいだろう。傷害致死罪の場合，加えられた傷害（結果）の人体に及ぼす病理的な作用が同罪の「固有の不法内容」をなすならば，暴行致傷罪の場合も，加えられた暴行結果に認められる致傷（ひいては致死）へと至る物理的・病理的な作用が本罪の「固有の不法内容」をなす。これを行為者の主観面からとらえ返していうなら，他人の身体に直接物理力を及ぼしながら，その物理力が致傷の結果へと展開する可能性をおよそ認識しないか，認識したとしてもそれを過小評価した点で認められる「同一危険の量的な錯誤」が，暴行致傷罪の高められた責任内容を構成することになろう。このように理解して，はじめて，傷害罪・傷害致死罪と，暴行致傷罪・暴行致死罪との近接が確保されうるように思われるのである[15]。

(d) このような観点からすると，わが国の判例には，あまりに安易に暴行致傷罪，暴行致死罪の成立を肯定している点で賛成しがたいものが散見される。

たしかに，①左手で被害者（以下，A）である少女の左肩を強く突いたところ，Aが，繰糸場内の壁に掛けてあった繭札掛の釘（その尖端をまえにして60cmほど突き出た形で数十本打ち付けられており，それとAとの間の距離は約50cmであった）に頭部を打ちつけ，大脳血管の損傷による脳圧増進により死亡した事案で傷害致死罪の成立を認めた大判昭和4年2月4日刑集8巻41頁や，②Aと喧嘩をしAに組み伏せられ，水深丈余りの川に突き落とされ辛うじてはい上がってきた被告人（以下，X）が，格闘のあと，憤怒の情から，

川縁に佇んでいたAを背後から川に突き落とし溺死させた事案で傷害致死罪の成立を認めた大判昭和17年4月11日刑集21巻211頁などは，本書の立場からも，その結論（「暴行致死罪」の成立）を肯定することが可能である。以上の事案では，それ自体としては，かりに軽度の物理力が加えられたにすぎないとしても，その直接的な人体への付加に加え，行為者には，少なくとも，自己が行使した物理力の人体に及ぼす病理的な作用（「固有の不法内容」）を基礎づける事実の認識があるといえるからである(16)。

しかし，③Xが拳大の瓦をAの方に投げつけたのち，さらに「殺すぞ」等と怒鳴りながら側にあった鍬をふりあげて追いかける気勢を示したため，それに驚いたAが逃げ出し，約36m走り続けるうちに転倒・負傷したという事案で傷害罪を認めた最判昭和25年11月9日刑集4巻11号2239頁，④Aを驚かせるつもりでその5，6歩手前目がけて投石したところ，石が跳ね返ってAに傷害を与えたという事案で傷害罪の成立を認めた東京高判昭和25年6月10日高刑集3巻2号222頁，⑤A女の行動を思いとどまらせるために，A女を脅す目的で四畳半の室内において抜き身の日本刀を数回上下に振っているうちに力が入り，A女の腹部を突き刺し死亡させたという事案で傷害致死罪の成立を肯定した最決昭和39年1月28日刑集18巻1号31頁，⑥都内の高速道路（毎時5，60km）を大型車を運転して走行中のXが，先行するA車に緩慢すぎると腹を立て，A車を追い越す際に「幅寄せ」をしていやがらせをしようとしたところ，運転を誤ってA車と接触し，対向車両も巻き込んだ事故を生じさせ，死者1名，重軽傷者4名を出す人身事故を起こしたという事案で，傷害致死罪・傷害罪の成立を認めた東京地判昭和50年4月15日刑裁月7巻4号480頁(17)，などには疑問が残る。

以上の事案で判例は，概要，Aの「身辺に有形力が及ぶこと」をもって暴行と認定し，その認識がある以上，暴行罪が認められ，それを基本犯とする致傷罪・致死罪も認められるという議論を展開している。しかし，「接触必要説」が論ずるように，そもそも暴行罪は「身体的法益」を保護する規定と解される以上，Aの「身辺」に有形力・物理力が及ぶことから生ずる「恐怖感」などは，208条そのものの暴行とすらいえないだろう。判例の態度は，実質的には「脅迫致死傷罪」と評価されるべき事案を，そのような結果的加

重犯が存在しないために，暴行概念を拡張することによって暴行致傷・暴行致死罪として捕捉しようとするのに等しく[18]，不当であると思われる。さらに，③の事案は，「恐怖心」に媒介された被害者自身の逃避行為により致傷の結果が発生した場合である。したがって，かりに暴行が認められると仮定しても，本書の立場からは「直接性」が否定される。この意味で③の最高裁は，本書の立場からすると，二重の点で不当だと解されるのである。

これに対して，とくに⑤の場合は，四畳半の室内において抜き身の日本刀を数回上下に振ったというのだから，致（死）傷の結果を生じさせる危険は肯定できよう[19]。このように，暴行の結果すなわち身体的接触がなくとも重い結果発生の危険が肯定される場合はある。他方，前述したように，身体的接触があるからといって，重い結果発生の危険が肯定されることにはならない（たとえば新聞紙を丸めて頭部を複数回乱打した場合）[20]。しかしながら，身体的接触がない場合に侵害される法益は，嫌悪感や恐怖感といった「身体的法益」とは異質の「心理的要素」にすぎないのである。それゆえ，致死についてはもちろん致傷についても，身体的な接触なくして重い結果が発生する「類型的な危険」は否定せざるをえない。そして，物理力の身体的な接触に認められる病理的な作用が，「類型的な危険」の内実を，したがって「固有の不法内容」をなす以上，この「類型的な危険」を基礎づける前提的な事実，すなわち身体的な接触については，その現実の認識が要求されるのであって，それを欠く⑤の場合には，暴行致死罪の成立が否定されるものと解される[21]。

（e）しかしながら，客観的に物理力の身体的接触があり，行為者がそのことを認識していても，それだけで十分なわけではない。下級審の裁判例で次のような事件があった。

バックミラー同士の接触事故を起こし話し合ったが合意には至らなかった相手方Aが，Xの大型トラックのバンパー及び助手席側乗降用ステップに足をかけトラックのバックミラーをもぎ取ろうとしていたのを現認しながら，時速5，6kmで約10mほど走行しつづけたところ，そこから落下したAを轢過し死亡させたという事件である。「被害者が乗っている車両を持ち上げてゆさぶったような場合は暴行」にあたるとすれば[22]，接触必要説からも，

第5章　「直接性法理」とその具体化

　この事件では208条の暴行は認められるだろう。そして，その認識に欠けるところもない。さらに，業務上過失致死罪の成立にも問題はないであろう。しかし，大阪地裁は傷害致死罪の主位的訴因を排斥して，予備的訴因である業過の成立だけを認めたのである(23)。

　「[X]の行為が人の身体に対する不法な有形力の行使としての暴行に該当するためには，右自動車の速度，走行態様，走行に伴う車体の振動の有無程度，車体に乗っている者の姿勢や車体へのつかまり具合，足場の状態や位置等から見て，進行の継続によりその者が車体から落下する危険性が相当高度であることを要し（傍点引用者。以下同様），その危険性がそれほど高くなく，右進行継続がいまだ社会通念上相手方の身体に対する不法な攻撃といえない程度のものである場合は『暴行』にあたらないと解すべきある。そして，仮に客観的には右の危険性が高度であったとしても，運転者においてそのような危険性の基礎となる事実を認識していないのであれば暴行の故意を欠くものというべきである」。大阪地裁はこのように述べ，「Aが路上に転落する危険性もさほど高度のものということはでき」ず，また，「Xが認識した範囲内の事実に基づいて，Aが被告人車の車体から路上に転落する危険性の程度を考えると，それはさして高くなく……［したがって］Aの身体に対する不法な攻撃と見られるほどのものではなかったというべき」だから，「暴行の故意［も］なかったものといわなければならない」──以上が，その理由である。

　本判決が，傷害の危険性ある暴行だけを208条の暴行と考えているのか，あるいは，結果的加重犯の基本犯としての暴行には，208条の暴行にプラスして傷害発生の危険も必要とされるとみているのかは明らかではないが，後者を正当と考える本書の立場からも，本判決の理論構成とその結論は十分に支持できる。暴行致傷罪，暴行致死罪という結果的加重犯を認める限り，いずれにせよ，その基本犯としての暴行に関して，本判決が示唆するような限定は必要だと解されるのである。

　(f)　ところで，ドイツ刑法223条は，健康障害（Gesundheitsbeschädigung）と共に，健康状態の不良変更を必ずしも要しない「身体的虐待」も傷害罪として規定している。これは，身体の安全性（Das körperliche Wohl-

II 直接性法理の具体化

befind）ないし身体の完全性（Die körperliche Unversehrtheit）の侵害で足り，それゆえ，頭髪の切断[24]，顔に油性のペンキを塗るなどした場合，「身体的虐待」が認められるとするのが一般である[25]。つまり，わが国の「暴行罪」の大部分がここに包摂されるといってよい。1998年の第6次刑法改正法に先立ち，1994年10月28日の犯罪防止法（Verbrechensbekämpfungsgesetz）により，財産犯との調和から，傷害罪の自由刑は，その上限が3年から5年に引き上げられたが，下限が「罰金刑」であることはこれまでと同様であるから，顔に油性のペンキを塗るなどを「傷害」としても実質的な不都合は生じないと考えられているのだろう。そして，もちろん，このような223条は，同条以降に規定されている「結果的加重犯」の「基本犯」たりうる（たとえば，傷害致死罪に関する旧規定226条は「傷害によって……」とするだけであり，第6次刑法改正法227条はより直截的に「傷害（223条から226条まで）によって……」と規定する）。

しかし，ドイツでは，そのような「身体的虐待」を基本犯とした重傷害罪や傷害致死罪を認める判例・学説は，私のみたところ，ほとんど見当たらないのである。むしろ，「Xが階上にいる酩酊したAを両掌で押し退けたところ，Aがバランスをくずして転落死亡した」という事件に関してすら，「身体的虐待」を基本犯とする傷害致死罪の成立（わが国では暴行致死罪に相当しよう）に疑問を提起する見解がみられるのである[26]。地上3.5mの樹上見張り台や走行中のバイクから落下させた場合などをあげ，それとの対比に基づき，この事件ではAの転落・負傷に故意が及んでいたか疑問だとしていることからすると，この見解は，致死傷罪の基本犯としての身体的虐待には，単なる身体の完全性侵害では足りないということを主観面からいいかえたものとして理解できる。また，旧規定223b条1項（新規定225条1項）の「保護を命じられた者の虐待」に規定されている「責め苦をあたえる（Qualen）」は，立法形式の上からは，傷害致死罪の基本犯たりうるが，それには否定的な見解が多い[27]。

犯罪の罪質において実質的な違いはない以上，わが国における暴行致傷罪・同致死罪の不法内容・成立要件を考えるに当たっても，このようなドイツの傾向には参考にすべき点が多々あるように思われる。

第5章 「直接性法理」とその具体化

　（1）　大判明治42・4・15刑録15輯438頁，最判昭和25・6・26裁判集［刑事］18号369頁，最判昭和25・11・9刑集4巻11号2239頁など。かつて学説では，木村亀二『刑法各論』23頁（復刻，1957），小野清一郎『刑法概説』274頁（増訂新版，1960）が，傷害罪は「故意犯」に限るとする故意犯説を主張していたが，傷害罪は暴行罪の結果的加重犯も含むというのが今日の通説である。

　（2）　なお，この事案は，Aの服をつかみ，引っ張り，Aを取り囲んで電車への乗車を妨げた，というものであったが，福岡高判昭和46・10・11刑裁月3巻10号1311頁は，「お清め」と称して「塩を振りかける行為」に暴行罪の成立を認めている。

　（3）　内田文昭＝山火正則＝吉井蒼生夫編著『刑法［明治40年］(2)』173頁（日本立法資料全集21，1993，信山社）による。

　（4）　倉富勇三郎序・田中正身著『改正刑法釈義下巻』1017頁（1908［明治41］，復刻・日本立法資料全集別巻36，1991，信山社），内田他・前出注（3）573頁。

　（5）　昭和22年の法改正以前の法定刑である。昭和22年の法改正によって，230条の2が新設されると同時に，法定刑の上限が3年に引き上げられた。同様に，本改正により，民主主義の根底をなす暴力否定の精神にかんがみて，暴行罪の刑罰も上限が2年に引き上げられ今日に至っている。

　（6）　明治40年3月4日衆議院刑法改正委員（特別調査委員）会議録第7回，内田他『刑法［明治40年］(7)』201～202頁（日本立法資料全集27，1996，信山社）。

　（7）　大判昭和4・2・4刑集8巻41［48］頁。

　（8）　ドイツでは，「侮辱罪」を規定する185条が，「言葉による侮辱」に対して「行動による侮辱」を重く処罰しており（これは1998年の第6次刑法改正法によっても同様である），たとえば唾を吐きかける行為など，嫌悪感を催させる行動は，「行動による侮辱」と考えられている（Vgl.S/S/Lenckner, 26.Aufl., 2001, §185 Rn.18; Tröndle/Fischer, StGB, 50.Aufl., 2001, §185 Rn.18, usw.）。下級審ではあるが，たとえば，OLG Zweibrücken NJW 1991, 240 は，顔に唾をはきかけた行為を「行動による侮辱」によってのみ処断すべきであると判示する。

　（9）　たとえば，大塚仁『刑法概説各論』35頁および35頁注（2）（第3版，1996）。

　（10）　たとえば，大谷實『新版刑法講義各論』40頁（追補版，2002）。なお，西田典之『刑法各論』42頁（第2版，2002）も参照。

　（11）　京藤哲久「暴行の概念」芝原邦爾編『刑法の基本判例』97頁（1988），野村稔「暴行罪・傷害罪」法セミ453号80頁（1992）参照。

　（12）　平野龍一『刑法概説』166～167頁（1977），木村静子「暴行の意義」阿部純二他編『演習刑法』244～245頁（1983），町野朔「傷害の罪」小暮得雄他編『刑法講義各論』36頁以下（1988），山口厚『問題探究刑法各論』41～42頁（1999），大越義久『刑法各論』24～25頁（第2版，2001）など参照。

(13) さらに，齋野彦弥「暴行概念と暴行罪の保護法益」成蹊法学28巻448頁以下（1988）は，208条は，傷害発生の危険性を有する「身体に対する罪」としての暴行と，傷害の危険性は認められなくとも行動の自由を奪う限りで認められる「自由に対する罪」としての暴行の両者を包含する，という独自の見解を提示する。

(14) しかも，③説を主張する京藤・前出注(11)97頁によれば，「暴行自体が傷害を惹起すべき性質の行為でなくとも，それにより，例えば，注意すれば予見しうる被害者自身の行為が行われ，傷害の（危険の）結果が発生することがありうる」とされる。野村・前出注(11)80頁も参照。

(15) なお，立法論として，「暴行致傷」，「暴行致死」には，「傷害罪」，「傷害致死罪」よりも軽い法定刑を規定すべきであるとする見解として，西村克彦「結果的加重犯の総点検」警察研究58巻8号32〜33頁，丸山雅夫『結果的加重犯論』212頁（1990）参照。

(16) ①の事案では，傷害の「未必の故意」を認めることが可能であろう。また②も，その深さが「丈余り」であり，そのような「川」の存在を現認して，格闘後のAを直接そこに突き落としているのだから，「暴行致死罪」という形で傷害致死罪の成立を認める限り，判例の結論を支持することが可能と思われる。これに対して，「致命性説」論者のなかでHirsch, LK, 10.Aufl., 1981, §226 (a.F.) Rn.4; Küpper, Der unmittelbare Zusammenhang, 1982, 88. などは，殴打により被害者が転倒・死亡したような場合，殴打は被害者の安定性を失わせただけだとして「致命性連関」の存在に疑問を提起しつつも，殴打による転倒・負傷などに行為者の未必の故意が認められれば，傷害致死罪の成立が認められる旨主張する。

(17) なお，幅員5.5mの道路を，左端から中央より1.2mの地点を歩いていたAの背後から，Aを驚かせる意思で，時速30kmでAの右側すれすれを疾走させた行為につき，「傷害の未必の故意」が認められるとして傷害致死罪の成立を認めたものとして，たとえば大阪高判昭和49・7・17刑裁月6巻7号805頁。

(18) 西田・前出注(10)42頁，山口・前出注(12)42頁など参照。結論同旨，町野・前出注(12)41頁。

(19) たとえば，野村・前出注(11)79頁参照。

(20) 齋野・前出注(13)444〜445頁参照。

(21) 上述した③から⑥の事案に関しては，そのすべてにおいて，行為者には身体的接触の現実の認識が欠ける以上，基本犯たる「暴行罪」の不成立を理由に，致傷罪・致死傷罪の成立を否定する「接触必要説」と結論上の違いはないことになる。

(22) 町野・前出注(12)37頁参照。

(23) 大阪地判昭和58・8・22判例タイムズ512号195頁。

(24) Vgl.BGH NJW 1953, 1440.

(25) Vgl.Hirsch, LK, §223 Rn.6ff., E.Horn, SK, 6.Aufl., 40.Lfg., 1997, Rn.3-7;

第5章 「直接性法理」とその具体化

Wessels/Hettinger, Strafrecht Bes.Teil/1, 24.Aufl., 2000, §5 Rn.256; S/S/Eser, 26. Aufl., 2001, §223 Rn.3; Tröndle/Fischer, aaO ［Anm (8)］, §223 Rn.3-5, usw.

(26) この，判例集未登載の事件を含め，vgl.Rengier, Erfolgsqualifizierte Delikte, 1986, 211-2.

(27) Hirsch, LK, §226 Rn.1; Horn, SK, §226 Rn.3; W.Mitsch, Sturz aus dem Fenster-BGH NJW 1992, 1708, Jura 1993, 18 (21 l.Sp.); G.Freund, Der Entwurf eines 6.Gesetzes zur Reform des Strafrechts, ZStW 109 (1997), 455 (473); Paeffgen, NK, 2. Aufl., 2000, §227 (n.F.) Rn.3. ペェッフゲンによると，これはverbreitete Meinungである。これに対して，R.Rengier, Die Reform und Nicht-Reform der Körperverletzungsdelikte durch 6.Strafrechtsreformgesetz, ZStW 111 (1999), 1 (20). は，新規定の文言を根拠に，このような解釈に反対する。

2　その他のいくつかの結果的加重犯と直接性

以上では，結果的加重犯のうちで，その成否に関して最も争いのある「傷害致死罪（暴行致死傷罪を含む）」を検討した。傷害致死罪の中心的な論点は，故意で加えられた傷害結果と死亡結果との間の「因果関係・客観的帰属」をどう理解するべきかにあるといえるが，暴行致傷罪・致死罪に関しては，重い結果との「起点」をなす暴行をどうとらえるべきか，そして，その反面として行為者の主観面がどのように理解されるべきなのかという論点が中心的な課題であった。しかしながら，「人体に加えられた物理力の病理的な作用」という，重い結果との関係で認められる「固有の不法内容」に関しては両罪で違いはないといってよい。違いは，もっぱら，傷害結果の（直接的）故意が認められるか否かという主観的な側面にのみ見いだされると思われる。しかし，いずれにせよ，傷害致死罪であれ，暴行致（死）傷罪であれ，両罪はともに結果的加重犯である以上，その「固有の不法内容」を抽出することによって，それに適合した限定解釈がなされるのであって，以上ではその具体的な考察を試みたつもりである。

これと同様の見地に立って，以下では，結果的加重犯のなかでも傷害致死罪とならびその成否に関する問題が多い，いくつかの結果的加重犯につき検討を加えることにしたい。まずは「強盗致死傷罪」から始めることにしよう。

(1) 強盗致死傷罪の成立要件

　強盗致死傷罪の成否に関しては問題となる論点が多い。重い結果に「故意」がある場合の240条の成否，それとの関係で本条の罪質をどう理解するのか。243条は，240条の「未遂」を処罰すると規定するが，その場合，240条の既遂・未遂は強盗のそれには関係ないとする判例・通説の立場からすると，現行法上過失未遂は不可罰だから，240条は「故意犯規定（結合犯）」でもあることになる。そうだとすれば，たとえば強盗犯人が殺意をもって被害者を殺害した場合，「當初ヨリ［A］ヲ殺害シ財物ヲ強取セントスルノ意思ヲ以テ」殺害行為に及んだ場合は，「一方ニ於テ殺人罪ヲ構成スルト同時ニ他方ニ於テ強盗致死罪ヲ構成シ所謂一個ノ行為ニシテ二個ノ罪名ニ触ルル牽連罪ニ該当」する（大判明治43年5月31日刑録16輯1012頁。大判大正4年2月26日刑録21輯164頁によれば強盗致死罪と殺人［未遂］罪とは観念的競合の関係に立つ）のか，それとも240条のみを適用すれば足りるのか（大［連］判大正11年12月22日刑集1巻815頁）。あるいは，強盗（未遂）罪と殺人（未遂）罪の観念的競合により処断されるのか――周知のように，240条に関しては，このような問題が活発に論じられてきた。もちろん，これらの問題も重要であるが，240条の総合的な検討は別の機会に譲ることとして，本書では以下，「直接性」の観点から，「結果的加重犯」である強盗致死傷罪の成立が認められる範囲に絞って，検討することとする。

　(a) わが国の状況

　(ア) 強盗致死傷罪の成立範囲に関して，わが国で最も争われているのは，重い結果の起点をなす原因行為の範囲についてであるといえる。前項で検討した，結果的加重犯である致傷罪・致死罪の起点をなす暴行をどうとらえるか。これと同様の問題であるといえよう。この点に関しては，周知のように，①財物強取のために用いられた暴行・脅迫から死傷結果が発生することを要するとする「手段説」，②広く強盗の機会に発生した死傷結果であっても本罪の成立が認められるとする「機会説」，そして③両者の中間に位置する「中間説」の三説が主張されている。

　①「手段説」によれば，強盗致死傷罪は「結果的加重犯」であることに加え，広く強盗の「機会」に生じた死傷結果にも本罪の成立が認められること

第5章 「直接性法理」とその具体化

になれば，強盗致死傷の行為から利欲犯としての性格が薄れ，むしろ攻撃犯としての色彩が強くなってしまう。また，強盗致死罪が現場における何らかの行為によって致死の結果を生じたので足りるとすれば，強盗強姦致死罪を別個に規定する必要がなくなる[1]。手段説はこのような観点を自説の根拠とする[2]。

②これに対して，この手段説の対極に位置する「機会説」は，刑事学的にみて「強盗の機会には殺傷などの残虐な行為を伴うことが多い」ので厳罰をもって臨もうとしたのが本罪の趣旨であるとし，自説の正当性を主張する[3]。本罪には「結果的加重犯」に通例である「因って」という文言が使用されていないことが，援用されることも多い。

判例も，強盗犯人が小刀を突きつけて脅迫したところ被害者が出刃包丁で抵抗してきたため格闘となり，その際，その小刀で被害者の腕に切創を与えたという事案に関して，「強盗ノ機会ニ於テハ致死傷等ノ如キ残虐ナル行為ノ伴フコト少カラス其ノ害悪タル洵ニ怖ルヘキモノアルカ故ニ刑法カ特ニ斯ル行為ヲ以テ強盗罪ノ加重事情ト認メタルモノ」であるとし，強盗の「機会」に「致死傷等ノ如キ残虐ナル」結果が生じた場合は，強盗致傷罪が成立するとする[4]。この事件では，被害者の抵抗にあった被告人が当初の金品強取の目的を達するべく小刀で応戦し，その際に被害者を傷害したというのだから，金品強取の「手段」として加えられた暴行（応戦）から致傷結果が発生した事案とみることが可能である。しかし，かりに弁護人の上告趣意のごとく「被告人カ財物強取ノ手段トシテ右傷害ヲ加ヘタルモノニアラストスルモ苟モ右傷害カ強盗ノ機会ニ於テ為サレタルモノナル以上強盗傷人ノ罪ノ成立スヘキコトハ前叙ノ如シ」として，「手段説」の立場は明白に否定されている[5]。

旧刑法当時の学説においても，逮捕免脱・罪跡隠滅の目的による暴行から発生した結果を含め（旧刑法382条によると，「取還拒否」の場合だけが事後強盗罪を構成した）[6]，「強盗に際して」生じた結果も旧刑法380条に含まれるとする見解がみられた[7]。「強盗強姦罪」との対比から，「強盗ノ現場ニ於テ…婦女ヲ強姦シタル場合」は強盗強姦罪として重く処罰されるのと同様，財物強取の手段とはおよそ関係ない行為から生じた結果であっても，「強盗ノ

現場ニ於テ」生じた結果は旧刑法 380 条が適用され重く処罰されるというのである[8]。とくに岡田朝太郎によると,「強盗ノ所為ノ間ニ併発シタ殺傷」であれば,たとえば強盗犯人がたまたま「己ノ恨メル第三者ノ泊合セタルヲ見之ヲ殺」した場合でも強盗殺人罪が認められ[9],また,強盗の共犯者が「其所為ノ継続中」に他の共犯者を殺害した場合,あるいは共犯者を家人であると誤認して殺害した場合も,本罪の成立が認められる[10]。強盗の既遂後にただ「逮捕ヲ免レンカ為ニ殺傷」した場合,旧刑法 380 条の成立を否定する点で一定の限定はなされているが[11],強盗強姦罪との対比からして,強盗致死傷罪についても「断然財物奪取ノ手段ニ関係ナキ殺傷ヲ含ムモノトセサレルヲ得」ない以上[12],「財物奪取ノ手段トシテ加エタ殴打カラ因果的ニ発生シタ致死傷」だけではなく,「財物ノ強取中ニ併発シタル死傷」も,広く 380 条に含まれるというのである[13]。

③この見解にみられたように,平素の私怨から被害者を強盗の機会を利用して殺傷した場合や,強盗犯人同士が犯行現場で仲間割れして死傷の結果を生じさせた場合にまで,死傷結果が強盗の「機会」に発生したということで本罪の成立を認める[14]ことは広すぎる。このような観点から,「機会説」に一定の絞りをかけようと主張されたのが③の「中間説」である。それによれば,強盗との一定の「牽連性」「有機的な関連性」を有する行為が死傷の原因でなければならないとされる[15]。ただ,同説も「機会説」の立脚点そのものまで否定するわけではない[16]。すなわち,機会説も中間説も,「手段説」に対するアンチテーゼとして主張されており,「強盗の機会には殺傷などの残虐な行為を伴うことが多い」ので厳罰をもって臨もうとしたのが 240 条の趣旨である。このような主張根拠自体は前提を一にするのである。さらに,機会説と中間説では結論上の違いもほとんどないということができる。強盗致死傷罪の「被害者」に強盗の「共犯者」は含まれないと考えることは十分可能であり[17],そう解するなら,強盗犯人同士が犯行現場で仲間割れして死傷の結果を生じさせた場合は 240 条から排除されるから,「機会説」によっても「中間説」の意図した限定は達成されようし,逆に,仇敵を殺傷した場合でも,それが客観的にみて,強盗の遂行に役立つ関係にある限り,強盗との「密接な関連性」を認めてよいとする見解が「中間説」の側からも

第5章 「直接性法理」とその具体化

主張されているからである[18]。「強盗と一定の牽連性をもつ行為に限定するといっても、それ自体、必ずしも明確ではな」く[19]、それゆえ、中間説からも「十分な限定」がはかれない[20]とすれば、機会説との結論上の違いもほとんどないといってよいだろう。

（イ）　このようなわが国の理論状況を概観すると、強盗致死傷罪の成立を厳格にとらえる「手段説」と、それを（比較的）ルーズにとらえる「機会説」「中間説」が対立している状態にあるといえるだろう（以下、両説をまとめて「通説的見解」と仮称する場合もある）。しかしながら、以上にみた各説の主張根拠は、それだけで十分な説得力をもちえているかは疑問である。たとえば、240条を「結果的加重犯」と解するなら、なぜ、「手段説」が基礎づけられるのだろうか。「手段説」から、その明確な説明は聞かれない。「結果的加重犯」を基本犯と結果犯との単なる「複合形態」と解するなら、両者の間に何ら「内的な関係」は認められないのだから、「機会説」に至っても不合理ではないのである[21]。強盗の機会になされた強姦が独自の犯罪類型として規定されていることの反対解釈として、それ以外の加重事由は強盗罪の構成要件行為から生ずる必要があるとする点も、形式論の域を出ないように思われる。

他方、強盗の「機会」には殺傷などの残虐な結果が生ずる「刑事学的な類型」を認めることはできても、それを240条という「法律上の類型」にまで高めうるかどうかは、その実質的な分析なくしては答えられないであろう[22]。「およそ一般的に、強盗からは死傷の結果が生ずることが少なくないということだけを根拠に、刑の加重を認めるのであれば、それは、露骨な威嚇予防の思想だといわなければならない」[23]。しかし、「『威嚇予防』の思想が過去のものとなった現在、本条の解釈にあたっては、真に重い評価に値する事例のみにその適用範囲を限定するような制限的な解釈が要請される」はずである[24]。

「強盗の特殊な危険は、そのような［残虐な］行為経過がしばしば観察されるといった『経験的な問題』ではなく、構成要件のうえで類型化された不法に対する『概念的な問題』」[25]であるといえるだろう（［　］内、および『　』は引用者挿入）。

（ウ）　判例・通説も240条に「結果的加重犯」が含まれていることは認めるのだから，やはり，同条の成否を考えるにあたっても「結果的加重犯の本質・構造」＝「固有の不法内容」を中心にすえた考察が必要とされよう。以下，このような観点から，ドイツの議論も参照しながら，強盗致死傷罪の成立を妥当な範囲に限定する根拠と，その基準を考えてみることにしたい。

（1）　宮本英脩『刑法学粋』631頁（1931），同『刑法大綱』363頁（1935），滝川幸辰『刑法各論』131頁（1951），滝川春雄・竹内正『刑法各論講義』182頁以下（1965）など。その他，香川達夫『刑法講義各論』531頁（第3版，1995）が手段説を採用する。

（2）　旧刑法時代に「手段説」を主張したものとして，たとえば，亀山貞義『刑法講義・巻之二』566～568頁（1898）。基本的に同旨の見解として，堀田正忠『刑法釋義（第三篇，第四篇）』577頁以下（1884）がある。

（3）　泉二新熊『日本刑法論各論』740頁（1931），牧野英一『刑法各論下巻』653頁（1951），小野清一郎『全訂刑法講義各論』244頁（第3版，1950），木村亀二『刑法各論』122頁（復刻，1957），江家義男『刑法各論』303頁（1963），団藤重光『刑法綱要各論』594頁（第3版，1990），藤木英雄『注釈刑法(6)』121頁以下［団藤重光編集］（1966），同『刑法講義各論』299頁（1976），伊達秋雄『ポケット註釈刑法』548頁（第3版，1980），内田文昭『刑法各論』288頁，291～292頁等（第3版，1996）など。

（4）　大判昭和6・10・29刑集10巻511頁。

（5）　その他，240条後段に関して，「強盗の機会」に生じた死亡であれば足りるとする最高裁判例としては，たとえば，最判昭和24・5・28刑集3巻6号873頁，最判昭和25・12・14刑集4巻12号2548頁，最判昭和26・3・27刑集5巻4号686頁，最決昭和34・5・22刑集13巻5号301頁などがある。ただし，これらの判例は，後述するように，「事後強盗罪」と類似した事案に関するものである。

（6）　「事後強盗罪」を規定する旧刑法382条は，「窃盗財ヲ得テ其取還ヲ拒ク為メ臨時暴行脅迫ヲ為シタル者ハ強盗ヲ以テ論ス」とし，現行法とは異なるものであった。これはボアソナード草案424条2項でも同様であり，窃盗犯人が窃盗に着手した後に「逃走ヲ容易ナラシメントノ目的ヲ以テ人ニ暴行ヲ加」えた場合は，「窃盗ノ未遂犯ト暴行又ハ脅迫トノ倶發」として処断されるにすぎないとされる。傑博散徳著・中村純九郎譯『刑法草案注釈・下巻』（明治19，版復刻，1988，有斐閣）659頁参照。

（7）　たとえば，高木豊三『校訂・刑法義解』1028頁以下（1880），小疇傳『日本刑法論各論之部』809～810頁（1906）など。

（8）　小疇・前注(7)。

第5章 「直接性法理」とその具体化

(9) 岡田朝太郎『日本刑法論各論之部』999頁（1895）。
(10) 岡田・前出注(9)1001頁。
(11) 岡田・前出注(9)997頁。
(12) 岡田・前出注(9)999〜1000頁。
(13) 岡田・前出注(9)1000頁。
(14) たとえば、江家・前出注(3)303頁、藤木・前出(3)『各論』299〜300頁。
(15) 中野次雄「強盗致死傷罪・強盗強姦罪」『総合判例研究叢書・刑法(10)』182〜183頁（1958）、柏木千秋『刑法各論(下)』453頁（1961）、長島敦「強盗傷人と強盗傷害」『刑法判例研究Ⅰ』403頁（1966）、平野龍一「刑法各論の諸問題(10)」法セミ213号51〜52頁（1973）、植松正『再訂刑法概論Ⅱ各論』399頁（1975）、中義勝『刑法各論』156頁（1975）、井上正治／工藤孝『全訂刑法学［各則］』136頁（1979）、中山研一『刑法各論』（1984）257頁、佐久間修『刑法講義各論』128頁（1990）、福田平『全訂刑法各論』244頁（第3版、1995）、平川宗信『刑法各論』360頁（1995）、前田雅英『刑法各論講義』236頁（第2版、1995）、大塚仁『刑法概説各論』230〜231頁（第3版、1996）、岡野光雄『刑法要論各論』124頁（全訂版、1997）、曽根威彦『刑法各論』137頁（第3版、2000）、大谷實『新版刑法講義各論』248頁（追補版、2002）、日野正晴「強盗致死傷罪」大塚仁ほか編『大コンメンタール第12巻』408頁（第2版、2003）、など参照。今日の「通説的見解」といえる。

(16) たとえば、福田・前出注(15)244頁、大谷・前出注(15)248頁、平川・前出注(15)360頁など。

(17) ドイツでは、そのような見解が通説である。Vgl.Maurach/Schroeder, BT Teilb.1, 6.Aufl., 1977, 333; Blei, BT 11.Aufl., 1978, 180; Samson, SK, 4.Aufl., 1986, §251 Rn.7; Rengier, Erfolgsqualifizierte Delikte und verwandte Erscheinungsformen, 1986, 228(以下、Delikte); ders., Strafrecht BT, Ⅰ, 2.Aufl., 1998, §9 Rn.7; Lackner, StGB, 20.Aufl., 1993, §251 Rn.1; Lackner/Kühl, 23.Aufl., 1999, §251 Rn. 1.a.E［Kühl］.; Herdegen, LK, 11.Aufl., 1994, §251 Rn.1; Otto, Grundkurs Strafrecht.Die Einzelnen Delikte, 4.Aufl., 1995, 191; Kindhäuser, NK, Bd.2, 4.Lfg., 1997, §251 Rn.3; H.-L.Günther, Der Zusammenhang zwischen Raub und Todesfolge(§251 StGB), in: Hirsch-FS, 1999, 543(548); S/S/Eser, StGB, 26.Aufl, 2001, §251 Rn.3; Tröndle/Fischer, StGB, 50.Alfl., 2001, §251 Rn.3, usw. わが国では、たとえば、内田・前出注(3)292頁注(4)、井田良「結果的加重犯における結果帰属の限界についての覚書──強盗致死傷罪を中心として──」法学研究60巻2号256頁（1987）（以下、「結果的加重犯」として引用）、同「強盗致死傷罪」阿部純二他編『刑法基本講座第5巻』132頁（1993）（以下、「強盗致死傷罪」）も参照。

(18) たとえば、中野・前掲注(15)188頁参照。その他、神山敏雄「強盗致死傷罪」中山他編『現代刑法講座4巻』290頁（1982）、井田・同上「強盗致死傷罪」132

頁参照。中森喜彦『刑法各論』137頁注(11)（第2版，1996）は，中間説からすると「私怨から被害者を殺害した場合を含まないとするのは理由がない」とする。
(19) 神山・前掲注(18)289頁，山口厚『問題探究刑法各論』141頁（1999）参照。
(20) 西田典之『刑法各論』181頁（第2版，2002）。
(21) 香川達夫『結果的加重犯の本質』55頁，58頁以下（1978）参照。
(22) 平野龍一「刑法各論の諸問題(9)」法セミ212号99頁（1973），香川・前掲注(21)54〜55頁など参照。
(23) 井田・前出注(17)「結果的加重犯」251頁。もちろん，同様のことは，この引用文の「強盗」を「傷害」に変えた場合，傷害致死罪にも当てはまる。その他の結果的加重犯についても変わりはないであろう。
(24) 井田・前出注(17)「強盗致死傷罪」128頁。この主張もすべての結果的加重犯にも同様に当てはまる。
(25) Kindhäuser, aaO [Anm(17)], §251 Rn.7.

(b) ドイツの状況

(ア) 強盗致死傷罪に関するドイツの議論を参考にする場合，とくに注意しなければならないのは，ドイツにおいては本罪の規定が相当の変遷を経ているという点である。すなわち，1871年のライヒ刑法典以降，1974年3月2日の刑法典施行法（Einführungsgesetz zum Strafgesetzbuch vom 2.3.1974, BGHl.I, 467）による改正以前の251条後段によれば，明文で「人に加えられた暴行により（durch die gegen ihn verübte Gewalt）その者の重傷又は死が惹起された場合」にのみ強盗致死傷罪が成立すると規定されており，「故意で加えられた暴行」から，その「暴行が加えられた者」に重傷もしくは死の結果が生じたのなければならないことが明示されていた。したがって，たとえば，警官と強盗との銃撃戦で警官の発砲した弾丸が無関係の第三者に命中した場合，さらに，「強盗の機会」や「脅迫」から発生した致死傷も同条の適用外とされた[1]。同様に，たとえば強盗犯人が，弾丸の装塡され安全装置が解除されたピストルで被害者を脅し金品を強要したところ，ピストルが暴発して被害者が死亡したという場合，強盗致死罪の成立を認めるためには，暴行と脅迫の区別を以下の点に，すなわち「現在」加えられている害悪の告知として感ずるか（暴行），告知された害悪が「将来的」に憂慮されるものであるか（脅迫），という「時間的な相違」にのみ求めるという代償を払っ

第5章 「直接性法理」とその具体化

て,「精神作用」に基づく「身体的な影響」をも「暴行」に含まれるとする必要があったのである（いわゆる「暴行概念の精神化」）(2)。

しかしながら，1974年3月2日の刑法典施行法により251条が大幅に修正されたことにともない，状況は一変する。

「強盗に際して人を責めさいなむ（martern）」という加重事由が削除され，「強盗致傷罪」は,「行為者もしくはその他の強盗関与者の所為により他人が死亡または重傷の危険に陥れられた場合」（250条1項3号）に合併・編入され(3)，結果的加重犯規定は「強盗致死罪」に限定された。そこでは，主観的要件として「軽率」が必要とされる一方，しかし，文言の上では，「強盗により他人の死」が惹起されれば足りることとなった。基本犯から「脅迫」を排除する立法上の制約もなくなり，被害者となりうる者の「人的範囲」に関する限定もなくなると同時に，わが国におけると同様,「強盗の機会」に生じた死亡結果でも本罪の成立が認められうる余地が生じたのである(4)。「強盗致死罪」の主観的要件である「軽率」が「少なくとも軽率」に改められた点以外(5)，1998年1月26日の第6次刑法改正法による新規定251条も，その「客観的成立要件」に関しては何ら異なるところはない。

（イ）このような状況においては，学説も刑法典施行法以前とは異なった様相を呈している。

強盗致死罪の基本犯が「暴行」に限られず,「強盗によって」とだけ規定されたことにともない，まず,「人間の生命・身体に対する現在の危険をもってする脅迫」も，本罪の基本犯たる地位を獲得した。それゆえ，新規定（1974年3月2日の刑法典施行法以後，第6次刑法改正法による現行規定も含む。以下同様）のもとでは，ピストルを提示して脅迫したところ暴発して死亡結果を惹起したような場合，強盗致死罪の成立を肯定するのが多数説となった(6)。これに対して，たとえば，「財物の占有を確実にした後」に，盗品を運搬中自らの過失により死亡事故を起こした場合，あるいは盗品を不適切にザイルで降ろしたとき通行人の頭に落下して死亡結果を惹起したような場合，本罪の成立を否定する点でも見解の相違はないといってよい(7)。争いがあるのは，(i)強盗犯人が逃避するに当たり，警官とやり合った流れ弾が歩行者に命中して死亡した場合や(8)，(ii)警官による追跡から逃避するに際して交通事

故などを起こして死亡結果を引き起こした場合，さらに，わが国ではあまり論じられることはないが，(ⅲ)山小屋で静養中の糖尿病患者から麻薬中毒患者が注射器を強取して，薬を注射できなくなった被害者の死亡結果を惹起した場合[9]，などである。ここでは，(ⅲ)以外，わが国における「手段説」と，「通説的見解」との対立に似た状況を認めることができる。

　　（ウ）　このような事例に関して，最も広く強盗致死罪の成立を認めようとするのが，傷害致死罪に関しては「致命性説」の主唱者であったガイレンである。彼によれば，強盗致死罪が広範に認められる理由は以下の点にある。すなわち，新規定251条が死亡結果発生に関して「強盗により」とだけ規定したこと，それゆえ，強盗が「実質的な終了段階」に至るまでに発生した死亡結果は本罪に包含されうるからである[10]。また，事例(ⅲ)の場合にもガイレンは，行為者の特別な残虐性を根拠に本罪の成立が認められるという[11]。

　つまり，事例(ⅲ)をひとまず置けば，新規定における「強盗により」という文言を根拠に，強盗が「その未遂段階」から「実質的な終了」に至るまでに発生した死亡結果は強盗致死罪に包含されうるというのである。

　①　強盗致死罪に限ったことではないが，ドイツでは，犯罪の形式的な既遂が認められても，「実質的な終了」に至るまでには「共犯」や「加重構成要件の帰責」が可能だとする「犯罪の実質的な終了の理論」という考えが主張されている（以下，「終了理論」と仮称する）[12]。この理論によれば，当該犯罪行為が法益侵害を維持・強化している限り，その犯罪行為は未だ終了段階には至っておらず[13]，したがってその間の共犯や加重事由の帰責が可能である[14]。たとえば，財物の占有を確実にするまでの段階において，武器を携帯した場合，加重構成要件の帰責（重窃盗や重強盗）がなされる[15]。現金を奪取するために老夫婦を地下室に監禁し，その住居を立ち去ろうとしたとき，監禁状態から逃れた夫を，あらかじめ携帯してきたおもちゃのピストルで殴打したという事案で，「財物奪取が終了していないこと」を理由に重強盗罪（持凶器強盗）を認めた判例もある[16]。このような考えによれば，先の事例(ⅱ)のように，行為者が警官に追跡されており，いまだに財物の占有を確実にしていない限り，その間に生じた重い結果は強盗致死罪として帰責がなされることになる[17]。事例(ⅰ)の場合も同様である。

② 比較的最近のBGHも「終了理論」の立場から、次のように論じて強盗罪を基本犯とする強盗致死罪の成立を認めた[18]。

強盗罪の特殊な危険は、「意表をついて（überraschend）なされる財物奪取」にのみあるのではなく、財物奪取に引き続いて行われる「逃走と盗品確保の段階」においても認められる。被害者みずから、もしくは警官や第三者の助けをかりて、逃走する行為者を追跡し、盗品を奪還しようとすることは刑事学的にしばしばみられるからである。その段階で生ずる危険は過少評価されてはならず、「逃走と盗品確保」のために武器を用いた行為者を、財物奪取のために武器を用いた行為者より優遇する理由はない。そして、（新規定251条には）旧規定における構成要件上の制約がない以上、「事後強盗罪」を基礎とする強盗致死罪に訴える必要もない。むしろ、「事後強盗罪は、盗品の占有を確保する目的を要件とするのであり、それゆえ、ただ逃走を確保する場合には適用しえないのであるから、問題となる事案の一部のみしかカヴァーできないという点にも留意しなければならない」、と。

この事案は、数名の銀行強盗が現金を強取したのち逃走するに際して、彼らを追跡してきた警官隊に対し、行為前の計画に基づいて、犯人の一人が警官隊に向けて発砲した弾丸の流れ弾に買い物客が命中して死亡したというものだから、強盗致死罪を認めた本判決の結論自体は正当化できるとされている。ドイツ刑法252条のもとでも本件の場合は事後強盗罪の成立が認めらうるからである、と[19]。しかし、引用したBGHの最後の主張にみられるように、事後強盗罪の成立要件を満たさないため、同罪をとおした強盗致死罪の成立が認められない場合に、新規定における「強盗により」を、「盗品の占有を確保する段階」にまで拡張することによって、強盗罪を基本犯とした強盗致死罪の成立を認めようとする理論構成は、学説の多くが批判するところである[20]。というのも、それは、「財物奪取のための暴行・脅迫」がなされなかった一方、しかし、事後強盗罪の要件も満たされないため、いずれにしても強盗致死罪の適用が困難な場合に、「終了理論」を援用することにより、その補完を果たそうとするものに他ならないからである。

③ ドイツの通説によると、窃盗が「既遂」に達したのち、盗品の占有を確保するに至るまでの段階で加えられた暴行・脅迫を捕捉するのは事後強盗

罪（ドイツ刑法252条）である$^{(21)}$。しかし，同罪が成立するには，「窃盗に際してその犯行の現場を認められて (bei einem Diebstahl auf frischer Tat betroffen)」という客観的な要件と，「盗品の占有を確保するため」という主観的要件が満たされなければならない。したがって，たとえば，タクシー運転手が，立ち寄ったガソリンスタンドですきをみて乗客の財布を窃取し「数十km走行した」のち，乗客が財布の不在に気づきかけたため，機先を制して乗客をタクシーから突き出した場合$^{(22)}$，あるいは，盗品を捨て去り，ただ「逃走するためにだけ」暴行を振るった場合などでは，それぞれ事後強盗罪の客観的あるいは主観的要件が否定される，とされている$^{(23)}$。それゆえ，上の例で，突き出されたタクシーの乗客が頭部を強打して死亡したとしても，事後強盗致死罪の成立を認めることはできないことになる。しかし他方，強盗罪における暴行・脅迫は「財物奪取のため」に投入されたのでなければならないとすると$^{(24)}$，強盗罪を基本犯とする結果的加重犯も認められない可能性が生ずる。先に引用したBGHの見解も，このようにして生ずる「処罰の間隙」を懸念したからのものだったわけである。しかし，そのために援用された「終了理論」は，事後強盗罪の成立が困難な場合でも，「強盗によって」を広く解することにより，「強盗罪を基本犯」とする強盗致死罪の広範な成立を認める可能性を開く見解に他ならない。警官による追跡から逃避するに際して無謀運転により交通事故を起こして通行人の死亡結果を引き起こしたという場合は，ガイレンなどがそう主張するように，強盗致死罪の成立が認められるのである$^{(25)}$。しかし，被害者である通行人は，行為者による盗品の占有確保を妨害する意思を有する者ではないので「事後強盗罪」の保護客対とみることはできず$^{(26)}$，その一方，この無謀運転を財物奪取のための強要行為とみることもできない。したがって，「強盗」致死罪の成立を認めることは困難であろう$^{(27)}$。それにもかかわらず，BGHを含めた「終了理論」の立場からは，「奪取した財物の占有を確保していない」ことを理由に，強盗致死罪の成立が認められうるのである。だが，そのような考えは，「強盗」致死罪にも「事後強盗」致死罪にも問うことができない場合でも，現に強盗がなされ，致死の結果が発生している以上，行為者は強盗致死罪として重く処罰されるべきだという「当罰性感情」を，実体的な基礎づけのない

第5章 「直接性法理」とその具体化

「終了理論」によって満たしているにすぎないといえるだろう。「終了理論」を援用することで広範な加重構成要件の成立を認めようとする立場に対する批判説には，十分な根拠があると思われる[28]。

（エ）たしかに，わが国の「機会説」を含めた「通説的な見解」が，広範な強盗致死（傷）罪の成立を認めるのに，このような「終了理論」を援用するわけではない。しかし，「強盗」致死罪にも「事後強盗」致死罪にも問うことができない場合でも，「強盗の機会」に発生した重い結果であることを理由に240条の広範な成立を認めるその結論は，ドイツの「終了理論」と異なるところはない。そうだとすれば，「終了理論」に対する以上で論じた批判は，必要な修正を加えて，わが国の「通説的見解」にも妥当するといえるだろう。項を改めて，検討することにしよう。

　　　（1）Vgl.Olshausen, Kommentar zum StGB., 1927, §251 Rn.2; Schönke/Schröder, 17.Aufl., 1974, §251 Rn.2-4. このような立法上の制約には，古い歴史がある。1794年のプロイセン一般ラント法第2部第20章第14節1190条（強盗致傷罪［重傷］），1191条（強盗致死罪），1813年のバイエルン刑法典239条2項（強盗致傷罪［重傷］。ただし，同罪にすでに「死刑」），1851年のプロイセン刑法典233条2項後段，3項（虐待又は傷害（Mißhandlung oder Körperverletzung），による重傷もしくは人間の死の惹起）など。立法当局の見解によれば，たとえば強盗犯人の危険な脅迫によって被害者が精神病を来した場合は，同罪には該当しない。Vgl.Goltdammer, Die Materialien zum Straf=Geseßbuch für die Preußischen Staaten, Theil II, 519f.

　　　（2）Vgl.BGHSt.23, 126 [127f.]. 結論同旨，Maurach, JR 1970, 70f. しかし，このように無形的・精神的な作用にも暴行を認めることには反対説も有力である。Vgl. Geilen, Lebensgefährdende Drohung als Gewalt in §251?JZ 1970, 521ff.; Keller, Die neue Entwicklung des strafrechtlichen Gewaltbegriffs in der Rechtsprechung, JuS 1984, 109ff.Wolter, Gewaltanwendung und Gewalttätigkeit, NStZ 1985, 193 (196ff.); 245 (246ff., 250ff.); Rudolphi, in: SK, 36.Lfg., 5.Aufl., 1996, §105 Rn.6, usw. なお，このBGHの事案は，「強盗と同等に処罰される」強盗的恐喝罪（255条）に関するものであるが，ドイツでは，強盗罪の客対が「動産」に限られているため，強盗と同じ強要手段をもちいて「財産上の利益」が侵害された場合は「強盗的恐喝」とされるだけで，わが国における2項強盗に相当する。

　　　（3）Vgl.Geilen, Raub und Erpressung, Jura 1979, 501 r.Sp.; Herdegen, LK, 11.

Aufl., 1994, § 251 Entstehungsgeschichte; Kindhäuser, NK, § 251 Rn.1; S/S/Eser, 26.Aufl., § 251 Rn.1, usw.

（4） このような重大な修正にもかかわらず，「軽率」の導入に関するほか，その改正理由の根拠は述べられていないようである。Vgl.Bundestages-Drucksache, 7/550, 248; Protokolle des Sonderausschusses für die Strafrechtsreform, Deutscher Bundestag 7, 195. なお，両文献は参照しえなかった。この記述は，Küpper, Der „unmittelbare" Zusammenhang zwischen Grunddelikt und schwerer Folge beim erfolgsqualifizierten Delikt, 1982, 100 Fn.15. による。

（5） したがって，「殺意」がある場合も同条が適用されることが立法上明示された。「軽率に」とだけ規定していたこれまでの判例・学説の争いについては，たとえば，只木誠「観念的競合の明示機能について」獨協法学第39号77頁以下（1994）参照。

（6） Maurach/Schroeder, BT, 1.Teil, 6.Aufl., 1977, 333; Blei, BT, 11.Aufl., 1978, 180; Geilen, Jura, 1979, 109 r.Sp.und 501f.; Herdegen, aaO [Anm (3)]; Kindhäuser, NK, § 251 Rn.5; S/S/Eser, § 251 Rn.4; Küpper, aaO [Anm (4)], 99; Rengier, Delikte, 1986, 214; Wessels, BT, Teil-2, 16.Aufl., 1993, 87; Günther, in: Hirsch-FS, 1999, 546, usw.

（7） Blei, BT, 180; Geilen, Jura, 1979, 557 l.Sp.; Schmidhäuser, BT, 1980, 8/65; S/S/Eser, § 251 Rn.4; Rengier, Delikte, 228f; Otto, BT, 4.Aufl., 1995, 191, Beispiel 4., usw.

（8） Vgl.BGHSt.38, 295. 本判決については後述する。

（9） Beispiele von Geilen, Jura 1979, 502 r.Sp.

（10） Geilen, Jura 1979, 501 r.Sp., 557 l.Sp.

（11） Geilen, Jura 1979, 502 r.Sp. 結論同旨，Maurach/Schroeder, BT, 333; Wolter, GA 1984, 450. エーザーもその20版までは本罪の成立を認めていた（Vgl.z.B., S/S/Eser, 18.Aufl., 1978, § 251 Rn.4; S/S/Eser, 20.Aufl., ebd）。しかし，今日では否定説にまわっている（Eser, § 251 Rn.4）。最近でも，たとえばKrey, BT, Bd.2, 12.Aufl., 1999, § 3 Rn.202. は，③で強盗致死罪の成立に肯定的である。

（12） この「理論」については，たとえば，Hruschka, Die Dogmatik der Dauerstraftaten und das Problem der Tatbeendigung, GA 1968, 193ff.; Jescheck, Wesen und rechtliche der Bedeutung Beendigung der Straftat, in: Welzel-FS, 1974, 683ff.; Rudolphi, Die zeitlichen Grenzen der sukzessiven Beihilfe, in: Jescheck-FS, 1987, 559ff. 林美月子「状態犯と継続犯」神奈川法学24巻2・3号1頁以下（1988）など参照。

（13） Vgl.z.B., S/S/Eser, Vor § 22 Rn.8, 11.

（14） Vgl.z.B., Welzel, LB, 11.Aufl., 1969, 112, 188 a.E.; Jescheck, aaO [Anm

第5章 「直接性法理」とその具体化

(12)〕,696ff.; S/S/Eser, Vor §22 Rn.10f.

(15) Vgl.Blei, BT, 180f.; Jescheck, aaO〔Anm (12)〕, 692f.; Geilen, Jura 1979, 222 r.Sp.f.; S/S/Eser, §250 Rn.23.Vgl.auch Tröndle/Fischer, StGB, 50.Aufl., 2001, §250 Rn.5.

(16) BGHSt.20, 194. 同旨の判例として，たとえば BGHSt.22, 227; BGH GA 1971, 82; BGH bei Holz MDR 1980, 106.

(17) Vgl.Geilen, Jura 1979, 557 l.Sp.; S/S/Eser, §251 Rn.4; Wessels, BT, 87; Otto, BT, 191 (Beispiel 3); Lackner/Kühl, StGB, 26.Aufl., 1999, §251 Rn.1.

(18) BGHSt.38, 295〔298f.〕.

(19) Vgl.Herdegen, LK, §251 Rn.6; Rengier, mit.Abl.Anm.zu BGHSt.38, 295, NStZ 1992, 589 (591 l.Sp.); ders., Tödliche Gewalt im Beendigungsstadium des Raubes－BGHSt.38, 295, JuS 1993, 460 (463).

(20) Vgl.Herdegen, §250 Rn.11, 26, §251 Rn.6, §252 Rn, 10; Rengier, ebd.; ders., Delikte, 1986, 220-2, 227, 229; Küpper, aaO〔Anm（4）〕, 100f.; ders., Zur Entwicklung der erfolgsqualifizierten Delikte, ZStW 111 (1999), 785 (793); Sowada, Das sog.Unmittelbarkeits-Erfordernis als zentrales Problem erfolgsqualifizierter Delikte, Jura 1994, 643 (651); Altenhain, Der Zusammenhang zwischen Grunddelikt und schwerer Folge bei den erfolgsqualifizierten Delikten, GA 1996, 19 (21) ; Kindhäuser, NK, §251 Rn.8; Günther, in: Hirsch-FS, 544; Tröndle/Fischer, §251 Rn.1.

(21) ドイツでは，「盗品の占有を確保するため」だけが事後強盗罪を構成し，逮捕免脱・罪跡湮滅目的は含まれていないため，財物奪取の「既遂」を同罪の要件とするのが通説である。Vgl.Herdegen, LK, §252 Rn.7; Otto, BT, 192; Rengier, BT, Bd. 1, 2.Aufl., 1998, §10 Rn.3; Kindhäuser, NK, §252 Rn.11; S/S/Eser, §252 Rn.3; Tröndle/Fischer, §252 Rn.4. それゆえ，同罪の未遂は，脅迫文言を被害者が理解しなかった場合のように，同条規定の目的を達するための強要手段が未遂であるか，あるいは，盗品が行為者自身の物であったとか無主物であったという，まれなケースでのみ認められるという。Vgl.Herdegen, LK, §252 Rn.20; Kindhäuser, NK, §252 Rn. 30; Tröndle/Fischer, §252 Rn.10, usw. しかしながら，もちろん，事後強盗罪が「取還拒否」の類型に限られている場合でも，窃盗犯人が最終的に財物を取り返された場合には同罪の未遂を認めることは可能であろう（たとえば，曽根威彦『刑法各論』134頁（第3版，2000），西田典之『刑法各論』177頁（第2版，2002）など）。

(22) Vgl.BGHSt.28, 224.

(23) したがって，事後強盗罪の「客観的要件」が満たされないとして，BGH は「タクシー事件」で被告人を窃盗と強要の併合罪で処断した（BGH,ebd.,227ff.）。Vgl. auch Seelmann, Grundfälle zu den Eigentumsdelikten, JuS 1986, 201 (205f.)。

284

II 直接性法理の具体化

以上の客観的・主観的要件につき，さらに，Wessels, BT, 90f.; Herdegen, LK, §252 Rn.11 ff., 16ff.; Rengier, BT, §252 Rn.11; Kindhäuser, NK, §252 Rn.12ff., 26ff.; S/S/Eser, §252 Rn.4, 7; Tröndle/Fischer, §252 Rn.5ff., 9f. など，参照。

(24) 判例・通説の立場である。Vgl.z.B., BGHSt.28, 224 [226]; Geilen, Jura 1979, 165; Herdegen, §249 Rn.13; Seelmann, aaO [Anm (23)], 203; Rengier, JuS, 1993, 462 r.Sp.; S/S/Eser, §249 Rn.6, usw. そこで，たとえば Kindhäuser, NK §251 Rn.8. は，新規定における「強盗によって」と「強盗の機会に」とは同義ではないとする。

(25) 前出注(17)参照。

(26) Vgl.BGHSt.13, 64 [65]; BGHSt.28, 224 [230f.], usw. さらに，前出注(23)にあげた諸文献参照。

(27) Vgl.Rengier, Delikte, 1986, 227 mit Fn.32.

(28) 「終了理論」には，それ自体，次のような批判がなされている。すなわち，各構成要件の解釈上許容される枠組みを越え，法益侵害の維持・強化という実質的な観点から終了の有無を判断しようとすることは，罪刑法定主義の観点から疑問である。Vgl.z.B., Vogler, LK 10.Aufl., 1983, Vor §22 Rn.34; Isenbeck, Beendigung der Tat bei Raub und Diebstahl, NJW 1965, 2329; Rudolphi, aaO [Anm (12)], 561-3, 568f.; ders., SK, 6.Aufl., 20.Lfg., 1993, Vor §22 Rn.9-10; Rengier, Delikte, 1986, 222. 詳細は，林美月子・前出注(12) 7頁以下，19頁注(13)など参照。この理論によると，「継続犯」に対して妥当する解釈が，ほぼすべての「状態犯」にも当てはまることになってしまうであろう。

(c) 検 討

(ア) わが国の「通説的見解」がいわゆる「手段説」を否定する決定的な根拠は，次の点にあるといってよい。

「窃盗犯人」であれば，238条（事後強盗罪）の要件を充足する限り，同条をとおして240条（強盗致死傷罪）の成立が認められるにもかかわらず，「強盗犯人」が，たとえば自分を逮捕しようとした警官に暴行をふるい，警官の死傷結果を発生させた場合，先行行為が窃盗ではないとして240条の成立が否定されるというのでは，明らかに価値矛盾を来す。ゆえに「手段説」では狭すぎる。このような観点は，「機会説」のみならず，「中間説」からも，「手段説」に対する批判としてほぼ一致して主張されているところである[1]。

① なるほど，窃盗犯人であれば事後強盗罪をとおして240条の適用が可

能であるのに，それよりも不法・責任内容が重い強盗犯人であればその適用が不可能だというのは，明らかに不均衡である。現に「機会説」によると解されるわが国の判例の事案も，事後強盗罪と類似のケースが多い。たとえば，(i)強盗犯人が家人に同家表口付近まで追跡され家人を刺し殺した事案[2]，(ii)家人に泥棒と連呼され追跡されながら逃走していた共犯者の一人が，それを聞きつけた警官に逮捕されそうになったので携帯していた包丁で同人に切りかかり死亡させた事案[3]，(iii)タクシーに乗車していたXがタクシーの売り上げ金の強盗に失敗したのち，再びタクシーを走らせたところ，タクシー運転手Aが，上記強盗未遂の犯行現場から距離にして約1km，時間にして5，6分の交番前に至ったところで停車しようとしたため，警官に突き出されることを恐れたXがAの後頭部を背後から殴打し傷害を負わせた事案[4]などが，そうである。以上では，そのすべてが「逮捕免脱目的」で，凶器で斬りつける，背後から殴打するという行為を行っており，それが窃盗犯人であれば238条をとおして240条の適用が可能であるのに，逮捕免脱目的で加えられた暴行は強盗罪を構成しないため，強盗犯人であれば，240条の成立が否定されるとなると，その間の不均衡は明白である。「通説的見解」が「手段説」を否定するのは，以上の限りでは，まことにもっともなことと思われる。

② しかしながら，以上の点で「手段説」を拡張すべきであるとしても，それが「強盗の機会」にまで至るのは飛躍のしすぎではないだろうか。たしかに，事後強盗罪の場合は，「窃盗の現場ないしその機会」でなされた238条所定目的の暴行・脅迫も含まれ，さらに，その暴行・脅迫の対象が被害者である必要はなく，第三者も当然に含まれるとするのが判例・通説である[5]。このように238条⇒240条の場合には，死傷結果の原因行為が「窃盗の現場ないしその機会」でなされた暴行・脅迫にまで拡張されるなら，236条から出発するときも同様でなければならない。このようにいうことは可能である。しかし，事後強盗致死傷罪の原因行為がこの点で拡張されているにしても，いずれにせよ，238条所定目的による暴行・脅迫が何人かに用いられ，その結果として死傷結果が発生することは必要とされるはずである。この意味では，238条⇒240条の場合も，238条所定の目的を達成するための「手段」が死傷の原因でなければならないといえるだろう。そうだとすれば，ともに

「強盗」であり，死傷結果が発生したときは同じく240条の適用を受ける236条の場合も，死傷結果の原因行為をなす「手段」の拡張は，238条⇒240条が認められる範囲が限界をなし[6]——上記判例(i)〜(iii)の結論はこの意味で支持できる——，それ以上の拡張は不必要かつ不当だと思われるのである。238条を基礎とする場合と236条を基礎とする場合の違いは，客体として「財産上の利益」がカヴァーされるか否かだけであり，死傷結果を発生させる原因行為は同様に解すべきなのである。

　(イ)　しかし，わけても「機会説」は，このようにして画される限界をこえた240条の広い成立を認める可能性がある。たとえば，(iv)強盗の被害者Aが犯人を追跡中もしくは警官を呼びに行くに際して転倒して死亡したという場合，238条所定の目的による暴行・脅迫は何人に対しても加えられていない以上，238条が適用される余地はあるまい。しかしその一方，財物強取に際して加えられた暴行でAが死亡したのでないことも明らかである。このような場合に強盗致死罪の成立が認められるとすれば，それは，A死亡が「強盗の機会」もしくは「強盗の機会の延長」で発生したとする他ないであろう。

　ところがわが国の下級審のなかには，(v)Xにより両手を後手に縛られた女性Aが，Xが隣室へ行った際，窓から「泥棒」と大声で叫んだため，Xが舞い戻ろうとしたとき，恐怖心から，その状態のまま窓から飛びおりて死亡したという事案で，強盗致死罪の成立を認めたものがある[7]。裁判所は「機会説」によることを明言しているわけではないが，この事件の場合も，236条，あるいは238条所定の目的で加えられた暴行・脅迫からAの死が発生していない点では，(iv)と変わりはない。

　このように，(iv)(v)の事案では，Xがかりに窃盗犯人であったとしても（(v)の場合は，XがA宅で財物を物色中，物音に気づきやってきたAにその現場を認められ，窓から「泥棒」と大声で叫ぶAを制止するべく，Aに近寄ろうとしたとき…，と修正），238条所定目的による暴行・脅迫は何ら加えられていないので，238条⇒240条を認めることはできないだろう。しかし，その場合でも，(iv)(v)におけるように，現に強盗行為が行われている限り，「機会説」からは「236条」を起点とする240条の成立が認められうる。それは，しかし，事後強盗致死罪との不均衡を是正しようとする当初の意図をこえた，不当な拡

張ではなかろうか。それにもかかわらず，このような事案で240条の成立が認められるのだとすれば，「およそ一般的に，強盗からは死傷の結果が生ずることが少なくないということだけを根拠に，刑の加重を認める」「露骨な威嚇予防の思想だといわなければならない」[8]だろう。

（**ウ**）　前述したように，強盗致死傷罪も結果的加重犯であることを認める限り，やはり，問題解決のいとぐちは，その構造・不法内容に見いだされなければならない。

本来，財産侵害と生命・身体の侵害とは直接結びつくものではない。それにもかかわらず，強盗罪には，死傷結果の発生による加重処罰規定が設けられている。それは，強盗を実現するための手段，すなわち，被害者による「任意の財産処分」を排除するほどに強度の暴行・脅迫に，死傷の結果を生じさせる危険性が認められるからである。この点にこそ，その他の財産犯には──「瑕疵」あるとはいえ「任意の意思表示」がなされる恐喝罪においても──「異質」である，死傷という人身犯との接点をなす強盗罪に特殊な不法内容が認められる[9]。したがって，この強度な暴行・脅迫が，強盗罪のその他の財産犯に対する加重処罰根拠をなすと同時に，その加重処罰根拠をなす「危険」が「結果」として実現した場合には，強盗罪の刑罰範囲によってはもはやカヴァーできない，さらなる刑の加重を基礎づけるのである。「240条に含まれている結果的加重犯とは，単なる故意犯と過失犯との複合形態なのではなく，基本犯の高度の具体的危険性を前提とし，そこから直接に結果が実現することによって，その高度の危険性が確証されたところに重い刑が科される根拠がある」[10]。

事後強盗罪においても，以上の点で異なるところはない。暴行・脅迫が用いられる「目的」，それが財物奪取に「先行」するか「後行」するか，さらにその対象が財産犯の被害者に限定されない点で違いはあるものの[11]，238条所定目的でなされる暴行・脅迫が「相手の反抗を抑圧するに足りるもの」でなければならないことは強盗と何ら変わりはないからである[12]。このような強度の暴行・脅迫に死傷結果を発生させる危険性・固有の不法内容が認められる点で，事後強盗罪と強盗罪の違いはないのである。そして，ドイツの判例・通説のように事後強盗罪の先行行為（Vortat）に強盗を含ませる見

解⁽¹³⁾による場合はもちろん，そうでなくとも，前述したように，236条⇒240条の成立範囲は，238条⇒240条が認められる範囲に限定されると解すべきであり，後者における死傷の原因行為が238条所定目的による暴行・脅迫に限定されるのであれば，昏睡強盗も含め，240条のすべてが「広い意味での手段説」によってカヴァーされることになろう。

こうして，240条の「固有の不法内容」を最も忠実に反映する「手段説」を支持することが可能と思われる。事後強盗罪を基本犯とする強盗致死傷罪の存在は，その成立範囲に通常の強盗致死傷罪の成立も限定される根拠を提示する点では，「手段説」にとって何の障害にもならないであろう⁽¹⁴⁾。むしろ，結果的加重犯である240条の成否を考えるにあたって，この一線を踏み越えることのほうが不当だといえるのである。

（エ）　それでは，以上に論じた「手段説」の立場に立った場合，240条の成否は具体的にどのように判断されるのだろうか。

ここで，「脅迫」に関する問題点をひとまず度外視して，本書が正当と考える「手段説」の観点から240条の「直接性」をあらわすなら，被害者の反抗を抑圧すべく加えられた「強度の暴行の物理的・病理的な作用」が，「最終結果に至る因果経過の各連鎖を説明するのに不可欠な要素」であるかどうかが，その判断基準をなすと考える。この点で，先に検討した傷害致死罪の「直接性」と異なるところはない。それゆえ，たとえば，強盗の被害者Ａが犯人を追跡中もしくは警官を呼びに行くに際して転倒して死亡したという上記(iv)の場合は，犯人を捕らえようとする「被害者の心情」を説明要素に加えなければ，それゆえ「心理法則」を援用しなければ死亡結果に至る一連の連鎖の因果的説明がはたされない。したがって，強盗致死罪の成立は否定されよう⁽¹⁵⁾。また，強盗犯人によって両手を後手に縛られた被害者Ａが窓から逃走をはかり，死亡したという(v)の事案も，犯人に何かされるという「恐怖心」を考慮しさえすれば説明がつくＡの逃避行為が介在して死亡結果が発生した場合である。それゆえ，本書の立場からは，強盗致死罪の成立は否定される⁽¹⁶⁾。これらの場合は，発生した結果に対して相当因果関係や客観的帰属，さらに過失責任（重過失）が認められるとしても，強盗未遂ないし既遂と過失致死罪の観念的競合を認めることで行為の不法・責任内容は十分評価

されると思われる。

　ガイレンが提示し，強盗致死罪が認められるとした事例――Xから，暴行・脅迫により反抗を抑圧されて注射器の入ったカバンを強取されたため適時に薬剤を注射できなかった重症糖尿病患者Aが死亡したという事例はどうか。この場合，Aが適時に薬剤を注射できなかったこと，すなわち「注射器が存在しなかったという事情」を考慮しさえすればAの死亡は説明できる。もちろん「注射器の不存在」を説明するには，Xが注射器の入ったカバンを強取したことを説明要素として加えなければならない。しかし，それ以降Aが死亡するに至る連鎖を説明するのに，Xが加えた「暴行の物理的・病理的な作用」を考慮する必要はない。Aのカバンを詐取ないし窃取した場合でも，Aの死亡を全く同様に説明できることが，この点を裏づけている。強盗致死罪の成立を否定するドイツの多数説が正当である[17]。

　（オ）　①以上のような限定に加え，「手段説」の立場に立つ場合は，その当然の裏面として，重い結果が発生する被害者の「範囲」にも一定の限定が付されることになる。ドイツでは，とくにレンギールが強調するところであるが，結果的加重犯規定によって保護されるべき「人的保護範囲」の観点である[18]。レンギールは，たとえば，先にみたBGHがそうしたように[19]，強盗犯人が逃走する際に警官とやりあって，いずれかが発砲した弾丸に通行人が命中して死亡した場合における「単なる通行人」をも，強盗致死罪の人的保護範囲に算入する立場に対して，次のような批判を提起する[20]。

　そのような立場は，強盗の際には予測外の残虐な結果が発生することが往々にしてあることを理由に，客体の限定がなされていない「公共危険犯」を基本犯とする結果的加重犯と同様の解釈を行うのに等しい。だが，「個人的な法益」に対する罪であるにもかかわらず，なぜ，強盗罪に限ってはそのような解釈をしなければならないのか不明である。さらに，強盗の被害者以外の「通行人」などは基本犯の被害者ではないのだから，そのような人間をも同罪の人的保護範囲に算入することは，基本構成要件と結びついた「特殊な危険」ではなく「一般的な危険」の実現による死亡結果に，強盗致死罪としての加重処罰を結びつける過誤を犯すことになる，と。

　「強盗致死罪のきわめて重い刑罰は，投入された強盗手段（Raubmittel）

の生命危険が致命的結果に実現したのでなければならないことを要請する。この要請は，強盗の関係で死亡した人間の範囲を限定する」と述べるギュンターの見解も[21]，以上のレンギール説と同旨といえる。

② わが国でも井田良は，このような「人的保護範囲」の限定を正当としながら，しかし，次のような見解を主張する[22]。たとえば，「たまたま現場に通りかかった通行人であっても，逮捕行為に出たり，大声で助けを求めたり，警察に通報したり，後に目撃証人として証言したりするなど，強盗遂行の障害となり得る」。このように「財物の奪取，確保，維持，そして犯行後の逃走のための行為」にとって「障害となり得る者」であれば，240条の人的保護範囲に含められる，と。

しかしながら，現に強盗の障害となる者，あるいは現に行為者の逮捕に協力しているか，その意思を有している者などをこえて，「事態を知ったなら」とか「警察に協力を求められたなら」といった「仮定的条件」を考慮してのみ障害となりうる，いわば「間接的障害者」まで，強盗致死傷罪の「人」に含まれるとしては，240条の「保護範囲」に絞りをかける意味が半減しはしないだろうか[23]。「～ならば」という条件を付した強盗遂行の「間接的障害者」まで含めると，再間接・再々間接というように，「無限の連鎖」に至る可能性があり，死者でもない限り，およそ強（窃）盗の現場にいたすべての者が，240条の（人的）保護範囲に含まれてしまう可能性があるからである。たとえば，空き巣に入った窃盗犯人が，家人らしき者が帰宅してきた気配を感じたので慌てて逃げようとした際に，逃避経路に寝ていた幼児を現認しながらも踏みつけて死亡させてしまったとしよう。この場合，「幼児が泣き叫べば」家人その他に気づかれ，そうすれば逮捕されたり自己の犯跡が認められる危険性があるとして，この幼児も「間接的障害者」に加えられる可能性が生じる[24]。しかし，この設例における「寝ている幼児」や，逮捕その他に協力する可能性があるとして「たまたま犯行現場を通りかかった通行人」まで含め，そのような者に生じた死傷の結果をも240条の「人」に含ませることは，レンギールが主張するように，（事後）強盗に「特殊な危険」ではなく「一般的な危険」の実現を240条によって処罰するに等しいのではなかろうか。幼児の事例についていえば，事後強盗致死罪ではなく，窃盗の既遂

ないし未遂と，暴行致死罪（205条）の観念的競合で処断されるべきであろう。

　（カ）①「手段説」にとって（も）残されているさらなる問題は，被害者の反抗抑圧に適した強度のものとはいえ，「脅迫」が重い結果の基本犯たる性質をもつものかどうかという点である。わが国においても，ドイツにおいても，この点は通説によって認められているといってよい。前述したように，たとえば強盗犯人が，弾丸の装填され安全装置が解除されたピストルで被害者を脅し金品を強要したところ，ピストルが暴発して被害者が死亡したという場合，ドイツ刑法旧規定251条のもとでは，「精神作用」に基づく「身体的な影響」をも「暴行」に含ませるという「暴行概念の拡張」によってのみ強盗致死罪の成立を肯定できたが[25]，「強盗により」として「脅迫」も基本犯に組み込まれた新規定のもとでは，そのような無理をしなくとも強盗致死罪の成立が認められるとされている[26]。

　たしかに，脅迫から死亡結果の発生する場合も考えられなくはない。また，「脅迫も，被害者の危険をさけるために強制された行動を介して死傷の結果を生じ得ることはいうまでもない」とする見解もみられる[27]。しかしながら，「強盗等における脅迫も，一般に，それ自体としては死傷結果をもたらす固有の危険性を有しているとは言い難い。このことは脅迫致死傷罪という類型の結果的加重犯が存在しないことからも明らかである」[28]。もちろん，脅迫罪が予定する程度の脅迫と同列に論ずることはできないが，しかし，「殺すぞ」「痛いめにあわせるぞ」など，「生命・身体に対する現在の危険」を告げて脅迫したとしても，所詮，それは「害を加える旨の告知」である。それゆえ，脅迫によって，反抗の抑圧をこえ，生命・身体に対する危険が創出されるかには疑問が残る。その危険が生ずるとすれば，脅迫のなされた対象が，「重度の心臓病を患っている者」であったというような限定的なケースに限られよう[29]。

　② わが国の判例でしばしばみられるように，短刀などの凶器を提示して脅迫した場合には，たしかに，死傷結果の発生する危険を認めることは可能である。だが，それとても，たとえば被害者自身の行為など，何らかのさらなる行動が介在しての話であろう。たとえば，(vi) XがA女に対して刃渡り

45 cmの日本刀を突きつけ,「金を出せ」「騒ぐと突き刺すぞ」などと申し向け脅迫したところ,A女が右手でその日本刀を握り締めたため右手掌などに全治2週間を要する傷害を負わせたという事案や,(vii)所携の果物ナイフを突きつけ買い物帰りの主婦Aを脅迫し,Aを助手席に移らせ,いつでもそのナイフを取り出せるようにして自ら自動車を運転中,Aが走行中の車から飛び降り負傷した事案,などがそうである。

　上記(vi)に関して最高裁は,日本刀を突きつける行為をも「暴行」とみなして240条前段の成立を認めたが[30],正当にも学説の多くはこのような「暴行概念の拡張」を否定している[31]。下級審の裁判例のなかには,「ナイフを突きつけるとは通常の用語例にしたがえば,相手方に畏怖心を生ぜしめるため[に]……気勢を示す一態様であって,相手方の身体に直接的に加えられる攻撃を意味しない」とするものもある[32]。したがって,(vii)事件に関する判決が,「強盗の手段たる脅迫により被害者が畏怖し,その畏怖の結果傷害を生じた場合にも,強盗致傷罪の成立を否定すべき理由はないと解するのが相当である」。「本件におけるA女の傷害は被告人の脅迫によりA女が畏怖したことに起因するものであることが明らかであるから,強盗の手段たる脅迫によって傷害の結果を生じたものとして強盗致傷罪の成立を認めるのが相当である」[33]として,「脅迫」から致傷結果の発生した場合でも240条前段が認められるとしたのは妥当であろう。しかしながら,「脅迫」も240条の「基本犯」たりうるとする点に関する前述の疑問はひとまず置くにしても,(vii)の事案は,脅迫から傷害結果が発生した場合,すなわち「暴行によらない傷害」のケースである。そうすると,発生した傷害結果を行為者に帰責するためには「傷害の故意」が必要とされるはずである。前項「暴行致傷・暴行致死罪」のところでみたように,204条の傷害罪に「暴行の結果的加重犯」も含まれるとするのは判例・通説の立場であるが,それ以外に同罪の成立を認めるためには「傷害の故意」が必要とされる点で争いはないからである。しかし,行為者に傷害の故意があったのか,(vii)においては認定されていない((vi)でも同様である)。「そうだとすれば,強盗の目的で脅迫を加えて負傷させた場合についてだけ,傷害の故意が存在しないにもかかわらず格段に重い刑を科す」という,204条の傷害罪そのものの成立と比べて「まさに理由のな

293

い区別」がなされていることになろう(34)。そして，それを正当化する根拠は，「強盗の際には残虐な結果を伴うことがしばしばある」といった，きわめてラフな観点に求めざるをえないように思われるのである。

③ このようにみてくると，致死についてはもちろん，致傷の結果に関しても，「脅迫」を基本犯とする240条の成立が認められる事案は，現実的にそれほどみられないだけではなく，理論的な側面からしても，認められるべきではないと思われる。(ⅷ)ミニバイクの後部座席に乗車し登山ナイフを突きつけ脅迫した上，アスファルト舗装の路上に至り，そこで被害者の左手首とバイクのハンドルを手錠で連結固定し，ナイフを突きつけ「倒れろ」と命じ被害者の転倒をやむなくさせて，負傷を負わせたという事案で裁判所は，「傷害の結果が強盗の手段たる暴行から生じた場合はもちろんであるが，……これに限らず，……強盗の手段たる脅迫によって被害者が畏怖し，その畏怖の結果傷害が生じた場合に，強盗致傷罪の成立を否定する理由はないというべきである」とし，(ⅶ)と同様，「脅迫」を基本犯とする240条の成立を肯定するが(35)，この事件の場合は，被害者自身の行為を利用した「暴行の間接正犯」を認めることができるのである(36)。

④ 他方，第4章Ⅳの2の(3)で論じたように，「強盗致死傷罪においては，死傷の結果が生じても不思議ではないような特に危険な手段が用いられ，その危険性が結果に直接実現されたことが加重の根拠になると解する」なら，「主観的要件としても，結果に実現した基本行為の危険性を基礎づける事情を認識することが要求される」(37)と解すべきである。「脅迫」を強盗致死罪の基本犯に組み込んだドイツの新規定のもとでも，多数説は，そこで要求される「少なくとも軽率に」がこのような拡張を「主観面」から限定するとするが(38)，重い結果との関係で認められる（事後）強盗罪の「固有の不法内容」，さらに刑罰の重さの点でも，このような「主観的要件の限定」は必要かつ妥当であろう。この点は，しばしば論じたように，結果的加重犯一般に共通する。したがって，かりに「脅迫」を240条の基本犯に含めるにしても，たとえば，高齢の被害者が極度におびえ，顔面蒼白になり体調不良を訴えているにもかかわらず，執拗に脅迫し続けるなど，行為の危険性を基礎づける客観的な事情が存在し，行為者がそれを認識していなければならないと解さ

II 直接性法理の具体化

れる(39)。脅迫された重度の心臓病者がショック死したという事案で，ドイツの判例が——行為者から「暴行」が加えられなかった点も考慮に入れながら——「軽率」を否定したことは前述したが(40)，本書は結果的加重犯一般に「軽率」すなわち「重過失」が必要だと考えるからである。

（１） たとえば，中野次雄「強盗致死傷罪・強盗強姦罪」『総合判例研究叢書・刑法(10)』181頁（1958），中山研一『刑法各論』257頁（1984），前田雅英『刑法各論講義』237頁（第2版，1995）など参照。その他，同旨，井田良「強盗致死傷罪」阿部純二他編『刑法基本講座第5巻』130頁（1992），中森喜彦『刑法各論』136頁（第2版，1996），西田典之『刑法各論』181頁（第2版，2002），日野正晴「強盗致死傷罪」大塚仁ほか編『大コンメンタール第12巻』408頁（第2版，2003），など参照。
（２） 最判昭和24・5・28刑集3巻6号873頁。
（３） 最判昭和26・3・27刑集5巻4号686頁。
（４） 最決昭和34・5・22刑集13巻5号801頁。
（５） たとえば，最判昭和23・5・22刑集2巻5号466頁，大塚仁『刑法各論』222頁（第3版，1996），西田・前出注（１）176頁，曽根威彦『刑法各論』133頁（第3版，2000）など参照。
（６） 神山敏雄「強盗致死傷罪」中山研一他編『現代刑法講座［第4巻］刑法各論の諸問題』289～290頁（1982），井田・前出注（１）132～133頁，西田・前出注（１）181頁，山口厚『問題探究刑法各論』141頁（1999），など参照。
（７） 神戸地判昭和39・3・17下刑集6巻3・4号265頁。
（８） 井田良「結果的加重犯における結果帰属の限界についての覚書——強盗致死傷罪を中心として——」法学研究60巻2号251頁（1987）参照。
（９） 第4章IV 2（１）(c)参照。
（10） 井田・前出注（１）137頁。
（11） もっとも「強盗罪」の場合も，たとえば子供にナイフを突きつけて，その母親から財物を強取する場合のように，財産上の被害者と強要行為の向けられる被害者とが常に一致するとは限らない。Vgl.Herdegen, LK, 11.Aufl., 1994, §249 Rn.3. 団藤重光『刑法綱要各論』586頁（第3版，1990），中森・前出注（１）128頁など参照。
（12） 大塚・前出注（５）222頁，曽根・前出注（５）133頁，中森・前出注（１）132頁，西田・前出注（１）176頁，山口・前出（６）136頁など，通説である。
（13） Vgl.Bockelmann, BT, Teil 1, 1976, 49; Maurach/Schroeder, BT, 1.Teil, 6. Aufl., 1977, 335; Geilen, Jura 1979, 669; Schmidhäuser, BT, 1980, 8/58; Wessels, BT, Teil-2, 16.Aufl., 1993, 89; Herdegen, LK, 11.Aufl., 1994, §252 Rn.5; Otto, BT, 4. Aufl., 1995, 192; Kindhäuser, NK, 1997, §252 Rn.10; Rengier, BT, 1.Teil, 2.Aufl.,

1998, §10 Rn.3; Lackner/Kühl, 23.Aufl., 1999, §252 Rn.2; S/S/Eser, 26.Aufl., 2001, §252 Rn.3; Tröndle/Fischer, 50.Aufl., 2001, §252 Rn.3, usw. BGH も同様の立場をとる。BGHSt.21, 377［379］; BGH GA 1969, 347; BGHSt.38, 295［298］, usw. わが国で同様の立場を主張するものとして，平野龍一「刑法各論の諸問題(10)」法セミ213号52頁（1973），中義勝『刑法各論』156頁（1975）など参照。

(14) Vgl.Küpper, Zusammenhang, 1981, 101; Herdegen, LK, §251 Rn.6. さらに，最高裁の事例のなかには，前記(i)事件のように，「財物の返還請求権を有する被害者に対して暴行・脅迫を加える，二項強盗としての実体を有する」と考えられるケースもある。この点につき，井田・前出注（1）130頁参照。つまり，238条⇒240条の存在が「手段説」のアキレス腱とは必ずしもいえないということである。

(15) 1974年の刑法典施行法以前の旧規定251条に関してであるが，結論同旨，BGHSt.22, 362. その当時から今日に至っても，(iv)の事案で強盗致死罪の成立を否定するのがドイツの多数説である。Vgl.Geilen, Welzel-FS, 1972, 660, 682; Maurach/Schroeder, aaO［Anm (13)］, 333; Küpper, Zusammenhang, 101; Jescheck, AT, 4.Aufl., 1988, 238; Herdegen, LK, §251 Rn.5; Kindhäuser, NK, §251 Rn.11; Roxin, AT, 3.Aufl., 1997, §10 Rn.115; Günther, Der Zusammenhang zwischen Raub und Todesfolge (§251), in: Hirsch-FS, 1999, 543 (549); S/S/Eser, §251 Rn.5; Tröndle/Fischer, §251, Rn.2a.Vgl.auch Rengier, Delikte, 207; Puppe, Die Erfolgszurechnung im Strafrecht, 2000, 240-1. わが国では，丸山雅夫『結果的加重犯論』213頁（1990）参照。

(16) 結論同旨，町野朔『刑法総論［講義案］I』170～171頁（1990），井田・前出注（8）257頁注(47)。

(17) Vgl.z.B., Küpper, Zusammenhang, 101; Seelmann, JuS, 1986, 201 (205 l.Sp.); Rengier, Delikte, 231f.; Wessels, BT, Teil-2, 16.Aufl., 1993, 87; Paeffgen, NK, §18 Rn.81; Altenhain, GA 1996, 19 (35); Herdegen, LK, §251 Rn.2; Kindhäuser, NK, §251 Rn.6; Günther, aaO［Anm (15)］, 546; S/S/Eser, §251 Rn.4, usw. 暴行が「反抗を抑圧する手段」として加えられたのではない場合には強盗罪が成立しない（中森・前出注（1）129頁，西田・前出注（1）167頁など）ことと対比しても，否定説の妥当性が基礎づけられよう。被害者の死亡経過は，「窃盗罪」を構成するにすぎない「ひったくり」によっても，まったく同様に説明可能だからである（Vgl.Rengier, ebd.）。

(18) Rengier, Delikte, 224ff.
(19) 本章II 2(1)(b)の（ウ）②参照。
(20) Rengier, Delikte, 226f.
(21) Günther, aaO［Anm (15)］, 547.
(22) 井田・前出注（1）132頁。

II　直接性法理の具体化

(23) 山口・前出注(6)142頁参照。
(24) 事案は異なるが，たとえば中野・前出注(1)188頁参照。
(25) 本章II 2(1)(b)の(ア)参照。
(26) 前述(2)「ドイツの状況」の注(6)参照。わが国でも，とくに西田・前出注(1)71頁，181〜182頁参照。
(27) たとえば，藤木英雄『注釈刑法(6)』121頁（1966）参照。
(28) 丸山・前出注(15)211頁。すでに，宮内裕「判批」法学論叢59巻3号124頁。
(29) Vgl.OLG Nürnberg NStZ 1986, 556.
(30) 最決昭和28・2・19刑集7巻2号280頁。
(31) たとえば，西田・前出注(1)71頁，林幹人『刑法各論』225頁（1999）など参照。わが国の判例における「暴行概念の拡張」と，それに基づく暴行致傷・暴行致死罪の広範な肯定に対する批判については，本章II 2(3)(d)参照。
(32) 仙台高判昭和32・2・16刑集12巻6号977頁（1054頁）参照。
(33) 福岡地判昭和60・11・15判例タイムズ591号81頁。
(34) 井田・前出注(1)136頁参照。なお，井田・同146頁注(46)は，結論的にこの(vii)事件は，強盗罪と監禁致傷罪の観念的競合により処断されるべきだとする。
(35) 大阪高判昭和60・2・6高刑集38巻1号50頁。
(36) 佐伯仁志「強盗の手段たる脅迫による強盗致傷罪の成立」『昭和60年度重要判例解説』160頁（1986），丸山・前出注(15)211頁，井田・前出注(8)240頁，同・前出注(1)146頁注(42)，林・前出注(31)225頁，山口・前出注(6)144頁など参照。
(37) 井田・前出注(8)252〜255頁，同・前出注(1)136〜137頁参照。
(38) Vgl.Geilen, Jura 1979, 502 l.Sp.und 557 l.Sp.; Günther, aaO ［Anm (15)］, 551.
(39) Vgl.Günther, ebd. 第4章IV 2(3)(f)も参照。
(40) OLG Nürnberg NStZ 1986, 556. 本判決については，第4章IV 2(3)(c)参照。

［補記］　最近，東京地方裁判所は次のような事件で強盗致傷罪の成立を認めている（東京地判平成15・3・6判例タイムズ1152号296頁）。すなわち，被告人XとYは共謀の上，3階建てビルの2階部分にある中国式エステ店において，同店店長Bほか3名（客1名を含む）を同店内出入り口付近の待合室に集めたうえ，真正のけん銃に見せかけたエアガンを突きつけるなどして脅迫し，その反抗を抑圧して，同店の経営者A女（本件の被害者）の管理にかかる現金約6万円を強取した。その際，同店受付の西隣にある個室におり，Xらがその

第 5 章 「直接性法理」とその具体化

存在を認識していなかったA女が，以上の脅迫状況をみて恐怖の余り同店2階の窓から脱出を図ったとき，過って足場に降り損ね，そのまま地上に転落したために全治148日間を要する傷害を負ったというものである。これに対して東京地裁は，まず，「強盗致死傷罪は，強盗の機会には人に傷害等を負わせる行為を伴うことが少なくないことから強盗罪の加重類型として，『強盗（犯人）が人を負傷させたとき』に成立するとされていることからすれば，強盗致死傷罪が成立するためには，単に強盗の現場において致死傷の結果が発生したというだけではなく，通常強盗に随伴して行われるような強盗犯人の行為に基づき傷害等の結果が発生したと評価できることを要すると解される」とし，上記「中間説」の立場に立つことを明らかにする。そして，「被害店舗内の状況」と――いずれもカーテンによって通路と仕切られているだけの独立性の乏しい7個の個室のほか，受付や従業員用の控え室，シャワールームとトイレ，待合室と流しがあるだけの狭いスペース――，「被告人らの犯行態様」から，「被告人らがBらにエアガンを突きつけて脅迫した行為は，客観的には，その脅迫の威力を同店舗内にいた者全員に及ぼしていたと評価することができ」，また，このような状況のもとでは「……直接エアガンを突きつけられていない者であっても，恐怖心の余り，難を逃れるために被害店舗から外に脱出しようとして怪我を負うことも考えられる」ので「Aの判示傷害の結果は予測可能な範囲内にあった」とする一方，「被告人らは，同店舗内にはまだ被告人らによって発見されていない者が存在している可能性についても十分に認識できたと認められ」，また「同店舗内において財物を強取するに当たって障害となる可能性のある者に対しては全て脅迫を加える意図を有していた」と認定し，次のように結論づける。「そうすると，被告人らにおいて，犯行当時Aが被害店舗内にいることについて具体的な認識を有していなかったとしても」，以上のように，「Aの存在について十分認識し得る状況にあり」，「客観的にはAに対しても脅迫が加えられていたと評価できる」ことから，「畏怖したAが上記窓から地上に降りようとして負傷した以上，被告人らは強盗致傷罪の責任を負うと解するのが相当である」。このように述べて，強盗致傷罪の成立を肯定した。

　本文でみた240条の成否に関する最高裁の立場からはもちろん（とくに，いわゆる「びょう打銃事件」の最高裁判決［最判昭和53・7・28刑集32巻5号1068頁］の「抽象的法定的符合説」の立場からすると，認識していない被害者Aに対する致傷結果を帰責するのに，東京地裁のような詳細な事実認定を

II 直接性法理の具体化

しなくとも難なく強盗致傷罪の成立が認められよう)、多くの学説からも、本件では強盗致傷罪の成立が認められるのではなかろうか。XらのA脅迫行為とAの転落負傷との間には「相当因果関係」が認められるだろうし、経営者や従業員、来客など、不特定(多数)の人が居り、また出入りする店舗においては、現実に認識している一定範囲の人間以外の人に対して「概括的な故意」を認めることも不可能ではないだろうからである。本判決が被害店舗内の状況を詳細に認定し、「被告人らは、同店舗内にはまだ被告人らによって発見されていない者が存在している可能性についても十分に認識できたと認められ」るとしているのも、安易に「錯誤論」に逃避することなく——とくに最近では、上記「びょう打銃事件」最高裁判決に対して学説の批判が強い——、Aに対する脅迫の「概括的故意」(に近いもの)を認めようとしたからだと解することは不可能ではないであろう。本件の争点をなす被害者Aが被害店舗内にいた可能性が高く、したがってXらがAの存在を認識する可能性が十分にあったとし、財物強取の「障害となる可能性のある者全員」に対する「脅迫の意図」があった点を摘示しているのも、そのためではなかろうか。

しかし、本文で前述したように、①脅迫行為を致死傷罪の基本犯とすることに対する疑問(したがって「脅迫の概括的故意」が認められるかどうかは重要ではない)、②仮に①の点を認めるにしても、なぜ、強盗(や強姦)においてだけ、脅迫⇒致傷、すなわち「暴行によらない傷害」のケースであるにもかかわらず、単独で傷害罪の成立を認めるに当たっては必要とされる「傷害の故意」が不要なのかに対する疑問(結局その根拠を求めるなら、本判決も出発点において依拠する、「強盗致死傷罪は、強盗の機会には人に傷害等を負わせる行為を伴うことが少なくない」という観点に行き着くように思われる)、③財物強取の「障害となる可能性のある者」まで240条の被害者に含めることに対する疑問、そして④もっぱら被害者の「恐怖心」を媒介として生じた重い結果に対しては「直接性」の存在に疑問がもたれること——以上の点から、本書の考えでは、本判決の詳細な事実認定と周到な理論構成にもかかわらず、この事件で強盗致傷罪の成立を認めることには疑問が残るのである。

(2) 強姦(強制わいせつ)致死傷罪の成立要件

(a) 以上の「強盗致死傷罪」と、その成否に関して同様の問題を提起するのが「強姦等致死傷罪」である。というのも、強姦等致死傷罪にとっても、

猥褻・姦淫行為に「随伴して」，またはその「機会に」生じた致死傷でも，(相当) 因果関係の存在が肯定されれば本罪の成立を認めうるのか，それとも，致死傷の結果は姦淫等の手段である暴行から生じたものに限定されるのか，が争われているからである。この点に関して，たとえば団藤重光は，「猥褻・姦淫行為またはその手段としての暴行・脅迫行為のように厳密に構成要件的特徴を示す行為からその結果を発生したことを要せず，犯罪行為を全体として観察して，全体としてみた犯罪行為からその結果を発生したとみることができれば足りると解すべきであろう」とし[1]，240条に関する「機会説」と同様の見解を主張する。そして，強姦等致死傷罪に関する「判例は，因果関係論における条件説の適用として，この結論をみちびいているようである」[2]とされる。

この団藤説に対しては，たとえば大塚仁が「やや広すぎるのではなかろうか」として，その拡張傾向に一定の疑念を表明しながら，しかし，死傷の結果は「わいせつな行為・姦淫行為の機会に行われた，それと密接に関連する行為にもとづくものでも差支えない」とする[3]。このような，「随伴行為包含説」「密接関連行為包含説」とでも呼びうる見解が，わが国の通説的な見解だといってよい[4]。まさに本罪に関しても，「強盗致死傷罪」に関する「手段説」と「通説的見解」(「機会説」＋「中間説」)の争いと同様の状況がみられるといえるだろう。

(b) 死傷の結果が「わいせつな行為・姦淫行為の機会に行われた，それと密接に関連する行為にもとづくものでも差支えない」というのは，判例の一般的な傾向でもある。

たとえば，①被害者(以下，A)の上に馬乗りになって姦淫しようとした際，Aが行為者(以下，X)の睾丸を握りしめたため，その手を放させ逃走しようとし，XがAの手を引っ掻いてその手に創傷を負わせたという事案で，「……(死傷の)結果カ必スシモ猥褻姦淫ノ行為自体若クハ猥褻姦淫罪ノ手段タル暴行脅迫ノ行為ニ因リテ発生スルコトヲ要セス。……死傷ヲ惹起シタ行為カ猥褻姦淫罪ニ随伴スル」ものであれば足りるとして強姦致傷罪の成立を認めた大判明治44年6月29日刑録17輯1330頁をはじめ，②Xが脅迫のため使用したナイフを姦淫に際してAの傍らに置いたところ，Aが姦淫を拒

否するため，そのナイフをかき寄せ，開いている刃を折り曲げて力一杯投擲したが，その際，右手掌を負傷したという事案で，「いやしくも暴行脅迫による強姦の行為に付随して他人の死傷の結果を生じさせた以上，その犯罪行為と死傷との間には当然因果関係が存在する」として強姦致傷罪の成立を認めた東京高判昭和37年4月25日東京高等裁判所刑事判決時報13巻4号98頁も，「随伴行為包含説」と評価できる。

さらに，③大阪高判昭和62年3月19日判例時報1236号156頁に至っては，強姦既遂後Xが逃走を容易にする意図で暴行を加えたため被害者が受傷したという事案で，上記暴行は「時間的及び場所的関係において，それに先立つ姦淫目的の暴行脅迫と接着して行われているのであって，逃走のための行為として通常随伴する行為の関係にあるとみられ，これらを一体として当該強姦の犯罪行為が成立するとみるべきもので，これによって傷害の結果を生じた場合は強姦致傷罪が成立する」とした。最近では，④地下鉄車内でA（当時16歳）のパンティーに左手を入れ陰部を撫でまわすなどの強制わいせつ行為に及んだXが，電車が甲駅に着いて自分のいた側のドアが開いたため，わいせつ行為の継続を断念して左手をパンティーから抜いたところ，Aに腕をつかまれたので，これを振り切り逃走する目的で暴行を加え，Aに全治約1か月を要する左手中指末節骨骨折等の傷害を負わせた事案で，東京高判平成12年2月21日判例時報1740号107頁が，「被告人の暴行は強制わいせつ行為の終了後，これとは別個の行為として加えられたものであるし，刑法238条のような特別規定が存在しない以上，強制わいせつ致傷罪は成立せず，強制わいせつ罪と傷害罪の併合罪が成立する」とした原審を破棄し，上記①判決を引用して，強制わいせつ致傷罪の成立を認めている。すなわち，「被告人が被害者につかまれた右腕を前に突き出して強く振り払った行為は，被告人が強制わいせつ行為を終了した直後に，強制わいせつ行為が行われたのと全く同じ場所で，被害者から逮捕されるのを免れる目的で行われたものであると認められるから，強制わいせつ行為に随伴する行為であったということができ，被告人は，強制わいせつ行為に随伴する右行為によって被害者に前記傷害を負わせたものであるから，このような場合，被告人に強制わいせつ致傷罪の成立を認めるのが相当である」[5]。

第5章 「直接性法理」とその具体化

　学説からしばしば指摘されているように，判例が181条のこのような「広範な成立」を認めるのは，やはり240条で支配的な「機会説」を181条にも導入している帰結といえるだろう[6]。その実質は，「強姦等の機会には致死傷という残虐な結果が生ずる場合が多い」という評価にあるといってよい。まして，相手方が体力的に劣った女性であり，「貞操」という極めて重要な法益が危険にさらされる強姦にあっては，彼女が「危険な逃避行為を敢行して死傷結果が発生することは」，181条に織り込みずみと考えられても不思議はない[7]。上記判例の傾向からしても，このような「被害者の逃避行為類型」で本罪を否定するものがないことは，容易に推測がつく。以下の判例がそうである。

　⑤強姦の目的でAに暴行を加えたところ，Aが着替えをして姦淫に応ずるかのように装いXの手を逃れ，二階から飛び降り負傷した事案で，強姦行為と致傷の間に因果関係があるとして強姦致傷罪の成立を認めた最決昭和35年2月11日最高裁判所裁判集刑事132号201頁，下級審の裁判例であるが，⑥自己の犯行が通行人に察知されることを気遣ったXが，道路付近に放置してある被害者の自転車を山林内に隠すため一旦現場を離れたすきに助けを求めて逃避したAが山林内を逃走中篠の切り株を踏み抜き両足を負傷した事案で，強姦（未遂）致傷罪の成立を認めた水戸地裁土浦支部判決昭和37年9月20日下刑集4巻9・10号877頁，⑦姦淫されるのを回避しようと逃走をはかったAが，崖ぎわまで逃げた際，勢い余って農道上の石に足をとられ，約9m下の電車軌道側溝に頭から墜落しコンクリートに頭を強打して死亡した事案で強姦致死罪を肯定した東京高判昭和42年3月7日下刑集9巻3号175頁，⑧共犯者の一人から強姦された後，さらに他の共犯者から強姦される危険を感じ，「トイレに行ってくる」と詐言を呈して犯行の車から逃れ，全裸のまま暗夜人里離れた不案内な田舎道を，救助を求めるため数百メートル逃走した際に転倒・負傷した事案で，強姦致傷罪の成立を認めた最決昭和46年9月22日刑集25巻6号769頁，⑨Aが逃走のため海中に入り溺死した事案で強姦致死罪の成立を肯定した福岡高裁那覇支部判決昭和49年4月24日判例時報747号118頁，⑩モーテルに連れ込まれ，約30分にわたり姦淫するために執拗な暴行・脅迫を加えられたAが，「トイレに行く」と詐言

を呈してベッドから離れ，浴室の高窓から逃走した際，骨折などの傷害を負った事案で，強姦致傷罪の成立を認めた京都地判昭和51年5月21日判例時報823号110頁など，があげられる[8]。

⑪共謀のうえ，酩酊して抗拒不能状態にあるAを姦淫しようとし，その下半身を裸にして寒冷にさらしたため，異常体質のためショック状態に陥ったAを死亡したものと誤信した被告人両名が，Aを200m離れた田圃に連れだし，そこに放置したためAの凍死を引き起こしたという事案——強姦（未遂）後の，Xらの誤信に基づく「概括的故意類似の事案」——においてすら，「被告人らの右所為は包括的に単一の強姦致死罪を構成する旨の説示は正当である」として——その実質は強姦（未遂）行為と，死亡結果を引き起こした放置行為との「時間的・場所的接着性」「全体的考察」に他ならない[9]——，強姦致死罪の成立を認めた最決昭和36年1月25日刑集15巻1号266頁と対比すれば[10]，「姦淫の危険が継続」しているなかで，無謀な逃避行為を敢行し，死傷結果が生じた事案で強姦致死傷罪の成立を肯定する以上の⑤〜⑩は，むしろ当然のものといえるであろう[11]。

（c）　しかしながら，181条の成否を考えるにあたっても，その核心が結果的加重犯の本質・固有の不法内容にあることは，強盗致死傷罪の場合と全く同じである。むしろ，240条が「結合犯」として強盗殺人・強盗傷人罪も含むと解されることからすると[12]，「結果的加重犯」であることに争いのない181条に関しては，より強い理由でそういえるであろう。そこで，問題解決のいとぐちは，結果的加重犯としての181条の加重処罰根拠に求められることになる。

それは，やはり，自己の性的な欲求を満足するべく投入された，被害者の反抗を著しく困難にする暴行（脅迫）に認められるところの，同人の生命・身体に対する危険性にあるといわなければならない。とくに強姦の場合，「貞操」という重大な法益が自己の意思に反して犯されようとするのだから，被害者が激しく抵抗するのは自明の理である。行為者はその抵抗を排して自己の欲望を成就しようとする。そこでは当然，激しい暴力が加えられるだろう[13]。そこに被害者の生命・身体を害する高度の危険が認められる。それゆえ，その実現を阻止するため重く処罰されるのである。ドイツの立法史に

第5章 「直接性法理」とその具体化

おいて，たとえば1794年のプロイセン一般ラント法第2部第20章1055条が，「恥ずかしめを受けた者（Geschändere）が『彼女に加えられた暴行』により，その健康を重大にかつ永続的に害された場合」（『　』―引用者挿入。以下同様）に強姦致傷罪が，1056条が「『暴力的な虐待（gewaltsame Misshandlung)』により死亡が惹起された」場合に強姦致死罪が成立するとし，また，1813年のバイエルン刑法典も，強姦致傷罪を「行われた暴行もしくは性交それ自体」に（188条後段），強姦致死罪を「強姦された者が『虐待で』死亡した場合」に，それぞれ限定していたのは，以上に論じたことを構成要件的に明示するものである。ボアソナードも同草案391条「強姦致死傷罪」の加重処罰根拠を，「本節ニ豫定シタル『暴行殊更強姦ノ重罪ニ至リテハ重大ナル身體ノ毀傷又ハ死ニ致スコトアルヘク』シテ幼年ノ被害者ニ關スルトキハ尚更ラ此ノ如キコトアリト想像スルモ敢テ虚ナルニ非ラス」という点に求めていた[14]。

もちろん，わが国の181条のような「第176条から第179条の罪を犯し，よって」という規定のもとでは（ドイツでも1851年のプロイセン刑法典144条以来，同様の規定方式がとられている），おのずと解釈の幅が生じよう。しかし，そうであるからこそ，「真に重い評価に値する事例のみにその適用範囲を限定するような制限的な解釈が要請される」[15]のは，181条に関しても同様にいえることである。

なお，かつては，姦淫の結果に基づく妊娠や中絶による死傷が問題とされることもあった[16]。しかし「妊娠それ自体を傷害ということはできないであろう」[17]し，今日の状況において，妊娠中絶による死傷の危険性はきわめて低いといえよう[18]。姦淫を禁止するその他の犯罪（わが国では淫行勧誘罪（182条），ドイツでは「抗拒不能者の性的乱用」（179条）など）に結果的加重犯処罰規定が置かれていないことも，この点を裏づけている[19]。また，わが国の判例は「処女膜の裂傷」も傷害になるとするが[20]，強姦の既遂に必然的に伴うそのような結果は，強姦罪それ自体の不法内容として当然考慮されていると考えることができるし，処女膜の裂傷が被害者の「健康状態の不良変更をもたらさない」とすれば，それを「身体傷害」とすることには疑問がある[21]。少なくとも，処女膜の裂傷に死の危険性が認められないこ

とは明らであろう。強制わいせつそれ自体に重い結果を発生させる危険性が認められないことは、より明白である。

　以上からも、死傷結果と直接結びつく危険性を具有するのは、強姦ないし強制わいせつを実現すべく投入された手段にこそ認められるとの結論が正当化されると思われる[22]。強盗致死傷罪におけるのと同様、「手段説」が正当だと考えられる。刑法181条が、わいせつ・姦淫の既遂・未遂を問わず致死傷罪が成立することを明文で規定しているのも、基本犯を実現する手段の危険性に着目したからだといえる[23]。こうして、加重処罰根拠を負担する固有の不法内容は基本犯を実現する手段の危険性にのみ認められると解される以上、その危険が重い結果に実現したとみられる場合にだけ、181条の成立を限定すべきである。

　このような観点から考察すると、238条のような規定がなく、かつ、「逮捕免脱目的」で暴行を加えるといった事態が「類型的」とはいえない強姦・強制わいせつ罪において（裏を返せば、そうだからこそ、立法者が238条類似の規定を設けなかったのだと考えられる）、逃走目的で、しかも基本犯の既遂後になされた暴行から生じた致傷結果にも181条の成立を認めた上記判例①及び③と④は、明らかに不当であるといえよう。その出発点においては181条が「結果的加重犯」であることを認めながら、その実、裏では本条をも「結合犯」ととらえている不当な観点に立っているといえるからである。以上の判例の基礎には「強姦の機会に生じた重い結果」は181条の守備範囲とする考えがあるように思われる[24]。①③④では、強制わいせつ・強姦（未遂）罪と傷害罪の成立が肯定されるにすぎないと考えるべきである。

　(d)　わが国でも、少数ながら、以上にのべた「手段説」を正当とする見解がみられる。たとえば香川達夫は、重い結果は「基本犯の実行行為から生じたものでなければならない」とし、わいせつ・姦淫の「手段である暴行・脅迫による致死傷……までが限度である。……基本犯の実行行為から離れた致死傷の結果を、本条に含ませるのは妥当でない」として、「手段説」の立場を明言する[25]。このような観点から、香川は上記 (b) で引用した判例のうち、たとえば①や②の判決[26]、「被害者の逃避行為類型」に関する⑩判決を「機会説」の導入であると批判する。

丸山雅夫も、「危険性説」の立場から次のように論ずる。「強姦罪や強盗罪においては、死傷を発生させるような固有の危険性を有する行為は、姦淫や財物奪取それ自体に限られるわけではなく、抵抗を抑圧するために被害者の身体に加えられる暴行も、当然そのような危険性を有するものと見ることができる。他方、強姦や強盗の機会においては、そのような固有の危険性と無関係な形で死傷が発生することも容易に想定されるので、それらのものは結果的加重犯から除外しなければならない」。このように論じて、「被害者の逃避行為類型」で強姦致傷罪の成立を認めた⑥及び⑧を否定する[27]。さらに山中敬一が、強姦致傷を認めた最高裁決定⑧に関して、「全裸で逃走することにより、転倒し負傷する危険性が高められているといえないこともないであろうが、結果的加重犯としての強姦致傷罪の加重された刑罰を受けるほどの典型的な危険が実現したかどうかには疑問がないわけではない。……本事例は、おそらく、結果的加重犯の規範の保護目的にかんがみて、客観的帰属判断を行うべき事例であろう」[28]と論じている点が注目される。

（e）「手段説」の立場からは、これらの見解にみられるように、「被害者の逃避行為類型」でも181条の成立を否定するのが一貫すると思われる。181条の「固有の不法内容」は基本犯を実現する手段の危険性にあるのだから、その危険が重い結果に実現したとみられる場合にだけ、181条の成立が認められるからである。本書の理解によると、「暴行の物理的・病理的な作用」が重い結果発生に至る一連の因果連鎖を貫いている場合だけが、その場合であって、「逃避行為類型」では「犯されたくない」という「心理法則」による個別連鎖の包摂をなさざるを得ない点で、「暴行の物理的・病理的な作用」を説明項にする一貫した因果的説明がなされないからである[29]。

もとより、犯されそうになった被害者が危険な逃避を敢行することは十分に考えられる。まして、「強姦」の場合、女性である被害者が難を逃れるために、隙をみて、あるいは詐言を呈するなどして逃走することは極めて自然なことであろう。しかしながら、被害者の逃避を媒介するのは「姦淫の危険」「性的自己決定が侵害される危険」であって、前述したとおり、それ自体に致死傷の危険性は認め難いばかりか、その危険はその実現をカヴァーする基本構成要件において否定的に評価し尽くされているはずである。そうだ

とすれば，致死傷の危険性が認められない姦淫を逃れるために生じた致死傷
の結果を，致死傷の危険性ゆえに重く処罰する181条に帰せしめることは一
種の自己矛盾といえようし，また，致死傷の結果が基本構成要件において否
定的に評価し尽くされた要因によって媒介された重い結果といえるならば，
各基本犯と過失致死傷罪との観念的競合によって処断されるべきであろう。
性的自己決定の侵害（その危険）という不法によってはカヴァーしきれない
「付加的不法内容」は，強姦を実現する「手段」の生命・身体に対する危険
性においてこそ認められるのだから，やはり，その危険の実現が肯定されて，
はじめて181条が認められると解すべきだと思われる。

　ドイツの判例にも，Xに追跡され，線路と線路の間の軌道盛土に身を屈め
るようにして強姦を逃れようとしたAが，やって来た列車に轢過され死亡し
たという事案で強姦致死罪を肯定したものがあるが[30]，しかし，学説には，
このような場合に強姦致死罪の成立を否定する見解が多く見られるのであ
る[31][32]。

　　＊なお，181条においても「脅迫」から生じた重い結果をどう評価するのか
　問題となるが，ここでも強盗致死傷罪に関して論じたのと全く同様のことが当
　てはまる[33]。ドイツの判例には，概要，ピストルで脅し姦淫を迫ったところ
　被害者の抵抗にあい，その際，ピストルが暴発して致命傷を負わせたという事
　案で強姦致死罪の成立を認めたものもあるが[34]，本書は，かりに脅迫を基本
　犯として認めるにしても，実弾が込められ安全装置が解除されていることを認
　識していなければ，いずれにせよ主観面において「重過失」が否定され，181
　条の成立も否定されるものと考える。

　（1）　団藤重光『刑法綱要各論』495頁（第3版，1990）。
　（2）　団藤・同上496頁注(15)。「条件説」と「機会説」との密接な結びつきを指
摘するものとして，香川達夫『結果的加重犯の本質』53頁以下（1978），丸山雅夫
『結果的加重犯論』37～38頁（1990）など参照。
　（3）　大塚仁『刑法概説（各論）』105頁及び同頁注(2)（第3版，1996）参照。
同旨，福田平『全訂刑法各論』185頁（第3版，1995）。したがって，福田によれば
「たとえば，強姦の目的で女子に暴行を加えたところ，被害者が難をさけようとして

第5章 「直接性法理」とその具体化

二階の窓から飛び降り負傷したばあいも強姦致傷罪が成立する」。

（４）　たとえば，臼井滋夫「第三者・被害者の行為の介入と刑法上の因果関係」臼井滋夫＝前田宏＝木村栄作＝鈴木義男著『刑法判例研究II』32頁以下（1968），植松正『刑法概論II各論』215頁（再訂版，1975），西原春夫『犯罪各論』177頁（第２版，1982），亀山継夫『大コンメンタール刑法第７巻』90頁以下（1991），井上正治＝江藤孝『新訂刑法学［各則］』295頁（1994），前田雅英『刑法各論講義』114頁（第２版，1995），内田文昭『刑法各論』161頁，164頁注（４）（第３版，1996），中森喜彦『刑法各論』67～68頁（第２版，1996），木村光江『刑法』252頁（第２版，2002）参照。なお，西田典之『刑法各論』95～96頁（第２版，2002）も参照。

（５）　これに対して，姦淫後Ａにこの事実を内密にするよう迫ったが，Ａがこれに応じなかったので，暴行を加え負傷させた事案で，大判大15・5・14刑集5巻175頁は，この暴行は「強姦行為完了後ノ事ニ属シ全然別個独立ノモノナルコト明白ナル」がゆえに，致傷の結果は傷害罪を構成するにすぎないとした。下級審の裁判例には，強姦未遂後に「俺のいうことをきかない」といいながら，被害者の顔面を数回殴打し傷害を与えた事案で，右傷害は強姦意思を放棄した後の暴行であるとし，致傷と強姦未遂との因果関係を否定して，傷害罪だけを別罪として処断すべきであるとした盛岡地判昭33・2・6一審刑集1巻2号212頁がある。本文で論じた③④の裁判例は，強制わいせつ・強姦目的でなされた暴行と，致傷結果を生じさせた行為との「時間的・場所的近接性」を主たる根拠とし，いわゆる「全体的な考察」から181条の成立を認めているが，そうだとすれば，この大審院判決との整合性が問われよう。正当にも，齊藤信治『刑法各論』58頁（2001）。その他，③に疑問を提起する見解として（同様の批判は④にも当てはまるだろう），大谷實『新版刑法講義各論』126頁（追補版，2002），西田・前出注（４）96頁（ただし，両者とも，後述する「被害者の逃避行為類型」では本罪の成立に肯定的である）。

（６）　森井暲「強姦・強制わいせつ」西原春夫他編『判例刑法研究5巻』279頁（1980），香川達夫『刑法講義各論』331頁（第３版，1995），大谷・同上125頁，前田・前出注（４）114頁注(20)，大越義久『刑法各論』59頁（第２版，2001）など参照。

（７）　この点につき，実質的に，たとえば大谷實『新版・刑法総論の重要問題』67頁以下（87～88頁）（1990）参照。したがって，同・前出注（５）126頁は，後述する⑤判決に肯定的である。ドイツでは，たとえば，Rengier, Delikte, 1986, 198. 参照。

（８）　ＡがＸの姦淫を免れるため，Ｘが手を緩めたすきに無理な態勢からはね起きた際，足を捻挫した事案で，「被害者の負傷は直接Ｘの暴力の結果ではないとしても同暴力に抵抗する婦女がこれを避けるために必要とした通常の行為に伴って発生した結果であって，Ｘの判示暴力と右傷害の結果との間にこれを綜合する因果関係を認めるのが相当である」とした名古屋高裁金沢支部判決昭28・3・19高判特報33号115頁も，「被害者自身の行為介在型」として，ここに加えることができるだろう。

II 直接性法理の具体化

この点では，前掲②も同様である。
（9） このような考察に対する批判として，本章Ⅰ2(3)(a)参照。
（10） 弁護人の上告趣意は，前注（5）の大正15年判決との判例違反も論じているが，本判決は「引用の判例は強姦行為終了後別個の意思発動にもとづき傷害を加えた場合であって，事案を異にし本件に適切でない」と一蹴している。前者はまさしく「故意行為」であるのに対して，この事件は「生体を死体と誤信した」という「過失行為」だから「事案を異にし本件に適切でない」というのであろう。しかし，そうであれば，上述③④の場合も，「逮捕免脱目的」という「強姦行為終了後別個の意思発動」に基づく故意行為から致傷の結果が生じたケースだから，やはり，大正15年判決との整合性は問われるように思われる。前出注（5）参照。
（11） それゆえ，たとえば大塚・前出注（3）105頁注（4）は，⑤と⑧の両最高裁決定を肯定的に引用し，内田・前出注164頁注（4）も，⑧の最高裁決定と⑨の福岡高裁那覇支部判決を，さらに西田・前出注（4）96頁も⑧の最高裁決定を肯定する。なお，中森・前出注（4）67頁は，「死傷の結果は，［わいせつ・姦淫］の手段である暴行・脅迫……から生じたものでなくとも，各基本犯の遂行過程から生じたものであれば足りる」として，⑧を肯定的に引用する。
（12） 以前からの判例・通説であるが，最近の見解として，たとえば西田・前出注（4）180頁，井田良「強盗致死傷罪」阿部純二他編『刑法基本講座第5巻』139頁(1993)，山口厚『問題探究刑法各論』143頁(1999) など参照。
（13） 強盗とは異なり，反抗を不可能にする程度の暴行（脅迫）が本罪に要求されない理由が「証明の点で被害者に配慮したもの」だとすれば（中森・前出注（4）64頁），その実質は強盗と異ならないといえるだろう。たとえば，瀧川幸振『刑法各論』40頁，79頁（1951）は，強姦罪の暴行・脅迫も反抗を不可能にする程度であることを必要としていた。
（14） ボアソナード・（中村純九郎譯）『刑法草案注釈・下巻』（明治19年版復刻，1988，有斐閣）525頁参照。
（15） 240条に関してであるが，井田・前出注(12)128頁参照。
（16） かつてのドイツでは，フランクによれば，妊娠中絶による死亡の場合，強姦致死罪を肯定するのが通説だった。Vgl.Frank, StGB, 18.Aufl., 1931, §178 Anm.; Olshausen Kommentar zum Strafgesetzbuch, 12.Aufl., 1942, §178 Anm.2a); Kohlrausch/Lange, StGB, 43.Aufl., 1961, §178 Anm.; Mösl, LK, 9. Aufl., 1974, §178 Rn. 1, usw. わが国では，たとえば小疇傳『日本刑法論』718頁（各論之部，第2版，1906）が，「強姦ノ結果被害者カ懐妊シテ分娩ノ為メ死亡スル場合ニ於テモ本罪ヲ以テ論スルコトヲ得ヘシ」と論じていた。
（17） 中森・前出注（4）68頁。
（18） Vgl.S/S/Lenckner, 25.Aufl., 1996, §177 (a.F.) Rn.13; S/S/Lenckner-

第5章 「直接性法理」とその具体化

Perron, 26.Aufl., §178 (n.F.) Rn.2.

(19)　Vgl.Küpper, Zusammenhang, 1982, 99; Rengier, Delikte, 230. たとえば，半睡半醒の状態のため犯人を夫と誤信したA女を姦淫することは，わが国では「準強姦」に該当し（たとえば仙台高判昭和32・4・18高刑集10巻6号491頁），ドイツでは1998年の第6次刑法改正法以前の旧規定179条2項に該当するが，このような場合，致死傷の危険は認められないだろう。現にドイツ刑法旧規定179条には結果的加重犯処罰規定がない。

(20)　たとえば，最判昭和24・7・12刑集3巻8号1237頁，最［大］判昭和25・3・15刑集4巻3号355頁など。

(21)　たとえば，町野朔「傷害の罪」小暮得雄他編『刑法講義各論』34頁（1985）。なお，西原・前出注(4)177頁は，「致傷の結果」が「姦淫行為から生ずる率はかなり高い」として，「処女膜裂傷，膣口哆開および発赤，膣入口部粘膜剝奪，陰部付近の皮下締結炎，性病感染」を「姦淫行為から生じた傷害とみられる」とするが，「性病感染」をのぞき，このような軽微な傷害でも181条の致傷の結果とみなすことは疑問である。詳細は，丸山雅夫「刑法における『傷害』の程度と結果的加重犯——軽微な『傷害（致傷）』事例の取り扱いをめぐって（上）」判例時報1521号180頁以下参照。同「（下）」同上誌1524号176頁以下とともに，この論文では，「致傷」類型に関する結果的加重犯の傷害概念が詳しく論じられている。

(22)　Vgl.insbes., Küpper, Zusammenhang, 99f.; Hirsch, in: Oehler-FS, 1985, 111 (132).

(23)　ドイツの通説も，姦淫などの既遂・未遂にかかわらず結果的加重犯そのものの成立は認められるとする（ただし，未遂減軽はなされる）。Vgl. z.B., Oehler, ZStW 69 (1957), 503 (521); Ulsenheimer, GA 1966, 257 (267, 273); ders., in: Bockelmann-FS, 1979, 405 (414); Hirsch, GA 1972, 65 (72); ders., in: Oehler-FS, 129 Fn.57; Küpper, Zusammenhang, 122; Rengier, Delikte, 238f.; S/S/Lenckner-Perron, §178 Rn.2, usw.

(24)　強盗致死傷罪に関してであるが，同罪を「結合犯」と理解した場合の「機会説」との密接な結びつきを指摘するものとして，たとえば，神山敏雄「強盗致死傷罪」中山研一他編『現代刑法講座第4巻』275頁，289頁（1982）参照。

(25)　以下の論述も含め，香川・前出注(6)330頁及びその注(1)参照。同「強姦致死傷罪」『注釈刑法(4)』313頁以下参照。また，同旨の見解として，すでに瀧川・前出注(13)81頁，瀧川春男＝竹内正『刑法各論講義』97頁（1965）。最近でも，たとえば，大谷・前出注(5)125頁，中山研一『概説刑法II』83頁（第2版，2000），曽根威彦『刑法各論』69〜70頁（第3版，2000）が，（出発点においては）同様の立場を主張する。その他，本文参照。

(26)　その他，②の東京高裁判決を批判するものとして，森井・前出注(6)279頁，

大越・前出注（6）59頁参照。

　(27)　丸山・前出注（2）213頁及び216頁注(26)参照。その他，たとえば森井・前出注（6）279～280頁がこの⑥の水戸地裁判決と，⑧の最高裁決定を，大越・同上，町野朔『刑法総論（講義案）Ⅰ』170～171頁（1990）が⑧の最高裁決定に疑問を提起する。

　(28)　山中敬一『刑法における客観的帰属の理論』660頁（1997）参照。

　(29)　したがって，「犯跡湮滅」という行為者の心情を説明項に加えざるをえない「概括的故意類似」の事案でも，181条の成立は否定される。それゆえ，⑪の最高裁決定にも賛成できない。観点は異なるが，正当にも香川・前出注（6）331頁注（3）。私見によると，「危険性説」に批判的な香川説が実は忠実な「直接性論者」と解される点については，第4章Ⅱ3(3)(c)参照。なお，ドイツでは「直接性」の不存在，あるいは「事後の過失」として，この場合に結果的加重犯の成立を否定するのが，判例および完全な通説といってよい。本章Ⅰ2(3)(a)及びその注（8），さらに本章Ⅱ1(2)(c)参照。

　(30)　BGH v.28.6.190-1 StR 203/60.Zit.von Geilen, in: Welzel-FS, 1974, 658; Küpper, Zusammenhang, 53; Rengier, Delikte, 198.

　(31)　Vgl.z.B., Geilen, ebd., 682; Küpper, ebd., 100; Hirsch, in: Oehler-FS, 132; Horn, SK, 5.Aufl., 35.Lfg., 1995, §178（a.F.）Rn.23.Vgl.auch S/S/Lenckner, 25. Aufl., 1995, §176（a.F.）Rn.15 a.E.; S/S/Lenckner-Perron, 26.Aufl., §176b（n.F.）Rn.2 a.E.

　(32)　したがって，山中・前注(28)606頁が，行為者の創出した「第一次的危険の継続」による「心理的準強制」の存在を根拠として，⑤の最高裁決定及び⑩の京都地裁判決において危険実現連関を肯定するのは，本書の立場からは，疑問である。

　(33)　本章Ⅱ2(1)(c)の（カ）参照。

　(34)　Vgl.BGHSt.20, 269. 強姦致死罪が成立するのは，行為者が銃創を負った被害者を森へ引きずり込み，そこで姦淫したからである。

(3)　逮捕・監禁致死傷罪の成立要件

「自由に対する罪」という点では，逮捕・監禁罪も強制わいせつ・強姦罪と罪質を同じくする。そうすると，後者に論じたことは前者にも当てはまるのであろうか。結果的加重犯の成立要件に関する「個別的検討」とし，最後に逮捕・監禁致死傷罪の成否を考えることにする。

(a)　傷害致死罪における「傷害結果」とは異なり，強盗罪における「財物強取」，強姦罪における「姦淫」等の結果と同じく，逮捕・監禁罪におけ

る「身体の場所的移動の自由の剝奪」それ自体にも，重い結果を生じさせる「類型的で高度な危険」は認めがたい。しかし，前二者においては基本犯を実現する「手段」にその危険が認められるように，抵抗を排除するための物理力の行使とは性質を異にするが，逮捕・監禁罪においても，場所的移動の自由が奪われることによって，自ら生存に必要な措置を講ずる可能性が奪われる点で被害者の生命・身体に対する危険が創出されることは否定できない。本罪に結果的加重犯処罰規定が設けられた主な理由も，この点にあるといえるだろう[1]。加えて，その手段として暴行がなされる場合はもちろん，冷気や熱気等の作用も物理力の行使に含まれるので，一定の空間に一定の時間，監禁し，冷気や熱気にさらす場合には，間接的ではあるが，「人体に及ぼされる物理的・病理的な作用」を認めることも可能である。したがって，逮捕・監禁を継続した結果，被害者が脱水症状を起こすとか，熱射病の症状を呈する，あるいは餓死や凍死などした場合，逮捕・監禁致死傷罪が成立することに疑問はない。

　①過去に例を見ない9年2カ月にも及ぶ監禁の結果，運動不足と栄養不足に陥った被害者が，両下肢筋力低下，低蛋白血症，骨量減少等の傷害を負った新潟の監禁致傷事件はその典型といえる[2]。同様に，②床面積約19.98平方mのスレート葺木造モルタル平屋建で，高さ約1.82mの小窓付木製片開戸が設けられているだけで窓もない小屋に，被告人（以下，X）らの監視のもと一日約2時間外に出すほかは，少量のパンやサラダ，ジュースなどを与えただけで，施錠をし，両手錠をしたうえ足に鎖をつけるなどして，7月31日午後9時頃から翌8月8日午後1時30分頃まで監禁し，被害者（以下，A…）に，入院加療約43日を要する脱水症，急性腎不全などの傷害を負わせ，また，扉を閉めると昼間でもわずかな隙間から光が差し込むにすぎないほど密閉度が高く，日中は内部の気温が摂氏40度前後にまで達する，内部は概ねラワン合板が張られた鉄製のコンテナに，酷暑の時期である7月28日午前零時30分頃から，D及びE子両名の手首を手錠で繋いで入口扉に施錠をし，2回にわたって水を与える程度の状態で長時間監禁し，その結果，D子については7月29日午後3時頃，E子については同日午後8時頃，それぞれ高温状態に基づく熱射病により死亡させた事件（「風の子学園事件」）

で，A子に対する監禁致傷罪，D及びE子に対する監禁致死罪の成立が認められることにも疑問はない[3]。

さらに，たとえば，③精神病者Aの全身を掛布団で包み，その上から藁縄等で縛り，両手首両足首を麻縄で縛ったうえ，頭部に掛布団を覆いかぶせたまま数時間放置した結果，Aを窒息死させた事案や[4]，④Aの両手首，両上膊部，両足首を緊縛したうえ小型の風呂桶に押し込み，蓋を釘で打ちつけて監禁した結果，胸部圧迫による窒息死を生じさせた事案[5]なども，221条の成立に問題はないだろう。

(b) しかし，以上のような場合にだけ221条の成立が肯定されているわけではない。むしろ，以上の事例においては，懲戒行為等を理由とする逮捕・監禁罪の違法性阻却が主に争われている（②③）ことからもうかがえるように，因果関係・客観的帰属に関して争いがあるのは，221条に関しても「被害者の逃避行為類型」だといえる。以下の事案がそうである。

⑤Xは深夜帰路を急ぐA女を家まで送り届けてやるといって自車に乗せたうえ，情交を迫って一蹴されるや，さらに機会をみて情交を遂げようと考え，Aが「停めてくれ」「降ろしてくれ」と要求するにもかかわらず，それを無視して時速25から35kmで走行を続け監禁したところ，Aが走行中の自動車から脱出をはかり死亡したという事案で，「A女の死亡が所論の如く本件自動車の故障による車外転落の結果であれ，原判決認定の如くA女が脱出のため走行中の自動車から飛び降りたものであれ，それは，Xが原判示の如くA女を監禁中に生じたことであり，Xのした監禁行為とA女の死亡との間の因果関係のあることは両者いずれも同じであるから，Xの本件監禁致死の罪責を左右するわけのものではない」とした名古屋高判昭和35年11月21日下刑集2巻11・12号1338頁，⑥トラックの運転席に乗せられ監禁されていたA女が，トラックが徐行した際，運転台のドアーを開けて路上に飛び降り，夢中で裸足のまま国道を80m引き返したうえ，斜めに国道を横断中，折から進行してきた他の自動車に衝突し負傷したという事案で，致傷の結果は「監禁行為そのものによって生じた場合に限らず，本件被害者のごとく，監禁状態から完全に離脱すべく自ら逃走するにさいして生じた場合にも成立するものと解す」べきであるとした東京高判昭和42年8月30日判例時報508

第5章 「直接性法理」とその具体化

号74頁，⑦Xらによりマンションの一室に潜んでいたところを現行犯逮捕されたAが，身体を縛られ後手に両手錠をかけられた状態で約8時間監禁され，以前同室で発生した盗難被害の嫌疑がかけられたこともあり，その間，Xらによりかわるがわる脅迫されて激しく追及されたため，監禁による恐怖等から，Xに監視を命じられていたY女が換気のために開けたマンション3階の窓から飛び降り受傷死亡した事案で，XらのA「に対する当夜11時50分ころ以降の身柄拘束は刑法に定める監禁にあたり」，Aの「飛び降りの直接の動機が本件監禁による恐怖であったと認めるべきことは，動かし難いところ」であるから，「右監禁と同人の死の結果との間に因果関係の存することも明白である」として，監禁致死罪の成立を認めた東京高判昭和55年10月7日刑裁月報12巻10号1101頁，そして，比較的最近では，⑧戸塚ヨットスクールの訓練生A，B（両名とも当時15歳）が，甲合宿所の生活から奄美大島で行われた夏季合宿をへて，大型カーフェリー「あかつき号」で帰途につく際，同船から海中に飛び込み死亡したという事案で，甲合宿所でなされた行為（格子戸付き押し入れに入れて施錠をする，外出時に監視を置くなど），奄美大島での夏期合宿中になされた行為（同島内でも引き続き監視を置く，一時逃走を企てた際には棒などで身体を多数回殴打し，逃走防止のために逃走のおそれのある者を夜間ロープで柱に固定するなど）はもちろん，往路・復路の船内における状態も，太平洋を航海中の船内から脱出することはきわめて困難であること，それ以外船内に隠れたとしてもコーチや番外生により発見される可能性が高いことなどから，Xらによってなされた一連の行為はA，Bに対する逮捕監禁罪の構成要件に該当するとしたうえで，A，B「両名が［X］らから受けた原判示のような行動の自由の制限や暴行などは，それ自体15歳の少年にとり肉体的精神的に大きな脅威であり，両名が［甲合宿所］に戻れば更に激しい暴行を受けて訓練を強制されることをおそれ，行動の自由を回復するため山並みが遠方にうすく見える太平洋上を航海中のあかつきの船上から海に飛び込んで付近の陸地まで泳いで脱出しようとしたことは十分理解ができる」から，Xらの「逮捕監禁と両名の右行動との間には相当因果関係が認められる」として，逮捕監禁致死罪の成立を認めた名古屋高判平成9年3月12日判例時報1603号3頁（31～32頁）など，がある[6]。

(c)　「逃避行為類型」に関する判例は以上のように，この類型で221条の成立を一貫して肯定している[7]。そして，学説の多数も，この結論を支持している。

　たしかに，「人の死傷は逮捕監禁そのもの，少なくともその手段としての行為そのものから生じたことが必要である」とする見解[8]，あるいは「死傷の結果は，基本犯である逮捕・監禁から生じたばあいに限定すべきである」とする見解もみられる[9]。しかし，それは，監禁の際に生じた重い結果とはいえ，その結果が，監禁されている被害者の態度に憤激して加えられた暴行から発生した場合など，「監禁状態を維持存続させるために」ではなく，別個になされた暴行などから発生した場合を念頭に置いての主張だといえる。たとえば，自動車に監禁したAの態度に憤激したXがAに暴行を加え，Aに傷害を負わせた場合，「XのAに対する顔面殴打等の暴行は，……不法監禁の状態を保つ手段としてではなくXが自動車内における右Aの態度に憤激した結果なされた……ものと認められるから，たとい，右暴行が不法監禁の機会になされ，その結果被害者に傷害を負わせたとしても，監禁致傷罪は成立せず，監禁と傷害の二罪が成立し，両者は併合罪の関係になる」[10]。上述した，「人の死傷は逮捕監禁そのもの，少なくともその手段としての行為そのものから生じたことが必要である」とする見解の趣旨もこのようなものであろう[11]。したがって，その主張をそのまま「逃避行為類型」に当てはめることはできないことになる。現に，「危険性説」の立場から「直接性」の必要性を説く丸山雅夫も，「監禁中に被害者が餓死してしまった場合と同じように，監禁し続けるという行為の中に存在する危険性が死の結果として実現していると言えよう」として，上記判例⑦を肯定的に引用しているのである[12]。

　他方，しかし，このような傾向は独りわが国に限られたことではない。「直接性」による帰属限定が通説であるドイツにおいても同様である。すなわち，BGHSt.19, 382 [386f.] は，A女が監禁されていた走行中の自動車から［脱出をはかり］転落し死亡したという，わが国の⑤判決と同様の事案で，次のように論じて239条3項（1998年の第6次刑法改正により239条4項）＝「自由剝奪致死罪」の成立を認めている。「A女が自ら走行中の自動車から飛

第5章 「直接性法理」とその具体化

び降りたのか，望まずして転落してしまったのか，は重要ではない。逃避を試みた際の負傷は加重処罰根拠たりえないとする見解（Schaefer, im LK, 8. Aufl., §239 StGB, Anm.［括弧内原文］）もあるが，本刑事部はその種の見解に従うことはできない。……被害者が自由剥奪から逃れようと試みた際に直接致命傷を負った場合にも，死は自由剥奪によって惹起されたといえる。この場合も，自由剥奪がなければ死も発生しなかっただろうからである」。そして，「条件説」を適用したかに読めなくもない本判決に関して，学説の多くも，その結論自体には賛成している[13]。

たとえば，傷害致死罪に関する「逃避行為類型」に関しては一貫して同罪の成立を否定するキュッパーは，傷害罪と自由剥奪罪の罪質の違いを根拠にして，次のように主張し，上記 BGH の結論を支持する。すなわち，「自由剥奪は，失われた自由を回復してはじめて終了する典型的な継続犯である。そして，継続犯の本質は行為者によって創出された違法状態の維持・存続にある。このような状態は被害者が自由を獲得しようとする際には，いまだ終了していない。そうしようとすること自体，被害者が自由を回復していないということを示すのである。それゆえ，被害者の行動は，法が239条を制定することにより対抗しようとした状況を終結させようとすることに淵源する，つまり，監禁（Einsperrung）の（通常予見可能でもある）典型的な結果をなすのである」[14]。

またロクシンも次のように論ずる。「（重い傷害とは異なり）自由剥奪それ自体に生命危険は認められないのだから，これらの構成要件（§§239, 239 b［人質奪取罪］―括弧内引用者）における加重処罰の目的は，身柄拘束者に対する危険な一切合切（Drum und Dran），すなわち，強制的な拘束（Einschließung）から間接的に生ずる定型的な危殆化をカヴァーする点にのみある。したがって，たとえば，監禁する際に加えられた暴行や，拘束されている際に生存に必要な扶助がなされないこと，あるいはその際の危険な扱いによって招致される死のみならず，被害者自らが自由になろうとした際に発生した致命的な事故も含まれる。それゆえ，BGHSt.19, 382（386 f.）が監禁致死罪を認めたのは正当である」，と[15]。

(d)　なるほど，これらの主張は相当の説得力をもつといえるだろう。わ

が国の判例・通説の基礎にも同様の考えがあるといってよい。基本犯の性質の違いにおうじて,「直接性」の基準を異にすることも争いのないところである[16]。

しかしながら,まず,「継続犯」を根拠とすることには次のような疑問が存する。すなわち,被害者の監禁状態が維持・存続されていさえすれば,その間に生じた重い結果のすべてに逮捕監禁致死傷罪の成立が認められるのか,という点である。たとえば,XがAの監禁を継続するために,Aに全身麻酔薬であるチオペンタールナトリウム溶解液を点滴投与し,その意識喪失ないし低下状態をもたらし,最終的にAは死亡したという事案で,XからAの管理を引き継いだ医師HがAの口に挿入したエアウェイが原因で咽頭痙攣や舌根沈下等を起こし,これにより窒息死した可能性が排除できないという場合[17],Aの死が,違法状態が維持・存続されている状態で生じたからといって,X及びHに対して監禁致死罪の成立を認めることは不当であろう。「利益原則」にのっとりAの死因を形成したものとして前提にされるべき医師Hのエアウェイの挿入は,監禁状態の維持・存続とは全く関係ない「純然たる過失行為」だからである[18]。

ドイツでも,Xにより地下室に監禁されたAが,そこに無造作に,その中身を示すことなく,置いてあったコニャックの瓶を飲み干したところ,その中身が有毒な洗浄剤だったためAが中毒死した場合,あるいは,自動車に監禁して疾走中,Xの前方不注意で事故を起こしAが死亡した場合,それぞれ自由剥奪致死罪の成立を否定しようとする見解がみられる[19]。

本書の考えからすると,エアウェイの装着ミスや,単なる前方不注意を説明項に加えさえすれば死に至る因果連鎖の説明がはたされる場合,221条の成立は否定される。これらは,おそらく逮捕・監禁罪と(業務上)過失致死罪の併合罪により処罰されることになろう[20]。このように,逮捕監禁罪が「継続犯」であることを根拠にして,その違法状態が継続している場合に生じた結果であれば,およそそのすべてを帰責できるとは限らない。争いのないところとは思われるが,この点をまず確認しておきたい。したがって,問題の「逃避行為類型」に関しても,逮捕監禁罪が「継続犯」であることだけを根拠に,発生した結果の帰責を肯定することはできないのである。

(e) そこで，この類型に関する致死傷罪の成立が認められるとする根拠として，「被監禁者が身柄の拘束を解くために逃避行動に出ることは定型的だ」という観点がさらに援用されていた。しかしながら，「身体の場所的移動の自由を確保するため」といっても，そこにはさまざまな要因が考えられる。判例にあらわれた事案でいうと，行為者に「犯されることをおそれて」，あるいは「あとで痛めつけられることをおそれて」などが，危険な逃避行動に駆り立てた要因のほとんどである。したがって，問題は，このような危険に媒介された逃避行動もが，「場所的移動の自由」を保護法益とする逮捕監禁罪の射程といえるかにあるといえよう。そして，その答えは否定せざるをえないのではなかろうか。行動の自由が奪われていることから生ずる危険，たとえば凍死や熱射病，あるいは餓死の危険，骨粗鬆症を生ずる危険などは本罪に「固有の危険」であるが，たとえば「犯される危険」はまさに「強姦の危険性」である。したがって，前者の危険を回避するための逃避行動であれば逮捕監禁罪の射程といえようが，後者の危険を回避するための逃避行動は，その射程外といわなければならないからである。保険金「詐取」の目的でえた同意の不法性を，「傷害罪」に関する被害者の同意の有効性を判断する要因として考慮するのが不当であるなら，同様に，「犯されそうな危険」などに媒介された逃避行動から生じた結果を，加重処罰事由として「場所的移動の自由の剥奪」に結びつけることも不当であろう。

したがって，わが国の判例⑤や⑥，BGHSt.19, 382のケースでは監禁致死傷罪の成立は否定されるものと考えたい。「自ら自動車から飛び降り，致命傷を負った娘は，彼女にとって自動車走行（自由剥奪）が余りに長すぎたからではなく，全く異なる構成要件への展開を懸念したから，自暴自棄ともいえる行動に出たのである。したがって，心理的には危険実現は強姦に帰されるのであって，自由剥奪にではない」とするガイレンの主張[21]，さらに，「逃避行為の帰責」には肯定的ではあるが，「その場合であっても，被害者の逃避行動が自由剥奪の現実の結果なのか，それとも行為者のさらなる攻撃に対する恐れに基づくものかは区別されなければならない」として，上記BGH判決に疑問を提起するシュレーダーの見解[22]が参照されるべきであろう。

「自ら生存に必要な処置を講ずることができない（Das Abgeschnittensein von eigener Daseinsvorsorge）点に存する危険の実現」が要求される旨主張するキュッパーが[23]，そのような危険の実現とはいえない BGH の結論に肯定的なことのほうが，私には，むしろ矛盾と感じられる。

(f) 以上，本項の冒頭でも論じたが，身体の場所的移動の自由が奪われることそれ自体には，たしかに，生命・身体の危険は認めがたいといえよう。しかし，だからといって，監禁状態からの離脱に伴なうあらゆる危険を逮捕監禁致死傷罪に「固有の危険」とみなすことは論理の飛躍ではないか，と思われるのである。

そもそも，わが国の旧刑法 324 条は「前条ノ罪ヲ犯シ因テ人ヲ疾病死傷ニ致シタル者ハ殴打創傷ノ各本条ニ照シ重キニ従テ処断ス」とし，その前条の罪に該当する 323 条は，「擅ニ人ヲ監禁制縛シテ殴打拷責シ又ハ飲食衣服ヲ屏去シ其他苛刻ノ所為ヲ施」すことと規定して，単なる「擅ニ人ヲ逮捕シ又ハ私家ニ監禁」する罪（322 条）は逮捕監禁致死傷罪の基本犯とはみなされていなかった。ボアソナード草案 362 条も「前条ノ罪ヲ犯スニ因テ疾病休業ニ至ラシメ及ヒ癈篤疾又ハ死ニ致シタル者ハ」とし，その前条にあたる 361 条は「擅ニ人ヲ監禁シテ殴打拷責シ又ハ飲食衣服ヲ屏去シ若クハ空氣ノ流通ヲ塞キ其他之ヲ制縛シ……」と規定していた。ボアソナードによれば，死傷の結果は，これらの「苛虐ノ取扱」から生ずることが予定されており，ここに「殴打創傷ノ刑ヲ適用スル理由」があるというのである[24]。

当時の学説にも，旧刑法 323 条所定の「苛刻ノ所為ヲ施ストキハ被害者為メニ疾病死傷ニ至ルコト世間其例少ナ」くなく，そのような場合に，単に「擅ニ人ヲ逮捕シ又ハ私家ニ監禁」する罪（322 条）を「適用スルニ止ルトキハ其性質相類スル夫ノ殴打創傷ト権衡其平ヲ得サルノ恐レ」があるので，「特ニ本条（323 条＝括弧内引用者，以下同様）ヲ設ケ殴打創傷ノ各本条ニ照シ重キニ従テ処断スヘシト定メタ」とする見解がみられた[25]。また，「一私人若クハ人ヲ逮捕又ハ監禁スル職権ナキ官吏カ斯ノ如キ罪ヲ犯カスニ方リテハ往々ニシテ之ニ暴行ヲ加ヘ若クハ苛刻ノ所為ヲ施ス事アル」がゆえに，それを捕捉するのが旧刑法 323 条の立法根拠だとする見解も主張されていたが[26]，いずれにせよ，そのような 323 条に逮捕監禁致死傷罪の基本犯は限

定されていたのである。逮捕監禁致死傷罪にあたる324条が「前条ノ罪ヲ犯シ」と規定している以上,「苛刻ノ所為ニ依ラス単ニ第322条ノ罪ヲ犯シタル結果被逮捕監禁者ヲ疾病死傷ニ致シタル場合ニ付テハ本條（324条）ノ適用」は否定されるがために,「立法論トシテハ汎ク之等ノ場合ヲモ包含スルノ規定ヲ設クルヲ至當トス」とする見解は[27],この間の事情を物語る。

たしかに,その後の現行刑法に至る刑法改正作業の過程において,逮捕監禁致死傷罪は変遷を受ける。しかし,それは文言に関するものでしかなかったといってよい。すなわち,改正作業における主要な論点は,基本犯の以上のような限定にではなく,もっぱら監禁場所を「私家」に限定することの不当さと「擅ニ」という文言の意義不明瞭さに集中していたのである[28]。現行刑法の立法当局者によれば,221条は「旧刑法324条ト325条（＝擅ニ人ヲ監禁シ水火震災ノ際其監禁ヲ解クコトヲ怠リ因テ死傷ニ致シタル者ハ亦前条ノ例ニ同シ）ヲ合シタル規定ニシテ其趣旨ニ於テハ［旧刑法と］全ク同一ナリ」（傍点他,引用者），というのである[29]。そうであるなら,上記旧刑法325条以外の場合では,逮捕監禁を実現するための手段である暴行,その状態を維持・存続するための「殴打拷責」を含め,ボアソナードが論じていたように,「飲食衣服ヲ屏去シ若クハ空氣ノ流通ヲ塞キ其他之［人］ヲ制縛シ」死傷の結果が生じた事案に221条の成立は限定されるはずである。そして,死傷の結果が,これら「苛虐ノ取扱」から生ずることが予定されていたからこそ,「傷害の罪」に比較した,「重い刑による処断」が正当化される[30]。それにもかかわらず,監禁状態からの離脱に伴なうあらゆる危険の実現にまで221条の成立範囲が及ぶとするなら,そのような解釈は,理論的な正当化根拠に乏しだけではなく（上述(d)(e)），許されない拡張解釈ではなかろうか。

　(g)　被害者が場所的・空間的に移動することにより自ら生存に必要な措置を講ずる可能性が逮捕・監禁により奪われることによって生ずる生命・身体に対する危険性は認められるのであって,それが「本罪に固有の危険」であるとすれば,やはり,その危険の実現として発生した重い結果に,221条の成立も限定されるべきであろう。これが以上の考察の結論である[31]。少なくとも,「痛い目に遭わされる」とか「犯される」といった,「心理的要因」に媒介された,しかも,その他の犯罪に対する懸念に基づく逃避行為を

　　　　　　　　　　　　　　　　　　　　　　　　Ⅱ　直接性法理の具体化

介して生じた重い結果をも，行動の自由を保護法益とする逮捕監禁罪に結び
つけて重く処罰することは，刑を加重する方向で構成要件外の不法要因を考
慮することになり，問題であると思われる。以上の諸点からして，判例の事
案⑤〜⑧で221条の成立を認めることには，疑問が残るのである。

　　（1）　Vgl.Küpper, Zusammenhang, 1982, 104f.
　　（2）　この事件では，刑法47条の解釈に関して，1審である新潟地裁と原審であ
る東京高裁の判断が分かれ，概要，監禁致傷と窃盗罪を組み合わせた「犯罪事実全
体」について処断刑が形成され，「その範囲内で全体に対する量刑判断がなされる」
とした最高裁判決により，上記各罪の併合罪による15年の求刑に対して，懲役14年
の判決を下した（未決勾留日数350日を本刑に参入）1審判決が支持されている（ま
ず，主たる犯罪の刑と別罪の刑は，それぞれの法定刑の範囲内で個別的に量刑され，
しかる後に両者が合計される旨の判断から懲役11年を言い渡した東京高裁判決が破
棄された）。新潟地判平成14・1・22判例時報1780号150頁，東京高判平成14・
12・10判例時報1812号152頁，最判平成15・7・10刑集57巻7号903頁。以上
につき，井田良・ジュリスト1251号74頁以下（2003），曽根威彦・現代刑事法54号
44頁以下（2003），永井敏雄・ジュリスト1258号171頁（2003）など参照。
　　（3）　広島地裁福山支部判決平成7・5・17判例時報1535号30頁（原審），広島
高判平成9・7・15判例時報1624号（控訴審）参照。
　　（4）　大判昭和11・4・18刑集15巻507頁。その他，監禁致死罪に関する同様
の事案として，大判大正10・4・11刑録27輯242頁がある。
　　（5）　名古屋地判昭和34・4・27下刑集1巻4号1115頁。
　　（6）　この戸塚ヨットスクールに関する一連の刑事事件は，2002年2月27日まで
に，最高裁が上告棄却決定をしたことで確定した。朝日新聞2002年2月28日付38
面など参照。
　　（7）　その他，たとえば，2000年2月，男性がマンションから転落死した事件に
関して，暴力団関係の少年（18歳）に約4時間にわたって監禁された末，この男性
が部屋からベランダ伝いに逃げようとして転落死した疑いが強いとして，警視庁少年
課と渋谷署は，近く監禁致死容疑で少年の逮捕状を請求する方針を固めたという報道
がなされている。読売新聞2001年4月17付39面など参照。
　　（8）　たとえば，福田平『注釈刑法（5）』244頁（1965），同『刑法各論』174頁
（第3版，1995），大塚仁『刑法各論上巻』202頁（改訂版，1984，青林書院），曽根
威彦『刑法各論』50頁（第3版，2000），「特集・刑事法のプロセスがわかる」法セ
ミ551号10頁［松宮孝明］（2000）など。
　　（9）　香川達夫『刑法講義各論』417頁（第3版，1995）。

第5章 「直接性法理」とその具体化

　(10)　最判昭和42・12・21裁判集（刑事）165号551頁＝判例時報506号59頁。名古屋高判昭和31・5・31高等裁判所刑事裁判特報3巻14号685頁＝致傷につき同旨。

　(11)　現に，福田・前出注(8)では，本文で引用した主張につづき前注(10)の名古屋高裁判決を引用し，また香川・前出注(9)も，本文の主張につづき，相手方の指をつめるために監禁し傷害した事案で併合罪を認めた最判昭和43・9・17刑集22巻9号853頁を引用し，「監禁の結果としての傷害でない以上，当然の帰結である」としている。

　(12)　丸山雅夫『結果的加重犯論』213頁（1990）。さらに，たとえば西田典之『刑法各論』78頁（第2版，2002）など参照。

　(13)　Vgl.z.B., Welzel, Lb, 11.Aufl., 329; Blei, BT, 11.Aufl., 1978, 71; Schmidhäuser, BT, 1980, 4/30; Küpper, Zusammenhang, 1982, 105; Schäfer, LK, 10.Aufl., 1986, §239 Rn.41; Rengier, Delikte, 1986, 198; Wessels, BT, Teil-1, 1993, 77; Maurach/Schroeder/Maiwald, BT, Teilb.1, 8.Aufl., 1995, §15 Rn.18; Paeffgen, NK, 1995, §18 Rn.71; Lackner/Kühl, StGB, 23.Aufl., 1999, §239 Rn.9; Bussmann, GA 1999, 21 (32); S/S/Eser, 26.Aufl., 2001, §239 Rn.12 a.E.; Tröndle/Fischer, StGB, 50.Aufl., §239 Rn.16, usw.

　(14)　Küpper, Zusammenhang, 105.

　(15)　Vgl.Roxin, AT, Bd.1, 3.Aufl., 1997, §10 Rn.117.

　(16)　この点に関しては，基本犯の違いにおうじた直接性の具体的な基準の提示も含め，とくに，Paeffgen, JZ 1989, 220 (226 r.Sp.-227); ders., NK, §18 Rn.71ff.; Puppe, Die Erfolgszurechnung im Strafrecht, 2000, 204ff., 233ff., 250ff., 275ff.

　(17)　「オウム真理教」の一連の刑事事件に関する，公証人役場事務長の監禁致死罪に関する事案である。松宮・前出注(8)9頁からの引用による。

　(18)　松宮・前出注(8)10頁参照。なお，このケースでは「承継的共犯」の問題も生ずるが，それは否定すべきであろう。たとえば西田・前出注(12)78頁参照。

　(19)　前者の事例につき，Rengier, Delikte, 1986, 232. 後者の事例につき，Rengier, ebd., 229; Puppe, aaO［Anm (16)］, 245f., 249. 参照。

　(20)　周知のように，最［大］判昭和49・5・29刑集28巻9号114頁は，酒酔い運転の罪と業務上過失致死罪の間に併合罪を認めた。本判決につき，たとえば平野龍一『犯罪論の諸問題（上）総論』201頁以下（1981）参照。また，逮捕・監禁罪と強姦致傷罪との関係につき，牽連犯が認められるとする上告を退け，最判昭24・7・12刑集3巻8号1237頁は，併合罪を認めている。「本件の不法監禁罪と，強姦致傷罪とは，たまたま手段結果の関係にあるが，通常の場合においては，不法監禁罪は通常強姦罪の手段であるとはいえない」(1241頁)。

　(21)　Geilen, in: Welzel-FS, 1974, 655 (673).

(22) Schroeder, LK, 11.Aufl., 1994, §18 Rn.18 mit Fn.26.
(23) Küpper, Zusammenhang, 106.
(24) ボアソナード・(中村純九郎譯)『刑法草案注釋・下巻』435頁以下（明治19年版復刻，1988，有斐閣）参照。
(25) 堀田正忠『刑法釋義（第三編，第四編）』266〜267頁（警視廳蔵版，1885）。
(26) 岡田朝太郎『日本刑法論完（各論之部）』794〜795頁（1895）。
(27) 小疇傳『日本刑法論（各論之部）』663頁（第2版，1906）。
(28) たとえば，明治33年の刑法改正案に関する審議につき，内田文昭他編著『刑法［明治40年］(2)』577頁（1993，信山社），明治35年2月17日貴族院刑法改正案特別委員会の審議につき，内田他『刑法［明治40年］(4)』536頁以下参照。その他，倉富勇三郎序・田中正身著『改正刑法釋義（下巻）』1089頁（1908，復刻・日本法典資料全集別巻36，1991，信山社）参照。
(29) 『改正刑法釋義（下巻）』同上。内田他『刑法［明治40年］(2)』577頁も参照。
(30) ボアソナード・前出注(24)参照。
(31) Widmann, Die Freiheitsberaubung mit Todesfolge als erfolgsqualifizierte Straftat mit enischränktem Ursachenrahmen, MDR 1967, 972 (972 r.Sp.-973); Hirsch, in: Oehler-FS, 1985, 111 (131). は，結果的加重犯を成立させる重い結果を監禁の継続による餓死，凍死等に限定すべしとする。

[補記] 2001年7月24日，テレホンクラブで知り合った少女を車に乗せ，催涙スプレーを顔に噴射して手錠をかけて監禁し，中国道を80kmで走行中，少女がドアを開けて転落し後続車にひかれて失血死した事案で，神戸地裁は，監禁致死罪の成立は認めながらも，検察側が「被告人の責任は殺人罪に比肩するほど重大」として懲役12年を求刑したのに対し，「被告人のために考慮すべき事情」の一つとして，「走行中の車から飛び降りた被害者の行動は，被告人にとって全く予想しない事態であったとの主張もそれなりの合理性はある」とし，また「監禁や暴行脅迫行為自体から致死の結果が生じたものではない」と論じて，被告人が公立中学の教員であったことや（加重的量刑由として考慮されている），強盗罪でも起訴されている（監禁致死罪との併合罪）この事件で，懲役6年の判決を言い渡している（神戸地判平成14年3月25日判例時報1784号157頁）。

第5章 「直接性法理」とその具体化

III 小　括

　本章では，（少なくとも立論の出発点においては）ドイツの判例・通説により一致して認められている「直接性」に関して，引き続き「傷害致死罪」を中心としながらも，同罪と同様，その成否に関して争いの多い強盗，強姦（強制わいせつ）及び逮捕監禁致死傷罪に焦点を絞り，主にわが国の判例を基礎にして本書が構想する「直接性」の「具体的な適用」を考えてきた。その際，とくに後三者を「個別的な検討」の対象としたのは，その成否に関して争われた判例の数が（他の結果的加重犯に比べて比較的）多いというだけではない。傷害罪と強盗・強姦罪には「暴行」を手段とする点で共通項が見いだされる一方，逮捕監禁罪はこのような「人体に対する物理力の付加」を必要条件とせず，それゆえに，身体の場所的移動の自由の剥奪が死傷結果に直結しないことを理由に，同罪を基本犯とする致死傷罪の「広範な成立」を認める傾向が内外にみられる点で疑問を感じたからである。
　たしかに，基本犯の「罪質」が異なる以上，その「特殊な危険」，それゆえその危険実現を意味する「直接性」も異なるとする点は了解できる。しかし，死亡結果に直結する生理機能障害を行為者の行為そのものが直接もたらすか，場所的な状況や時間の継続が加わって——その意味では間接的に——もたらされるかの違いはあっても，健康状態の悪化・その極致である死を生じさせる危険性と，その重い結果への実現が問題の核心をなすことに変わりはない。たとえば，遺棄罪の場合も，自助能力が欠如する要扶助者を，自助能力を発揮しなければ生命・身体の危険が生ずる場所に移置するか，そのような者に対して「生存に必要な保護」を与えないのだから，そこに死傷結果を発生させる危険が認められることは明らかである。したがって，死傷に直結する「物理力の直接的な付加」が認められなくとも，逮捕監禁罪を特別視するのは妥当ではないだろう。各基本犯の「罪質」の違いは考慮しつつも，その上で重い結果を発生させる「類型的で高度な危険」を具体化し，その結果への実現を問うことは，すべての結果的加重犯に共通する。このような観点から，本章では，「致命性説」（＝傷害致死罪），「手段説」（＝強盗及び強姦等致死傷罪）の正当化を試み，また，逮捕監禁致死傷罪についても，被害者

III 小 括

が場所的・空間的に移動することにより自ら生存に必要な措置を講ずる可能性が逮捕・監禁により奪われることによって生ずる生命・身体に対する危険性を同罪に「固有の危険」であるととらえ，その危険の実現として発生した重い結果に，221条の成立も限定されるべきではないかとの立場を提示してみた。

終章　結論と今後の展望

　1　結果的加重犯には，故意基本犯と過失結果犯との観念的競合によってはカヴァーしきれない「固有の不法内容」が存在する。それは，各基本犯に認められる「重い結果発生の類型的で高度な危険」である。したがって，そのような危険が現実に重い結果に実現した場合にのみ，当該結果的加重犯の成立は肯定される。

　この点を強調したのが「危険性説」であった。その立脚点はもちろん正当と解される。しかしながら，核心をなす「重い結果発生の類型的で高度な危険」の内容は必ずしも明らかではない。しかし，明らかでなければ，結果的加重犯に固有の客観的帰属限定法理として「直接性」を，主観的な要件として「重過失（軽率）」を要求しようとも，これらの限定が単なるスローガンと化する可能性がある。たとえば，──「暴行には死を招致する類型的で高度な危険がある」。「Ｘは暴行を加え，Ａの死を惹起した」。ゆえに「その類型的で高度な危険がＡの死に実現した」。また同時に，そのような危険性を具有する暴行を現実に加えた以上，「Ｘには重大な過失も認められる」──このような結論が安易に正当化されかねない。現に，わが国の判例・多くの学説には，このような傾向をみてとれるのである。そこで，「危険性説」の立場に立脚しながらも，同説には，ともすれば以上のような負の側面もみられることから，本書では危険性説のさらなる具体化（肉付け）を試みてきた。

　2　まず，「重い結果発生の類型的で高度な危険」（以下「特殊な危険」）について本書が達した結論は，次のようなものである。

　(1)　「傷害致死罪」の特殊な危険については，「行為者の意図した侵害の量を超えておのずから死へと展開する危険性」，それゆえ「加えられた傷害の人体に及ぼす病理的な作用」がそれに当たる。他方，正当にも，単独で考察した場合の暴行罪に関して「身体的接触」を必要とする見解が主張されていたが，致死傷罪の基本犯である暴行罪には，なおさら，直接的な「物理力の

人体への付加」が不可欠な最低限の要件であると考えられる。したがって，そのような「物理力の人体への付加」を共通の基盤と解する本書の立場からは，暴行致傷罪・同致死罪に関しても，基本的に上記の傷害致死罪に関するのと同様のことが当てはまる。これと傷害罪・同致死罪との違いは，主観的に，傷害結果に対する（直接的）故意があるかないかの違いしかない。

(2) 「強盗及び強姦（強制わいせつ）致死傷罪」の特殊な危険は，各基本犯を実現するために投入された「手段」に認められる危険性，すなわち反抗を抑圧するために「被害者の身体に加えられた物理的な作用」がそれに当たる。この点で，致傷罪・致死罪の基本犯としての「暴行罪」と同様に考えることができる。暴行致死傷罪を含め，傷害致死罪，強盗及び強姦等致死傷罪の各結果的加重犯は，その構造としてみると，「暴行」に認められる「人体に対する物理力の付加」を起点とする同種類のグループに属するということができよう。それゆえ，原則として，「脅迫」には基本犯としての適性を認めることはできない。ただし，「暴行によらない傷害」が認められるように，「傷害の未必の故意」が認められるような場合に限って，脅迫を基礎とする致死傷罪の成立を認めてもよいと思われる。たとえば，急襲された被害者が顔面蒼白となり体調不良を訴えているにもかかわらず，金品や性交を強要したり，弾丸が装填され安全装置が解除されていることを認識しながらも，そのピストルを，激しく抵抗する被害者の反抗を抑圧するために用いて暴発を招来したような場合である。――強盗や強姦に限って，単なる脅迫致死傷罪が認められてもよいとする「理論的な根拠」は見いだし難いのである。

(3) 「逮捕監禁致死傷罪」の特殊な危険は，身体の場所的移動の自由が剝奪されることによって，高熱や冷気，酸素欠乏や空腹などに対処できないこと，いいかえると，被害者自らが自由に移動することにより生存に必要な措置をとることができない点に見いだされる[1]。

以上において本書が企図した点は，結果発生の「危険性」という「量的な側面」を，基本犯それ自体，もしくは，それを実現する手段が招致する物理的・病理的な作用，又は身体の場所的移動の自由が奪われているために生ずる自助（自活）能力の欠如といった「実体的な側面」に還元することによって，「重い結果発生の類型的で高度な危険」という，ともすれば各人各様に

色づけが可能な要素を，できるだけ具体化しようとしたところにある。たとえば，傷害罪に関してすら，何がその「類型的で高度な危険」なのかは直ちに判明するものではないであろう。一例をあげるなら，「高度の頭部外傷を被れば，ほとんどの人が脳挫傷の傷害を生じ，死亡するに至る」といえるからこそ，頭部外傷には「致死の結果を発生させる類型的で高度な危険」が認められるのではなかろうか。このような分析をすることなく，単に「一般的にみて傷害には死を発生させる可能性が高い」というラフな設定で満足することになれば，現に人が傷害され死亡している以上，ほぼすべての場合が，この命題に包摂されてしまうことになるであろう。したがって，「類型的で高度な危険」は，実体的な要素に還元できるのであれば，そうすべきである。以上が，本書の考える「危険性説の具体化（肉付け）」という部分の内容である。

3　しかしながら，このような観点に立ったとしても，各基本犯の（未遂を含めた）成立が肯定され（基本犯の未遂は強盗罪・強姦等罪において考えられる），現に重い結果が（たとえば相当因果関係の範囲内で）発生している限り，当該結果的加重犯の成立も問題なく肯定されるようにみえる。

(1)　しかし，「重い結果発生の類型的で高度な危険」を実体化したものが，たとえば傷害の病理的な作用だとすれば，その作用が最終結果にまで通底していなければなるまい。そうでないと，「基本犯に特殊な危険の重い結果への実現」が肯定されるとはいえないからである。そしてそれは，行為から発し中間事態をへて最終結果へと至る因果連鎖の各々の繋がりをそこに包摂する形で説明するのに——ここでは病理的作用の推移的な伝播が問われているのだから——，もっぱら「病理法則」を説明項としなければならないかどうかによって判断される。「基本犯に特殊な危険の重い結果への実現」とあらわされる「直接性」を，本書は「因果的説明」の観点からこのように考えたのである。

強盗や強姦（強制わいせつ）罪，そして，もちろん暴行罪も，人体に加えられた物理的な作用に「特殊な危険」が認められるのだから，そこから死傷結果が発生した場合の判断において以上と異なるところはない。

(2)　他方，直接的な人体への物理力の付加が認められなくとも生ずる生命

・身体の危険に対処しようとするのが，逮捕監禁（遺棄）致死傷罪である。しかし，その危険も，けっして無限定ではなく，被害者が場所的・空間的に移動することにより自ら生存に必要な措置をとる可能性（自由）を剝奪する点に存するのだから，灼熱の太陽のもと鉄製のコンテナに監禁された場合のように，自由剝奪のさらなる継続が生命・身体に対する危険（熱射病）に「おのずから転化する場合」，いいかえると，自由が剝奪されているという事実と監禁場所を含めた客観的状況を考慮するだけで，行為から発し中間事態をへて最終結果へと至る因果連鎖の各々の繋がりが説明できる場合に，逮捕監禁致死傷罪の成立を限定すべきものと考えたい。少なくとも，そのまま監禁されると，後で行為者に何をされるかわからない（たとえば「強姦されてしまう」）といった，「他の犯罪に関する危険要素」を考慮しなければ，筋のとおった説明がなされない場合は，同罪の成立を否定すべきではなかろうか。

　4　ところで，2001年11月に新設された「危険運転致死傷罪」（208条の2）に関して，次のような見解がみられる。たとえば，その1項後段の「進行を制御することが困難な高速度で……四輪以上の自動車を走行させ，よって人を死傷させた」場合について，そのような高速度（たとえば，カーブを曲がりきれないような高速度）のためにではなく，「例えば，住宅街を相当な高速度で走行し，速度違反が原因で，路地から出てきた歩行者を避けられずに事故を起こしたような場合［は］，本罪には当たらないことになる」とか(2)，制御困難な高速度で運転し死傷結果を生じさせたのであるが，しかし，このような高速度と関係なく，もっぱら脇見が原因で事故が生じた場合（通常の速度でも同じ結果が生じたであろう場合）には，本罪の成立を認めるべきではない(3)。

　あるいは，2項前段の「車の通行を妨害する目的で，走行中の自動車の直前に進入し……よって人を死傷させた」場合でも，「自動車の直前に進入したところ，行為者がその存在を認識していなかった歩行者に衝突して死亡させてしまったような場合にまで本罪の適用を認めるべきではな［い］。本罪が処罰しようとしているのは，通行を妨害される人又は車との関係における危険だからである」とする見解など(4)，がそれである。

　これらの見解は，実質的には，これまでの業務上過失致死傷罪（と道交法

違反の罪）に対して重く処罰される根拠をなすところの,「制御困難な高速度走行」,「（意図的な）割り込み」などに認められる「重い結果発生の類型的で高度な危険」——この点がとくに明白なのは,道交法117条の２第１項の「正常な運転ができないおそれがある状態」に対する,刑法208条の２第１項前段の「正常な運転が困難な状態」であろう——の「死傷結果への実現」を問題とするものといってよいだろう。これらのケースでは,高速度運転や,他車の直前への割り込みがなされ,現実に死傷結果が生じたとしても——本書が考える基準によると——,高速度とはいえ「制御困難なほどではない速度」や「脇見運転」,あるいは,直前に進入した他車の前方に歩行者がいることを見落としたという,通常の業務上過失を基礎づけるにすぎない要因を考慮すれば死傷結果発生の説明がつく場合といえる。具体的な判断基準はどうであれ,いずれにせよ,一言でいえば,「危険運転行為の『機会』に生じた,相当因果関係及び過失の認められる死傷では足りない」というのに等しいと解される。そして,このような立脚点が「危険運転致死傷罪」に当てはまるというなら,他のすべての結果的加重犯に関しても同様でなければならないだろう。本書が,以上において主張してきたのは,このような観点と,それを具体化する一試論である。

　　5　さて,結果的加重犯の主観面に関する「重い結果に対する過失」について本書が正当と考えた立場は,すべての結果的加重犯に共通して「重過失（軽率）」を要求する立場である。基本犯に認められる危険の「重い結果への実現」は事後的になされる客観的帰属の判断であるが,その前段をなす基本犯に認められる「重い結果発生の類型的で高度な危険」は行為時に画定されるものであり,そうだとすると,この危険を主観面に投影する過失もそれにともない特化されることになるからである。もちろん,その危険を漠然ととらえるなら,重過失を要求したところで,その意味は半減ないし喪失するだろう。しかし,その「特殊な危険」を先に論じたように具体化する場合には——たとえば「意図した侵害量を超えておのずから死へと展開する危険」ととらえる場合には,行為者の主観面は「同一危険の量的な錯誤」にあるといえ,重過失が肯定される。他方,この錯誤は,故意の認められる基本犯に,その「量」の増大として重い結果に結実するいわば萌芽が内包されているか

らこそ認められるのだから，当該物理力の人体への付加が，外傷その他の器質的な変化を伴わない程度のものであった場合，たとえば被害者の肩を軽く突くといった場合は，――認識の及ぶ物理力の行使それ自体が致傷ひいては致死へと至る，たとえば被害者の頭部や腹部を乱打するといった物理力を加えた場合と比較して――形式的に当該物理力の行使が当該結果的加重犯の基本犯としての暴行に該当しようとも，背後に急な階段があるなど，「行為の危険性を基礎づける事実」に対する「現実の認識」がない限り，「同一危険の量的な錯誤」を認めることはできず，加重処罰を基礎づける理由は見いだし難い（通常の競合犯としての処罰で足りる）と考えられるのである。

6 以上が，「重い結果発生の類型的で高度な危険」の具体化，および「その危険実現」の判断（「直接性」）を中心として考察してきた本書の結論である。

結果的加重犯とはいっても，すべての結果的加重犯について検討を加えたものではなく，その未遂・共犯・競合論という各論的な問題点には何ら触れていない。さらに，以上に論じた限りにおいても，具体的事例に対する結論の不満足さにくわえ，論理矛盾を来たしているところもあると思われる。しかし，従来は当然であり，かつ漠然ととらえられてきた「重い結果発生の類型的で高度な危険」および「その重い結果への実現」という結果的加重犯の実体を，いくらかでも白日の下にさらすことができたとすれば，それで本書の目的の大半は達せられる。

　（1）　行為者によってこのような自由が奪われているか，最初からその自由がないかの違いはあるが，いずれにせよ，自助（自活）能力の奪われた者を，そのような能力を発揮しないと生存が脅かされるような場所的・空間的な状況に置く点で，遺棄致死傷罪の危険も逮捕監禁致死傷罪の「特殊な危険」と同様に考えることができよう。
　（2）　山田利行「刑法の一部を改正する法律の概要」警察学論集55巻3号123頁（2002）。
　（3）　佐伯仁志「交通犯罪に関する刑法改正」法学教室258号74頁（2002）。曽根威彦「交通犯罪に関する刑法改正の問題点」ジュリスト1216号49頁（2002），井田良「危険運転致死傷罪の立法論的・解釈論的検討」法律時報75巻2号35頁（2003）も同旨。

（4）　佐伯・前出注(3)。「重い結果発生の危険」を限定することにより，それが実現する被害者の範囲もおのずと限定されることについては，強盗致死傷罪の構成要件で保護されるべき「人的範囲」として論じた（第5章II 2(1)の（カ））。

〈著者紹介〉

内田　浩（うちだ・ひろし）

1961年　北海道小樽市生まれ
1992年　成蹊大学大学院法学政治学研究科博士後期課程単位取得退学
現　在　岩手大学人文社会学部助教授
　　　　博士（法学）

結果的加重犯の構造

2005年（平成17）年7月15日　初版第1刷発行

著　者　　内　田　　　浩
発行者　　今　井　　　貴
　　　　　渡　辺　左　近
発行所　　信　山　社　出　版

〒113-0033　東京都文京区本郷 6-2-9-102
　　　　　電　話　03（3818）1019
　　　　　ＦＡＸ　03（3818）0344

印刷　東　洋　印　刷
製本　大　三　製　本

Printed in Japan

Ⓒ 2005，内田浩　　落丁・乱丁本はお取替えいたします。

ISBN4-7972-2427-4　C3332

編集代表	篠原一	三〇〇〇円
警察オンブズマン		
ドメスティック・バイオレンスの法	小島妙子 著	六〇〇〇円
ドメスティック・バイオレンス	戒能民江 著	三二〇〇円
刑事裁判のテレビ報道	宮野彬 著	三二〇〇円
新しい国際刑法	森下忠 著	三二〇〇円
警察法	宮田三郎 著	五〇〇〇円
刑事訴訟法制定資料全集 昭和刑事訴訟法編(1)	井上正仁・渡辺咲子・田中開 編著	二〇〇〇〇円

信山社

刑事和解と刑事仲裁	宮野　彬 著	一〇〇〇〇円
社会的法治国家と刑事立法政策	石塚伸一 著	九四八一円
機能主義刑法学の理論	松澤　伸 著	六八〇〇円
近代刑法の遺産	西村克彦 訳	一〇〇〇〇円 上中下セット
企業活動の刑事規制	松原英世 著	三三〇〇円
人身の自由の存在構造	小田中聰樹 著	三五〇〇円
サイバーポルノの刑事規制	永井善之 著	九〇〇〇円

信山社